怨霊・怪異・伊勢神宮

山田雄司　著

思文閣出版

怨霊・怪異・伊勢神宮※目　次

第一部　怨　霊

第1章　怨霊の思想……三
はじめに……三
一　早良親王の怨霊への対応……五
二　仏教からの怨霊への理解……一二
三　怨霊思想と死刑停止……二〇
おわりに……二五
第2章　怨霊への対処――早良親王の場合を中心として――……三一
はじめに……三一
一　儒教的対応……三三
二　神社での祈禱……三五
三　名誉回復と墓の整備……三七
四　仏教的対応……三九
五　陵寺の建立……四一

おわりに……四三
第3章　怨霊から神へ――菅原道真の神格化――……四六
はじめに……四六
一　藤原広嗣と松浦廟……四七
二　御霊神社と御霊会……五〇
三　道真怨霊の誕生……五四
四　二つの託宣と北野宮の創建……五七
五　承平・天慶の乱後の神祇……六二
おわりに……六四
第4章　怨霊――『今昔物語集』の事例を中心に――……六九
はじめに……六九
一『今昔物語集』巻二十七の構想……七〇
二「公」と霊……七一
三「武」と霊……七四
四　生霊のあり方……七六
五　国家的「怨霊」への対応……七七
六　民衆レベルでの怨霊への対応……八二

おわりに……八五
第5章　源頼朝の怨霊観……八八
はじめに……八八
一　頼朝の死……八九
二　崇徳院の鎮魂……九二
三　源義朝・平氏の鎮魂……九七
四　奥州藤原氏の鎮魂……一〇二
おわりに……一〇八
第6章　讃岐国における崇徳院伝説の展開……一一三
はじめに……一一三
一　半井本『保元物語』にみる崇徳院の配流先……一一四
二　崇徳院配流先の諸本による異動……一一八
三　直島に残る崇徳院伝説……一二七
四　崇徳院と三宅氏……一四一
五　坂出周辺の崇徳院伝説……一四七
おわりに……一四八

第7章　怨霊と怨親平等との間……一五二
はじめに……一五二
一　怨霊思想の変遷……一五三
二　霊魂の顕彰……一五九
三　慰霊の系譜……一六五
おわりに……一七〇

第二部　怪　異

第8章　鎌倉時代の怪異……一七七
はじめに……一七七
一　朝廷周辺の怪異……一七八
二　幕府周辺の怪異……一八一
三　戦乱と怪異……一八六
四　怪異の否定……一九一
おわりに……一九六

第9章　平家物語・保元物語・平治物語の「怪異」……二〇〇
はじめに……二〇〇

一　将軍塚鳴動……二〇一
二　鳩の怪異……二〇五
三　自然災害……二〇六
おわりに……二〇九

第10章　怪異と穢との間――寛喜二年石清水八幡宮落骨事件――……二一二
はじめに……二一二
一　事件の発生……二一三
二　仗議……二一六
三　軒廊御卜……二二一
四　五体不具の穢……二二五
五　むすびにかえて――事件のその後――……二二七

第11章　親鸞における神と鬼神……二三三
はじめに……二三三
一　神祇不拝と諸神護念……二三四
二　親鸞の鬼神認識……二三九
おわりに……二四三

第12章　穢と不浄をめぐる神と仏……二四六
はじめに……二四六
一　清浄を尊ぶ神と仏……二四八
二　『今昔物語集』に見る「穢」……二五一
三　慈悲行を優先する神……二五四
四　浄土教における不浄認識……二五九
おわりに……二六二

第三部　伊勢神宮

第13章　伊勢神宮の中世的意義……二六七
はじめに……二六七
一　古代伊勢神宮における仏教の影響……二六九
二　伊勢神道における仏教理解……二七三
三　僧尼の伊勢参宮……二七七
おわりに……二八四

第14章　中世伊勢国における仏教の展開と都市……二八八
はじめに……二八八

一　『時衆過去帳』の分析……二八九
二　遊行上人廻国記事からの分析……二九三
三　律衆の展開……二九八
おわりに……三〇三
第15章　院政期の伊勢神宮と斎宮――怪異をめぐっての比較――……三〇六
はじめに……三〇六
一　建久九年の仮殿遷宮と怪異……三〇七
二　斎宮をめぐる事件……三一一
おわりに……三一四
第16章　室町時代伊勢神宮の怪異……三一六
はじめに……三一六
一　心御柱の違例……三一八
二　怪異の連鎖……三二六
三　怪異とその対処……三二八
おわりに……三三二

第17章　足利義持の伊勢参宮……三三八
はじめに……三三八
一　足利将軍の参宮……三四〇
二　義持参宮の特徴……三四二
三　参宮の実際──京から伊勢国へ──……三四三
四　伊勢参宮──宮川を越えて──……三四九
おわりに……三五四
第18章　国阿上人の見た伊勢……三五八
はじめに……三五八
一　熊野……三五九
二　伊勢神宮……三六一
三　山田……三六六
四　伊勢から京都へ……三六七
おわりに……三六九
第19章　室町時代の災害と伊勢神宮……三七三
はじめに……三七三
一　怪異・災害と遷宮……三七四

二　十五世紀中葉の神宮と災害……三八三
三　明応地震における伊勢国の被害状況……三八七
四　明応地震の際の伊勢神宮の対応……三九〇
おわりに……三九六

初出一覧
あとがき
索引(人名・事項)

第一部

怨霊

第1章　怨霊の思想

はじめに

人は肉体に霊魂が宿ることによって生きているのであり、人の呼吸が停止して霊魂が肉体から離れていくことによって死を迎えると古代・中世の人びとは認識していた。通常死の場合、霊魂は墓にとどまったり、近くの山に上っていったりすることにより安住の地を得、穏やかな霊魂として子孫の繁栄を見守った。しかし、非業の死を遂げた場合、生前に抱いた怨念により霊魂は安住の地に行きつくことができずに、怨みを持つことになった地にとどまったり、空中を浮遊したりし、ときには非業の死を遂げることになった相手やその近親者に祟って病を引き起こしたり死に導いたりし、さらには社会に天災や疫病を引き起こすこともあったが、そのようなときにその霊魂は「怨霊」として認識された。

天台座主慈円によって十三世紀初頭にまとめられた『愚管抄』巻第七には、怨霊について以下のように述べられている。

怨霊ト云ハ、センハタヾ現世ナガラフカク意趣ヲムスビテカタキニトリテ、小家ヨリ天下ニモヲヨビテ、ソノカタキヲホリマロバカサントシテ、讒言ソラ言ヲツクリイダスニテ、世ノミダレ又人ノ損ズル事ハタヾヲナジ事ナリ。顕ニソノムクイヲハタサネバ冥ニナルバカリナリ。

怨霊とは、現実世界において果たせなかった復讐を、冥界において実現するために登場する存在であって、相手を攻撃するだけでなく世の乱れをも引き起こす存在だと理解されていた。

「怨霊」の語の初見は、『日本後紀』[1]延暦二十四年（八〇五）四月甲辰（五日）条で、早良親王の霊魂の慰撫をするために、諸国に小倉を建てて正税を納めさせ、あわせて国忌と奉幣の例に加えようとするが、それは怨霊に謝するためであったことを記している。

令下二諸国一奉二為崇道天皇一、建二小倉一納二正税四十束一、并預中国忌及奉幣之例上、謝二怨霊一也、

早良は天平宝字五年（七六一）十一歳のときに東大寺等定僧都を師として出家し、神護景雲二年（七六八）大安寺東院に移住し、父の白壁王が即位（光仁天皇）すると、「親王禅師」と呼ばれ、東大寺造営や寺務に携わった。そして天応元年（七八一）、兄の山部親王が即位（桓武天皇）すると還俗して皇太弟に立てられた。しかし、延暦四年（七八五）九月二十二日に起こった藤原種継暗殺事件に関与したとして廃太子とされ、乙訓寺に幽閉された。そして、朝廷から飲食を停止されるものの十余日耐え、淡路へ船で移送される途中、十月十七日に高瀬橋頭で亡くなったとされる。[2]そして亡骸はそのまま淡路に運ばれて埋葬された。

なお、藤原種継暗殺事件の経緯については、『続日本紀』には削除されている部分がある。これは当初は記載されていたものの、怨霊に関する記述を「正史」に記載するのを憚った桓武天皇の命によって削除され、種継の子である薬子・仲成が父の事蹟が埋没されたのを不満として復活させたが、さらに薬子の変によって薬子・仲成が失脚すると、嵯峨天皇は桓武天皇の遺志を重んじてまた削除した。[3]このように、怨霊を史書に記すことは、事件に関与した天皇にとっては、後世にわたって自らの非をさらすことになるため、記述されることを避けたかったのである。

早良親王以前の「怨霊」と、早良親王の場合とは、どのような点が共通していて、どのような点が異なってい

るのだろうか。このことを手がかりとして、奈良・平安時代における怨霊思想がいかにして形成されていったのか考察していきたい。

一　早良親王の怨霊への対応

早良親王の祟りが史料上はじめて記述されるのは、『日本紀略』[4]延暦十一年（七九二）六月癸巳（十日）条である。[5]

皇太子久病、卜レ之、崇道天皇為レ祟、遣二諸陵頭調使王等於淡路国一、奉レ謝二其霊一、

桓武天皇の子で早良親王にかわって立太子した安殿親王の病が、神祇官の「卜」により早良親王の祟りに起因するとされた。そのため使いが淡路国に遣わされて霊に謝することが行われた。

しかし、『日本紀略』延暦十一年六月庚子（十七日）条からは、延暦九年の段階ですでに早良親王の祟りが意識されていたことがわかる。

勅去延暦九年、令下二淡路国一宛二其親王〔某〕崇道天皇、守冢一烟一、兼随近郡司専中当其事上、而不レ存二警衛一、致レ令レ有レ祟、自今以後、冢下置レ隍、勿レ使二濫穢一、

桓武天皇の勅により、淡路国に命じて早良親王の守冢を一烟置き、郡司に守衛を専当させたが、管理をしっかり行わなかったために祟りが起こったので、これより後は冢のまわりにからぼりを掘り、ケガレが伝染しないようにした。陵墓は神社と同様、清浄であることが旨とされるため、不浄な状態に曝されると祟りをなした。

陵墓の祟りはこの早良親王の例を嚆矢とし、怨霊の祟りが天皇・皇太子の病や火災などのかたちで発現したと認識されたため、祟りの主の「陵墓」を整備し手厚く祀ることでこれを鎮めようとしたとされる。[6]そして、これ以降「陵墓」と特定「陵霊」、すなわち「陵」主の霊との不即不離の関係が常態として確立したとされ、山陵の

祟りがしばしば起こった。

それでは、桓武天皇周辺の人物の病気や死、災害の原因が早良親王の怨霊と認定される以前には、どのような対応がとられていたのだろうか。延暦九年になると災異が頻発し、それへの対応が記されてくる。

延暦九年三月十四日には、伯耆・紀伊・淡路・参河・飛驒・美作などの六か国が飢えたため、賑給がなされた。二十九日にも参河・美作の二か国が飢えたため、賑給がなされた。閏三月十日には、桓武天皇皇后藤原乙牟漏不予のため二百人を出家させ、さらには左右京・五畿内の高年・鰥寡・孤独・疹疾の自存できない人びとに賑恤が施されたが、皇后はそのかいなくこの日亡くなった。十六日の桓武天皇による詔では、自らの寡徳を懺悔して恩赦を施し、正税未納・調庸未進を許し、社寺が封戸の民に対して行う出挙の未納についても免除した。これは儒教的徳治主義に基づく行為で、天皇に徳があることを示すことにより災変が終息するとされていたことによる。

四月には和泉・参河をはじめとした十五か国で飢饉が広がったので、賑給が行われた。そして炎旱が続いたため、畿内の名神に幣帛が奉られて雨乞いが行われた。そして八月にも大宰府管内で飢民が八万八千余人に達し、賑恤が加えられた。その間、七月二十一日には、桓武天皇夫人坂上又子が亡くなった。

九月三日には、安殿親王の病のため、京下の七か寺において誦経が行われた。そして、九月には炎旱により京畿では作物が不熟となったため田租を免じ、神社・寺院の封戸も免じた。この影響で秋・冬には京畿の男女の三十歳以下の者は、ことごとく豌豆瘡（わんずがさ）にかかり、諸国においても同様で、死ぬ者が少なくなかった。

延暦十年四月十八日には、山背国内の諸寺の仏塔で壊れているものが多いので、使いを遣わしてことごとく修理された。この対応も安殿親王の病のためであろう。五月五日には諸国での旱疫のため、節宴が中止となった。豊後・日向・大隅・紀伊国で飢饉が広まり、賑給が施された。そして、炎旱が続くため、黒馬が丹生川上神に奉られ、畿内の名神に幣帛が奉られた。

そして八月四日夜、伊勢神宮に盗賊が入り、正殿・財殿・御門三間・瑞垣一重が焼失するという事件が起こった。[7]そのため十四日には奉幣使として神祇伯大中臣諸魚・神祇少副忌部人上らとともに春宮大夫紀古佐美が遣わされており、伊勢神宮の焼亡は安殿親王の病と関係づけられていたことが推測される。その甲斐あってか、安殿親王の病気はよくなり、十月二十七日に自ら神宮に赴いて病気の平癒を報告した。そして延暦十一年三月二十三日に伊勢神宮の造替が行われた。

『続日本紀』は延暦十年で記述を終えるが、引き続き『日本後紀』に災異の記事が記される。延暦十一年五月六日は、度重なる旱災によって馬射が停止された。そして六月五日には安殿親王の病により畿内の名神に奉幣が行われ、十日には冒頭にかかげた卜いにより早良親王の祟りと出たという記事につながる。

以上のことからわかるように、延暦九年からはじまる桓武天皇周辺の人物の病気や死、旱魃・飢饉・疫病などに対して、当初は賑給や特赦など儒教的徳治主義にもとづく対応、神社への奉幣、仏塔の整備といった、通例の災異への対応と同様の対処をしていた。しかし、それでも事態が収まらなくなったときに、いよいよ怨霊のために災異が起こっているのだと認識された。そして、ひとたび怨霊と認定されると、以降の災異などは怨霊が原因とされて、その対応に追われることになる。

その後の早良親王に関する記事は、延暦十六年五月二十日、霊に謝するために僧二人が淡路国に遣わされて転経、悔過が行われた。これは十三日に禁中の正殿に雉が集まるという怪異が発生し、それへの対応として十九日に禁中ならびに春宮において金剛般若経の転読がなされたことと関係する。またその二日後には禁中において灌頂経法が勤修されているが、それは灌頂中に災障を除くための修法であった。

延暦十八年二月十五日には兵部大輔兼中衛少将春宮亮大伴是成と伝燈大法師位泰信などを淡路国に遣わして、幣帛を奉って霊に謝した。ここにおいても、春宮亮の人物が派遣されていることから、安殿親王の病気と関連した対応だろう。

そして、延暦十九年七月二十三日の詔で、桓武天皇は思うところがあって、故皇太子早良親王を崇道天皇と追称し、故廃皇后井上内親王を追復して皇后と称し、その墓を両者とも「山陵」と称するように命じた。さらには近衛少将兼春宮亮丹波守大伴是成に陰陽師・衆僧を率いさせて崇道天皇の山陵に鎮謝させた。二十六日には淡路国津名郡の戸二烟を分ちて、崇道天皇陵を守らせ、大和国宇智郡の戸一烟に井上皇后陵を守らせた。そして二十八日に、少納言称城王などを遣わして、追尊のことを崇道天皇陵に告げ、井上皇后陵には散位葛井王などを遣わして復位のことを告げた。

延暦二十三年末に桓武天皇は不予となり、使いが平城の七大寺に遣わされて綿五百六十斤がもたらされて誦経が行われたり、平城京の飢乏の道俗に賑恤がなされた。十二月二十六日には、桓武天皇は詔を出し、思うところがあって恩沢を施そうとし、恩赦を行った[8]。これも儒教的徳治主義により、天皇に徳があることを示して支配の正当性を天に認めてもらおうとする行為である。そして翌年正月十四日、早良親王のために淡路国に寺が建てられた。この寺が具体的にはどこに建立されたのかはっきりせず、常隆寺とするのが通説であった。常隆寺は津名郡の常隆寺山頂付近にあり、現在「早良親王御霊」を祀る寺刹である。そしてそこから北東に三キロメートル離れた仁井地区に、早良親王を埋葬したとする「天王の森」やその前には「早良池」がある。しかし、寺と陵墓の関係からすると、かなり離れていると言える。

享保年間に仲野安雄によってまとめられた『重修淡路常盤艸』[9]によれば、崇道天皇山陵は津名郡の「下川井にあり、俗に高嶋と称す、松の生たる円山なり」とし、俗説ではそこを淳仁天皇陵とするものもあるが、それは誤りで、淳仁天皇陵は三原郡であるはずなので、高嶋が崇道天皇陵であるとしている。これをうけて牛山佳幸も、早良親王の旧陵墓が通称「高島の森」に比定しうるので、「高島の森」の南側に遺跡が発見されている妙暁寺がそれに該当するのではないかと推測しており[10]、そのように考えるのが妥当であろう。

また、常隆寺については、「伝説云、常隆寺は淡路廃帝天平宝字年中天皇の父崇道尽敬天皇のために草創せられて七堂伽藍ありし処といふ」とあり、江戸時代には淳仁天皇の父である舎人親王（崇道尽敬皇帝）のために創建された寺とされていたことがわかる。『重修淡路常盤艸』では常隆寺を早良親王のために建立された寺とした上で、「年久しくして常隆寺の記録も亡失してより両皇の尊謚崇道の二字同しきによりて誤れるなるへし」と述べている。近世以前の史料が残っておらず、寺自体かなり退転していたようなので、いかなる経緯で常隆寺が建立されたのか不明だが、延暦二十四年に早良親王のために建立された寺をそのまま現在の常隆寺に結びつけるのはかなり厳しいと思われる。

淡路に寺が建立されたのと同じ正月十四日には、飼っていた鷹・犬を放して殺生である狩を止めたり、戒行に欠けるため寺から追放した破戒僧を本寺に住することを許し、さらに天下諸国に命じて国内諸寺の塔を修理させている。これは、仏教を興隆させることにより、天皇の病気が平癒することを期待したための行為である。

桓武天皇の御代には、早良親王の怨霊と井上内親王・他戸親王の怨霊とがからみあって跳梁していると考えられており、それぞれへの対応がなされた。光仁天皇の妃井上内親王とその息他戸親王は、光仁天皇を呪詛したとして廃后・廃太子とされ、大和国宇智郡の没官宅に幽閉されていたところ、宝亀六年（七七五）四月二十七日に両者同時に亡くなった。

以降、藤原百川や桓武天皇は怨霊に悩まされるが、『日本後紀』延暦二十四年（八〇五）二月丙午（六日）条には、井上内親王・他戸親王のために一小倉が霊安寺に造られて、そこに稲や綿が納められたことを記す。

令下僧一百五十人、於二宮中及春宮坊等一、読中大般若経上、造二一小倉於霊安寺一、納二稲卌束一、又別収二調綿百五十斤、庸綿百五十斤一、慰二神霊之怨魂一也、

ここで注目したいのは、「神霊の怨魂を慰めるため」に霊安寺に一小倉を造ったという記述である。これが延暦二十四年（八〇五）四月甲辰（五日）条の「怨霊」につながっていく。すなわち「怨霊」とは「神霊の怨魂」を縮めた言葉なのである。

早良親王への対応はその後も続く。延暦二十四年二月十九日には諸国の国分寺で薬師悔過が行われ、三月二十日には、延暦四年の藤原種継暗殺事件で流された吉備泉・五百枝王・藤原浄岡・藤原雄依・山上船主らの罪を免して京に戻した。四月十一日には、崇道天皇を改葬する司が任じられているが、これは大和国八嶋陵に墓を移す準備がはじめられたことを意味する。早良の怨霊は、都から流されたことにより恨みが生じたと考えられたため、遺骨を都の近くに移し、改めて陵墓を築こうとしたのである。七月二十七日には唐国のものを山科（天智天皇陵）・後田原（光仁天皇陵）・崇道天皇の三陵に献じているので、それまでには大和国に崇道天皇陵が築かれていたと考えられる。

一方『水鏡』(11)桓武天皇には以下のように記される。

同(延暦)十七年三月に勅使を淡路の国へつかはして、早良の親王の骨を迎へ奉りて、大和の国八嶋の陵にをさめ給ひき。この親王流され給ひて後、世の中疫病おこりて、人多く死にうせしかば、帝驚き給ひて、御むかへに、二度まで人を奉り給ひし。みな海に入り、浪にただよひて、命を失ひてんき。第三度に親王の御甥の宰相五百枝を遣はしき。殊に祈りこひて、平らかに行きつきて、わたし奉りしなり。七月二日田村の将軍清水の観音をつくり奉り、又わが家を毀ちわたして、堂に建てき。同十九年七月己未の日、帝おぼす所ありとのたまひて、前東宮早良親王を崇道天皇と申し、又井上内親王を皇太后とすべき由仰せられき。各々おはしまさぬあとにも、恨の御心をしづめ奉らん、と思しめしけるにこそ侍るめれ。

しかし、『水鏡』に記される年月は『日本後紀』と比較してずっと早い。五百枝が京に戻ってきたのも延暦二十四年のことである。

八嶋陵には近接して八嶋寺が建立された。『元亨釈書』[12]巻第二十三資治表四桓武天皇の項には、延暦二十五年冬のこととして、「建二八嶋寺一而置レ度」とあり、「勅二天下一、分二州租一入二別倉一運二納八嶋寺一、毎歳置二度者一人一、薦二崇道天皇一也」のように、各国の租を分かちて八嶋寺に送り、得度した者を一人置いて崇道天皇に奉るということが行われた。『帝王編年記』[13]では、延暦十九年七月に「遣二勅使於淡路国一、取二故早良親王骨一、奉レ納二大和国八嶋寺一」のように、早良親王の骨を淡路から八嶋寺に奉納したことになっているが、これは延暦十九年七月二十三日の詔に見られる「崇道天皇陵」を大和国のものと錯誤したことによる誤りであろう。大和国への骨の移送は延暦二十四年で、八嶋寺が建立されたのは延暦二十五年冬とするのが妥当と思われる。

延暦二十四年十月二十五日には一切経書写が行われ、翌年三月十七日には桓武天皇は遺言で二つのことを述べた。一つ目は、藤原種継暗殺事件により配流となった人物は、すでに罪を免されて都へ戻ってきていたが、それらの人びとを本位に戻すというものである。このために大伴家持が従三位となったのをはじめ、関係者の復位がなされた。二つ目は、五畿内七道諸国の国分寺僧に、崇道天皇のために二月・八月に七日間金剛般若経を読ませるという命である。このことからわかるように、桓武天皇は枕席にあって早良親王の怨霊にずっとおびえていたのである。しかし、こうした甲斐なく、同日桓武天皇は崩御した。すぐに璽・剣櫃が東宮の安殿親王に奉られたが、東宮の寝殿の上に血が灑がれたことが記されており、安殿親王即位にあたって早良親王の怨霊がふりかかっていることが暗示されている。

桓武天皇が亡くなってからも、早良親王の怨霊は意識されていた。平城天皇は生来病身であり、情緒の安定を欠いていた。大同二年（八〇七）十月には、伊予親王とその母吉子は謀反の主謀者として捕らえられ、川原寺に幽閉されて飲食を絶たれ、十一月十二日にはともに毒を仰いで亡くなるという事件があり、新たな怨霊を生み出した。(14)平城天皇は大同四年四月一日、皇太弟の神野親王に譲位し、嵯峨天皇が誕生した。

大同五年（八一〇）七月二十七日には、嵯峨天皇不予により、崇道天皇のために百人、伊予親王のために十人、藤原吉子のために二十人の得度を許し、二十九日には崇道天皇のために川原寺において法華経一部の書写をさせた。そして伊勢神宮・石上神宮への奉幣が行われている。しかし、時間が経つと次第に怨霊の荒ぶる面は消えていった。

二　仏教からの怨霊への理解

『日本後紀』延暦二十四年（八〇五）四月甲辰（五日）条にはじめて「怨霊」の語が用いられたのは先に述べたが、それでは神霊の怨恨を「怨霊」と呼んだのは誰なのか、以下考えてみたい。

早良親王の慰霊の中心となったのは興福寺僧善珠であった。(15)『扶桑略記』(16)延暦十六年（七九七）正月十六日条には、「已上国史」として引用するかたちで善珠の事蹟が記されている。

> 興福寺善珠任二僧正一、皇太子病悩間、施二般若験一、仍被二抽賞一、去延暦四年十月、皇太子早良親王将レ被レ廃、時馳二使諸寺一、令レ修二白業一、于レ時諸寺拒而不レ納、後乃到二菅原寺一、爰興福寺沙門善珠含レ悲出迎、灑レ涙礼仏訖之後、遙契遙言、前世残業、今来成レ害、此生絶レ讎、更勿レ結レ怨、使者還報二委曲一、親王憂裡為レ歓云、自披二忍辱之衣一、不レ怕二逆鱗之怒一、其後親王亡霊屢悩二於皇太子一、善珠法師応レ請、乃祈請云、親王出レ都之日、厚蒙二遺教一、乞用二少僧之言一、勿レ致二悩乱之苦一、即転二読般若一、説二无相之理一、此言未レ行、其病立除、因レ茲昇進、遂拝二僧正一、為レ人致レ忠、自得二其位一也、

延暦四年十月、早良親王はまさに廃太子とされてしまうときに諸寺に使いを遣わし、後生のために読経してくれるよう頼んだが、みな拒否されてしまい、菅原寺にいた善珠だけが親王の運命を悲しんで礼仏を行い、前世の

残業のために今こうした状況になってしまったが、ここで仇を絶ち、怨を結んではならないと使者に告げた。早良はこれを聞いて歓び、この後、早良の怨霊がしばしば安殿親王を悩ませても、善珠が般若経を転読して無相の理を説くと、安殿の病気は治ったという。『元亨釈書』巻第二十三資治表四桓武天皇の延暦十六年正月に善珠が僧正に抜擢されたことを記す箇所にも以下のように記されている。

　太子幽死、其霊悩二逼皇太子一、医巫不レ効、勅レ珠持念、珠語二太子一曰、昔聞二貧道言一、曰三已披二忍辱衣一、今何有レ之乎、乃広説二法要一、言未レ畢、太子病癒、正月十六、為二僧正一

善珠は早良の霊に悩まされている安殿親王に対し、医師や巫女では効果がない中、霊に法要を説くことによって鎮め、安殿の病気を治した。このように早良の怨霊鎮撫に功あったことから、当時の政権から重用され、特例的に延暦十六年正月に僧綱最高位の僧正となり、光仁朝に大安寺と並んで政権の保護を受けた秋篠寺の開基となった。[17]『扶桑略記』延暦十六年（七九七）四月丙子（二十一）日条には卒伝が記され、「皇太子図二其形像一、置二秋篠寺一」とあり、安殿親王が善珠の像を作り、秋篠寺に安置したとされている。いかに安殿親王が善珠を信頼していたかがわかる事例と言えよう。

善珠には多数の著作があるが、右に掲げた「前世残業、今来成レ害、此生絶レ讎、更勿レ結レ怨」の典拠は『梵網経略抄』巻下の記述と考えられ、さらにそれは、新羅僧太賢が八世紀半ばに著した『梵網経』の解釈書『梵網経古迹記』[18]第二十一軽戒の「答、孝有二二種一、世間之孝以レ怨報レ怨、如二草滅一レ火、勝義之孝以レ慈報レ怨、如二水滅一レ火」にもとづくとされる。[19]

おそらくは、こうした「怨をもって怨に報い」るのでは怨の連鎖がとどまることなく、「慈をもって怨に報い」たのなら、怨の連鎖を断ちきることができるという思想から、怨恨を抱き連鎖を断ち切れない神霊、さらには怨霊という言葉が生まれていったのではないだろうか。

また玄奘訳『薬師瑠璃光如来本願功徳経』の注釈書である『本願薬師経鈔』[20]では、善珠による序があり、経疏の作成動機が記されている[21]。そこには「今幸蒙二聖朝無限之慈一、遇二薬師如来般若之法会一」とあるが、聖朝とは桓武天皇の御代を指しており、薬師如来を本尊とした大般若経の法会、すなわち早良の怨霊に悩む安殿親王のための法会をきっかけとして『本願薬師経鈔』を執筆したものと推測される。序にはさらに、

我今日懺悔受戒、所生功徳取総、捧二持先帝聖霊一、次奉レ厳二現在聖朝一、以二懺悔力一排二祛天災・地妖・水火風難等七難一、由二持戒功一摧二滅厭禱・咒詛・逆賊・災横等九横一、

とあり、懺悔・受戒することによって得る功徳を、先帝の聖霊（光仁天皇）、現在の聖朝（桓武天皇）に謹んで捧げ、懺悔の力で天災・地妖・水火風難などの七難を退け、持戒の功によって厭禱・咒詛・逆賊・災横などの九横を滅ぼすと述べられており[22]、これらはおそらく「怨霊」の跳梁に対応したものだろう。名畑崇によれば、善珠は薬師経の注釈により怨霊の調伏や呪詛の消滅をはかり、天武朝に使用された使い古された形式である薬師経の中から、時代の要請にこたえる要素をとり出して、新たな内容と形式をもって法会がととのえられ、薬師経が再生強化されたと考えられている。善珠は玄昉から続く呪術的な手法とともに、のちに述べるような最澄・空海に続く「怨の連鎖」を「怨霊」に説くことも行っていることから、怨霊鎮撫の過渡期にあった僧と評価することができる。

善珠の師が玄昉である点も重要である。『続日本紀』天平十八年（七四六）六月己亥（十八日）条の卒伝によれば、玄昉は入唐僧として霊亀二年（七一六）入唐し、天平七年（七三五）帰朝したさいには、五千余巻の経論ともろもろの仏像をもたらしたとされる。中野玄三によれば、玄昉が多くの雑密経典を持って帰国した天平七年（七三五）ごろから急速に変化観音が製作されるようになり、官寺仏教側における変化観音製作と平行して、山林における変化観音が出現したとする[23]。これらは災害の因をなす怨霊の鎮圧を願って造立されたものであり、と

りわけ後者の場合には政敵を厭魅呪詛することもあったという[24]。

変化観音の一例としては、奈良市中町の霊山寺の十一面観音像があげられる。この十一面観音は他の一般的な観音とは異なり、頭部が不釣り合いに大きく異様な形相をし、胴は圧縮され、両腕が細く奇怪な姿であるとされる。そして、この像は怨霊を鎮圧しうるだけの恐るべき威力をあらわしていると同時に、怨敵を祈り殺す呪詛の像としての性格をも付与された変化観音であると評価されている。

玄昉が帰国した天平七年以降、観音経典に限らず密部諸経典の大量初写が行われ、それにあわせて観音造像が盛んになされ、その大半は密部の変化観音によって占められていた。そして、密教的観音信仰が急激に発達し、それは個人的招福除災にとどまらず国家仏教の中に確固たる位置を占めたとされる[25]。

一例をあげると、玄昉によって将来された『十一面観世音神呪経[26]』は北周の耶舎崛多訳の雑密経典で、十一面観世音菩薩の神呪の功徳を説いている[27]。この経を読誦することにより、一切の衆生の憂いや悩みをなくし、病を除き、一切の障難・災怪・悪夢を除き、一切の横病死を除き、一切の諸悪の心をやわらげ、一切の諸魔・鬼神の障難を起きないようにすることができるとされる。また、観音像の前でこの経を千八回誦呪して温かい水で観音像を洗浴したなら、一切の障難、一切の悪夢、一切の疫病を皆除くことができ、もし他方の怨賊が襲ってきそうになったら、種々香華して供養を行い、経を千八回誦呪して大豆の大きさの烟脂を像の左の廂の瞋面に塗れば、怨敵は前進することができない、などと述べている。すなわち、呪術的方策により疫病や災異を鎮め、怨敵を遠ざける効能を説いており、この経典にもとづき造仏も行われた。

以上のことからわかるように、玄昉は呪術的手法によって「怨霊」を鎮めようとしていた。しかし、善珠になると、「怨霊」に対して「怨をもって怨に報い」るのでは怨の連鎖がとどまることがないため、そこからの解脱を説くというあり方に変わっていった。このあり方は最澄・空海に引き継がれ、仏教による怨霊鎮撫の主流となっていった。

最澄は延暦十六年（七九七）十二月に宮中の内道場に奉仕し、御斎会の読師や夜居の僧役をつとめる内供奉十禅師に任ぜられたが、これは早良親王の怨霊の祟りを鎮祀する加持僧としての役割を求められたためと解される[28]。弘仁三・四年（八一二・八一三）に最澄によって法華経・金光明経・仁王般若経を長講するさいの願文や法会の次第がまとめられた「三部長講会式」は『長講法華経先分発願文』『長講法華経後分略願文』『長講金光明経会式』『長講仁王般若経会式』からなる[29]。

そのうちの『長講法華経先分発願文』[30]では、阿閦仏に対して以下のような願文が捧げられる。

願崇道天王　吉野淡路等　横夭皇子霊　親王及夫人　伯伴成子等　一切中夭霊　東夷諸将軍
及曹諸将軍　一切横死霊　及以兇奴等　結怨横死者　西戎諸将軍　及曹諸将軍　一切横死霊
及以隼人等　結怨横死者　松浦小弐霊　九国横死者　八島悪鬼神　一切鬼龍等　及魑魅魍魎
永離㆓業道患㆒　帰㆓依法華経㆒　衛㆓護日本国㆒　益㆑国利㆓人民㆒　恒修㆓薩埵行㆒　速成㆓無上道㆒

個々の霊が具体的に何を指すのかについては、櫻木論文においてすでに明らかにされているが、諸霊の鎮撫にあたって崇道天皇の霊が筆頭に置かれているのは、平安初期にあって最も恐れられていた怨霊だからである。吉野・淡路などの若死にした皇子の霊とは、井上内親王とともに大和国宇智郡の没官宅において亡くなった他戸親王、淡路で没した大炊王（淳仁天皇）を指すであろう。親王および夫人は伊予親王・藤原吉子、伯・伴の成子とは、藤原種継事件にかかわった佐伯・大伴両氏と解されている[31]。そして、東夷・西戎すなわち、桓武天皇による蝦夷・隼人征討事業で犠牲になった敵味方の諸将軍で横死した一切の者の霊および匈奴・隼人ら横死して怨を抱いた者、藤原広嗣の霊、そして日本国中の横死者や悪鬼神、一切の鬼・龍や魑魅魍魎を慰撫し、永遠に悪行の患いから離れて法華経に帰依することにより、逆に日本を守って国を益し人民を利するよう祈願している。

また、『長講金光明経会式』『長講仁王般若経会式』では、結願分において同じく阿閦仏に対して以下のような願文が捧げられる。

資㆓益一切皇霊等　開闢已還諸尊霊　上宮太子御霊等　法師天皇御霊等　阿倍天皇御霊等
桓武天皇御霊等　吉野大后御霊等　崇道天皇御霊等　伊予親王御霊等　藤原夫人御霊等
藤原仲成神霊等　藤原内侍神霊等　東夷毛人神霊等　宏勝延命僧霊等　結恨横死古今霊
乃至一切神霊等㆒　永離㆓八難㆒生㆓天上㆒　随意往㆓生諸仏刹㆒　聴㆓聞妙法㆒悟㆓無生㆒　得道還㆓来日本国㆒
昼夜守護恒不㆑離㆓　叡山道場正法蔵　大日本国及九院㆒　興㆓隆仏法㆒尽㆓後際㆒

最初に記される一切の皇霊や日本開闢以来の諸尊霊とは、代々の天皇の霊や日本のために尽くした人びとの尊霊を指すのであって、「怨霊」ではない。次の上宮太子は聖徳太子を指し、法師天皇はおそらく聖武天皇を指すと思われるが、両者は仏教を広めるのに大きな役割を果たした尊い人物と認識されていたので特記されているのであろう。阿倍天皇すなわち孝謙天皇および桓武天皇も「怨霊」となったわけではなく、仏教に帰依して仏教思想を広めるのに尽力した天皇である。

そして、次からが「怨霊」であり、桓武天皇より時代がさかのぼって人名が記される。吉野大后は井上内親王、藤原夫人御霊などは藤原吉子とその子伊予親王を指す。藤原仲成は種継の長男で、薬子の変により左遷されて射殺された。藤原内侍は薬子のことである。東夷毛人神霊とは桓武天皇による征討事業で亡くなった蝦夷を指す。宏勝延命僧霊については、具体的に何を指すのか不明だが、のちに述べる『伝述一心戒文』にも見られ、宏勝と延命という二人の僧のことを指すと考えられている。そして、恨みをもって横死した古今の霊や一切の神霊などに対して、永久に八難から離れて天上に生まれ、仏土に往生し、法華経を聴聞して悟りを開き、得道して日本国に戻って昼夜比叡山や日本国を守護し、永久に仏法の興隆につとめるよう述べている。

ここで注意したいのは、最澄は「怨霊」を密教的呪法により鎮めようとするのではなく、法華経に帰依させることにより、悪業の患いから抜け出させ、そればかりでなくさらには日本国の守護となるよう求めていることである。これは善珠の手法をさらに発展させたものであるが、法華経などの護国経によって「怨霊」を得道させようとしており、より体系だっていると言える。また、ここで「怨霊」と記されずに「御霊」「神霊」と記述されていることも重要である。「怨霊」という語はまだ定着したものではなかったと言えよう。また、「御霊」「神霊」の区別がいかなる基準によるものかは不明だが、これらのうち崇道天皇・伊予親王・藤原吉子（藤原夫人）・藤原仲成（観察使）が貞観五年（八六三）五月二十日に神泉苑で行われた御霊会に「御霊」として登場し、新たに付け加えられたのは橘逸勢と文室宮田麻呂である[32]。

さらには、最澄の高弟光定による『伝述一心戒文』[33]は、最澄の主張した大乗戒の独立についての事情や経過および円澄が最澄の正統な後継者であることが著されているが[34]、巻上「承先師命建大乗寺文」中にも「怨霊」に関する記述がある。

> 弘仁九年四月二十六日五更、奉㆑資㆓国主㆒、発㆑願奉㆑資㆓一切天神地祇㆒、起㆓恨怨㆒神祇等、令㆓離苦得楽㆒、故定㆓九院㆒、令㆑長㆓講金光明㆒、抜㆓済一切国裏百部鬼神等㆒、令㆓離苦得楽㆒、故定㆓九院㆒、令㆑長㆓講仁王護国般若経㆒、奉㆑資㆓大日本国開闢以来一切国主、御霊、延暦以前一切皇霊、並平崩怨薨王霊、臣霊、比丘霊、比丘尼霊、優婆塞霊、優婆夷霊、賢霊、聖霊及六道四生受苦一切龍鬼等霊㆒、永出㆓三界㆒、皆悉成仏、故定㆓九院㆒、令㆑長㆓講妙法蓮花経㆒、

弘仁九年（八一八）四月二十六日、比叡山に九院を作り、そこで護国三部経の長講を行うことが述べられている。願文の具体的内容は、一切の天神地祇と恨怨を起こす神祇などが苦を離れて楽を得るために金光明経の長講を、一切の鬼神のために仁王般若経の長講を、日本国開闢以来の一切の国主、御霊、延暦以前の一切の皇霊、平

穏に亡くなった王の霊および怨を抱いて亡くなった王の霊、臣下の霊、僧侶たちの霊、賢霊、聖霊および六道四生において苦しんでいる一切の龍・鬼などの霊が、永遠に三界を出て成仏するよう法華経の長講を行ったとされている。このころ行われた三部長講会式は、さまざまな霊とともに、怨みをもって亡くなった人物の霊を慰撫することが重要な課題になっていたことがわかる。弘仁九年は前年からの旱魃が続き、諸寺において降雨の祈願が行われ、比叡山に対しても降雨祈願の法要の開催が要請されたものと思われる(35)。

さらに『伝述一心戒文』には、以下の敬白文が記載されている。

敬白同法宏勝霊、及以同法命延霊、乃至一切怨恨霊、諦聴二般若甚深法一、五蘊皆空、何用恨、三科十二四諦空、以無所得無礙、以レ怨報レ怨怨不レ止、以レ徳報レ怨怨即尽、莫レ恨二長夜夢裏事一、可レ信二法性真如境一、我今抜二済二霊苦一、速証二無上安穏楽一、願得レ消二除七難苦一、二霊倶令レ修二一円行一、同登二一乗宝車一而令レ遊二仏位一、奉二為二霊一、新書二写一乗妙蓮華経一開講供養、種種福相資、二霊倶成仏、

「同法宏勝霊」「同法命延霊」および一切の怨恨をもつ霊に対して、怨によって怨に報いたのならば怨がとどまることはなく、徳によって怨に報いたのならば怨はそこで消えるとしている。七難を「同法宏勝霊」「同法命延霊」という特定の死霊の怨恨に起因させ、死霊が怨恨を捨てるのならば七難が消滅し、成仏できるとしている(36)。そして、経典の読誦による功徳を回向することによって怨霊の鎮魂をはかったのである。

八重樫直比古も指摘しているとおり、紀元前四〜三世紀に編集された仏教聖典の中でも最古のものとされる『法句経』にすでに「以レ怨報レ怨怨不レ止、以レ徳報レ怨怨即尽」と同じ趣旨を述べた部分が見られ、その後も『出曜経』『四分律』などに同様の記述がなされている。そして、日本ではこの考え方は、善珠さらには最澄によって広められたのであった。

三　怨霊思想と死刑停止

日本においては、弘仁元年（八一〇）の薬子の変以降、保元元年（一一五六）の保元の乱までの三百四十七年間、死刑が行われなかったとされ、その理由は、人道的な動機に由来するものではなく、死穢忌避の思想や仏教の弘布によって植え付けられた悪因悪果の思想に加え、怨霊恐怖の思想があったことが指摘されている。[37]以下、死刑が忌避された原因を怨霊の側面から検討してみたい。

半井本『保元物語』[38]下「忠正、家弘等誅セラルル事」には、

「吾朝ニハ、昔、嵯峨天皇御時、右衛門督仲成ガ被レ誅テヨリ以来、「死者二度生不レ被レ返。不便ノ事也」トテ議定有テ、死罪ヲ被レ止テ、年久シ。サレバ、長徳ニ、内大臣藤原伊周公、花山院ヲ射奉タリシハ、花山院ノバケ物ノマネヲシテ、道ヲ行セ給ケル、前足ト云物ヲ召テ、築垣ニ御尻ヲ懸テ、紅ノ袴ヲ続集テ、土ニ下ル程ナルニ、髪ニモ、同色ノ御衣ヲ着テ有ケルヲ、伊周公、実ノバケ物ト思テ、是ヲ射奉ル。「罪既ニ斬刑ニ及ブ。死罪有ベシ」ト、法家検申シ然共、死罪一等ヲ減テ、遠流セラレキ。其後、死罪久絶タリ。今改メ行ハル、ニ不レ及。且ハ又、故院ノ御中陰ノ間也。旁被レ宥タラバ、可レ然」由、人々被二申合一ケルヲ、少納言入道信西頻ニ申ケルハ、「(中略) 只切セ給ヘ」ト勘申ケレバ、「申処、其謂アリ」ト被二聞食一ケレバ、信西ガ申状ニ依テ、皆被レ切ニケリ。人々傾申ケレ共、不レ叶。

と記されており、嵯峨天皇の御代、薬子の変において藤原仲成が誅せられて以来、死罪が止められたとされている。[39]

また、『日本霊異記』[40]巻下「智行並具禅師重得二人身一生二国皇之子一縁　第三十九」には以下のように記されている。

世俗云、「国皇法、人殺罪人者、必随レ法殺。而是天皇者、出二弘仁年号一伝レ世、応レ殺之人成二流罪一、活二彼命一以人治也。是以旺知二聖君一也」。

著者の景戒は嵯峨天皇と同時代に生きた人物であり、当時から嵯峨天皇は死刑の代わりに流罪を最高刑にした聖君との評価がなされていたことが明らかである。それでは、死刑の制度は実際どのように縮小されていったのか見てみる。

『獄令』[41]では、立春から秋分までは死刑の奏上と執行を行ってはならないとされ、また大祀・斎日・朔・望・晦・上下弦・二十四気・仮日にも同様に行ってはならないとされていたが、『日本後紀』弘仁六年十一月丁亥（二十一日）条によれば、十一月一日から十二月十日までは、祭事が相次ぐため死刑を行ってはならないとされ、実質死刑を執行できる日は非常に限られるようになった。神事が行われる日に死刑を執行してはいけないというのは、国家による処刑という死のケガレによって神が不浄となり、祟りが起きるのを恐れてのことだろう。

『類聚三代格』[42]巻二十「断罪贖銅事」弘仁十三年（八二二）二月七日太政官符所引弘仁九年宣旨には、「犯盗之人、不レ論二軽重一皆配二役所一」とあることにより、盗みを犯した人物に関しては死刑に処さずに「徒」としたが、弘仁十三年太政官符で、「其犯二死罪一別勅免レ死十五年為レ限」のように、死罪を犯しても別勅によって徒十五年とすることとなったことから、嵯峨天皇の御代に死刑が行われなくなったと一般に解されている。

『獄令』には「凡決二大辟罪一、在京者、行決之司、三覆奏」とあるように、死刑を行うには天皇の画可が必要とされていた。弘仁十三年官符では死罪を免じるためには「別勅」が必要であったが、次第に検非違使別当宣でもこの処置をとることができるようになった。けれども、死罪を定めた律の各条は法理的には有効であって、天皇がもしこれを欲したならばいつでも死刑を行決することができたと解されている[43]。

死罪を一等減じて流罪にするなどの寛刑の方向は、聖武天皇の治世に見ることができる。『続日本紀』[44]神亀二

年（七二五）十二月庚午（二十一日）条には、

詔曰、死者不レ可レ生、刑者不レ可レ息、此先典之所レ重也、豈無二恤刑之禁一、今所レ奉在京及天下諸国見禁囚徒、死罪宜二降従レ流、流罪宜レ従レ徒、徒以下並依二刑部奏一、

のように、聖武天皇の詔により、『史記』孝文本紀や『漢書』刑法志の記述にならって、諸国の現禁囚徒に対して、死罪は一等減じて流とし、流罪は一等減じて徒にするように命じている。この詔は、同年九月壬申（二十二日）条に攘災招福を願う詔が記されていることからもわかるように、恩赦を行って天皇に徳があることを示すことにより、災異を除き風雨を安定させようとする行為であった。

そして『続日本紀』天平十七年九月辛未（十七日）条では、聖武天皇の病のために、天下に赦を施し、常赦の免さないところもことごとく許すように命じている。こうした天皇の個人的病気平癒祈願のために大赦が行われることは、災異説と薬師信仰とを混合し、特定皇族の延命には徳政が必要であり、徳政の一つが恩赦であるという認識が形成されていたためと考えられている(45)。

嵯峨天皇による死刑停止もこうした流れの中で理解することができようが、それだけではなく、怨霊との関係から死刑を停止するにいたったと考えることができる。すなわち、弘仁年間の状況を見てみると、嵯峨天皇は弘仁元年（八一〇）正月から不予で、いったん回復するものの七月中旬には再び不予となった。その原因は、崇道天皇・伊予親王・藤原吉子らの怨霊のためであるとみなされ、七月二十七日には崇道天皇のために百人、伊予親王のために十人、藤原吉子のために二十人の計百三十人を得度し、七月二十九日には、崇道天皇のために川原寺で法華経一部の書写が行われた（『日本紀略』）。そして十二月十八日には僧七口を吉野陵に遣わして井上内親王のために読経を行った（『日本後紀』）。

元永元年（一一一八）に成立した空海の伝記である『高野大師御広伝(46)』所引弘仁二年十一月九日太政官符によ

れば、嵯峨天皇は高雄山寺に住む空海に対して乙訓寺に移住するように命じ、乙訓寺を修造させている。乙訓寺は藤原種継暗殺事件により早良親王が幽閉された寺で、その後、早良は飲食を断ち、淡路へ移される途中亡くなった。そのような経緯から、乙訓寺は早良の怨霊と深くかかわりのある寺として認識されていたと推測される。しかし、乙訓寺はその後荒廃し、そのことが怨霊の跳梁を引き起こしているとみなされたため、空海に修造が命じられたようである。(47)

空海は弘仁三年十月二十九日に高雄山寺に戻ったが（『伝教大師消息』）、その後も嵯峨天皇のための祈禱を行った。(48)『性霊集』巻第六には伊予親王とその母藤原吉子の追善法会の際の願文が二編収録されている。(49)そのうちの「東太上為二故中務卿親王一造二刻檀像一願文」は弘仁十年に成立したと考えられるが、そこには以下のように記されている。

伏惟、皇帝陛下、允仁允慈含弘光大、且智且文道義是親、所以、為二故中務卿親王及故夫人藤原氏一、敬造二刻檀釈迦牟尼仏像一軀、観世音菩薩像一軀、虚空蔵菩薩像一軀一、竝金銀泥画二四大忿怒王像四軀、四摂八供養八大天王像等一、各副二法曼荼羅、三昧耶曼荼羅一、兼延二法侶一開二肆斎莚一、

（中略）

伏願、籍二此勝業一、抜二翊茕魂一、持二金翅於空々一、攀二蓮歩於如々一、弥宝日新、山寿无レ窮、股肱良哉、元々康哉、幽顕同レ福、併鑒二本有之五鏡一、常沐二仏護一、鎮遊二法苑一、

嵯峨天皇は人徳にあふれ慈愛に満ち、智力に優れ文章にも秀でており、伊予親王と藤原吉子のために檀像の釈迦如来像、観音菩薩像、虚空蔵菩薩像を造刻し、金銀泥で四大忿怒像や四摂・八供養菩薩、八大天王像を画き、そのおのおのに法曼荼羅・三昧耶曼荼羅をそえ、僧侶を招請して法莚を開かれた。付して願うことには、この業によって憂える霊魂の苦しみを抜済して安住の地に落ち着かせ、天皇の寿命が窮まることなく、股肱の臣は賢良

であり、霊魂は常に仏の保護を受け、鎮まって仏法の庭で遊ばんことを、といった内容の願文である。さらに空海は天長四年（八二七）九月には淳和天皇不予により、伊予親王追善のために四日間法華経の論議を催して願文を捧げた[50]。

また、最澄は先に述べたように、弘仁三年から四年にかけて「三部長講会式」を行うことにより、崇道天皇をはじめとしたさまざまな「怨霊」の鎮撫をはかった。これも嵯峨天皇の命があってのことである。そして弘仁七年十月二十三日太政官符では、霊安寺では伽藍は整っていても説法が行われていないため、毎年正税四千束を出挙し、その息利により春秋悔過と修理の料に充てる旨が命じられている[51]。

そして弘仁十年三月二十一日には、嵯峨天皇は思うところがあって、伊予親王・藤原吉子らを本位の号に戻すよう命じている（『日本紀略』）。その他、伊勢神宮への奉幣、大覚寺への般若心経奉納なども行われ、これらは嵯峨天皇不予や祈雨のための対応であり、その原因としては、井上内親王・崇道天皇・伊予親王らの怨霊が恐れられていたのであった。そして、死刑を断行することは、新たな「怨霊」を創り出すことにつながることから忌避されたというのも、死刑停止の一因と言えよう。配流した地で亡くなっただけでも怨霊化することが予想されて恐怖におびえているのに、死刑を行えばましてのことである。また、死刑を行うことにより発生するケガレが神社を不浄にして、祟りを生じさせることも恐れられたのではないだろうか。

ところで、『続日本後紀』[52]承和十一年（八四四）八月乙酉（五日）条には嵯峨天皇の遺誡が記されている。

先帝（嵯峨）遺誡曰、世間之事、毎レ有二物恠一、寄二祟先霊一、是甚無レ謂也者、今随レ有二物恠一、令下二所司一卜筮上、先霊之祟明二于卦兆一、臣等擬レ信、則忤二遺誥之旨一、不レ用則忍二当代之咎一、進退惟谷、未レ知二何従一、（中略）卜筮所レ告、不レ可レ不レ信、（中略）朝議従レ之、

嵯峨天皇は、世間では物恠があるたびに祟りの原因を先霊に求めているが、それははなはだ謂われのないこと

であると言ったとされる。しかし、藤原良房は卜筮によって占わせて、先霊の祟りであるという結果が出たため、天皇の遺誡に背いてしまうことになってしまうが、卜筮の告げる結果は信じないわけにはいかないということになり、朝議でもそのように決定され、卜占が天皇の遺誡に優先し、不審な点があれば卜占によって決定することが以降定着することとなった。(53)

この記事や、『日本後紀』弘仁三年九月辛巳（二十六日）条に、

勅、怪異之事、聖人不レ語、妖言之罪、法制非レ軽、而諸国、信二民狂言一、言上寔繁、或言及二国家一、或妄陳二禍福一、敗レ法乱レ紀、莫レ甚二於斯一、自レ今以後、有下百姓輒称二託宣一者上、不レ論二男女一、随レ事科決、但有二神宣灼然、其験尤著者一、国司検察、定レ実言上、

とあることから、嵯峨天皇は儒教精神にもとづき、怪異については懐疑的であったとも考えられる。

しかし、これらは妖言によって国家が動揺することを恐れてのことであり、「真の霊魂」のあらわれには敬意を表していた。それは、「神宣灼然としてその験尤著なることあらば、国司検察して、実を定めて言上せよ」というように、神の託宣には常に敏感であったことからもわかる。

最澄・空海とのかかわり、さらには弘仁年間の崇道天皇・伊予親王・藤原吉子らの怨霊への対応といった状況から考えて、嵯峨天皇による死刑の停止は、その背景の一つとして怨霊への恐怖といったこともあったとみなしてよいのではないだろうか。

おわりに

「怨霊」という語は九世紀初頭に早良親王の霊魂に対してはじめて使用された語である。それゆえ、厳密にはそれ以前に「怨霊」は存在しない。小林茂文は、「怨霊」となるためには「社会的な祟り」となることが必要で

あり、それにともなう「霊の祭祀」が欠かせず、早良親王こそ国家により認定された「怨霊」であって、「怨霊思想は、民間宗教家による政府批判の結果、国家に受容されたのでは」なく、貞観御霊会以降に「怨霊言説を用いた民間による攻撃が初登場」したとする。[54]

なにをもって「怨霊」と判断するのか、これは論者によって分かれるであろうが、「怨霊」思想が成立したとする早良親王の後でも、社会的な祟りとはならず個人的に祟っている霊魂は数多く存在し、もしそうしたものを怨霊でないとして排除したならば、怨霊は限定されたものとなろう。

また、国家の認定の有無を問題にすれば、宝亀三年（七七二）八月十八日には淡路廃帝（淳仁天皇）の墓が改葬され、淡路国の僧六十人を招いて供養をし、年少の浄行者二人を常に墓のそばに住まわせて読経などをさせることになったが、これはこの年の異常風雨などが原因であり、国家により「怨霊」の認定が行われて慰霊がなされた事例といえる。

「社会的な祟り」に関して言えば、神護景雲四年（七七〇）の京師における飢疫や自らの病が重くなったことに対し、称徳天皇は七月十五日の勅で以下のように述べている。[55]

而猶疫気損レ生、変異驚レ物、永言疚レ懐、不レ知レ所レ措、唯有二仏出世遺教応感一、苦是必脱、災則能除、故仰二彼覚風一、払二斯祲霧一、謹於二京内諸大小寺一、始レ自二今月十七日一七日之間、屈二請緇徒一、転二読大般若経一、因レ此、智恵之力忽壊二邪嶺一、慈悲之雲永覆二普天一、既往幽魂通二上下一以証覚、来今顕識及二尊卑一而同栄、

称徳天皇は「幽魂」の苦を認め、生きている民の苦と同じくそれを除くことを天皇の責務とみなしており、証覚していない「幽魂」による怨気が天を動かして災異を発生させているため、「幽魂」の苦を解消しなければ天の譴責は止まないと考えていたのであった。[56]ここでは「幽魂」によって飢疫などが引き起こされたとみなされていたことがわかる。

「民間宗教家による政府批判」については、『続日本紀』天平十八年（七四六）六月己亥（十八日）条で、玄昉が亡くなったことに対して、「世相伝云、為二藤原広嗣霊一所レ害」としており、直接政府を批判している文言は記されていないが、藤原広嗣の政敵だった玄昉が筑紫に左遷されて亡くなったことに対し、人びとは玄昉を批判して藤原広嗣の霊によって取り殺されたと噂したのだろう。そして『続日本紀』宝亀六年（七七五）十月壬戌（二日）条に記す吉備真備の薨伝では、「雖二兵敗伏一誅、逆魂未レ息」と記されるように、国家も認めている。どちらの認定が先か即断はできないが、おそらくは民間での噂が先にあり、それを国家も取り入れ、現地で神宮知識無怨寺＝弥勒知識寺が建立されたのに対し、聖武天皇も水田を施入して慰霊が行われたのだろう。[57]

これらのことからわかるように、早良親王以前から「怨霊」としてのさまざまな要素があらわれており、同時代を生きた人びとはこれらを「祟」や「霊」や「幽魂」のためであるとみなしていた。こうしたことから、怨霊思想は早良親王以前から見られ、奈良時代を通じて仏教者によって対応がとられていくのにともなって「怨霊」もより明確に発動するようになったと言えよう。そうした中、玄昉・善珠・最澄・空海といった僧侶により、次第に怨霊への対処が、最初は呪術的な方法で、のちには「怨」の連鎖からの脱却を諭すという形式に整えられていった。これは奈良時代後期から平安時代初期にかけての、唐からの当該仏典の将来と経疏の作成に大きな影響を受けている。

それならば、怨霊思想はいつから存在するのだろうか。原初的な形態としては、拙著でも述べたとおり、[58]『日本書紀』崇峻天皇即位前紀に記す、物部守屋の資人捕鳥部万が朝廷軍との戦のさいに、矢が膝に刺さったため自害したが、朝廷は万を八段に斬って八か国にばらまいて梟の刑にすることを命じ、河内国司が斬ろうとしたときに雷鳴が轟き、大雨が降ったことを記していることは、万の怨念がそのような異常気象を引き起こしていると理解することができ、広義の「怨霊」の範疇に入れてよいのではないだろうか。

霊魂はおそらく有史以前から肉体の中にあることによって人間を人間たらしめていると考えられていて、亡くなって肉体から離れていくさい、非業の死を遂げたとみなされる場合は、霊魂が決められた場所に落ち着くことができずに「幽魂」となり、祟りをなすと考えられていたのではないだろうか。

(1)『日本後紀』は逸文も含めて、黒板伸夫・森田悌編『日本後紀』(集英社、二〇〇三年)を用いた。
(2) 西本昌弘「早良親王薨去の周辺」(『日本歴史』六二九、二〇〇〇年)。
(3) 坂本太郎「続日本紀」(『六国史』吉川弘文館、一九七〇年)。青木和夫・稲岡耕二・笹山晴生・白藤禮幸校注『続日本紀』五〈新日本古典文学大系〉(岩波書店、一九九八年)五九四・五頁に、『続日本紀』と『日本紀略』との記事の対比が掲載されている。
(4)『新訂増補国史大系』。
(5) 早良親王に関しては、大安寺国際仏教文化研究所編『崇道天皇と大安寺』(大安寺、一九八五年)や坪之内徹「早良親王関係史料の整理」(『文化史学』三二、一九七六年)に事蹟および史料が収録されていて簡便である。また、小林茂文「早良親王怨霊言説の発明」(『史学』七九―三、二〇一〇年)に早良親王が怨霊として登場してくる経緯について詳しく記されている。
(6) 田中聡「「陵墓」にみる「天皇」の形成と変質――古代から中世へ――」(日本史研究会・京都民科歴史部会編『「陵墓」からみた日本史』青木書店、一九九五年)。
(7)『続日本紀』での記述のほか、『大神宮諸雑事記』に詳しい顚末が記される。
(8) 佐竹昭『古代王権と恩赦』(雄山閣出版、一九九八年)によれば、聖武朝後半の天平十七年(七四五)九月赦で天皇個人の病の原因を失政に求めて赦を行っており、天皇の私的な災厄を天の咎徴とし、その原因を失政に求めて赦を行うような例は中国ではほとんど見られず、本来的な災異説を矮小化し応用化したものと言えるとしている。
(9) 仲野安雄『重修淡路常磐草』(臨川書店、一九九八年)。
(10) 牛山佳幸「早良親王御霊その後――崇道天王社からソウドウ社へ――」(『【小さき社】の列島史』平凡社、二〇〇〇年、初出一九八四年）。
(11) 和田英松校訂『水鏡』（岩波書店、一九三〇年）。
(12)『新訂増補国史大系』。
(13) 同右。
(14) 伊予親王事件とその怨霊化に関しては、大江篤「川原寺と怨霊」（東アジア恠異学会編『怪異学の技法』臨川書店、二〇〇三年）に詳しい。
(15) 善珠に関しては、小山田和夫「『日本後紀』における僧侶の卒伝に関する基礎的考察」（佐伯有清先生古稀記念会編『日本古代の祭祀と仏教』吉川弘文館、一九九五年）などに詳しい。
(16)『新訂増補国史大系』。
(17) 本郷真紹「光仁・桓武朝の国家と仏教――早良親王と大安寺・東大寺――」（『律令国家仏教の研究』法藏館、二〇〇五年、初出一九九一年）。
(18)『大正新脩大蔵経』一八一五。
(19) 八重樫直比古「空と勝義の孝――古代仏教における怨霊救済の論理――」（石田一良編『日本精神史』ぺりかん社、一九八八年）、大江篤「「祟り」「怨霊」、そして「御霊」――神霊を語る者――」（東アジア恠異学会編『怪異学の可能性』角川書店、二〇〇九年）。
(20)『日本大蔵経』経蔵部方等部章疏四。
(21) 名畑崇「善珠について」（『大谷学報』五二―四、一九七二年）。
(22) 山口敦史「古代前期・仏典注釈の世界――善珠撰述経疏の言説を中心に――」（古代文学会編『祭儀と言説――生成の〈現場〉へ――』（森話社、一九九九年）。
(23) 中野玄三「観音の信仰とその造形」（『日本仏教美術史研究』思文閣出版、一九八四年、初出一九八二年）。
(24)『観音経』には、「呪詛諸毒薬、所欲害身者、念彼観音力、還著於本人」などのように記され、「怨霊」に襲われたとき帰依する経典としてふさわしい。
(25) 速水侑「奈良朝の観音信仰について」（速水侑編『観音信仰』〈民衆宗教史叢書〉雄山閣出版、一九八二年、初出一九六二年)。
(26)『大正新脩大蔵経』一〇七〇。
(27)玄昉将来経については、山本幸男「玄昉将来経典と「五月一日経」の書写(上・下)」(『相愛大学研究論集』二二・二三、二〇〇六・七年)に一覧表とともに解説が施されている。
(28)佐伯有清『若き日の最澄とその時代』(吉川弘文館、一九九四年)。
(29)「三部長講会式」に関する研究はこれまでさまざま行われてきたが、怨霊との関係で言えば櫻木潤「最澄撰「三部長講会式」にみえる御霊」(『史泉』九六、二〇〇二年)が重要であり、大変参考にさせていただいた。
(30)『大正新脩大蔵経』二三六三。
(31)佐伯有清前掲書(注28)。
(32)櫻木潤前掲論文(注29)。
(33)『大正新脩大蔵経』二三七九。
(34)鎌田茂雄ほか編『大蔵経全解説大事典』(雄山閣出版、一九九八年)。
(35)八重樫直比古「空と勝義の孝——古代仏教における怨霊救済の論理——」(石田一良編『日本精神史』ぺりかん社、一九八八年)。
(36)同右。
(37)利光三津夫「平安時代における死刑停止」(『律令制とその周辺』慶応義塾大学法学研究会、一九六七年)、稲岡彰「怨霊思想と死刑停止」(『早稲田大学大学院法研論集』二六、一九八二年)。なお、まったく死刑が行われなかったわけではなく、例えば正暦三年(九九二)十二月には阿波国海賊追討使源忠良が海賊らを斬首し、東獄門前で梟首にしているなど、死刑の例はまま見られる(『日本紀略』)。利光三津夫によれば、これらの場合は、下級官吏による専断によって死刑が行われており、為政者はこれを黙認していたとされる。そして、為政者は心中では死刑の必要を認めながらも、己れ自身は、死刑の執行に関与することから免れようとしていたとされている。
(38)栃木孝惟校注『保元物語・平治物語・承久記』〈新日本古典文学大系〉(岩波書店、一九九二年)。
(39)上横手雅敬「「建永の法難」について」(上横手雅敬編『鎌倉時代の権力と制度』思文閣出版、二〇〇八年)によれば、本来、嵯峨天皇は仲成を佐渡に配流する予定だったが、にわかに方針を改め、仲成を律の規定しない射殺という処刑方法により暗殺したとする。
(40) 中田祝夫校注『日本霊異記』〈日本古典文学全集〉(小学館、一九七五年)。
(41) 井上光貞ほか校注『律令』〈日本思想大系〉(岩波書店、一九七六年)。
(42) 『新訂増補国史大系』。
(43) 利光三津夫「嵯峨朝における死刑停止について」(『律の研究』明治書院、一九六一年)。
(44) 青木和夫ほか校注『続日本紀』〈新日本古典文学大系〉(岩波書店、一九九〇年)。
(45) 佐竹昭前掲書(注8)。
(46) 『続群書類従』伝部。
(47) 高木訷元『空海――生涯とその周辺――』(吉川弘文館、一九九七年)。
(48) 渡邊照宏・宮坂宥勝校注『三教指帰・性霊集』〈日本古典文学大系〉(岩波書店、一九六五年)。
(49) 櫻木潤「嵯峨・淳和朝の「御霊」慰撫――『性霊集』伊予親王追善願文を中心に――」(『仏教史学研究』四七―二、二〇〇五年)はこの願文を怨霊との関係から扱っており、大変有益である。
(50) 『性霊集』巻第六「天長皇帝為故中務卿親王捨田及道場支具入橘寺願文」。
(51) 『類聚三代格』巻十四出挙事。
(52) 『新訂増補国史大系』。
(53) 山下克明「災害・怪異と天皇」(『岩波講座　天皇と王権を考える8　コスモロジーと身体』岩波書店、二〇〇二年)。
(54) 小林茂文「早良親王怨霊言説の発明」(『史学』七九―三、二〇一〇年)。
(55) 『続日本紀』宝亀元年(七七〇)七月乙亥条。
(56) 柴田博子「怨霊思想成立の前提――七・八世紀における死者観の変容と王権――」(柴田博子編『日本古代の思想と筑紫』櫂歌書房、二〇〇九年)。
(57) 長洋一「藤原広嗣の怨霊覚書――大宰府文化の側面――」(『歴史評論』四一七、一九八五年)。
(58) 山田雄司『跋扈する怨霊』(吉川弘文館、二〇〇七年)。

第2章　怨霊への対処——早良親王の場合を中心として——

はじめに

個人の病気や死、さらには天変地異や疫病などが発生した場合、その原因を霊や神に起因すると考えることは、現代の日本社会でも行われている。相手側から弾圧されたりしたことにより、追い込まれて非業の死を遂げ、その後十分な供養がなされなかった霊魂は、死後に自己の宿願をかなえるために、自分を追い落とした人物に祟って出たり、さらには社会全体にも災害を発生させると考えられていた。それが「怨霊」と呼ばれる存在である。人が天寿を全うして亡くなった場合、その霊魂は山の上や海の彼方、さらには墓地に安住するものと考えられていた。しかし、「異常死」の場合、霊魂はそうした地に安住することなく宙を浮遊し、ときにその霊魂は人にとりついて病気を起こしたり、呪い殺したり、飢饉や水害などの天災を発生させたりすると考えられていた。

怨霊がいつから存在するのか、文献から明らかにすることは難しいが、おそらく人が記録を残す以前からこうした考え方はあったのではないだろうか。文献上「怨霊」という語がはじめて登場するのは九世紀初頭であり、八世紀末から九世紀はじめにかけて怨霊に対してさまざまな対応がとられ、このころ怨霊への対処方法がほぼ確立したと言ってよいだろう。そのとき最も猛威をふるっていたのが早良親王の怨霊である。本章では早良親王の怨霊を中心に、どのような対処がなされたのか考察していく。

一　儒教的対応

早良は光仁天皇の皇子で、天応元年（七八一）に兄の山部親王が即位（桓武天皇）すると皇太子となった。しかし、延暦四年（七八五）九月二十二日に起こった藤原種継暗殺事件に関与したとして廃太子とされ、乙訓寺に幽閉された後、朝廷から飲食を停止されるものの十余日耐え、淡路へ船で移送される途中の十月十七日に高瀬橋頭で亡くなったとされる。亡骸はそのまま淡路に運ばれて埋葬された。埋葬された当初は、「犯罪者」としての墓が作られたものと推測される。

その後しばらくは記録に災異などの記事は見られないが、延暦九年になると災異が頻発し、それへの対応が記されてくる。しかし、この段階ではまだ災異の原因が怨霊であると認識されているわけではなく、災異に対する一般的対応としての対処がなされた。延暦九年（七九〇）三月十四日には、伯耆・紀伊・淡路・参河・飛騨・美作などの六か国が飢えたため、賑給がなされた。二十九日にも参河・美作の二か国が飢えたため、賑給がなされた。閏三月十日には、桓武天皇皇后藤原乙牟漏不予のため、二百人を出家させ、さらには左右京・五畿内の高年・鰥寡・孤独・疹疾の自存できない人びとに賑恤が施されたが、皇后はそのかいなくこの日亡くなった。十六日の桓武天皇による詔には、以下のように記されている(1)。

> 朕以二寡徳一、臨二馭寰区一、国哀相尋、災変未レ息、転レ禍為レ福、徳政居レ先。思下布二仁恩一、用致中安穏上。宜可レ大二赦天下一。自二延暦九年閏三月十六日昧爽一以前大辟已下、罪無二軽重一、已発露・未発露、已結正・未結正、繋囚・見徒、私鋳銭、八虐、強窃二盗、常赦所レ不レ免、咸皆赦除。其延暦三年以往、天下百姓所レ負正税未納言上、及調庸未レ進者、咸免除之。縦未二言上一、無レ由二徴納一者、亦免之。神寺之稲、宜レ准二此例一焉。

桓武天皇は災変が相次ぐことに対し、自らの寡徳を懺悔して恩赦を施すという徳政によって禍を転じて福としようとした。そのために、常赦では免じない私鋳銭・八虐・強窃二盗についてもみなことごとく赦免することにした。さらには、正税未納および調庸未進を許し、社寺が封戸の民に対して行う出挙の未納についても免除した。災異などに応えて恩赦を行うことは、中国の恩赦のあり方を導入した律令国家においてしばしばなされている。(2)これは儒教的徳治主義にもとづく行為で、天皇に徳があって仁政が行われていることを示すことにより、天帝が感応して災変を終息させると考えられていたことによる。

さらに四月には和泉・参河をはじめとした十五か国で飢饉が広がったので、賑給が行われた。そして八月にも大宰府管内で飢民が八万八千余人に達し、賑恤が加えられた。その間、七月二十一日には、桓武天皇夫人坂上又子が亡くなった。延暦十四年五月五日には諸国での旱疫のため、節宴が中止となり、豊後・日向・大隅・紀伊国で飢饉が広まり、賑給が施された。また、延暦二十三年末に桓武天皇が不予となったさいには、平城の七大寺に遣使されて誦経とともに平城京の飢乏の道俗に賑恤が行われ、十二月二十六日には恩赦がなされた。

これらの高齢者や病人、貧窮者などに対して国家が食料や衣料を支給する賑給という行為は、即位・改元・祥瑞などの国家の大事・慶事にさいして行われる場合と、疫病・災害・飢饉などの凶事のさいに行われる場合があり、八世紀段階では両者とも儒教的色彩の強いもので、天皇による仁政の一つと考えられていた。(3)

以上のことからわかるように、延暦九年からはじまる桓武天皇周辺の人物の病気や死、旱魃・飢饉・疫病などに対して、恩赦や賑給などの儒教的徳治主義にもとづく対応をとることにより、被害が終息するのを期待した。しかし、こうした対応は災害の原因が何であろうと行われうる対応方法であり、原因が怨霊でなくても実行されうる手法で、実際そうしたさいに行われている。またこの方法は、怨霊自体を鎮めようとするものではなく、怨霊によって生じた被害を終息させようとするもので、「対症療法的対応」と言える対応であることから、根本的な解決にはいたらないのである。

二　神社での祈禱

儒教的対応と並んで、神社への祈禱により災異を鎮めようとすることも行われた。延暦九年五月は炎旱が続いたため、二十九日には畿内の名神に幣帛を奉り、嘉澍（よきあめ）を祈ることが行われた。また、延暦十年も日照りが続いたため、六月二十六日には黒馬を丹生川上神に奉ったほか、七月一日には畿内の名神に幣帛を奉った。

そして八月三日夜に伊勢神宮に盗賊が入り、正殿・財殿・御門三間・瑞垣一重が焼失するという事件が起こった。[4] そのため十四日には奉幣使として神祇伯大中臣諸魚・神祇少副忌部人上らとともに春宮大夫紀古佐美が遣わされていることから、伊勢神宮の焼亡は早良親王にかわって皇太子となった安殿親王の病と関係づけられていたことが推測される。奉幣の甲斐あってか、安殿親王の病気はよくなり、十月二十七日に自ら神宮に赴いて病気の平癒を報告した。神宮はその後延暦十一年三月二十三日に造替が行われて修理された。そして六月五日には安殿親王の病により畿内の名神に奉幣が行われた。

『続日本紀』は延暦十年で記述を終えるが、引き続き『日本後紀』に災異の記事が記される。延暦十一年五月六日は、度重なる旱災によって馬射が停止された。そして六月五日には安殿親王の病により畿内の名神に奉幣が行われ、十日には安殿親王の病が早良親王の祟りのためというトいの結果が出る。

以上の神社における祈禱というあり方は、炎旱や天皇・皇太子らの病気のときの一般的対応である。それではその原因が早良親王の祟りとされて以降の対応はどのようなものであろうか。

延暦十五年八月七日には淫雨が晴れないために畿内の諸神に奉幣し、延暦十七年七月二十五日や同十九年八月十四日などには丹生社に奉幣して晴れることを祈ったりしているが、これらは怨霊と直接関係しているわけではない。神社に対して奉幣を行うのは、怨霊によって現出された炎旱や病気平癒のため、すなわち対症療法的対応であり、祈禱により怨霊を調伏することが期待されていたわけではない。

次に、怨霊が発現したさいの陰陽道の対応について見てみたい。早良親王の怨霊と関係して陰陽師が登場するのは、『類聚国史』(5)巻三十六山陵の延暦十九年（八〇〇）七月己未（二十三日）条の記事である。

詔曰、朕有レ所レ思、宜下故皇太子早良親王追二称崇道天皇一、故廃皇后井上内親王追復称二皇后一、其墓並称中山陵上、令下従五位上守近衛少将兼春宮亮丹波守大伴宿禰是成、率二陰陽師・衆僧一、鎮中謝在二淡路国一崇道天皇山陵上、

桓武天皇は故皇太子早良親王を崇道天皇と追称、故廃皇后井上内親王を追復して皇后、墓を両者とも「山陵」とするとともに、近衛少将兼春宮亮丹波守大伴是成に陰陽師・衆僧を率いさせて崇道天皇の山陵に鎮謝させている。

このとき陰陽師は何をしているのかと言えば、早良親王の「山陵」の地鎮を行ったのであり、怨霊の鎮魂をしたわけではない。陰陽師の職務については、『職員令』(6)に、「占筮相レ地」と規定されていることから、この場合、墓を「山陵」とするのにあたって地所の変更が加えられるため、地相を占断したのであろう。陰陽師は占いにより死者の霊による霊障を占断することはあるが、怨霊の鎮魂を行うことはない。そして、治療は験者が加持・修法を行った。崇徳院怨霊の場合も、『愚昧記』(7)安元三年（一一七七）五月十七日条に、「遣二陰陽師一令レ鎮二山陵一、同遣二僧侶一令レ転レ経事」とあるように、陰陽師が登場するのは山陵の地鎮のためだけである。

ところで、安倍晴明撰『占事略决』(8)占病祟法第二十七には、ある人が病気になった場合、何の祟りなのか占断する手法について記されている。そこでは、病気の原因として神の祟り、仏の祟りなどとともに、霊鬼の祟りがあげられている。すなわち、悪鬼・客死鬼・縛死鬼・求食鬼・母鬼・厠鬼・溺死鬼・乳死鬼・丈人・兵死鬼・道路鬼・無後鬼の祟りである。(9)晴明は『占事略决』を著すにあたって『五行大義』などを参考にしており、この場

合の「鬼」とは霊魂のことをあらわす。しかし、実際は「求食鬼」の占断例しかなく、中国のように、死霊を細かく分類することはせず、「邪気」「霊気」などのように漠然としたとらえ方をしている。

また、注意しなければならないのは、陰陽道においては、たとえある人物の病気の原因を「怨霊」だと占断しても、その鎮撫を行う手法を持ち合わせていない点である。この問題については、陰陽道が現世利益を目的とする宗教で、死後の世界、来世観をもたなかったことによると解されている(10)。陰陽道の祭祀では、鬼気祭のように疫鬼を遠ざける祭や、泰山府君祭のように寿命の長久を願う祭はあるが、怨霊自体にはたらきかけて鎮撫する祭はない。神道でも陰陽道でも、死後の世界に関する体系を持っていないので、死者の霊魂である怨霊に対する術を有していなかったと推測される。ただし、民間陰陽師の場合はその限りではなく、験者や歩き巫女などとともに、民衆のさまざまな要求に応えて諸種の霊の鎮撫を行った。

神社での祈禱は、原因が怨霊以外の場合でも一般的に行われる対処方法であり、怨霊が原因である災異の場合には根本的解決にはいたらないと言える。

三　名誉回復と墓の整備

次に、名誉の回復と墓を整備することによって鎮魂していこうとする手法について考察する。

『喪葬令』先皇陵条に「凡先皇陵。置㆓陵戸㆒令㆑守。非㆓陵戸㆒令㆑守者。十年一替。兆域内。不㆑得㆓葬埋及耕牧樵採㆒」とあるように、天皇陵には陵戸が置かれて管理されるか、もしくは陵戸でなく公民に管理させる場合は、十年ごとに変わるよう規定している。また、陵墓およびその周辺は「兆域」として一般住民の埋葬や牛馬飼育、木の伐採などを禁じている。これは、そのような汚穢が陵墓に伝染すると、陵墓が祟りを起こすと考えられていたからである。早良親王のときには、墓の周辺に隍を作っていなかったため、ケガレが容易に伝染し、祟りが起こった。

なぜ陵墓が祟りを起こすのかと言えば、そこには陵霊がとどまっていると考えられているからであった。『職員令』諸陵司条には、「諸陵司。正一人。掌。祭二陵霊一。喪葬凶礼。諸陵。及陵戸名籍事」とあり、諸陵司は陵墓にとどまる陵霊を祭るのを職務としていた。祭とは、十二月に行われる荷前奉幣のことであるが、祭祀はそれだけにとどまらず、種々の目的に応じて不定期的に臨時奉幣が行われた。

なお、「陵霊」に関しては、桓武朝になって早良親王をはじめとする怨霊の祟りが天皇・皇太子の病や火災などのかたちで発現したと認識されたため、祟りの主の「陵墓」を整備し手厚く祀ることでこれを鎮めようとし、「陵墓」と特定「陵霊」、すなわち「陵」主の霊との不即不離の関係が常態として確立したとされる。[11]『日本紀略』延暦十一年六月癸巳（十日）条でも、「皇太子久病、卜レ之、崇道天皇為レ祟、遣二諸陵頭調使王等於淡路国一、奉レ謝二其霊一」のように、墓にいる早良親王の霊に対して謝すことが行われているのである。

このように陵墓に幣帛を奉って霊に謝すことは、延暦十八年二月十五日にも、兵部大輔兼中衛少将春宮亮大伴是成と伝燈大法師位泰信などが淡路国に遣わされて、幣帛を奉って霊に謝した例がある。神社には神霊が鎮座しており、そこに幣帛が奉られるのと同様に、陵墓には陵霊が鎮座していると考えられ、幣帛が奉られた。そして読みあげられた宣命は、おそらく陵前で焼かれたのだろう。[12]宣命を焼くことで、その内容が叶うことを期待されたのであった。

さらには、先に掲げた延暦十九年七月二十三日の詔で、桓武天皇は故皇太子早良親王を「崇道天皇」と追称し、故廃皇后井上内親王を追復して「皇后」と称し、その墓を両者とも「山陵」と称するように命じた。早良は天皇位についていなかったが、追尊天皇とすることにより名誉を獲得し、怨霊が鎮まることを願ったのである。このころには、第四十七代淳仁天皇の父の舎人親王に崇道尽敬皇帝を、第四十九代光仁天皇の父の施基皇子に春日宮御宇天皇を追尊するという先例があったので、早良親王を追尊天皇とすることに対して、それほど躊躇はなかったのではないだろうか。七月二十六日には、淡路国津名郡の戸二烟を分ちて、崇道天皇陵を守らせ、大和国宇智郡の戸一烟に井上皇后陵を守らせた。そして二十八日には少納言称城王などを遣わして、追尊のことを崇道天皇陵に告げ、井上皇后陵には散位葛井王などを遣わして復位のことを告げた。

このように名誉を回復したり、追尊したりするあり方は、その後の怨霊の場合にも共通して見られる。崇徳・安徳・顕徳（後鳥羽）・順徳天皇の場合は、怨霊となるのを恐れて「徳」のついた謚号が奉られたりするなど、天皇の場合はその称号に非常に注意が払われた。また、臣下の場合には、生前より高い位階が与えられて名誉の回復がなされた。さらには、怨霊となった本人だけでなく、その周辺の人物の位階を昇叙させることもあった。延暦二十四年三月二十日には、延暦四年の藤原種継暗殺事件で流された吉備泉・五百枝王・藤原浄岡・藤原雄依・山上船主らの罪を免して京に戻し、さらに翌年、桓武天皇が重体に陥ると、三月十七日には右の者たちを本位に戻すことが行われた。早良の甥の五百王が従四位上とされたのをはじめ、関係者の復位がなされている。怨霊が発生した場合、その人物の墓を整備したり、本人および近親者の名誉を回復したりすることは有効な対処方法とみなされており、必ず行われていた。

四　仏教的対応

次に、仏教的対応の仕方について見てみる。延暦九年九月三日には、安殿親王の病のため、京下の七か寺において誦経が行われた。これは安殿親王の病気平癒のための誦経である。病気平癒を願って誦経や写経を行うことは広く見られる。そして、延暦十年四月十八日には、山背国内の諸寺の仏塔で壊れているものが多いので、使いを遣わしてことごとく修理させた。この対応も安殿親王の病のためと思われるが、神社の社殿や寺院の堂舎が破損していると、神や仏の力が弱まり、災異が発生したり天皇周辺の人物が病気となると考えられていたため、その修造がなされるのであった。

災異の原因がまだ特定されていない段階において、儒教的対応や神社における神祇的対応とともに、誦経や写経などの仏教的対応も行われるが、その原因が怨霊であると特定されると、鎮撫にあたるのはもっぱら仏教である。第1章で述べたように、『扶桑略記』延暦十六年（七九七）正月十六日条に記されている興福寺僧善珠の事蹟のなかで、善珠は早良を悩乱の苦しみから脱せさせようとして般若経を転読して無相の理を説くと、祟りは静まり、安殿の病気は治ったという。

延暦十六年五月十三日には、禁中の正殿に雉が集まるという怪異が発生し、十九日に禁中ならびに東宮で金剛般若経の転読が行われた。このとき東宮で転読が行われていることから、この怪異は早良の怨霊と関連して東宮に何か不吉なことが発生する予兆としてとらえられたのだろう。そして五月二十日には、崇道天皇の霊に謝するために僧二人が淡路国に遣わされて転経、悔過が行われた。

ところで、怨霊にはどのような経典が有効だと考えられていたのだろうか。六国史記載の祟り・物の怪について見てみると、大般若経・金剛般若経・法華経・般若心経・金光明最勝王経・仁王経・薬師経の読誦が行われたことが確認できる(13)。その中でも最も多いのは大般若経の読誦である。大般若経は「災異を除くため」、「災害を消除し国家を安寧にせんがため」、また「禍を滅し福を致さんがため」に読まれ、「般若の力、不可思議」といわれたその呪術力が、祟りや物の怪に対して法験を発揮したとされる。般若経は多分に呪術的側面を持っているので、怨霊鎮撫に有効だと考えられたのだろう。善珠も般若経を転読して無相の理を説いたことにより、早良の怨霊は鎮まったとされる。

また、大同五年（八一〇）七月二十七日には、嵯峨天皇不予により、崇道天皇のために百人、伊予親王のために十人、藤原吉子のために二十人の得度を許し、二十九日には崇道天皇のために川原寺において法華経一部の書写をさせている。九世紀初頭の最澄による諸霊に対する鎮魂は、法会を修することにより霊を慰撫し、悪行の患いから離れさせ、逆に日本を守って国を益し人民を利するよう祈願するものであった。法華経・金光明最勝王経・仁王般若経といった護国経は、天下に災異を振りまく怨霊にも有効と考えられていたようで、それらの講説を行うことにより、怨霊は欲界・色界・無色界の輪廻転生する三界から解脱して成仏することができたのである。

善珠以前の段階においては、雑密のもつ呪術性によって怨霊を鎮めようとしていたが、奈良末平安初期のころになると、怨霊は成仏できずに三界を迷っている存在であるため、それを仏教の力で成仏させるというあり方に変化していく。仏教は死後の世界の体系をもっており、さまざまな経典によって諸霊に対応することができたことから、「怨霊」を創出し、それの鎮撫も行うことができたのである。

五　陵寺の建立

以上述べてきたように、怨霊の鎮魂にあたっては、仏教主導でさまざまな儀礼が行われたが、怨霊となった人物の墓の近くに寺を建立したり、あるいは既存の寺院にその墓の管理を行わせることにより怨霊を鎮魂するという方策もとられた。

延暦二十三年（八〇四）十二月、桓武天皇は病となったため、翌年正月朔日は廃朝となったが、桓武はこれを早良親王の祟りのためと思ったのだろうか、『日本後紀』延暦二十四年正月甲申（十四日）条には、「奉㆓為崇道天皇㆒、建㆓寺於淡路国㆒」とあり、早良親王のために淡路国に寺を建立させた。また同時に飼っていた鷹・犬を放して殺生である狩を止めたり、戒行に欠けるため寺から追放した破戒僧を本寺に住することを許したり、天下諸国に命じて国内諸寺の塔を修理させたりもしている。桓武はさまざまな対応をとることにより、早良の怨霊から逃れようとしていた。

淡路廃帝（淳仁天皇）は藤原仲麻呂の乱をきっかけとして孝謙上皇によって淡路に配流されたが、その淡路墓所は最初は犯罪者としてのものだった。しかし、怨霊が意識されるようになると改葬された。『続日本紀』宝亀三年（七七二）八月丙寅（十八日）条には以下のようにある。

遣二従五位下三方王・外従五位下土師宿禰和麻呂及六位已下三人一、改二葬廃帝於淡路一、乃屈二当界衆僧六十口一、設斎行道、又度下当処年少稍有二浄行一者二人上、常廬二墓側一、令レ脩二功徳一、

淡路廃帝の墓が改葬され、淡路国の僧六十人を招いて供養をし、年少の浄行者二人を常に墓のそばに住まわせて読経などをさせることになった。この「常廬」は墓のそばにある「墓寺」と考えられ、宝亀九年（七七八）三月二十三日に淡路親王の墓を山陵とすることになると、「常廬」は「墓寺」から小規模な「陵寺」に転生した(14)。死者の霊魂を追福するために墓の近くに建立された「墓寺」は奈良時代以前から存在したが、天皇陵である「陵墓」にすまう霊魂のための「陵寺」は、早良の場合を先蹤とし、のちには怨霊となっていない天皇の場合にも設けられていく。

光仁天皇の妃井上内親王とその息他戸親王は、光仁天皇を呪詛したとして廃后・廃太子となり、大和国宇智郡没官宅に幽閉され、宝亀六年（七七五）四月二十七日両者同時に亡くなるが、以降、藤原百川や桓武天皇は怨霊に悩まされた。そのため宝亀八年（七七七）十二月二十八日には墓が改葬されて「御墓」と称するようにし、守冢一烟が置かれて管理を手厚くするようにしている。また、九年正月二十日にも改葬し、延暦十九年（八〇〇）には井上を皇后と復称し、その墓を山陵とし、宇智郡の戸一烟に陵を守らせている。そして『日本後紀』延暦二十四年（八〇五）二月丙午（六日）条に以下の記述がある。

令下僧一百五十人、於二宮中及春宮坊等一、読中大般若経上、造二一小倉於霊安寺一、納二稲卅束一、又別収二調綿百五十

斤、庸綿百五十斤一、慰二神霊之怨魂一也、

井上内親王・他戸親王の「神霊の怨魂を慰めるため」に一小倉が霊安寺に造られ、そこに稲三十束が納められ、また別に調綿百五十斤と庸綿百五十斤が収められたという。霊安寺自体が井上と他戸の怨霊を鎮めるための「陵寺」であったと考えられる。

早良の場合はその後遺骨を都の近くに移し、改めて陵墓を築くこととなった。それは都から流された人物の霊魂を都近くに呼び戻し、怒っている霊魂を慰めるための行為であった。大和国添上郡に八嶋陵が築かれ、それに近接して八嶋寺が建立された。『元亨釈書』[15]巻第二十三資治表四桓武天皇の項には、延暦二十五年冬のこととして、「建二八嶋寺一而置レ度」とあり、「勅二天下一、分二州租一入二別倉一運二納八嶋寺一、毎歳置二度者一人一、薦二崇道天皇一也」のように、各国の租を分かちて八嶋寺に送り、得度した者を一人置いて崇道天皇に奉るということが行われた。八嶋寺は八嶋陵の陵寺であった。大和国には八嶋寺料が一万束あり、国家によって寺の経営が保証されるほどに、怨霊が恐れられていたのである[16]。

おわりに

「怨霊」という言葉は漢訳経典には見られず、中国仏教にはない言葉であり、奈良時代後期に非業の死を遂げた人物の祟りが相次ぐ中、九世紀初頭に仏教者によって作り出された言葉であると考えられる[17]。怨霊の鎮撫は仏教主導で行われたが、それは、仏教には死後の世界の体系があり、成仏できずにさまよう霊魂を得道させる方策を有していたからである。儒教的対応や神社での祈禱は、対症療法的対応であり、病や災異といった現象を終息に向かわすことは可能かもしれないが、その原因が怨霊にあるときには根本的な解決にはならなかった。怨霊への対処の基本となるのは、怨霊となった人物の墓所での儀礼であり、墓所には霊魂がとどまっていると考えられ

ていたため、その霊に対して、名誉回復や奉幣、墓の整備を行うなどして怒りを鎮める方法や、仏教的手法により怒りをなだめて成仏させる方法により怨霊が鎮められた。そのさいには、怨霊に対峙して強圧的にねじ伏せるというのではなく、あくまで丁寧に慰撫して怒りをなだめることによって怨霊を安んじるという手法がとられた。その後、十世紀中葉になると菅原道真を祭る北野天満宮が創建されるが、北野天満宮の場合も、当初は寺の境内に造られた祠であった。それが、数度による火災を経、承平・天慶の乱以降の神祇重視政策により神社化していき、二十二社の一つとなって勅祭も行われるようになったと考えられる。そしてそれとともに、各所で寺院の境内に建立された怨霊を祀る祠が独立して神社化していったものと推測される。五條市の御霊神社や奈良市の鏡神社などはこうした経緯で神社となっていったのだろう。十世紀中葉以降は怨霊を神として神社に祀り鎮魂をはかるという手法が生まれるが、そうした神社においても、鎮魂に僧侶が果たす役割は大きい。

以上、怨霊に対してどのような対処がなされたのか、早良親王の場合を中心に考察した。こうした対処のあり方は、早良親王の場合だけでなく、他の怨霊についても共通して行われたのだった。

（1）『続日本紀』延暦九年閏三月壬午（十六日）条。なお、『続日本紀』は、青木和夫ほか校注『続日本紀』〈新日本古典文学大系〉（岩波書店、一九九八年）による。
（2）古代の恩赦については、佐竹昭『古代王権と恩赦』（雄山閣出版、一九九八年）に詳しい。
（3）寺内浩「律令制支配と賑給」（『日本史研究』二四一、一九八二年）。
（4）『続日本紀』での記述のほか、『大神宮諸雑事記』に詳しい顛末が記される。
（5）『類聚国史』〈新訂増補国史大系〉（吉川弘文館、一九九九年）。
（6）井上光貞等校注『律令』〈日本思想大系〉（岩波書店、一九九四年）。
（7）『平記・大府記・永昌記・愚昧記』（臨川書店、一九八八年）。

（8）小坂眞二『安倍晴明撰『占事略決』と陰陽道』（汲古書院、二〇〇四年）。
（9）この具体的内容については、繁田信一『平安貴族と陰陽師』（吉川弘文館、二〇〇五年）に記されている。
（10）山下克明『陰陽道の発見』（日本放送出版協会、二〇一〇年）。
（11）田中聡「「陵墓」にみる「天皇」の形成と変質——古代から中世へ——」（日本史研究会・京都民科歴史部会編『「陵墓」からみた日本史』青木書店、一九九五年）。
（12）「王朝のタタリ」（小嶋菜温子『かぐや姫幻想——皇権と禁忌——』森話社、二〇〇二年、初出一九八六年）では、伊勢の神前と山陵の霊前で共通して天皇の宣命などを焼く儀礼があることを指摘している。
（13）田村圓澄「神宮寺と神前読経と物の怪」（『飛鳥仏教史研究』塙書房、一九六九年、初出一九五四年）。
（14）西山良平「〈陵寺〉の誕生」（大山喬平教授退官記念会編『日本国家の史的特質　古代・中世』思文閣出版、一九九七年）。
（15）『新訂増補国史大系』。
（16）『延喜式』主税上諸国本稲条。
（17）大正新脩大蔵経テキストデータベース（http://21dzk.l.u-tokyo.ac.jp/SAT/）を用いて検索を行うと、頼寶撰『釋摩訶衍論勘注』以下の日本で撰述された経典の注釈書にしか「怨霊」の語は検出されない。

第3章　怨霊から神へ——菅原道真の神格化——

はじめに

菅原道真は怨霊として最も著名な人物であることに加え、才能にあふれ多数の著作を残していることから、その学問、詩文などに関する研究は数多くある。また、絵巻物『北野天神縁起』もあり、美術史の方面からの研究も積み重ねられている。

歴史学からの研究成果も多数あるが、その理由としては、道真が神として祀りあげられる背景に、古代から中世への転換を重ね合わせ、そしてそれは「民衆闘争」によってもたらされたとする社会経済史的研究の隆盛があったことを指摘することができる。そうした研究は一定の成果を収めたが、道真が神として祀られた理由については、社会経済史的要因は周縁の要素であり、純粋に宗教的要因が探求されなければならないのではないだろうか。

怨霊の中でも菅原道真が特筆されるのは、神格化がなされ、神として神社に祀られたという点である。それ以前の怨霊には井上内親王や早良親王などの例があるが、こうした怨霊は現在では神として祀られているものの、果たして同時代的に神として祀られたのだろうか。これまでの研究ではこの点はあまり問題にされてこなかった。そして、一般に怨霊は神として祀られるとされるが、それはいつからなのか、起源について考える必要がある。

この点は、日本人の神観念の転換ともかかわり、重要な点と思われる。
また、近年では承平・天慶の乱こそ中世神祇秩序が形成される上での画期である、という論が展開されているが、道真の神格化さらには北野宮の創建という問題とどうかかわるのか、十世紀中葉の神祇信仰の状況を見ていく中で考えていきたい。

一　藤原広嗣と松浦廟

笠井昌昭は、民俗学の説く祖先崇拝の思想が、「人は死後神になる」という思想をあたかも古来からあったように印象づけてきたが、実際はそうでなく、十世紀における「新たな神」としての北野の神の出現こそ古来の神観念を一変させるものであり、実在の人物が死後に神として永久に祀られることは、それ以前にはなかったと指摘している[1]。私もこの意見に賛成だが、笠井はこの問題についてそれ以上具体的に述べておらず、この点はそれほど自明なわけではないと思われる。そこで、道真以前の怨霊で現在は神として祀られている人物について、同時代的にはどうだったのか見てみたい[2]。

藤原広嗣は大宰少弐として左遷された後、頻発する飢饉・疫病の原因を悪政によるものとみなし、橘諸兄政権の玄昉・吉備真備を排除しようと天平十二年（七四〇）九月に乱を起こしたが、大野東人を大将軍とする追討軍に敗れ、値嘉嶋に潜んでいるところを捕らえられて十一月一日に処刑された。

その後、広嗣の従兄弟の藤原仲麻呂が台頭することにより、玄昉は天平十七年（七四五）筑紫観世音寺に左遷され、翌年六月十八日に亡くなった。玄昉の死に関しては、『続日本紀』に藤原広嗣の霊のために害せられたことを記すほか、『東大寺要録』『尊卑分脈』『平家物語』『今昔物語集』などで奇怪な様子が述べられている。そして、『扶桑略記』天平十八年六月己亥（十八日）条には、「玄昉法師為二大宰小弐藤原広継之亡霊一、被レ奪二其命一、広継霊者、今松浦明神也」のように、玄昉は藤原広嗣の亡霊によって命を奪われ、広嗣の霊魂は松浦明神として祀られていることを記している。(3) ここで注意しておきたいのは、今は松浦明神として祀られているとする「今」とは、『扶桑略記』の編纂された十一世紀末のことであって、それ以前は神として祀られていたのかどうかはここからはわからない。

松浦廟に関して詳しく記しているのは『松浦廟宮先祖次第并本縁起』(4)で、本縁起には広嗣の乱とその後のことについて記されている。しかし、内容の真偽については『大日本史』以来さまざま議論されており、潤色されている部分や玄昉と道鏡とをとり間違えている箇所などがあることが指摘されている。(5) 本縁起によれば、広嗣の「怨霊」は玄昉が取り殺される以前から問題となっていた。そして吉備真備によって天平十七年に廟堂二宇が建立されたという。

勅使真吉備朝臣以二天平十七年一造二立廟殿二宇一、奉レ令レ鎮二坐両所廟一、以二即建立神宮知識無怨寺一奉レ安二置仏経一、以二彼廿口僧一定二置祈願住持之僧一、以二持夫六十人一分二置宮寺雑掌人一御墓守三十人、寺家雑役三十人

廟堂の管理は「神宮知識無怨寺」が当たり、そこでは二十口の僧が定め置かれたとされているが、これは『東大寺要録』(6) 末寺章第九に「弥勒知識寺在肥前国松浦郡」として、「右天平十七年十月十二日、本願聖皇施二入水田廿町一」と記述される部分に相当し、天平十七年聖武天皇によって神宮知識無怨寺＝弥勒知識寺が建立されたことは確かであろう。(7) そして「墓守」とあることから、広嗣の墓があるところに廟が作られ、それを管理する神宮知識無怨寺が建立されたと解釈することができる。「無怨寺」という寺名はまさに広嗣の怨念をなくすためのものであり、そのため広嗣の忌日には、昼に一乗妙義の講説、夜に菩薩三聚浄戒の伝授が行われるなどし、天平十九年（七四七）十二月には逝霊の済度のために年分戒者が置かれて法華三昧が行われた。

また「廟殿二宇」については、『豊前国風土記』(8) 逸文の「鏡山」の項に、

田河郡鏡山（在郡東）、昔者、気長足姫尊、在二此山一、遥覧二国形一、勅祈云、天神地祇為レ我助レ福、乃便用二御鏡一、
安二置此処一、其鏡即化為レ石、見レ在二山中一、因名曰二鏡山一、

とあることから、西田長男は息長足姫命すなわち神功皇后を祀る一の宮がもとからあり、そこへ広嗣を祀る二の宮が建立されたが、そのときあわせて一の宮も造替されたのではないかとしている。私も同様に解釈しておきたい。

廟は「鏡尊廟」と呼ばれたとされており、その理由について、

廟霊忿怒之時、御在所方丈、照耀如レ懸レ鏡、仍称二鏡山一也、又藤少将者、是累葉高門之胤、勤皇忠臣之烈、
仍授二尊号一、故称二鏡尊廟一也、

のように、廟霊が怒ったとき、鏡のように耀くことから鏡山と称し、さらに広嗣の血筋の良さから鏡尊廟と称されたのだという。しかし『豊前国風土記』逸文に記されるように、鏡山という名称はこれ以前からあったようである。

また、紫式部の歌集『紫式部集』(9)には、越前国にいる紫式部と肥前国へ下った友との間で交わされた贈答歌が載せられている。

筑紫に肥前といふ所より、文をおこせたるを、いと遥かなる所にて見けり、その返事に

あひ見むと思ふ心は松浦なる鏡の神や空に見るらむ

返し、又の年持て来たり

行きめぐりあふを松浦の鏡には誰をかけつゝ祈るとか知る

ここでは「松浦なる鏡の神」と記されており、十世紀末には神宮知識無怨寺が退転して、廟が鏡宮もしくは松浦明神として神社化していったのではないだろうか。

古代にあっては、死霊・人霊は墓・陵に、神霊は社に祀られるのが原則であり、廟と社はもともと別であったが、古墳の上やそばに社が造営されるケースも見られるようになり、八世紀代には墓・陵と社が一体化する場合も出てきて、香椎廟が香椎宮と称されたり、大帯姫廟神社（宇佐神宮）などの社名があらわれたとされる(10)。香椎廟が廟号を公称としたのは、神亀元年（七二四）の創建以来、八・九・十世紀の約三百年で、十一世紀以降「宮号」を公称とするようになったという。「宮号」は天平九年（七三七）以来見られなくはないが例は少なく、十一世紀初頭になって香椎宮へ替わったとされている(11)。

ところで、『松浦廟宮先祖次第幷本縁起』で、吉備真備が遣唐使として日本の面目をあげ、帰朝後賢名を広めたのは、仏神の助けによるものであり、ついには大臣の位までのぼったのは、多くは藤廟の助成のためだと記述していることが注目される。これは怨霊の「善神化」が行われていることを示しており、こうした状況はおそらく、廟が神社化した後の状況をあらわしているのであろう。そしてこの鏡宮は、現在は鏡神社として佐賀県唐津市鏡の地に鎮座している。また、奈良市高畑町に鎮座する鏡神社はここから勧請されたとされているほか、広嗣を祭神とする神社はいくつか存在する。

二　御霊神社と御霊会

次に、奈良県五條市に鎮座する井上内親王・早良親王・他戸親王を祀る御霊神社について見てみる。井上内親王は首皇太子（聖武天皇）の第一皇女として誕生し、斎王を務めたのち帰京し、光仁天皇の皇后となって他戸親王を産み、宝亀二年（七七一）正月二十三日他戸親王は皇太子となった。しかし他戸親王を支持していた北家の藤原永手が亡くなり、式家の良継と弟の百川が権力を握り、山部親王を擁立しようとした。そうした中、宝亀三年三月二日、井上親王は「巫蠱」を行い光仁天皇を呪詛したとして皇后を廃され、五月二十七日には他戸親王も皇太子を廃された。同四年十月十九日には、井上内親王と他戸親王はともに大和国宇智郡の没官宅に幽閉され、同六年四月二十四日に両者とも亡くなった。

こうした亡くなり方は怨霊の存在を想起させ、事実、宝亀七年から八年にかけて起こった怪異や災異、さらには光仁天皇・山部親王の病気が重なり、これらは井上内親王と他戸親王の怨霊のためであると光仁・山部は感じたに違いない。そのため大般若経転読や諸社への奉幣などが行われた。

その後、両者の怨霊に関する記事は見られなくなるが、延暦四年（七八五）の藤原種継暗殺事件にかかわる早良親王の怨霊と関連して、再び登場してくる。種継の暗殺は、桓武天皇を退位させて早良親王を即位させるための企てだったとされ、早良は廃嫡されて乙訓寺に幽閉された。そして飲食を停止されてついには十月十七日に亡くなった[12]。替わって皇太子となった安殿親王の病や桓武天皇周辺の人物の相次ぐ死などにより、桓武は早良親王の祟りを痛感することになった。そのため淡路国の早良の墓に僧が派遣されて転読・悔過が行われたり、崇道天皇の号が奉られて墓も山陵とされるなど、名誉の回復がなされた。

早良親王の祟りを現出させた状況について、大江篤は、遷都事業を推し進める桓武天皇に対する南都寺院の不満が甚大であったことは想像に難くない。しかも、寺院の立場に理解のある早良親王が、暗殺事件に巻き込まれ非業の死を遂げた。そこで、皇太子安殿の病をうらなった亀卜を管轄する神祇伯大中臣諸魚が、南都の意向を含みながら、早良親王の「祟」を現出させたのではないかとしているが、的確な指摘だろう[13]。

桓武の病気が重くなった延暦二十四年（八〇五）には早良の怨霊に対する措置が次々と講じられた。『日本後紀[14]』延暦二十四年正月甲申（十四日）条には「奉㆑為崇道天皇㆒、建㆓寺於淡路国㆒」とあり、早良が眠る山陵のすぐそばに寺が建立され、菩提が弔われたことが記されている。墓所に寺が建立されて菩提が弔われるという形式が、怨霊への対応として一般的だと言える。

早良親王の怨霊とあわせて、井上内親王・他戸親王の怨霊も再び頭をもたげてきた。『日本後紀』延暦二十四年（八〇五）二月丙午（六日）条には、神霊の怨魂を慰めるために、一小倉を霊安寺に造ることが記述されており、そこに稲などが納められたとしている。おそらく倉には初穂が置かれ、供養料となったのであろう。

令下僧一百五十人、於二宮中及春宮坊等一、読中大般若経上、造二一小倉於霊安寺一、納二稲卅束一、又別収二調綿百五十斤、庸綿百五十斤一、慰二神霊之怨魂一也、

この記述から、井上内親王らの霊魂の管理は霊安寺でなされていたことがわかる(15)。この時点ではすでに霊安寺が建立されていたと理解することができるが、いつ建立されたのか記す史料はない。吉井敏幸は、淡路にあった早良親王の墓が大和国添上郡八島陵に改葬されたさい、御陵の傍らに八島寺が所在しており、御陵とされるときには寺がすでに存在していたとし、井上皇后の場合も墓が山陵として改葬されたときにはすでに霊安寺が建立されていたと考えることができるとしているが、はたしてそうであろうか(16)。

早良親王の墓が山陵とされたのは延暦十九年（八〇〇）七月二十三日だが、淡路に寺が建立されたのは延暦二十四年正月十四日であった。ここからは、墓が山陵とされることと、そこに寺が建立されることとはセットであるわけではないことがわかる。八島陵は淡路からの改葬であって特殊な例なので、これを根拠とすることはできないのではないだろうか。それならば、霊安寺が建立されたのはいつであろうか。

早良親王の場合、その怨霊を鎮撫するために、平安時代中頃に全国各郡の正倉院、つまり官倉群の中に「崇道天皇御倉」なるものが一宇ずつあったことが類推され、それは『日本後紀』延暦二十四年四月甲辰（五日）条の、「令下諸国、奉二為崇道天皇一、建二小倉一、納二正税卌束一、幷預中国忌及奉幣之例上、謝二怨霊一也」とある記事に起因すると考えられている。そして、崇道社（崇道天皇社）とは、崇道天皇の御霊の神格化にともなって、倉の所在した場所が聖地とされ、何らかの神事祭祀が行われるようになって、そこに新たに社殿が建立されたのではないかと

推測されている[17]。

霊安寺内に建立された小倉も、井上内親王らの供養のための費用として稲や調庸綿が納められたのであろうから、寺の建立とそれほど離れていない時期に小倉も作られたと考えるのが妥当ではないだろうか。そして、その小倉がもととなって御霊神社となっていったのだろうが、それは崇道社と同様に平安中期以降のことであろう。こうしたことから、井上内親王・他戸親王・早良親王らは当初から神社に神として祀られたのではなく、怨霊が供養されることとなったときには寺の管理下にあり、のちにそれが神社として独立していったと結論づけることができる。

次に、貞観五年（八六三）五月二十日に神泉苑で行われた御霊会について見てみる。御霊会に関しては、『日本三代実録』に以下のように記されている。

勅遣㆘㆓左近衛中将従四位下藤原朝臣基経・右近衛権中将従四位下兼行内蔵頭藤原朝臣常行等㆒、監㆗会事㆖、王公卿士赴集共観、霊座六前設㆓施几筵㆒、盛㆓陳花果㆒、恭敬薫修、延㆓律師慧達㆒為㆓講師㆒、演㆓説金光明経一部・般若心経六巻㆒、

御霊会のさいには霊座六座が設けられ、その前に莚が敷かれ、さまざまな供物が捧げられて律師慧達らによって経の演説が行われた。霊座六座とは崇道天皇・伊予親王・藤原夫人（吉子）・及観察使（藤原仲成）・橘逸勢・文室宮田麻呂のことで、これらは政治的事件に関与したとして罪を着せられた人たちで、その冤魂が祟りを生じて疫病を起こし、死亡する人びとも多数におよんだ。そのため御霊会を行って祟りを鎮めようとしたのである。

御霊会は薬師寺僧慧達主導で行われた。慧達は比良山で修行し密教的手法を身につけており、平安京において天台・真言宗が優勢な中、南都仏教が怨霊を鎮魂することができることを誇示して存在感をみせつけようとしたものと考えられる[18]。

このように、平安中期までは怨霊の鎮魂にあたっていたのは僧侶であり、仏教の修法により霊の鎮魂がはかられたことがわかる。怨霊は神として神社に祀られるのではなく、寺や僧侶の管理下にあって鎮魂が行われた。最澄の高弟光定による『伝述一心戒文』[19]には「以レ怨報レ怨怨不レ止、以レ徳報レ怨怨即尽」の記述があり、そして「同法宏勝霊」「同法命延霊」に対して、怨を断って徳をもって怨に報いるよう命じている。死霊が怨恨を捨てるのならば七難が消滅し、成仏できるとしているのである[20]。そして、経典の読誦による功徳を回向することによって怨霊の鎮魂をはかったのである。

怨霊が跳梁しているさいに有力な神社において平癒のための祈禱が行われることはあったが、怨霊を神として神社に祀ることはなかったと言える。平安前期までの怨霊については、それがすぐに神として神社に祀られたのではなく、当初は寺院の管理下にあり、それがのちに神社化していったと結論づけることができよう。ただここで一つ付け加えておきたいのは、これまでの怨霊は、その人物が亡くなって葬られた場所に寺が建立されて霊の供養がなされたのに対し、貞観御霊会においては怨霊と関係のない地、それも都に霊が勧請されて供養が行われたという点である。これは、神霊をどこにでも勧請して祀ることが可能になっていったことを意味していよう。そしてこの点は、北野という道真の怨霊とは関係のない場所に神社が建立されていくこととつながっていくのである。

三　道真怨霊の誕生

以上のような奈良時代から平安時代前期にかけての、仏教主導の怨霊鎮魂のあり方に対し、大きな転換となったのは菅原道真の怨霊である[21]。道真の場合は北野宮という神社が建立されて二十二社という国家にとって最重要の神社の一つとされ、天満大自在天神という神号が付与された。これは崇徳院や藤原頼長の場合も同様で、彼らを祀る神祠が建立され、神として祀りあげられたのであった。道真以後、怨霊鎮魂の作法として神祠を建立するというあり方が一般化していくのである。

十世紀後半に、なぜ菅原道真が神として祀りあげられたのか、この問題について、これまでは、承平・天慶の乱後の地方からの志多羅神入京事件や、『本朝世紀』天慶元年（九四一）九月二日条に載せる、東西両京大小路衢において木で刻んだ男女対の神を作り、それに冠をかぶせて丹で体を塗ったり男女の性器を刻んだりし、その像に幣帛を捧げたり香花を供えたりして、岐神だとか御霊だとかと称してもてはやす風俗との関連が指摘されており、当時巻き起こってきた民衆運動とのかかわりから、古代から中世への転換を見ていこうとする考え方が定説化している。[22]

しかし、菅原道真の場合は、祀られた北野宮が最終的には二十二社の一つとなったのであるから、民衆による祀りあげという側面はもとより、国家による保護という観点が重要になると思われ、そのさい、同時期の国家による神祇政策の転換を第一に考慮しなければならないのではないだろうか。こうしたことから、近年研究の進展した二十二社・一宮制などの神祇政策との関係を見ていく必要があろう。[23]

道真は配流先の大宰府で延喜三年（九〇三）二月二十五日に亡くなるが、すぐに怨霊化したわけではない。『菅家御伝記』[24]では、

太宰府安楽寺者、贈大相国菅原道真公喪葬之地、十一面観世音大菩薩霊応之処也、延喜五年八月十九日味酒安行依㆓神託㆒立㆓神殿㆒、称曰㆓天満大自在天神㆒、

とあり、延喜五年八月十九日、味酒安行が神託により道真を葬った地に神殿を建て、天満大自在天神と称したとしている。しかし、この記事はのちの知識にもとづき、道真が「天満大自在天神」と称えられたとしているので、どこまで信頼できるのか疑問である。『天満宮安楽寺草創日記』[25]でもこの日に安楽寺が建立されたとしている。

また『天満宮安楽寺草創日記』では、延喜十年・延喜十五年とする説も載せており、興福寺本『僧綱補任』[26]では延喜十九年とするなど、諸本で創建年次が異なっていることから、延喜年間創建としておくのが妥当であろう。
安楽寺が建立された場所は、「御墓所」（『天満宮安楽寺草創日記』）とされ、『北野聖廟縁起』[27]巻五では、

　筑前国四堂のほとりに御墓所を点して、おさめ奉らんとしける時、御車忽に道中にと、まりて、肥状多力のつくし牛ひけともはたらかす、其所をはしめて御墓所と定て、今の安楽寺とは申すなり、

のように、道真を葬ろうと牛車が墓所に向かっていたのだが、あるところまで来ると牛が動かなくなってしまったので、そこを墓所にして安楽寺を建立したことを記している。この地からは「安楽寺」の銘をもつ平安末期の瓦とともに奈良時代の様式をもつ瓦が発見されていることから、安楽寺とは別の寺か堂があったことが推定されており、道真薨去のさいに墓所あるいは埋葬の前に一時遺骸を納めた「喪葬所」を基として味酒安行によって安楽寺が創設されたのではないかとされている[28]。

ここで問題となってくるのが、道真の怨霊化と安楽寺建立との関係である。延喜八年（九〇八）十月七日に、参議従四位上藤原菅根が五十四歳で亡くなるが、これについて『北野聖廟縁起』では、「菅根卿はあらたに神罰を蒙て、その身はうせにけり」と記している。しかし、他の史料ではこのことについて言及されていないことから、この時点ではまだ怨霊は明確に意識されていないと言ってよいだろう。その後、延喜九年四月四日に左大臣正二位藤原時平が三十九歳で早世した。道真を左遷させた張本人である時平の死は、人びとに道真の怨霊の登場を実感させたようである。『扶桑略記』には「菅丞相之霊、白昼顕形、従㆓左右耳㆒出㆓現青龍㆒」のように、道真の霊が青龍と化して時平の体内に入り込み、耳から姿をあらわしたとしており、『北野聖廟縁起』でも同様に記している。

こうしたことから、亡くなった延喜三年の段階では、ある仏寺の境内に葬られたが、都での道真の怨霊化を受

けて、墓所が整備され、寺は安楽寺として延喜十年（九一〇）以降整備されていったと理解するのがよいと思われる。こうした鎮魂のあり方は、以前の怨霊の場合と同様ではないだろうか。

そして、延長元年（九二三）三月二十一日、醍醐天皇の皇太子保明親王が二十一歳で夭折したことは、醍醐天皇によって菅原道真が無念の死を迎えざるを得ず、怨霊となったと人びとに想像させるのに十分だった。『日本紀略』には、「皇太子保明親王薨年廿一。天下庶人莫レ不二悲泣一、其声如レ雷、挙レ世云、菅帥霊魂宿忿所レ為也」のように、道真の霊魂の「宿忿」が保明親王を死に追いやったとの噂があったことを記している。保明親王の母藤原穏子は時平の妹であることから、その死は道真の怨霊の存在をよりいっそう認識させることになったであろう。

以降、道真の怨霊に対する鎮魂の方策がとられていく。まず、四月二十日には道真を右大臣に復し、一階進めて正二位を贈り、昌泰四年（九〇一）の道真左遷の宣命を破却した。醍醐天皇は道真に対する行為を悔い、すべての記録から抹消しようとしたのであった。さらには、延喜から延長への改元も行われた。

四　二つの託宣と北野宮の創建

しかしこうした対応にもかかわらず治安の紊乱は収まらず、延長三年（九二五）には保明親王の皇子で、藤原時平の女を母にもつ慶頼王がわずか五歳で夭折した。そして、延長八年（九三〇）六月二十六日の宮中清涼殿への落雷は人びとを恐怖におとしいれた。雷は清涼殿南西の柱に落ち、大納言藤原清貫は胸を焼き裂かれて死亡し、右中弁平希世は顔が焼きただれて亡くなり、右兵衛左美努忠包は髪が焼けて亡くなった。さらに紀蔭連は腹部が焼けただれて悶乱、安曇宗仁は膝を焼かれて倒れ伏すというありさまであった。『北野聖廟縁起』巻六ではこのことを、「是則天満大自在天神の十六万八千の眷属の中の第三の使者火雷火気毒王のしわざなり」と、道真が神格化された「天満大自在天」の眷属の一つ「火雷火気毒王」が雷としてあらわれたのだとする。

清涼殿への落雷により死者が出たことに衝撃を受けた醍醐天皇は体調を崩し病に伏し、延長八年九月二十二日寛明親王（朱雀天皇）に譲位し、二十九日に四十六歳で崩御した。

こうした中、『扶桑略記』天慶四年（九四一）条所引『道賢上人冥途記』には以下のように記されている。道賢が吉野金峰山に籠もって修行していたところ、にわかに息絶え、十三日を経て蘇生するが、その間、執金剛神の化身である禅僧に導かれて金峰山浄土に案内された。そこで多数の眷属異類を従えた太政威徳天に出会い、太政威徳天は自らを菅相府であることを明らかにし、君臣を悩乱し、人民を損傷し、国土を殄滅しようとするのであり、我は一切疾病災難のことをつかさどるのだとしている。

そして、道賢は道真の霊である太政威徳天に対して、日本国の人びとは道真の霊を火雷天神と称して世尊のごとく尊重している、と述べたのに対し、太政天は、火雷天気毒王は自身の第三の使者である火雷天気毒王が延長八年に雷を落として藤原清貫・平希世らを亡き者にし、醍醐天皇の身肉六腑を爛壊させてついには命を終えさせたのだと言う。さらには崇福・法隆・東大・延暦・檀林などの諸大寺を焼亡させたのも太政天の使者の天の所作であるとしている。

『道賢上人冥途記』では、道賢が道真の霊と会ったのを天慶四年のこととしているが、実際は北野社創建以後、おそらくは正暦四年（九九三）閏十月に「太政大臣」が贈られて以降に『道賢上人冥途記』は成立し、『金光明最勝王経』をもとに、真言密教の立場から北野宮草創、祭祀を批判したものとされている。これに対して、『北野聖廟縁起』は、天台宗の立場から北野社の天満天神の信仰として唱えられたとされており、[29]こうした理解は大変説得力がある。

道真を天神として北野社に祀るようになったのは、どのような経緯があるのか、以下考えてみたい。『北野天満自在天神宮創建山城国葛野郡上林郷縁起』[30]（以下『北野縁起』と記す）では、天慶五年（九四二）七月十二日に右京七条二坊十三町の多治比奇子に託宣があり、「既得二天神之号一」、鎮国の思いがあるので、世にあるときしばしば遊覧した右近馬場に禿倉（祠）を構えてほしいと述べたことを記している。奇子は自らの身の卑しいことを憚って、自身の住居の近くに五年の間禿倉を営んで崇めていたが、久しく託悩を被って堪えがたく、天暦元年（九四七）六月九日に北野に移し、その後、松の種がたちまち生えて数歩の林となったという。

『北野縁起』では、天暦元年（九四七）六月九日に北野に道真の祠が建てられて以降、この縁起が記されたとされる天徳四年（九六〇）まで御殿を五度改造し、現在では三間三面の檜皮葺で御影像を安置し、法華経・金光明経・仁王般若経が納められ、卒塔婆が立てられているという。そして、観音菩薩を安置する堂が建てられ、五間の僧坊も二宇あった。

今堀太逸も指摘するように、この記事は『最鎮記文』[31]中の「寺家焼失」「僅構二造玉殿一、如レ故欽仰」に相当し、創建当初は道真の霊を祀る「廟」と仏事のための「仏堂」が建てられていたが、焼失後には道真の御影像を祀り、その前で法楽が行われる「天神廟堂」が新たに建立されたと考えられている。そしてこの廟堂は「所レ用之色不レ可レ尽二筆端一」とあるように、従来の仏堂とは異なる神廟建築だったと推測される。おそらくは、この過程で、北野寺の中の一つの廟という存在から、神廟が中心の宮寺へと変化したと考えられる。このときの神廟は室町時代のものとされる北野曼荼羅に描かれる宝殿と、それほどかわっていないのではないだろうか[32]。

一方、『天満宮託宣記』[33]では、天慶九年（九四六）三月十二日に、近江国高島郡比良宮の祢宜神良種の子で、七歳の太郎丸に託宣があったことを記している。比良山といえば、先に述べた貞観御霊会のさいに講師をつとめた慧達が修行した場所であり、奇子の託宣に対抗して、怨霊鎮魂の主導権を握ろうとしていたことが想像できる。

『天満宮託宣記』では、我が像を作るにあたって、自らが昔持っていた笏があるのでそれを取らせよと道真の霊が話したのに対し、良種らが笏がどこにあるのか尋ねると、筑紫から来住のさいに、笏は老松に、仏舎利は富部に持たせて来ており、若宮の前の小高いところの地下三尺ばかりに入れてあるので、我の左右に置くようにと託宣している。そして、自らの怒りの炎が天に満ち、諸雷神鬼は我が従類となっており、世界の災難を起こしているのである。筑紫にいたときに仏天を仰いで祈願したのは、命が終わったら自分のように慮外の災いに遭った人、侘び悲しむ人を助け救い、人を害する人を糺す身となることであり、今思いのとおりになった。我に帰依すれば、敵から免れることができる。我が宮が今年造られたのは大変喜ばしい。賀茂・八幡などの神より霊験あらたかであり、「我ハ憑ム人をは守ムと思心深し」と述べたとされる。

この託宣で興味深いのは、天慶九年の段階ですでに道真を祀る宮が造営されていて、本殿に道真の像を造って祀ることを要求し、自らを信仰する人びとを守る善神となろうと述べている点である。

『北野社家日記』[34]延徳二年（一四九〇）三月二十一日条には、北野社が延焼のさい、内陣から持ち出した御物として、「御尊体」とあり、四月十四日条に「霊神御厨子事」として御厨子の新調のことが記されていることから、本殿には厨子に入れられた道真の尊像が御神体として祀られていたことがわかるが、この道真像が創建当初のものかどうかは不明である。

両者の託宣は、真言系と天台系とで、それぞれ道真を祀ろうとする動きであり、それだけ道真の怨霊が人口に膾炙していたことを裏づけるものである。菅原氏および摂関家と結んで勢力を伸張しつつあった朝日寺の住僧最鎮らに対し、奇子一族の側では近隣の在地刀祢ら「諸司富豪之輩」と称される人びとの支持を獲得し、堂舎の整備を行った[35]。しかし最終的には、『最鎮記文』からうかがわれるように、しだいに奇子一族にかわり菅原氏と住僧が経営にあたり、貞元元年（九七六）十一月に最鎮が北野宮寺の寺務となり、菅原氏の北野支配が確立した[36]。

次に、「天神」という名称について考えてみたい。天慶五年（九四二）七月十二日の多治比奇子への託宣で、すでに天神の号を得た旨記しているが、いつ誰から得たのかはわからない。また、のちに記す天慶八年七月二十八日の志多良神輿入京のさいに、第一神輿の鳥居に「自在天神」と書かれていたことから、天神の号が社が北野に建立される前からの名称だったことは確かである。

天神は古来より、天神地祇の「アマツカミ」の意で用いられたり、『続日本紀』延暦四年（七八五）十一月壬寅（十日）条に桓武天皇が天神を交野の柏原に祀ったという記事のように、中国における天上の諸神と同義で用いられたりしているが[37]、道真が天神として祀られたのと同時期に天神がどのような意味に用いられていたのか考察しなければならない。

今堀太逸も指摘しているが、『日本紀略』延長四年（九二六）六月二十六日条の「供二養祇園天神堂一」という記述や、『本朝世紀』長保元年（九九九）六月十四日条に「今日祇園天神会也」「于レ時天神大忿怒」などとあるように、祇園感神院は祇園天神とも呼ばれていた。また、道真は火雷天神・天満大自在天・太政威徳天などと呼ばれていることから、ここで用いられている天神は、仏教における天部の神の意味ではないだろうか。そのため、神仏習合の進んだ平安中期に建立され、仏教との結びつきの強い祇園社や北野宮において、そこに祀られている神を天神と称したものと思われる。道真の場合は人神であるから、天部の神として位置づけられたのであろう。

大自在天はもとはバラモン教におけるシヴァ神で、創造の神であり、『図像抄』[38]には「尊像三目八臂騎二白牛一」とある。また、太政威徳天は空海が中国からもたらした五大明王の一つで、西方の守護をする大威徳明王に起源すると考えられ、六面六臂六脚で水牛にまたがる姿で表現される[39]。両者とも牛と関係のある天部が選ばれていることが注目される。これをもとにして道真と牛とのさまざまな伝説が作られていくのである。

また、「天満」という名称は『天満宮託宣記』の「瞋恚の焔天に満たり」に由来すると考えられているが、この名称は天台側で主張されていったようである。そのため、奇子の託宣を記した『北野縁起』には、群書類従本と東向観音寺本のみ、冒頭に「北野天満自在天神宮創建山城国葛野上林郷縁起」と記されていて、同内容の荏柄天神社所蔵『「北野天神御伝幷御託宣等」所収北野天満自在天神宮創建山城国葛野郡上林郷縁起』[40]や、恩頼堂文庫蔵『「北野天神御託宣記文」所収北野天満自在天神宮創建山城国葛野郡上林郷縁起』[41]には、「天満」の名称が記されていない。群書類従本と東向観音寺本は、おそらく奇子側の縁起が北野宮の『北野聖廟縁起』に組み込まれて整理される中で書き込まれたのだろう。

五　承平・天慶の乱後の神祇

天慶八年（九四五）には、民衆による熱狂的な宗教運動として著名な志多羅神入京事件が起こった[42]。『本朝世紀』天慶八年七月二十八日条によると、近頃京都における噂として、東西の国々から諸神が入京するとのことであり、それは志多羅神とか小藺笠神とか八面神とか呼ばれていたとする。承平・天慶の乱が鎮圧されてからまだ四年であり、東国と西国から得体の知れない神々が入京してくるとの噂は、敗死した将門と純友の怨霊の出現を想起させたであろう[43]。「摂津国司解」には、志多羅神と号する神輿三基が七月二十五日の朝、豊島郡西の河辺郡の方から数百人ほどの人びとに担がれ、みな幣帛を捧げて鼓を撃ち、歌い舞いながらやってきて、第一神輿は檜皮葺で鳥居が取り付けられており、「自在天神」と書かれていたことを記している。そしてこれら神輿は石清水八幡宮に担ぎ込まれていった。

また、醍醐天皇第四皇子重明親王の日記『吏部王記』[44]天慶八年（九四五）八月二日条によると、神輿は筑紫を発して民衆に担ぎ送られて河辺郡に着いたものであって、第一神輿は「自在天神」でありそれは「故右大臣菅公霊」であったという。

この志多良神入京事件は、承平・天慶の乱、ならびに菅原道真の怨霊化によって動揺していた社会に民衆も動かされ、民衆によって担がれた神が入京することによって、社会を一新させようとする「世直し」的状況がつくり出されていたものと想像される。天慶八年段階では確実に道真を「自在天神」とする考え方があり、筑紫国から東上し、都すなわち朝廷を震撼させる存在として民衆によってイメージされていたと言えよう。

承平・天慶の乱という国家を震撼させた東西の乱の平定を祈願するさいには、仏事よりも神事が優先されたが、その背景には、九世紀後半の宇多朝での神国意識の高まりがあった[45]。承平・天慶の乱における平定祈願・報賽として行われた仏神事は上島享によって整理されており、それによれば、伊勢神宮をはじめとする中央の有力社とともに、諸国の名神などにも奉幣・祈願がなされているほか、乱鎮圧後には京畿七道諸神の神階昇叙が行われ、乱の平定は全国の神々を総動員して祈願されたとされる。

また、承平・天慶の乱以降、中央・地方の有力社において怪異が多発している[46]。怪異はこれから起きるかもしれない災害・戦乱・病気などに対しての予兆であり、国家と関連した神社での怪異発生は、朝廷に報告されて軒廊御卜が行われて諸社への奉幣が行われるなどの対処がなされた[47]。こうした怪異システムもこのころ体系化されていった。怪異は神意のあらわれであり、予測不可能でいつ祟るかもしれない古代の神にかわって、怪異の発生から対処までのシステムが国家によって確立され、神は統御されるようになっていった。そして、十六社奉幣や伊勢神宮への公卿勅使発遣も確立されるなど、神祇秩序の整備・拡充が急速に進んでいったのである[48]。

こうした神々に対する認識の高まりの中、平将門という朝廷に対する「反逆者」を擁護する八幡神が託宣を下したり、怨霊たる道真の託宣があって御輿に神霊が乗って筑紫から都へ上ってきたりするなど、民衆により神が担ぎ出されたことが承平・天慶の乱後の特徴と言える。そしてそのとき担ぎ出された神は、八幡神・天神という国家を震撼させうる垂迹神であった。

北野社は創建されたのちもしばしば託宣を下し、寛和元年（九八五）九月八日には託宣を受けて北野社に奉幣がなされ[49]、永延元年（九八七）の託宣により社殿が改造され、八月五日には北野祭が公祭となった。そして永祚元年（九八九）六月七日に北野を含む十一社に奉幣され[50]、六月二十五日には賀茂社の怪異により奉幣された十八社の内に入り[51]、二十一社さらには二十二社の一つとして国家神として位置づけられていった。さらには寛弘元年（一〇〇四）八月五日には藤原道長が北野祭に神馬を奉納し[52]、以降、摂関家による神馬奉納が恒例となり、天神は藤原氏に祟る怨霊から国家・摂関家を擁護する神へ変貌していった[53]。

おわりに

御霊信仰および道真に関しては、これまでさまざまな研究がなされており、新たな論点を見出すことはかなり難しい。しかし、近年研究の進展した承平・天慶の乱後の中世神祇秩序の確立という観点から道真の神格化という問題を見直してみると、民衆によって担ぎ出された神という側面だけでなく、国家とのかかわりの中で天神がいかに祀られてきたか明らかにできたと思う。

道真は当初は亡くなった大宰府の地に埋葬されて墓所が築かれたが、怨霊化とともに安楽寺が建立されて霊魂の管理が行われ、鎮魂がはかられた。ここまではそれ以前の怨霊への対応と同様だが、真言・天台を軸とする怨霊鎮魂の主導権争いにかかわって都に鎮魂のための北野寺が建立された。そして数度の炎上を経て神社として整備されていった。そこには承平・天慶の乱を通じての神威の高まり、国家的な神祇政策の体系化が背景にあった。この時期には廟が宮と称されて神社と同一視されるようになり、北野廟も北野宮・北野社と称され、本殿には道真の尊像が祀られて御影像として崇められた。そしておそらくはこれと同時期に、怨霊を祀るさまざまな廟も神社化して崇められるようになっていったのだろう。

古代の神から中世の神への変化は、神の存在が人間に近づいていくという点にある。神も悩み傷つき血を流す存在になっていくのである。そしてそれは、人も神になれるという思想を生み出す。本居宣長は『古事記伝』巻

三の中で、

さて凡て伽微とは、古御典等に見えたる天地の諸の神たちを始めて、其を祀れる社に坐御霊をも申し、又人はさらにも云ず、鳥獣木草のたぐひ海山など、其余何にまれ、尋常ならずすぐれたる徳のありて、可畏き物を伽微とは云なり、

と述べたが、民衆の間では自らの先祖を神として祀っていった。そしてさらには、国家によって怨霊以外の人物も神として祀るようになっていくのである。

（1）笠井昌昭「天神信仰の本質と「北野天神縁起絵巻」」（『古代日本の精神風土』ぺりかん社、一九八九年）、同「天神信仰の成立とその本質」（『日本の文化』ぺりかん社、一九九七年）。
（2）村山修一『本地垂迹』（吉川弘文館、一九七四年）や、同『天神御霊信仰』（塙書房、一九九六年）では、日本における御霊信仰の発展、神仏習合の進展が巨視的観点から解明されている。
（3）広嗣に関するさまざまな伝説については、長野正「藤原広嗣伝説の展開」（『筑波大学附属高等学校研究紀要』二五、一九八四年）で言及されている。
（4）『群書類従』神祇部所収。
（5）『群書解題』の中で西田長男が詳しい解説を施しており、鎌倉時代成立かとされている。坂本太郎「藤原広嗣の乱とその史料」（『六国史』〈坂本太郎著作集第三巻〉吉川弘文館、一九八八年、初出一九六八年）でも詳しく言及されている。近年の研究では、縁起中に引用される藤原広嗣上表文はかなり信憑性が高いとされている（辻憲男「藤原広嗣の上表文を読む」『神戸親和女子大学研究論叢』三〇、一九九六年）。
（6）筒井英俊校訂『東大寺要録』（国書刊行会、一九七一年）。
（7）長洋一「藤原広嗣の怨霊覚書――大宰府文化の側面――」（『歴史評論』四一七、一九八五年）では、「知識寺という名称からこれは人々の知識結によって造られた寺であり、民衆が何らかの形で広嗣の鎮魂のために作っていた寺というこ

とができる」と、広嗣の怨霊鎮魂に民衆がかかわっていたことを指摘している。

(8) 秋本吉郎校注『風土記』(岩波書店、一九五八年)。

(9) 久保田淳監修『賀茂保憲女集・赤染衛門集・清少納言集・紫式部集・藤三位集』〈和歌文学大系〉(明治書院、二〇〇〇年)。

(10) 上田正昭「天神の原像」(『天満天神』筑摩書房、一九八八年)。

(11) 小島鉦作「香椎廟の香椎宮への移行とその荘園化」(『神社の社会経済史的研究』〈小島鉦作著作集第三巻〉吉川弘文館、一九八七年、初出一九七四年)、廣渡正利『香椎宮史』(文献出版、一九九七年)。

(12) 西本昌弘「早良親王薨去の周辺」(『日本歴史』六二九、二〇〇〇年)では、国忌の期日から、薨日を十月十七日、そして薨去の原因は自らの断食によるものではなく、故意に飲食を停止されたことによるものである可能性が高いと指摘している。

(13) 大江篤「早良親王の霊――「祟」認識の展開――」(『日本古代の神と霊』臨川書店、二〇〇七年、初出二〇〇〇年)。

(14) 黒板伸夫・森田悌編『日本後紀』(集英社、二〇〇三年)。

(15) 霊安寺は明治初年の神仏分離によって満願寺に合併され、廃寺となった。その遺構は満願寺南に残っており、延暦十五年(七九六)に鋳像された隆平永宝などが出土した。

(16) 吉井敏幸「大和国宇智郡霊安寺と御霊神社」(『日本宗教文化史研究』九、二〇〇一年)。

(17) 牛山佳幸「早良親王御霊その後――崇道天皇社からソウドウ社へ――」(『【小さき社】の列島史』平凡社、二〇〇〇年、初出一九八四年)。なお、松田朋子「山陽地域における「崇道(そうどう)社」の信仰をめぐって」(『吉備地方文化研究』一五、二〇〇五年)では、さまざまな祭神が「ソウドウ」社として祀られるようになったことが指摘されている。

(18) 今市優子「貞観五年御霊会の成立について」(『文化史学』四五、一九八九年)。

(19) 比叡山専修院附属叡山学院編『伝教大師全集』巻一(世界聖典刊行協会、一九八九年)。

(20) 八重樫直比古「空と勝義の孝――古代仏教における怨霊救済の論理――」(石田一良編『日本精神史』ぺりかん社、一九八八年)。

(21) 菅原道真および天神信仰に関する史料は、竹居明男編『天神信仰編年史料集成――平安時代・鎌倉時代前期篇――』

（国書刊行会、二〇〇三年）に掲載されており、大変有益である。また、神社と神道研究会編『菅原道真事典』（勉誠出版、二〇〇四年）では、道真に関する基本的事項について詳しく解説されている。
(22) 戸田芳実『日本中世の民衆と領主』（校倉書房、一九九四年）、河音能平『天神信仰の成立』（塙書房、二〇〇三年）。
(23) 上島享「中世宗教秩序の形成と神仏習合」（『国史学』一八二、二〇〇四年）、同「中世国家と寺社」（『日本史講座3 中世の形成』東京大学出版会、二〇〇四年）、井上寛司『日本の神社と「神道」』（校倉書房、二〇〇六年）など。
(24) 『群書類従』神祇部、真壁俊信校注『神道大系　北野』（神道大系編纂会、一九七八年）。
(25) 中野幡能校注『神道大系　太宰府』（神道大系編纂会、一九九一年）。
(26) 『大日本仏教全書　興福寺叢書』（潮叢書、一九三一年）。
(27) 前掲注(24)。
(28) 並木和子「摂関家と天神信仰」（『中央史学』五、一九八二年）、味酒安則「太宰府天満宮の草創と発展」（上田正昭編『天満天神』筑摩書房、一九八八年）。
(29) 今堀太逸『権者の化現』（思文閣出版、二〇〇六年、初出二〇〇三年）。
(30) 前掲注(24)。
(31) 同右。
(32) 北野天満宮所蔵。難波田徹・岩鼻通明編『神社古図集続編』（臨川書店、一九九〇年）所収。なお、この北野曼荼羅において、本殿に道真が座した姿で描かれている点は、他の神社と異なるところであり、本殿には御影像が安置され、祭神として人が神として祀られていることを示していると言える。
(33) 前掲注(24)。
(34) 竹内秀雄校訂『北野社家日記』第二〈史料纂集〉（続群書類従完成会、一九七二年）。
(35) 藤原克己「天神信仰を支えたもの」（『菅原道真と平安朝漢文学』東京大学出版会、二〇〇一年、初出一九九〇年）。
(36) 大野功「平安時代の怨霊思想」（村山修一編『天神信仰』〈民衆宗教史叢書〉雄山閣出版、一九八三年、初出一九五七年）。
(37) 礪波護「中国の天神・雷神と日本の天神信仰」（『日本歴史』六五二、二〇〇二年）。

(38)『大正新脩大蔵経』図像第三（大正新脩大蔵経刊行会、一九七五年）。
(39) 笠井昌昭『天神縁起の歴史』（雄山閣出版、一九七三年）。
(40) 真壁俊信校注『神道大系　北野』（前掲注24）。
(41) 同右。
(42) この一件については、戸田芳実前掲書（注22）などに詳しい。
(43)『将門記』では、一人の昌伎に託宣があり、将門に新皇の位を授けようと八幡大菩薩が示したが、その位記を道真の霊魂が書いたという。
(44) 米田雄介・吉岡真之編『吏部王記』〈史料纂集〉（続群書類従完成会、一九七四年）。
(45) 岡田荘司「宇多朝祭祀制の成立」（『平安時代の国家と祭祀』続群書類従完成会、一九九四年、初出一九九一年）。
(46) 上島享「中世宗教秩序の形成と神仏習合」（『日本中世社会の形成と王権』名古屋大学出版会、二〇一〇年、初出二〇〇四年）。
(47) 西岡芳文「六壬式占と軒廊御卜」（今谷明編『王権と神祇』思文閣出版、二〇〇二年）。
(48) 上島享「中世宗教支配秩序の形成」（前掲注46『日本中世社会の形成と王権』、初出二〇〇一年）。
(49)『小右記』同日条。『玉葉』建久二年閏十二月二十二日条など。
(50)『小右記』永祚元年五月二十八日条。
(51)『小右記』永祚元年六月二十五日条。
(52)『御堂関白記』同日条。
(53) 上島享「承平・天慶の乱と道真」（『国文学解釈と鑑賞』八五一、二〇〇二年）。

第4章　怨霊――『今昔物語集』の事例を中心に――

はじめに

生命には始まりがあれば必ず終わりもある。霊長類の中には人間と同じような弔い行動をとる種があることが報告されているが、高度な霊魂観を有するのは人間の特徴と言えよう。

人が天寿を全うして普通に亡くなった場合、その霊魂は天上や海の彼方や山の上、さらには墓所にとどまるものと考えられていた。しかし、「異常死」の場合、霊魂はそうした地に安住することなく宙を浮遊し、ときには人にとりついて病気を起こしたり、相手を呪い殺したりすることからはじまって、飢饉や水害などの天災を起こすこともある存在だと思われていた。

「怨霊」という用語自体は、『日本後紀』延暦二十四年（八〇五）四月甲辰（五日）条に見える早良親王に関する記事が初見である。しかし、「怨霊的」な現象はそれ以前から起きており、長屋王についても怨霊の存在が意識されているほか、養老四年（七二〇）の大隅・日向両国の隼人の乱において亡くなった隼人の慰霊のために始められたとする宇佐神宮放生会でも、荒ぶるかもしれない霊の鎮魂が意識され、宇佐神宮周辺には凶首塚・百体神社・化粧井戸といった隼人関連の史跡が残されている(1)。

そしてそれ以前においても、非業の死を遂げた人物の霊魂は「祟」として認識されていた(2)。さらに文献が存在しないころにさかのぼっても、埋葬のあり方から霊魂に対する畏怖の念がうかがわれ、「怨霊的」な考え方が存在したことは確かだろう。翻って現代社会に目を転じてみても、さまざまな現象を「怨霊」の所為とする考え方は残存しており、「怨霊」は日本社会の根底に潜む考え方であり、長期にわたって大きな影響を与えてきた思想と言うことができよう。

本稿ではその中でも平安時代末期に成立したとされる『今昔物語集』(3)を素材とし、「怨霊」がどのようにとらえられているのか考えてみたい。(4)

一 『今昔物語集』巻二十七の構想

『今昔物語集』は全三十一巻からなる説話集で、そのうち巻八・十八・二十一は欠巻となっている。内容は、説話によって天竺・震旦・本朝における仏法史を概観し、最後に本朝における「世俗」を叙述する。(5)巻二十一から巻三十一までが本朝世俗部であるが、そこは、欠巻である巻二十一に計画されていた皇室史をはじめとして、巻二十二の藤原氏列伝、巻二十三の兵列伝、巻二十四の諸道芸能譚、巻二十五の合戦譚と続く。巻二十二から二十五までは、公を基軸として公にかかわる世界を記述していると理解されている。(6)そして、巻二十六本朝付宿報、巻二十七本朝付霊鬼、巻二十八本朝付世俗、巻二十九本朝付悪行、巻三十本朝付雑事、巻三十一本朝付雑事と続く。巻二十五以前は仏教色が強いのに比し、巻二十六以降は仏教に包含されない世界を描いている。そして、そこではさらに公と対立する世界、あるいは公と疎遠な世界をとりあげており、それらを描くことで、世界の全体的把握をめざしたと考えられている。

その中の巻二十七では、「不思議」な現象についてまとまって述べられており、その原因は何なのか解明しようとしているところに特徴がある。そこであげられる存在は、霊、精、鬼、野猪・狐、神に分類することができる。人間の主として死者の霊魂について「霊」と呼び、無生物の霊魂を「精」、異形で人を喰ったりする暴悪な妖怪を「鬼」、人をたぶらかす動物として野猪・狐、そして神社に祀られていない邪悪な神をあげている。

『今昔物語集』ではこうした存在を羅列するのではなく、整理して体系的に記述しようとし、闇の中の野蛮と混沌を、文明と認識の光の中へ引き出して公の秩序を与えているのだと理解されている。(7)「不思議」な現象は、霊の祟りなのか、鬼によるものか、神の祟りか、仏の祟りか、動物が憑いているものなのか、原因によって対処方法が異なっており、間違った対応をとると状況が好転しないばかりか、より一層事態を悪化させることがあった。そのため、そうした「不思議」な現象を整理して体系立てておく必要があると言えよう。

本稿ではその中で「怨霊」の登場する場面を検討していくが、そもそも『今昔物語集』では「怨霊」という語は用いられていない。その理由については後で考えたいが、まずは「不思議」が多数収載されている巻二十七の説話を検討する。

二 「公」と霊

巻二十七本朝付霊鬼「三条東洞院鬼殿霊語第一」には、特定の場所にとどまる霊について記されている。京都三条大路の北、東洞院大路の東の角に「鬼殿」というところがあり、そこに霊があるとする。ここには平安京遷都以前に大きな松があり、ある男が通り過ぎようとしたところ、にわかに雷鳴がとどろき大雨が降ってきたので、その男は馬から下りて松の木のもとにいたところ、雷が落ちて男も馬も死んでしまった。男は「霊」となり、そこに家が建っても男の霊はずっとそこに住み続けていると伝えられ、そこではたびたび不吉なことがあるとされている。

この霊の場合は、雷によって非業の死を遂げたことにより、成仏できずにずっとその場にとどまっていて、誰彼なく祟ってあらわれるという特徴をもっている。霊のあらわれる「鬼殿」は『拾芥抄』では三条南、西洞院にあった藤原有佐邸または藤原朝成邸かとされているほか、『大鏡』では三条北、西洞院西とされているなど一定していない。これは三条西洞院を中心にその周辺で霊が出現したことを示しており、亡くなった場所に執着している霊のあり方をあらわしている。

「川原院融左大臣霊、宇陀院見給語第二」でも、場所にとどまる霊が見られる。源融が住んでいた河原院は、彼が亡くなった後、子孫によって宇多院に譲られたが、夜になると西の対の塗籠を開けて束帯姿で大刀を佩き笏を取ったかしこまった姿で融があらわれた。そして、自分はここに住んでいるのに、院がいらっしゃると狭い旨を訴えた。すると院が、「其レハ糸異様ノ事也。我レハ人ノ家ヲヤハ押取テ居タル。大臣ノ子孫ノ得セタレバコソ住メ、者ノ霊也ト云ヘドモ、事ノ理ヲモ不知ズ、何デ此ハ云ゾ」と高らかに述べると霊は掻き消すように消えてしまい、二度とあらわれることはなかった。

まずこの話で特徴的な点は、霊は昼間は部屋の中の塗籠に隠れていて、夜になってあらわれるという点である。塗籠は閉鎖的空間で寝室・納戸として用いられ、人が籠もる場所であるほか、神霊もそこに宿ると考えられていた。(8) 霊や鬼などの「不思議」な存在は、黄昏時から翌朝までの夜中に活動するのが一般的である。箸墓の造営に関して「昼は人が作り、夜は神が作る」とされているように、昼は人間の活動時間であるのに対して、夜は神の活動時間であり、そのため神輿の渡御なども基本的に夜に行われた。霊や鬼なども同様に夜中に跋扈することが一般的であった。「然様ノ物ノ霊ナドハ、夜ルナドコソ現ズル事ニテ有レ、真日中ニ、音ヲ挙テ長メケム、実ニ可怖キ事也カシ」（第二十八）とあるように、昼間に霊が出現することは違例であり、とりわけ恐れられた。

次に特徴的な点として、登場した霊が院によって鎮められて二度とあらわれることがなかったという点である。これは特殊なケースであり、「案内不知ザラム所ニハ、努々不立寄マジキ也。況ヤ、宿セム事ハ不可思懸ズトナム語リ伝ヘタルトヤ」（第七）や「人無カラム旧堂ナドニハ不宿マジキ也トナム語リ伝ヘタルトヤ」（第十六）と今昔の編者が記しているように、よく知らない場所や古い堂などでは何が出現するかわからず、命を取られかねないので忌避すべきだというのが通常である。

それならば、なぜこの場合、宇多院は霊を退散させることができたのだろうか。それは、霊鬼といえども「事ノ理」を説く天皇には無力であることを示しているからだとされている(9)。ここでひとつ考えたいことは、先にも指摘した『今昔物語集』には、「怨霊」なる用語が用いられていない点である。また、井上内親王・早良親王・菅原道真など当時著名であったはずの怨霊についても言及されていないのはなぜだろうか。

源融のこの説話と類似した話は、『古本説話集』二七や『宇治拾遺物語』一五一にある。しかし『江談抄』三二や『古事談』一―七ではやや内容が異なっており、霊物が宇多法皇の腰を抱くと、そばにいた御息所が意識を失って運び出され、浄蔵大法師の加持で蘇生する一方、法皇は「先世の業行に依りて日本国王と為り、宝位を去るといへども、神祇守護し奉り、融の霊を追ひ退け了んぬ(10)」のように、神祇が守護していたことにより霊を退けることができたとする。

源融の亡霊に対しては、『扶桑略記』延長四年（九二六）七月四日条に、「宇多法皇為二故左大臣源融朝臣一、於二七箇寺一、被レ修二諷誦経一」としてその諷誦文を載せる(11)。『本朝文粋』には紀在昌作の「宇多院河原院左大臣の為に没後諷誦をする文」が収載されている(12)。そこでは、融の亡霊が六月二十五日に女官に憑依して言うことには、「在世の間、殺生をこととしていたため、その業の報いによって悪趣に墜ち、一日に三度苦を受けているが、その間に昔日の自邸への愛着から時々河原院に憩いに来ている。法皇に対して邪心があるはずがないが、重罪の身なので凶暴な面が出ることがある。物を害そうという気はないが、人に対して凶暴に向かっていってしまう。我が子孫が皆亡くなってしまうと、この苦しみからの救済を誰にも頼ることができないので、七箇寺において諷誦を修することにより、抜苦の慈音を聴くことができれば、迷いの境地から脱することができるであろう」と述べたことにより、それに応えて七箇寺において読経し鐘を叩き、亡霊が鎮まることを祈願した。

このような事実をもとに説話がかたちづくられているわけだが、その過程で内容に大幅な改編がなされている。すなわち、源融の霊が仏教の力により救済を求めていて、実際諷誦文が唱えられたということに対し、『今昔物語集』では仏教の力ではなく、天皇という権威ならびに道理によって霊を退けたことになっている。この改編が『今昔物語集』の編者によるものか、それとも『今昔物語集』に収載される以前になされていたものか、にわかに判断することはできないが、怨霊という日本仏教から生み出された概念を『今昔物語集』ではあえて用いていない点からして、『今昔物語集』編者の独自判断という可能性が高いのではないだろうか。そしてそれは、仏教の力だけでは鎮まり得ない、「怨霊」の多様性を示しているとも言える。

三　「武」と霊

巻二十七「桃園柱穴指出児手、招人語第三」でもそうした考え方が展開している。話の概要は以下のとおりである。桃園というところに源高明が住んでおり、その寝殿の辰巳の母屋の柱に木の節の穴が開いていて、夜になるとその木の節の穴から小さい児が手を差し出して人を招くことがあった。高明はそれを怪しく思い、穴の上に経を結びつけておいたが、効果がなかった。次に仏を懸けておいたがそれでも止まらなかった。そこで征箭を一筋その穴に入れたところ、不思議な現象は止んだので、その後、箭柄を抜いて征箭の幹の部分だけを穴に深く打ち入れたところ、それから後は手が招くことはなくなった。

これに対して評語では、「此レヲ思フニ、心不得ヌ事也、定メテ者ノ霊ナドノ為ル事ニコソハ有ケメ。其レニ、征箭ノ験、当ニ仏経ニ増リ奉テ恐ムヤハ」と述べている。すなわち、霊の出現に対して経や仏像の力では鎮めることができず、武の力によってはじめて鎮めることができたことを示しているのである。

しかし、そうだからといって武の力を誇示して霊に対して強引にふるまうことは、逆に霊から手痛いしっぺ返しを喰うことになる。「冷泉院東洞院僧都殿霊語第四」には以下のような話が載せられている。冷泉院の南、東洞院の東の角に僧都殿と呼ばれる悪所があり、そこには人が住みつかなかった。その北に左大弁宰相源扶義という人の家があり、その舅に讃岐守源是輔という人がいた。僧都殿の戌亥の角に大きな榎の木があり、たそがれ時になると寝殿の前から赤い単衣が榎の木の方に飛んでいって木の梢に登った。人はこれを見て恐れて近寄らなかったが、讃岐守の家に宿直している兵な男が、「あの単衣を射落としてやろう」と言ったところ、これを聞いていた者たちが「射られるはずがない」とけしかけたので、男は必ず射てやるということで、夕暮れ方に僧都殿に行き、東の方の竹が少し生えている中から赤い単衣が飛んでいくのを射たところ、単衣は榎の木の梢に登ったが、箭が当たったところの土には血が多くこぼれていた。男は讃岐守の家に帰って言い争った者たちに会ってこのことを語ると、その者たちはたいそう恐れた。しかし、箭を射た兵はその夜寝たまま死んでしまった。これに対し、言い争った者たちは、「無意味なことをして死んでしまった者だ」と言い謗った。

この説話では、武の力で強引に霊をねじ伏せようとしたが、逆に霊によって命を取られることになったことを述べることによって、必ずしも武の力で霊を鎮めることができるわけではないことを示している。

さらには、巻二十七「幼児為護、枕上蒔米付血語第三十」にも家に住みついている霊について記されている。ある人が方違のために幼い児をつれて下京のある場所へ行ったところ、その家にもとから霊のあるのを知らないで皆寝てしまった。夜中に乳母が目を覚まして児に乳を含ませていたところ、塗籠の戸が少し開いてそこから長五寸ほどの束帯姿の五位たちが、馬に乗って十人ほど枕元を通ったのを、乳母は怖ろしく思いながらも邪を祓うために白米をつかんで投げたところ、それらは散り散りばらばらになった。夜が明けて枕元を見てみると、投げた米ごとに血がついていたという。

ここでは辟邪の力があるとされた白米を投げることによって霊を鎮めようとしている。このようにして、巻二十七に収載される「怨霊」に関する説話は、仏教以外の力で鎮めようとし、それが功を奏することもあれば、必ずしも鎮めることをなしえないなど、さまざまな「怨霊」の姿を提示していると言えよう。また、ここで示されている「怨霊」は、生前と同様の姿をとっていて、空中を飛ぶこともできるが、血も流す存在であったと結論づけることができる。

四　生霊のあり方

人が亡くなった後で生前の恨みを晴らそうと、死後に祟って出るのが怨霊だが、生きているうちにも相手を憎む気持ちが強いため、魂が抜け出して相手を苦しめる場合があり、そうした生霊についても巻二十七に記されている。

「近江国生霊、来京殺人語第二十」は以下のような内容である。夜中に京都の大路に青みがかった衣を着た女が、民部大夫某の家に行こうとしていたが迷ってしまったので、美濃・尾張へ下ろうとして通りかかった男に連れて行ってほしいと頼んだ。男が連れて行くと、「自分は近江国某郡の人間で、しかじかという人の娘ですが、あなたは東国にいらっしゃるということなので、道から近いところなので必ず来て下さい」と言うや、門が閉まっているのに女は掻き消すように消えてしまった。するとこの家の中からにわかに泣き声が聞こえ、誰か死んだようだった。男は不審に思って夜明けまで待ってその家の人に聞いてみると、近江国に住んでいる女房の生霊がとりついて某は死んでしまったという。その後、男は近江にある女の家を訪れると、「その夜の喜びは未来永劫忘れない」と、自分が生霊となって某を死にいたらせたことをよく覚えていた。このことに対して編者は、

「生霊ト云ハ、只魂ノ入テ為ル事カト思ツルニ、早ウ、現ニ我レモ思ユル事ニテ有ニコソ」のように、生霊とは霊魂が乗り移って何かをなすことかと思っていたけれども、生霊となっている当人もはっきり自覚していることだったのだと驚いている。この女は民部大夫の妻となったのだが、離縁されたので恨みに思って生霊となって殺したのだった。

良きにつけ悪しきにつけ、相手に対しての思いが非常に強いと、身体から魂が遊離して相手のもとへ飛んでいくと考えられていた。この場合は、離縁されたことを恨んで生霊となっている。生霊に関しては、『源氏物語』の六条御息所の例をはじめとして、『江談抄』では藤原佐理や醍醐天皇の皇子である兼明親王の生霊について述べられている。そして『古事談』第二「朝成望大納言為生霊事」においては、一条伊尹と藤原朝成が官職をめぐって争っていたとき、朝成は伊尹に裏切られたことにより職に就けず大変怒り、伊尹が病気となって亡くなったことを、朝成の生霊のためであろうと記している。また、『枕草子』第一四六段の「名おそろしき物」の中に「生霊(いきすだま)」があげられているなど、たいそう怖ろしい存在として認識されていた。

『今昔物語集』の説話からは、生霊はその本人と同じ姿であらわれ、空間を一瞬にして飛び、遮蔽物も通過することができ、人の体の中に入ってその人を取り殺してしまうという特徴をもっていたことがわかる。そして、当の本人も生霊となっていることを自覚しているのだった。

五　国家的「怨霊」への対応

それでは次に、巻二十七以外で『今昔物語集』に登場する「怨霊」について見てみる。巻十一「玄昉僧正、亘唐、伝法相語第六」では、玄昉が唐から法相宗を伝えたことを述べるが、それは最初の部分だけで、ほとんどは藤原広嗣との関係に費やされている。[13] 以下にその概要を記す。

広嗣は光明皇后が玄昉を寵愛していることを聞き、太宰府から国解により聖武天皇に上奏し、寵愛をとどめるよう進言した。それに対して天皇は、どうして広嗣に政治がわかるものかと激怒して、広嗣を討つよう命じた。それに対して広嗣は怒って、どうして自分は公に対して間違ったことはしていないのに、公は理不尽にも自分を討とうとするのか、これはひとえに玄昉の讒謗だとして軍を調えて戦ったが、朝廷の軍は強く、広嗣は馬とともに海に入って死んだ。そして広嗣の死体が浜に打ちあがったところ、大野東人は頸を切って都に上って公に奉った。

その後、広嗣は悪霊となって、一方では公を恨み、一方では玄昉に復讐するために、玄昉の前にあらわれた。赤い衣を着て冠をつけ、にわかに玄昉をつかみ取って空に昇り、その身をばらばらにして落としたので、弟子たちは拾い集めて葬った。その後も悪霊は鎮まることがなかったので、天皇はたいそう恐れて、吉備真備が広嗣の師だということで、すみやかに彼の墓に向かわせ、言葉を尽くしてなだめたところ、その霊のために真備はあやうく鎮圧されそうになったが、真備は陰陽道に優れた人物だったので、陰陽の術により自分の身を固く守り、ねんごろになだめたところ、霊は鎮まった。その後、霊は神となってその場所に鏡明神として祀られた。玄昉の墓は、今奈良にあると伝えられている。

広嗣が怨霊化して、最終的には松浦明神として祀られる過程については、第3章で述べたので詳細はそちらに譲るが、『今昔物語集』との関係で、重要な点だけ言及しておく。

玄昉の死に関しては、『続日本紀』に藤原広嗣の霊のために害せられたことを記すほか、『東大寺要録』『尊卑分脈』『平家物語』などでも奇怪な様子が述べられている。そして『扶桑略記』天平十八年（七四六）六月己亥（十八日）条には、「玄昉法師為二大宰小弐藤原広継之亡霊一、被レ奪二其命一、広継霊者、今松浦明神也」のように、玄昉は藤原広嗣の亡霊によって命を奪われ、広嗣の霊魂は松浦明神として祀られていることを記している。(14)

吉備真備により松浦廟が造られて鎮魂が行われたという事実が、「懃ニ掍誘ケレバ、其霊止マリニケリ」のように話が変化していったのだろう。なお、このとき、吉備真備が陰陽の術を使って怨霊を鎮めたのではなく、「陰陽ノ術ヲ以テ我ガ身ヲ怖レ無ク、固メテ」とあるように、自身の身を守るために用いていることに注意したい。決して陰陽の術により怨霊を鎮め得たとは記されていないのである。

この説話が巻十一本朝付仏法に所収されていることからもわかるとおり、仏法の力により怨霊は鎮魂されたのである。そしてそれは仏法の力で怨霊をねじ伏せるのではなく、「懃ニ掍誘」のように、慰撫することにより鎮まってくれることを願ったのである。なお、この説話で「怨霊」という用語が用いられていないのは、まだこの時期にその語が成立していないため当然とも言える。

仏教による「怨霊」鎮魂については第2章で言及したが、「怨霊」という言葉は漢訳経典には見られず、中国仏教にはない言葉だったが、奈良時代後期に非業な死を遂げた人物の祟りが相次ぐ中、九世紀初頭に仏教者によって作り出された言葉であると考えられる(15)。そして怨霊の鎮撫は仏教主導で行われたが、それは仏教には死後の世界の体系があり、成仏できずにさまよう霊魂を得道させる方策を有していたからである。

儒教的対応や神社での祈禱は、対症療法的対応であり、病や災異といった現象を終息に向かわすことは可能かもしれないが、その原因が怨霊にあるときには根本的解決にならなかった。早良親王や崇徳院など、国家的怨霊への対処の基本となるのは、怨霊となった人物の墓所での儀礼であり、墓所には霊魂がとどまっていると考えられていたため、その霊に対して、名誉回復や奉幣、墓の整備を行うなどして怒りを鎮める方法や、仏教的手法により怒りをなだめて成仏させる方法により怨霊が鎮められた。そのさいには、怨霊に対峙して強圧的にねじ伏せるというのではなく、あくまで丁寧に慰撫して怒りをなだめることによって怨霊を安んじるという手法がとられたのであった。

先に言及した早良親王の例からもわかるとおり、怨霊に対しては、怨念を抱くことにより怨の連鎖から抜け出せず、逆に自らが苦しむことになることを悟らせることが有効とされた。こうしたあり方は、怨霊が国家的大規模なものでなく個人的な場合でも有効であった。

そして、「玄昉僧正、亘唐、伝法相語第六」で特徴的なことは、「公」という文言が何度も登場する点である。大野東人が天皇からの宣旨をうけたまわって鎮西に下り、軍を催して広嗣を攻めようとした場面では、広嗣は「我レ公御為ニ錯ツ事無シト云ヘドモ、公横様ニ我レヲ被罰ムトス。是偏ニ僧玄昉ガ讒謀ナリ」と述べている。広嗣は、「公」が理不尽にも自分を討とうとしているのを、玄昉のせいであるとみなし、「公」自体を責めてはいない。

さらには広嗣が悪霊となった場面では、「広継悪霊ト成テ、且公ヲ恨奉リ、且ハ玄昉ガ怨ヲ報ゼムト為ルニ、彼ノ玄昉ノ前ニ悪霊現ジタリ」とあるように、「公」を恨んではいても、悪霊として登場したのは玄昉のところであった。その後、広嗣の悪霊は吉備真備により鎮まり、さらには鏡明神として祀られたことを記す。つまり、広嗣の悪霊は「公」に対しては直接祟ることはせず、災害を起こしたりすることはせずに玄昉個人に祟るにとどまり、さらには「公」から派遣された吉備真備によってあっけなく鎮められたことになっている。こうしたあり方は、早良親王などの著名な怨霊と大きく異なっている。怨霊の場合は、個人的に祟るのにとどまらず、社会全体に災害や疫病をもたらし、その鎮魂までには長い時間を要するのであった。そうした怨霊を『今昔物語集』ではあえてとりあげず、「公」によって容易に鎮めることのできた悪霊について言及しているが、これは仏教とともに権威としての王権が機能していたことを示していよう。(16) こうしたことが、政治的怨霊をとりあげない理由なのではないだろうか。さらには、民衆レベルでも「怨霊」という用語を用いていないのは、統制不可能な存在という認識があったからかもしれない。

もうひとつ国家レベルの「怨霊」として、長屋王の「怨霊」に関する説話が収録されている。巻二十「長屋ノ親王、罰沙弥感ル現法ヲ語第二十七」は長屋王の変とその後についての説話である。長屋王を妬ましく思う人物が聖武天皇に讒言して、「長屋王が王位を傾けて国位を奪おうとしていることにより、天皇のために善根を修する日に供養の飯を乞いに来た一人の沙弥の頭を殴って流血させた」と告げた。これに怒った天皇は、数多の軍を遣わして長屋王邸を囲んだ。それに対して長屋王は、「我は罪なくしてこのような咎を蒙り、必ず殺されるに違いない。であるから誰かに殺されるよりは自害した方がましだ」ということで毒を飲んで亡くなった。天皇はこれを聞いて、人を遣わして長屋王の屍を平城京の外に棄てて焼き、河に流して海に投げた。けれどもその骨は流れて土佐国に着いた。そのとき土佐国の人びとが多数死んだ。皆は「彼ノ長屋ノ悪心ノ気ニ依ニ、此国ノ百姓多ク可死シ」と訴え、天皇はこれを聞いて骨を紀伊国海部郡枡抄の奥の島に置いた。これを見聞きした人は、「彼の沙弥をとがなくして罪したのを、護法童子が憎んだためである」と言った。

　これを受けて評語では、頭を剃って袈裟を着た僧を恐れ敬うべきであり、その中に仏菩薩の化身が身を隠しているのである、というように、長屋王が自害せざるを得なくなったことは沙弥を打擲した現報であるという結論になっている。

　この話は『日本霊異記』[17]中巻「恃二己高徳一刑二賤形沙弥一以現得二悪死一縁第一」が典拠となっている。長屋王が「怨霊」化する場面を見てみると、拙著においても指摘しておいたが、『日本霊異記』では「天皇勅、捨二彼屍骸於城之外一、而焼末散レ河擲レ海、唯親王骨流二于土左国一」とあり、天皇は詔を出して、長屋王らの遺骸を平城京の外に捨てさせて焼いて河に投げ散らし、海に捨てさせたが、ただ親王の骨だけは土左国に流したと解釈することもできるし、親王の骨だけが土左国に流れ着いたと解釈することもできよう。しかし、後者だとすると非現実的である。[18]それが『今昔物語集』になると、「天皇此レヲ聞給テ、人ヲ遣シテ、長屋ノ屍骸ヲ取テ、城ノ外ニ棄テ焼テ、河ニ流海ニ投ツ。而ルニ、其骨流レテ土佐国ニ至ル」のように、明らかに河に流され海に捨てられた長屋王の骨が土佐国に流れ着いたとの記述になっている。

『日本霊異記』では、「親王気」により、土左国の人びとがみな死んでしまったために、「為レ近二皇都一」と少しでも親王の怨を和らげようとして紀伊国海部郡枡抄奥の島に骨を移したとしているのに対し、『今昔物語集』では、「長屋ノ悪心ノ気」により土佐国の人びとが多く死んでしまったので、「王城ヲ遠ク去ガ為ニ」紀伊国海部郡枡抄奥の島に骨を移したことになっている。すでに指摘されていることだが、『今昔物語集』のこの部分は『日本霊異記』の誤訳と解されているが、単なる誤訳ではなく、『日本霊異記』では南海道のうち皇都に少しでも近いところに骨を移して怨念を慰めようとしたことになっているのに対し、『今昔物語集』では長屋王の祟りによって災いが我が身に降りかからないようにと聖武は考えて骨を移したと解することができよう(19)。

六　民衆レベルでの怨霊への対応

ところで、国家レベルの怨霊に対しては、仏教による鎮撫がほとんど唯一の対処方法であるが、民衆レベルにおいては、さまざまな手法により対応がなされていた。そのひとつが陰陽道による対応である。

巻二十四本朝付世俗には陰陽道に関する説話が並んでいるが、「人妻成悪霊除其害陰陽師語第二十」では、悪霊に対して陰陽道が有効だったことがわかる内容となっている。ある男が長年一緒に暮らしていた妻と別れたことにより、妻は深く怨んで嘆き悲しんでいたが、それがもとで死んでしまった。その女には父母もなく親しい者もなかったので、死体を始末して葬送することもなく屋の内に置かれていたが、髪も落ちずもとのように付いていた。また、骨も皆くっついていた。その家では真っ青に光ることがあり、鳴動することもあったので、隣人も怖れて逃げてしまった。その男はこのことを聞いて生きた心地がせず、「どうしてこの霊の難をのがれることができようか。我を怨んで死んだ者なので、我は必ず取り殺されてしまうだろう」と怖れて、陰陽師のところに行ってこのことを語ったところ、陰陽師は男をその家に連れていき、死体の背に馬に乗るように乗せた。そして、死人の髪を強く引っ張らせて、「決して手を離してはいけない」と教えて、呪文を唱えて祓えをし、自らが戻ってくるまでそのままでいるようにと言って行ってしまった。男は死人に乗って髪をつかんでいたが、夜になると死人は「なんて重いんだ」と言うや、どことも知らず走り出した。しかし、陰陽師の教えのとおりにしていたところ、死人はもとの家に戻って同じように臥した。そして明け方になると死人は音もたてなくなった。夜が明けると陰陽師が来てまた死人に呪文を唱えた後、男を連れて帰った。そしてその後は何も起こらなかったという。

この説話では、陰陽師の呪法により女の怨霊を鎮めることができたという内容になっている。民衆にとっては民間陰陽師、験者、歩き巫女らが、見えないモノに対応する力を持つ存在と考えられていたため、霊を払ったり、治病などの面で活躍していたことが確認できる。国家レベルでは怨霊の鎮魂にはもっぱら仏教者があたったが、民衆レベルでは民衆のさまざまな要望に応じて、民間宗教者たちが霊的世界に対応した。

また、巻十六本朝付仏法「瘂女、依石山観音助得言語第二十二」では、見目がよいのにしゃべることができない娘に対して、父母は「神の祟りか、もしくは霊のためか」と疑い、仏神に祈請したり、貴い僧を呼んだりしたがよくならなかった。女は観音の霊験を求めて石山寺の御堂に籠もっていたところ、比叡山東塔の阿闍梨が訪れて加持を加えると、女は口の中から物を吐き出し、それからは話すことができるようになったが、「早ウ、年来悪霊ノ致ケル也」と、口のきけないのは悪霊のためだとわかったことを記している。この場合は、験者のもつ加持の効能により悪霊を退けることができたのである。

もちろん民衆においても怨霊に襲われた場合、仏教による怨霊の鎮撫という手段が有効であったことに変わりはない。巻十二本朝付仏法「天王寺別当、道命阿闍梨語第三十六」では、天台座主慈恵大僧正の弟子で天王寺別当道命に関する説話が収められている。[20] ある女が数か月来強い邪気に煩わされていたため、法輪寺の礼堂に籠もった。すると道命阿闍梨の経を読誦するのを聞いて悪霊がたちまちあらわれて、「我は汝の夫である。汝を悩まそうと思っているわけではないが、身の苦しみが耐えがたいので、ひとりでに憑いて悩ませているのである。我は生前もろもろの悪いことを好んで、生類を殺し、仏物を盗んだりし、少しの善根も造らなかった。そのため地獄に墜ち苦しんでいる。道命阿闍梨が法華経を読誦するのを聞き、地獄の苦を免れて、たちまちに軽い苦となった。そして蛇身となった。もしまた経を聞けば、蛇を脱して善所に生まれ変わることができよう。汝すみやかに我を道命阿闍梨のところに連れていって経を聞かせてくれ」と頼んだ。そしてそのとおりにして、道命阿闍梨が法華経を読誦すると、霊がまたあらわれて、「我はこの経を聞いたことにより、蛇身を免れて天上に生まれ変わる」と言った。その後、かの女人は少しも霊に煩わされることはなかったという。

巻十三本朝付仏法「定法寺別当、聞説法花得益語第四十四」でも同様に、前世の悪業により大毒蛇となった定法寺別当の僧が、悪霊として妻に憑依し、法華経を書写し供養することを求めたが、妻による法華経書写供養により救われたという話である。

巻十四本朝付仏法「信濃国、為蛇鼠写法花救苦語第二」でも怨念を抱いたことにより蛇・鼠と化した人物について記される。信濃守のところにあらわれた大蛇に対して、「此ノ蛇ノ追来ル事ハ、国ノ内ノ神祇ニ在マスカ。亦ハ悪霊ノ祟ヲ成シテ追テ来レルカ」と不思議に思っている様子が記される。最終的には蛇と鼠になった宿世の怨敵は法華経書写供養により、畜生の報いを離れて忉利天に生まれ変わることができたが、神祇や悪霊が他のかたちに姿を変えてあらわれたと理解されているのは興味深い。

これらの説話では、法華経のありがたさを説くことに主眼がおかれているが、悪霊を鎮めるのに経の力が効力を発揮するというのは共通して見られる点である。この場合、悪霊となった原因は、他人に原因があるのではなく、自分が生前さまざまな悪いことを行ったことによる報いであったことが特徴的である。生前の行いのために地獄道や畜生道に墜ちてしまったので、そこからの救済を求めて近くの人に悪霊として憑依したり姿を変えてあらわれ、苦しませたり存在を主張するという、仏教の影響を受けて出現した悪霊と言える。そして、悪霊を仏教の力によって押さえつけるのではなく、経の読誦や書写という功徳を積むことにより、悪霊を善所に導いていることに注意したい。

おわりに

以上、『今昔物語集』に見られるいわゆる「怨霊」と判断される悪霊について考察を加えた。『今昔物語集』では「怨霊」という語を用いていないが、実際には「怨霊」の仕業と考えられる現象が多数収録されている。とりわけ、巻二十七では霊、精、鬼、野猪・狐、神について記述されており、その中での「怨霊」は、仏教の力だけでは鎮まり得ず、「公」や「武」の力によって鎮めることのできた例をあげており、「怨霊」の多様性を示していると言えよう。

『今昔物語集』のその他の箇所でも「怨霊」について散見されるが、そこに見られる民衆の怨霊への対処方法は、早良親王・菅原道真・崇徳院・後鳥羽院といった国家レベルでの怨霊への対処方法とは大きく異なるものである。すなわち、国家レベルでの怨霊に対しては、名誉回復や奉幣、墓の整備を行い、さらには仏教的手法により怨霊の怒りをなだめることにより得道させ、さらには神として祀りあげられるという方法で怨霊が鎮められた。ところが、民衆レベルでの怨霊に対しては、陰陽師・験者・歩き巫女といった民間宗教者がその対応にあたっており、呪術的手法によって怨霊を「調伏」させて鎮めるといった面が大きい。これは、民衆のさまざまな要望に対応して、民間宗教者が験力を発揮した結果と言えよう。

記録類と比べて説話に見られる「怨霊」は大変具体的で、基本的には生前と同じ姿であらわれ、血も流す。また、他人の不合理な行為によりおとしいれられることにより怨念を抱いて怨霊となる場合だけでなく、自分の生前の行為により地獄に墜ちて苦しんでいるのを救ってもらうために、近親者に憑依して怨霊としてあらわれ、善根を積んでもらうといった形態もあったことがわかる。

このように、『今昔物語集』では多種多様な「怨霊」を見ることができ、平安時代を生きた人びとは、怨霊をはじめとした霊的世界と常に隣り合わせで生きていたと言うことができよう。

（1）重松明久校注『八幡宇佐宮御託宣集』（現代思想社、一九八六年）。

（2）山田雄司『跋扈する怨霊』（吉川弘文館、二〇〇七年）。

（3）『今昔物語集』は岩波書店刊の新日本古典文学大系本を用い、適宜小学館刊日本古典文学全集本を参照した。

（4）『今昔物語集』に登場する「霊」については、寒河江實「今昔物語集の「霊」について」（『桜文論叢』二七、一九九〇年）で概略が述べられている。

（5）『今昔物語集』がどのような構想をもって編纂されたのかという点に関しては、前田雅之『今昔物語集の世界構想』（笠間書院、一九九九年）で、先行研究を整理しながら論じられている。

（6）森正人「今昔物語集の編纂と本朝篇世俗部」（『今昔物語集』五〈新日本古典文学大系〉岩波書店、一九九六年）。

（7）森正人「霊鬼と秩序」（『今昔物語集の生成』和泉書院、一九八六年、初出一九八二年）。

（8）「仁寿殿台代御灯油取物来語第十」では、南殿の塗籠に住む「物」が夜毎やってきて仁寿殿の対代の御灯油を奪っていくのに対して、弁が足で強く蹴ったところ、血を流しながら塗籠に戻っていった様（さま）が描かれている。

（9）前田雅之前掲書（注5）、二三七頁。

（10）後藤昭雄・池上洵一・山根對助校注『江談抄・中外抄・富家語』〈新日本古典文学大系〉（岩波書店、一九九七年）。

（11）『扶桑略記』は新訂増補国史大系本による。ただし、『扶桑略記』では諷誦文の作者を三善清行の息文江とする。

（12）大曾根章介・金原理・後藤昭雄校注『本朝文粋』〈新日本古典文学大系〉（岩波書店、一九九二年）。
（13）『今昔物語集』では「広継」と記すが、「広嗣」が正しいので、後者で統一する。
（14）広嗣に関するさまざまな伝説については、長野正「藤原広嗣伝説の展開」（『筑波大学附属高等学校研究紀要』二五、一九八四年）で言及されている。
（15）山田雄司「怨霊への対処――早良親王の場合を中心として――」（『身延論叢』一六、二〇一一年→本書第2章）。大正新脩大蔵経テキストデータベース（http://21dzk.l.u-tokyo.ac.jp/SAT/）を用いて検索を行うと、頼寶撰『釋摩訶衍論勘注』以下の日本で撰述された経典の注釈書にしか「怨霊」の語は検出されない。
（16）この点に関して、『今昔物語集』は王法仏法相依を具現化したテクストであるとする考え方もあるが、前田雅之前掲書（注5）で指摘されているように、『今昔物語集』では王に対して無条件とも言える敬意を払っているものの、本朝では王の権威を守るべく仏法が機能させられている話もあり、両者の関係は一定ではなく、仏法と王権とは対等の相即関係ではとらえない方が有効性があるのではないかとの論に従っておきたい。
（17）中田祝夫校注『日本霊異記』〈日本古典文学全集〉（小学館、一九七五年）。
（18）山田雄司前掲書（注2）、一四頁。
（19）前田雅之前掲書（注5）、三七七頁。
（20）『法華験記』巻下八十六「天王寺別当道命阿闍梨」に類話を載せる。

第5章　源頼朝の怨霊観

はじめに

保元の乱以降、平治の乱、源平合戦といった戦乱によって京都は混乱・荒廃し、武者の世となったことが実感され、天皇や貴族たちは怨霊の跳梁におびえていた。そうした姿は、『愚管抄』や『玉葉』といった朝廷に近い人物の記録から明らかである。一方、東国においては、源頼朝が幕府をうち立て、武士による統治を遂行していったが、頼朝は征夷大将軍として、このような怨霊に対していかなる認識を持っていたのだろうか。

頼朝の信仰に関しては、国家仏教を尊重するとともに、八幡、伊勢、伊豆・箱根をはじめとした神社全般に対して厚い信仰を抱いていたことが指摘されている[1]。源氏の氏神とされる八幡神を崇め、日本国統治者として伊勢神宮を崇敬し、配流以降には在地の神である伊豆・箱根神社を尊崇していたのであった。このような個々の神祇信仰の基盤には、神国思想があった。それは、『玉葉』寿永二年（一一八三）十月四日条に載せられる、頼朝から後白河院に宛てられた三か条の奏請からうかがわれる。そこでは「可㆑被㆑行㆓勧賞於神社仏寺㆒事」として、「右日本国者神国也」と述べている。このほか、頼朝が差し出した文書の中に、日本は神国であるという文言が散見される。これは形式的な文言ではなく、神慮によって平氏が倒れ、源氏が興隆したとの確信があったからにほかならない、衷心からの言説であった。

こうした神国思想を抱くようになるためには、頼朝の胸臆に、神祇信仰とともに霊魂に対する深い畏敬の念が存在しなければならない。頼朝の人物像については、江戸時代以来さまざまに言われており、義経に対する仕打ちなどから、冷酷で残忍な面が強調されていたりする。しかし、多くの人びとを倒し葬ってきたことに対して、決して無機質でいることはできず、そうした人びとの霊の鎮魂には最大限の配慮を払った。それは、怨霊の存在が社会の根底を揺さぶると恐れられていた院政期特有の背景があったことにも起因している。

これまで、頼朝の信仰面については、神祇信仰については指摘されているものの、さらにその根底にある怨霊に対する意識については、等閑視されてきたように思う。しかし、これを解明しなければ、頼朝の人物像を浮かびあがらせることができないのとともに、当時生きていた人びとの意識について深く考察していくことはできないのではないだろうか。本稿では、こうした立場に立ち、頼朝の生涯を通じての怨霊とのかかわりについて検討し、頼朝が怨霊に対していかなる認識をもち、その対応として鎌倉にどのような施設を造っていったのか考察していく。

頼朝に関する史料として、『吾妻鏡』(2)を主に用いるが、幕府の「正史」である『吾妻鏡』には、幕府にとって好ましくない怨霊の記事を記すことは極力避けられた。そのため、文面には直接怨霊が記されていなくても、その背後を読みとっていかなければならない。なぜなら、怨霊鎮魂に心を砕くのが中世人の心性世界だったからである(3)。これまでの研究は、都を中心とした怨霊についての考察が大半を占めているが、鎌倉においてはどうなのか、さらには貴族と武士とでは認識が異なるのかという点に留意して考えていきたい。

一　頼朝の死

源頼朝は建久九年(一一九八)末に病気にかかり、翌年正月十一日に出家し、十三日に五十三歳で亡くなっている。『吾妻鏡』では、建久七年正月から建久十年（正治元年）正月まで、三年あまり欠けており、頼朝の死について具体的に知ることはできない。頼朝が亡くなったことについては、建久十年三月十一日条に、延引していた鶴岡八幡宮の神事が今日遂行されたことに対して、「正月幕下将軍薨給、鎌倉中触穢之間、式月延引也」とあることからわかり、さらに亡くなってから十三年ほどたった建暦二年（一二一二）二月二十八日条に、頼朝の死に関して具体的に記されている。「故　将軍家渡御、及還路有御落馬、不経幾程薨去給」とあるように、頼朝は建久九年に稲毛重成が亡妻（政子の妹）追福のため相模川に橋を架けたさい、その落成供養に出かけ、帰路において落馬したことが原因で死亡したことになっている。死亡月日は諸記録により明らかだが、『吾妻鏡』では当該部分が欠落していることもあり、死亡原因についてはさまざまな憶説が生まれた。そして、この欠落についても、はじめからわざと書かれていなかったのであるとか、書かれていたものがのちに末梢されたとか、自然に紛失したなど、さまざまに言われている。

　同時代史料の日記である『猪隈関白記』では、頼朝は「依飲水重病」とあり、糖尿病であったと考えられる。また、『明月記』では、「依所労獲麟」とあり、『業資王記』では「依所労遁世」とあり、所労により急病となり死にいたったとしているが、これらはみな伝聞であった。

　こうした中、十四世紀中頃に成立したとされる『保暦間記』[4]が、頼朝の死亡原因を怨霊とする最も早い記録であり、これ以降、室町物語『さがみ川』では、相模川に義経の怨霊が登場するなど、江戸時代には怨霊により亡くなったとする説が広く知れわたっている。[5]『保暦間記』は保元の乱から暦応二年の後醍醐天皇の死去までを記した作品であり、崇徳院怨霊の発生から語り始め、その猛威を語って終わっていると評価でき、怨霊にかかわる記事は歴史叙述の要所に配され、怨霊による歴史の説明は、本書を支える重要な柱の一つとされており、[6]頼朝に関しては、以下のように記されている。

頼朝若シテ平家ヲ滅シ、十善帝王ヲ海中ニ沈メ奉リ、親リ多ノ人ヲ失事、此怨霊コソ怖シケレ、

この場面では、頼朝が平家を滅ぼし、安徳天皇を海中に沈めたことにより、その怨霊が頼朝の近親者を多数死にいたらせたことを述べている。さらに、頼朝の死の場面では、先の『吾妻鏡』の記事をふくらませて、怨霊の出現を記している。

同冬(建久九年)、大将殿、相模河ノ橋供養ニ出テ還ラセ玉ヒケルニ、八的カ原ト云処ニテ、亡サレシ源氏、義広、義経、行家已下ノ人々現シテ、頼朝ニ目ヲ見合ケリ。是ヲハ打過玉ヒケルニ、稲村崎ニテ、海上ニ十歳計ナル童子ノ現シ玉ヒテ、汝ヲ此程随分ウラナヒツルニ、今コソ見付タレ。我ヲハ誰トカ見ル。西海ニ沈シ安徳天皇也トテ、失給ヌ。其後、鎌倉ヘ入玉ヒテ、則病著玉ヒケリ。次年正月(正治元年)十三日、終ニ失給。五十三ニソ成玉フ。是ヲ老死ト云ヘカラス、偏ニ平家ノ怨霊也。多ノ人ヲ失ヒ給シ故トソ申ケル。

これによると、頼朝が相模川の橋供養に出かけたさい、八的カ原というところで、頼朝によって滅ぼされた源義広、義経、行家以下の人々があらわれて、頼朝を睨んでいた。さらに、ここを過ぎて稲村ヶ崎に着いたところ、海上に十歳ばかりの童子があらわれて、西海に沈んだ安徳天皇であると述べた。そして、頼朝は鎌倉に入ると病気となり、翌年五十三歳で亡くなった。これは老死ではなく、ひとえに平家の怨霊によって呪われたのであり、多くの人びとを死に追いやったことによる祟りであるとするのが『保暦間記』の解釈である。

怨霊が登場した八的ケ原は、現在の藤沢市辻堂付近の海岸であり、鎌倉の境界の地で、付近ではしばしば処刑が行われており、頼朝を狙う怨霊が出現する場所に似つかわしいと考えられる(7)。

源(志田)義広は頼朝の伯父で、常陸国志太庄を中心に勢力を張っていたが、数万余騎を率いて鎌倉を攻撃しようとし、はじめは偽って義広に同意の様子を見せていた小山朝政らと戦って敗北したのち、義仲の軍に投じた。寿永三年(一一八四)正月、頼朝の代官義経らの軍を宇治・一口方面に防戦して敗北し、行方不明となった。

『吾妻鏡』では、元暦元年五月四日に伊勢国羽取山で波多野・大井・山内らと戦って敗れ、斬首されたとされ、(8)『平家物語』では、翌文治元年（一一八五）末、義経とともに頼朝に反抗した後、その翌年伊賀国千戸の山寺で自殺し、首を取られたとされている。

行家は義経とともに頼朝に対抗しようとした人物で、追討の院宣が下され、文治二年五月十二日和泉国在庁日向権守清実の小木宅に潜んでいるところを捕らえられ、斬首されていた。(9)

そして、源氏の将軍が三代で終わってしまったことについても、

　　頼朝ノ跡一人モ不残、三代将軍、僅四十余年カ内絶ヌルコト、偏ニ多ノ人ヲ失玉ヒシ、此罪トソ申伝タル、

のように、多くの人を殺した罪によるものだと解釈している。こうした考え方は『明月記』文暦元年（一二三四）八月二日条でも、源頼家の娘竹御所が難産で死去したときに、藤原定家は「故前幕下（頼朝）之孫子於レ今無二遺種一歟、召二取平家之遺経（系カ）嬰児一悉失レ命、物皆有レ報何為乎」と感想を述べている。頼朝の子孫が途絶えてしまったことに対して、平家の怨霊がそうさせたのではないかと解釈し、因果応報の観念にもとづいた見方をしている。『保暦間記』でも、頼朝の悪行が自らを死に導いたとする因果応報の観念にもとづいており、それを怨霊として表現しており、共通した見方といえよう。

このように、他者は頼朝に対して怨霊の出現を見ていたが、自分自身はどのようにとらえていたのだろうか。この点に関して、次節以下で考察していく。

二　崇徳院の鎮魂

保元の乱によって、後白河天皇側に破れた崇徳院は、讃岐に流されることとなるが、崇徳院が亡くなって以降、都では後白河院周辺の人物が相次いで亡くなったり、安元三年（一一七七）の火災で大極殿が焼失したりするこ

とにより、それらは崇徳院怨霊の仕業であるとみなされ、後白河院は崇徳院怨霊を鎮魂するために腐心した。それがかたちとなってあらわれたのが、追号、御陵の整備、粟田宮建立、崇徳院の菩提寺である成勝寺での供養、崇徳院の寵愛を受けた烏丸局という女性が綾小路河原の自宅に建立した崇徳院御影堂の整備などであった(10)。こうした怨霊の鎮魂は、後白河院にとって、自らの正当性を確認し、王権を維持していく上で、欠くべからざる儀式であった。崇徳院怨霊は、その出発点は、保元の乱における崇徳院と後白河天皇という個人的関係にあったが、その鎮魂は王権維持のために絶対的意味をもつものとして、為政者にとっての急務の命題となったのである。そのため、源頼朝も、鎌倉幕府を打ち立て、政権を掌握していく過程で、崇徳院怨霊鎮魂に深くかかわっていくのである。

頼朝と崇徳院怨霊との関係について確実なもっとも古い記録は、『吾妻鏡』文治元年（一一八五）九月四日条である。

勅使江判官公朝帰洛、二品御餞物尤慇懃也、此程依二風気一逗留渉レ日云々、又依二去七月大地震事一、且被レ行二御祈一且可レ被レ満二遍徳於天下一事、并　崇徳院御霊殊可レ被レ奉レ崇之由事等、被レ申二京都一、是可レ奉レ添二　朝家宝祚一之旨、二品御存念甚深之故也云々、

頼朝は七月に起こった大地震を崇徳院怨霊によるものと考え、勅使大江公朝の帰京にあたって、後白河院に対して、崇徳院の御霊を崇めるべきであることを申し伝えている。ここからは、頼朝が崇徳院怨霊に対して、大変配慮していたことがわかる。また、同年十二月二十八日条には興味深い記事を載せている。

御台所(政子)御方祇候女房下野局夢、号二景政(鎌倉)一之老翁来申二二品一云、讃岐院於二天下一令レ成レ祟給、吾雖二制止申一不レ叶、可レ被レ申二若宮別当一者、夢覚畢、翌朝申二事由一、于レ時雖レ無二被レ仰之旨一、彼是誠可レ謂二天魔之所変一、仍専可レ被レ致二国土無為御祈一之由、被レ申二若宮別当法眼坊(円暁)一、加之以二小袖長絹等一、給二供僧職掌一、邦通(藤原)奉二行之一、

北条政子に仕える女房である下野局の夢に鎌倉権五郎景政があらわれて政子に言うことには、崇徳院が天下に祟りをなすことをやめるように自分が申したけれどもかなわなかったので、鶴岡八幡宮別当に祈禱をするように申してくれとの夢であった。こうした夢は何か天魔のなせるところであろうと、実際に国土無為の祈禱をするように鶴岡若宮別当円暁に頼んだとある。

鎌倉権五郎景政は八幡太郎義家に従って後三年の役に参戦し、征矢で右目を射抜かれたが、その矢を抜かずに敵に答えの矢を射て討ち取ったという逸話の持ち主で、『保元物語』や『平家物語』において、大庭景能や梶原景時ら子孫の名乗りの中に言及される人物であった。『新編相模国風土記稿』によると、鎌倉郡山之内庄坂之下村には景政の霊を祀るといわれる御霊社があり、眼を患う者はこの社に祈誓すれば往々にして霊験があるという[11]。文治元年八月二十七日に御霊社が鳴動したさいには、頼朝自ら参詣し、宝殿左右の扉が破れていたため、解謝として願文を奉納し、巫女たちに賜物を与え、御神楽を奉納しており、御霊社に対する信仰はあつかった。

さらに、崇徳院が建立した成勝寺の修造についても、頼朝は積極的であった。頼朝は文治元年に実質的な全国支配権を獲得すると、翌年には早くも成勝寺の修造を命じており、『吾妻鏡』文治二年六月二十九日条にその様子が記されている。

成勝寺興行事、被レ申二京都一、凡神社仏寺事興行最中也、

（中略）

成勝寺修造事、可レ被二忩遂一候也、若及二遅怠一候者、弥以破損大営候歟、就中被レ修二復当寺一者、定為二天下静謐之御祈一歟、然者国ニモ被二宛課一候テ、忩御沙汰可レ候也、以二此旨一可下令二申沙汰一給上候、頼朝恐々謹言、

六月廿九日　頼朝裏御判

進上　帥（経房）中納言殿

頼朝は諸国にあてて、成勝寺の修造を速やかに行うことを命じている。これは、成勝寺を修復することが、崇徳院怨霊を鎮めて天下静謐となることにつながると考えていたためであった。頼朝は前年の十一月二十九日に、日本国惣追捕使・日本国惣地頭に任命され、諸国に守護・地頭を設置するなど、全国的政権として権力を拡大させており、六月二十一日には、院宣を得て諸国武士の乱行を停止させるなどしていた。こうした勢力を全国に拡大していく早い時期に、崇徳院の菩提を弔う成勝寺の修造を命じていることは、当時の国家にとって崇徳院怨霊の鎮魂を行うことが重要な課題となっていたことがうかがわれる。

頼朝は、保元の乱のさいに後白河天皇側に立って崇徳院を襲撃した義朝の息であり、義朝の後をうけて源氏の棟梁となった。ゆえに個人的レベルで崇徳院怨霊の攻撃の対象となることを危惧していたことが予想される。しかし、それだけにとどまらず、日本を統治していくにあたって、為政者たる者には、国家の中枢を震撼させていた怨霊という事象に正面から取り組み、その鎮魂を行うことにより国家の安寧をはかることが要求されていたのである。[12]

さらに、京都に崇徳院を供養するための崇徳院御影堂を建立したさいにも、頼朝が関与している。『華頂要略』[13]第八十三付属諸寺社第一山城国愛宕郡には以下のように記されている。

> 其後為二後白河院御願寺一、治承四年四月十五日、右大将頼朝為レ造二営御堂建立一、安二置件阿弥陀并御影等一念仏三昧、先院御菩提訪申、仍五箇庄被二申寄一、但馬国片野庄号熊田・讃岐国北山本新庄并福江・越後国大槻庄・遠江国勝田庄・能登国大屋十箇村云々、

これによると、治承四年（一一八〇）四月十五日に頼朝によって御影堂が建立され、念仏三昧を行って崇徳院の菩提を弔い、造営料所として但馬国片野庄・讃岐国北山本新庄・越後国大槻庄・能登国大屋十箇村を寄進したとされている。しかし、治承四年四月には源頼朝はまだ挙兵していないので、このとき頼朝がかかわっているは

ずはない。頼朝は崇徳院法華堂の建立に熱心であったので、それとの関係で仮託されていったのだろう。
『吾妻鏡』元暦二年（一一八五）四月二十九日条には、

今日、以二備中国妹尾郷一、被レ付二 崇徳院法華堂一、是為二没官領一、武衛（源頼朝）所下令二拝領一給上也、仍為レ奉レ資二彼御菩提一、被レ宛二衆僧供料一云々、

とあり、備中国妹尾郷が、源平合戦後、平家没官領として頼朝の手に渡り、さらに崇徳院の菩提を弔うために崇徳院法華堂に寄進され、衆僧の供料にあてられていることが記されている。これが、頼朝が崇徳院法華堂と関係する最初の記事である。この法華堂は綾小路河原の御影堂であったと考えられ、同年五月一日条には、

武衛（頼朝）被レ遣二御書於左兵衛佐局一、是 崇徳院法花堂領新加事也、去年以二備前国福岡庄一、被二寄進一之処、牢籠之間、取二替之一被レ進二妹尾尼一畢、為二供仏施僧之媒一、可レ被レ奉レ訪二御菩提一之趣被レ載レ之、件禅尼者武衛親類也、当初為二彼 院御寵一也云々、

とあり、頼朝が兵衛佐局に書を遣わして、崇徳院法華堂領のことについて述べている。彼女は崇徳院の寵人であったが、頼朝の親類であったこともここからわかる。この点に関しては、兵衛佐の母が頼朝の母の叔母、したがって兵衛佐と頼朝の母とは、従姉妹であったと考えられている。(14)

五月一日条では、寿永三年（一一八四）に平家没官領であった備前国福岡庄が崇徳院法華堂領として寄進されたのだが、不都合が生じたため、その替えとして妹尾郷があてがわれ、妹尾尼に寄せられたことを記している。不都合とは、『吾妻鏡』文治四年十月四日条に「以二右衛門権佐定経（藤原）奉書一、被二仰下一之備前国福岡庄事、今日所レ被レ進二御請文一也」として、福岡庄について後白河院から仰せ下されたことに対する、頼朝の請文が残されていることからうかがえる。(15)

先日所下被二仰下一候上之備前国福岡庄事、被レ入二没官注文一、下給候畢、而宮法印（元性）御房難レ令レ勤二修讃岐院御国

忌二之由、被二嘆仰一候之間、以二件庄一可レ為二彼御料一之由申候て、無二左右一不レ知二子細一、令二　奉進一候畢、此条非二別之儀事一候歟、而今如レ此被二仰下一候、早随二重御定一、可レ令二左右一候、御定之上、雖二一事一、何令レ及二緩怠一候、以二此趣一可下令二披露一給上候、頼朝恐惶謹言、

十月四日　　頼朝在裏判

進上　右衛門権佐（定経）殿

これによると、福岡庄は平家没官領であり、それが頼朝に下賜されたものであった。頼朝は福岡庄を崇徳院法華堂領として寄進するが、それに対して後白河院から異議がとなえられ、かわって備中国妹尾郷が寄進された。このように、頼朝は崇徳院怨霊に対して、その慰撫のための諸策を講じることにより、後白河院の後をうけて自らが政権を掌握していく立場にあることを自覚し、かつ宣言していったのではないだろうか。頼朝に直接関係していく怨霊については、次節以下で考察していく。

三　源義朝・平氏の鎮魂

鎌倉雪ノ下にあった勝長寿院は現在廃寺であるが、大倉御所の南側に位置していたので、南御所とも大御堂とも呼ばれた[16]。創建に関しては、頼朝が伽藍を草創するため鎌倉中に勝地を求めたところ、大倉御所の東南に霊崛があり、元暦元年（一一八四）十月二十五日に地曳始が行われた。そして、建立の目的は「報二謝父徳一之素願」とあるように、非業の死を遂げた父義朝の菩提を弔うことにあった[17]。頼朝は元暦二年二月十二日に伊豆に赴き、狩野山で材木伐採に立ち会うなど、勝長寿院建立になみなみならぬ意欲をもっていた。二月十九日には事始めが行われているが、この日は義経が屋島で平家軍を破った旨が伝えられた。そして四月十一日には柱立がなされたが、このときに西海から飛脚が来て「一巻記」が進められ、去る三月二十四日に赤間関の海底に安徳天皇をはじ

めとした平家一門の人びとが没し、宝剣が紛失したことが伝えられた。そのとき頼朝は、「向二鶴岡方一令レ坐給、不レ能レ被レ発二御詞一」と感極まった姿が記されている。

頼朝の父である義朝は平治の乱に敗れ、尾張国知多郡に入って、野間の内海庄司長田忠致を頼って、その保護により東国へ赴こうとしたが、平治二年（一一六〇）正月三日、忠致に謀殺され、その首は京都に送られ、東獄門前の樹にかけられた。それを頼朝の請により後白河法皇が刑官に命じて東獄門の辺に首を探させ、義朝と同時に亡くなった郎従鎌田正清の首を相添えて大江公朝を勅使として鎌倉に送った。頼朝は首を迎えるために稲瀬川あたりに参向し、遺骨は文覚上人の門弟僧らが首に懸けており、頼朝自らが白装束に着替えて受け取り、鎌倉に戻った。(18)『玉葉』元暦元年八月十八日条においても、

又云、義朝首于レ今在二囚闈一、而可レ被レ免レ罪、其間事可二勘申一之由、為二泰経奉行一被二仰下一了、橘逸勢等有二此例一云々、可レ復二本位一之由可レ被二仰下一歟、申二其旨一了云々、良久之後退下了、此三箇条依二珍事一所二注置一也、或人云、文覚聖人上洛、取二在獄之義朝之首一可レ向二鎌倉一云々、

とあり、八月二十一日条でも、

或説云、文覚頗有二不請之気一云々、然而取二在獄中之義朝首一可レ来由之仰付云々、

とあることから、義朝は橘逸勢などの例にならって、名誉が回復され、東獄にあった首が探し出されて関東に運ばれたことが裏づけられる。そして九月三日に南御堂に改めて葬られたのであった。『吾妻鏡』文治元年（一一八五）九月三日条にその様子が記されている。

故左典厩（源義朝）御遺骨、副二（鎌田）正清首一、奉レ葬二南御堂之地一、路次被レ用二御輿一、恵眼房、専光房等令レ沙二汰此事一也、武蔵守義信、陸奥冠者頼隆、御輿、二品（頼朝）着二御素服一給、参給、御家人等多雖二供奉一、皆被レ止二埒外一、只所レ被二召具一者、義信、頼隆、惟義等也、武州者平治逆乱之時為二先考御共一、于レ時号二平賀冠者一、頼隆者亦其父毛利冠者義隆相二替亡者之

　　御身㆒被㆓討取㆒訖、彼此依㆑思㆓食旧好跡㆒被㆓召抜㆒之云々、

御堂の仏後壁には浄土の瑞相ならびに二十五菩薩像が描かれ、頼朝自らが描き方に注文をつけているなど、勝長寿院の建立には並々ならぬ意欲を見せていた(19)。本尊は丈六の阿弥陀像で成朝仏師によるものであった(20)。そして、十月二十四日には頼朝が来臨し、多数の御家人が見守る中、盛大な落慶法要が行われた。そして翌日には義経追討の軍勢が進発している。

　こうしたことから、頼朝は無念の死を遂げた父義朝の首を迎えて御霊を鎮魂し、その功徳によって自らを守護してくれることを願って勝長寿院を建立したと位置づけることができる。そのため、勝長寿院建立に向けての諸儀式を行うさいの日取りは、頼朝による軍事関連事項の日程と密接に関係している(21)。こうしたことは、戦闘の成功を義朝の霊に報謝・祈願するためであったと解釈することができよう。さらに、義朝の忠臣鎌田正清を同時に祀っていることから、配下の御家人に対して軍忠を励むべきことを訴えているとも言えよう。霊魂の鎮魂は純粋に精神的問題であるのではなく、政治的問題と密接にからみついていたのである。こうして勝長寿院は源氏の菩提寺という性格をもっていった。

　勝長寿院においては、文治二年七月十五日以来、盂蘭盆のさいにはしばしば頼朝来臨のもと万灯会が行われているが、建久元年（一一九〇）七月十五日には、平家滅亡の衆たちの菩提を弔うために行われた。

　　今日、盂蘭盆之間、二品参㆓勝長寿院㆒給、被㆑勤㆓修万灯会㆒、是為㆑照㆓平氏滅亡衆等黄泉㆒云々、

　義朝の祀られている勝長寿院においてあえて平氏の怨霊を供養しているのは、四月十三日に一条能保室である頼朝の妹が難産のため四十六歳で死去していることと関係しているのではないだろうか(22)。五月三日にも追福のための供養が行われていることから、妹が亡くなったことは頼朝にとって大きな衝撃であり、それが壇ノ浦に沈んだ平氏の怨念によるものと受け取り、先祖に怨霊からの守護を願ったのではないだろうか。

頼朝は戦乱によって亡くなった人びとの霊の鎮魂については、非常に注意を払っていた。建久八年（一一九七）十月四日「源親長敬白文」(23)によると、阿育王が八万四千基の塔を作って舎利を納めたという故事にならって、頼朝は全国に八万四千基の宝塔を造立し、保元の乱以来諸国で亡くなった人びとの霊の鎮魂をしている。

敬白　五輪宝塔三百基造立供養事

鎌倉殿八万四千基御塔内源親長奉レ仰レ勧二進五百基一、但馬国分三百基、於二御祈禱所進美寺一、奉レ開二眼供養一、

但六十三基者、当寺住僧等造立、自余者国中大名等所造、

右、宝塔勧進造立塔意趣者、去保元元年鳥羽一院早隠二耶山之雲一、当帝（崇徳）新院（後白河）自レ諍二一天一已来、源氏平氏乱頻蜂起、王法仏法俱不レ静、就中前太政大臣入道静海（平清盛）忽誇二朝恩一、廻二趙高之計一、恣傾二王法一、継二守屋之跡一、頻滅二仏法一、所謂、聖武天皇之御願、□盧舎那仏灰燼、後白河院之玉体幽閑（閉）之間、九重之歎七道之愁、何事過レ之哉、爰我君前右大将源朝（頼朝）臣代レ天討二王敵一、通レ神伏二逆臣一、早払二一天之陣雲一、速静二四海之逆浪一、都鄙貴賤、無レ不レ開二歓喜咲一、但行二追罰一加二刑害一間、夭亡之輩数千万矣、被レ駈二平家一趣二北陸一輩者、消二露命於篠原之草下一、被レ語二逆臣一渡二南海一族者、失二浮生於八島之浪上一、如レ此類、遺二恨於生前之衢一、含二悲於冥途之旅一歟、須下混二勝利於怨親一、頒中抜済於平等上焉、伝聞、以レ怨報レ怨者、怨世々無レ断、以レ徳報レ怨者、転レ怨為レ親、因レ茲尋二阿育之旧跡一、造二立八万四千之宝塔一、仰二豊財薗之利益一、書二写宝篋印陀羅尼一、即於二諸国霊験之地一、敬遂二供養演説之誠一、（中略）伏乞、五輪宝塔宝篋神呪、救二討罰之亡率（卒）一、導二法界之群類一、

敬白、

建久八年丁巳十月四日午時　　勧進奉行司源親長敬白

この文書では、八万四千基のうち但馬国分の三百基を造立供養することが述べられているが、同様の命令は諸国に出されたと推測される。頼朝は、造塔により亡くなった人びとの「怨」を「親」に転じさせ、王法仏法とも

に動揺している状況を鎮めようとしている。こうしたことからも、頼朝は単なる東国政権の統括者としての立場ではなく、全国にわたって支配権を行使し、早急の課題となっている宇内の静謐という問題を、天皇になりかわって遂行しているのである。

また、鎌倉における源氏の氏神であり、幕府にとってもっとも重要な神社で、鎮護国家の役割を果たしていた鶴岡八幡宮に関しても、創建された重要な目的として、鎌倉幕府に敵対した人びとを中心に、保元・平治以来の合戦に敗れた人びとの怨霊の鎮魂があったということが、山本幸司によって主張されている(24)。『吾妻鏡』治承四年（一一八〇）十月十二日条によると、鶴岡八幡宮の発端は、康平六年（一〇六三）八月、頼朝の祖頼義が後三年の役のときひそかに石清水八幡宮を勧請し、瑞垣を由比郷（今、下若宮と号す）に建てたことにはじまり、永保元年（一〇八一）二月に義家が修復を加え、それを今また小林郷に遷して頻繁に礼奠をすることになったという。しかしその後、建久二年（一一九一）三月四日に若宮神殿廻廊経所などがことごとく灰燼と化してしまったが、八日には若宮仮宝殿造営がはじまり、四月二十六日には、「鶴岡若宮上之地、始為レ奉レ勧二請八幡宮一、被レ営二作宝殿一今日上棟也」とあるように、若宮の地にはじめて八幡宮を勧請したことが記されている。

若宮は、必ずしも御霊信仰と結びついているわけではなく、霊験あらたかな神として本宮から別れて祀られるようになる神であり、平安後期にはしばしば見られるが、頼義の勧請した若宮は、前九年の役で亡くなった死者の霊魂を鎮魂するために、石清水八幡宮の若宮を祀ったものであって、そこに建久二年に本宮の八幡宮をはじめて勧請してきたのではないだろうか。そのため、山本が指摘するように、現地の武士である大庭・梶原ら鎌倉権五郎景政の系譜を引く人びとが、景政の鎮魂を行うとともに若宮の祭祀にかかわるようになり、若宮と御霊神との習合が見られ、そうした若宮に対し、頼朝が源氏の守護神としての八幡宮をあらたに勧請したと解釈できる。

また、鶴岡の供僧中に、平氏一門の人間が多く登用されているという指摘も、鶴岡八幡宮が怨霊鎮魂という面を引き続きもっていたことを意味していよう。そのため、先に述べた崇徳院怨霊の鎮魂の場合にも、鶴岡八幡宮別当に祈禱が依頼されていると解釈できる。

さらには、鶴岡放生会は文治三年八月十五日にはじまったが[25]、そのことに関して松尾剛次は、頼朝の立場がひとまず安定した時期であり、石清水放生会では放生の功徳を説く最勝王経が経供養で読みあげられたのに対し、鶴岡放生会では滅罪の効果があるとされた法華経が読まれていることから、平家を滅ぼした源氏側の滅罪と死んだ平家の人びとの救済のために放生会をはじめたのではないかと推測している[26]。

文治四年六月十九日には二季彼岸放生会の間、東国では殺生禁断し、その上「焼狩毒流」の類を今後停止するように定め、諸国においてもそうするよう朝廷に奏請し、それを受けて八月十七日には殺生禁断の宣旨が諸国に下されている[27]。頼朝は亡母のため鶴岡八幡宮に五重塔婆を造営するが、重厄のため殺生禁断をしているため、奥州出兵も延期している[28]。また、『都玉記』[29]建久二年十一月二十二日条からは、死罪を減じて流罪にするなど、頼朝が積極的に殺生禁断令を遵守しようとしていたことがわかる。

さらには、建久五年（一一九四）三月二十五日に伊豆願成就院において伊東祐親・大庭景親以下の没後を弔うために如法経十種供養を行ったり、同年閏八月八日に志水冠者義高追福のために副供養の仏経が讃嘆されたりしている。このときは、「幽霊往事等」が述べられ、聴衆は皆随喜して嗚咽し、悲涙を拭いたとされているが、こうした記事から頼朝が死者の霊魂に敏感で、その供養に心を配っていたことがうかがえよう。

四　奥州藤原氏の鎮魂

文治元年以降、頼朝の異母弟義経は、頼朝との関係が悪化し、畿内各地を転々として逃亡したが[30]、文治三年には若年の頃を過ごした奥州の藤原秀衡を頼って逃れていった。しかし、この年の冬、義経をかくまった秀衡が亡くなり、跡をついだ泰衡は朝廷からの要求と頼朝の圧迫とに屈し、文治五年閏四月三十日に衣川館にいた義経を急襲し、義経は自害した。義経の首は、亡母追善のための塔供養があるため途中で逗留させ、六月十三日に腰越に着き、首実検が行われた(31)。

泰衡使者新田冠者高平持二参予州首於腰越浦一、言二上事由一、仍為レ加二実検一、遣二和田太郎義盛、梶原平三景時等於彼所一、各着二甲直垂一、相二具甲冑郎従二十騎一、件首納二黒漆櫃一、浸二美酒一、高平僕従二人荷二担之一、昔蘇公者、自担二其獲一、今高平者、令三人荷二彼首一、観者皆拭二双涙一、湿二両衫一云々、

こうして兄によって殺された悲劇の人物義経を怨霊として見る見方は、鎌倉時代に生きた人びとの共感するところで、それが『保暦間記』に反映されているのではないだろうか。義経に対する同情は「判官びいき」として受け継がれ、江戸時代になると、死んだはずの義経が実は生き延びていたとして、さまざまな虚構がつくられていく。

義経を殺したことにより、頼朝の要求を受け入れたはずの泰衡であったが、頼朝は予定行動的に文治五年七月十九日、鎌倉を出立し、奥州討伐へと向かった。八月二十二日に平泉に達したが、泰衡は館に火を放ってすでに逐電していた。そこで九月二日に泰衡を追って厨川に向けて進軍を開始し、六日には家人河田次郎の裏切りによって討たれた泰衡の首が陣岡にいた頼朝の宿所に届けられた。泰衡の梟首は、前九年の役で頼義が安倍貞任を梟首した例にならって執り行われ、長さ八寸の鉄釘により打ちつけられた。その後、頼朝は厨川まで北上し、二十三日には平泉に戻って秀衡建立の無量光院を巡礼するなどして、十一月十八日に鎌倉に凱旋している(32)。

そして、その直後に鎌倉において永福寺創建の事始めを行った。『吾妻鏡』文治五年十二月九日条には以下のようにある。

今日永福寺事始也、於二奥州一、令レ覧二泰衡管領之精舎一、被レ企二当寺花構之懇府一、且宥二数万之怨霊一、且為レ救二

三有之苦果一也、抑彼梵閣等、並レ宇之中、有二二階大堂一〈号二大長寿院一〉、専依レ被レ模レ之、別号二二階堂一歟、梢雲挿二天之極一、碧落起レ従二中丹之謝一、揚金荊玉之餝、紺殿剩加二後素之図一、謂二其濫觴一、非レ無二由緒一云々、

これによると、奥州藤原氏初代清衡創建の平泉中尊寺にある二階大堂と呼ばれている大長寿院を模して、鎌倉にも二階堂を建立しようとし、永福寺の創建をはじめている。建立の目的は、奥州合戦によって亡くなった数万の人びとの怨霊をなだめ、「三有の苦果」から救うことにあった。三有とは、欲界・色界・無色界の三界に生存し、生死を繰り返す迷いの世界のことを言い、そうした世界から抜け出させ、霊魂を安んじることが永福寺建立の主眼であった。頼朝自身、奥州出兵によって多数の戦死者を生んだことに対して、亡くなった人びとの霊魂の鎮魂を早くから考えていたのであった。

そうしたところ、早くも怨霊の存在がとりざたされた。『吾妻鏡』文治五年十二月二十三日条には以下のようにある。

奥州飛脚去夜参申云、有二予州幷木曾左典厩〈(義仲)〉子息、及秀衡入道男等者一、各令二同心合力一、擬レ発二向鎌倉一之由、有二謳歌説一云々、仍可レ分二遣勢於北陸道一歟之趣、今日有二其沙汰一、雖レ為二深雪之期一、皆可レ廻二用意一之旨、被レ遣二御書於小諸太郎光兼、佐々木三郎盛綱已下、越後信濃等国御家人一云々、俊兼奉二行之一

奥州からの飛脚が来て言うことには、義経、木曽義仲の子息義高、藤原秀衡の子息泰衡らが同心合力して鎌倉に向かおうとしているとの風聞があったことを告げている。三人ともすでにこの世にはなく、頼朝によって殺害された三人の怨霊が鎌倉に向かって復讐を遂げようとしているとの噂であった。

志水義高は、頼朝と義仲との仲が険悪化したさい、人質として鎌倉に送られ、頼朝の長女大姫の婿として迎えられたが、寿永三年（一一八四）正月二十日、義仲が近江粟津で討たれると、復讐を恐れた頼朝は義高を殺そうと計画した。四月にそれを知った大姫は、義高を女房の姿にして逃げさせるが、義高は武蔵国入間川原で堀親家

の郎従に討たれた。そのため、大姫をはじめとして殿中の男女はみな嘆き悲しんだのであった[33]。

奥州においてこうした風聞があったということは、非業の死に追い込まれた人物の名を語って、反乱を企てようとした勢力があったことを意味していよう。そのため、頼朝は翌日すぐさま奥州に使者を派遣し、様子を報告させており、二十八日には平泉無量光院の供僧を捕らえてその由を尋ねたところ、ただ昔を懐かしんで歌を詠んだだけであって、異心はないことを告げている。

しかし、風聞は本当であり、大河兼任が藤原泰衡の仇を討つとして挙兵した。これに関して、一族の怨敵に報いることは尋常のことであるが、主人の仇を討つ例はこれがはじめてだと『吾妻鏡』では述べられている。そして、

或号二伊予守義経一、出二於出羽国海辺庄一、或称二左馬頭義仲嫡男朝日冠者一、起二于同国山北郡一、各結二逆党一、

というように、義経や義高と号して反乱を企て、七千余騎を率いて秋田城・多賀国府を襲った後、鎌倉へ向かおうとしていた[34]。このとき、義経や義高の名を用いて挙兵していることは、人びとの心の底に潜む両者への哀悼の念を利用したものと言えよう。兼任は栗原において幕府追討軍に敗れ、これにより幕府の奥州支配は貫徹したのであった。

一方、鎌倉に建立された永福寺は、扉や仏後の壁画図は修理少進藤原季長が書いたものであって、基衡が建立した毛越寺の中心伽藍であった円隆寺のものを模していた[35]。円隆寺本堂は三間の内陣に四面の外陣がつき、さらに四面の裳階がつく正面七間、側面六間の大規模な建築であった。建久三年（一一九二）十一月二十日には営作が終わり、十一月二十五日に供養が行われ、園城寺僧公顕を導師として曼荼羅供があり、頼朝をはじめ多数の御家人が参列した、翌建久四年には阿弥陀堂、五年には薬師堂が完成し、建仁二年（一二〇二）に多宝塔が造られるなど、伽藍の整備が次々と行われている。また、頼朝は近国の御家人に対して各三人ずつ人夫を差し出させ、

境内に池を掘らせている。[36] 作庭には作庭家の僧静玄があたり、頼朝と打ち合わせて石の配置を取り決めた。[37] そして、「汀野埋石、金沼汀野筋鵜會石島等石」を配置したが、これらは、頼朝の忠臣畠山重忠が運んだものである。[38] 遺構からも、二階大堂を中心に、左右に阿弥陀堂・薬師堂が配され、これらの三堂は複廊で結ばれ、さらにその外側に翼廊を配していて、その全長は一三〇メートルにもおよぶ壮大なものであり、前面に苑池があったことが確認されている。[39] こうした浄土建築は奥州藤原氏の後生安穏を願ってのものと言えよう。

奥州藤原氏の怨霊は、ひとり頼朝にのみ祟るわけではなかったことは、次の『吾妻鏡』建久四年（一一九三）七月三日条からうかがい知ることができる。

小栗十郎重成郎従馳参、以二梶原景時一申云、重成今年為二鹿島造営行事一之処、自二去比一所労太危急、見二其体一非二直也事一、頗可レ謂二物狂一歟、称二神託一常吐二無窮詞一云々、去文治五年、於二奥州一被レ開二泰衡庫倉一之時見二重宝等一中、申二請玉幡一飾二氏寺一之処、毎夜夢中、山臥数十人群二集于重成枕上一、乞二件幡一、此夢想十ケ夜、弥相続之後、心神違例云々、依レ之彼造営之行事、被レ仰二付馬場小次郎資幹一云々、令レ拝二領多気義幹所領一、已為二当国内大名一云々、

常陸国御家人小栗十郎重成は、泰衡庫倉に所蔵されていた重宝のうち、玉幡を持ち帰って氏寺の飾りとしていたが、毎夜夢中に山伏が数十人群集して枕元にあらわれ、その幡を返すように迫るということが十日間続いた。そのため心神に異常が生じて、鹿島社造営奉行を辞退せざるを得なくなったということがあったことを記している。ここからは、泰衡の怨霊が、自身が所持していた品物にも乗り移っていたことを読みとることができ、怨霊の強さを人びとが認識していた様子がわかる。

平泉の寺塔が荒廃することは、奥州藤原氏の菩提を弔うことができず、霊魂を嘆かせて怨霊の発動をうながすことにつながると思われていたため、頼朝は堂舎の維持に敏感になっていた。建久六年九月三日条においては、

平泉寺塔の修理が、奥州惣奉行の葛西清重・伊沢家景らに命じられており、この日は泰衡七回忌の日であった。

陸奥国平泉寺塔、殊可レ加二修理一之由、被レ仰二葛西兵衛尉清重、幷伊沢左近将監家景等一、是及二破壊一之由、令二言上一之故也、泰衡雖レ被二誅戮一、於二堂舎事一者、如レ故可レ有二沙汰一之由、兼所レ被二仰定一也、凡興法御志、前代未聞云々、

また、建暦三年（一二一三）四月四日条でも、堂舎の修復のことが問題になっている。

陸奥平泉寺塔破壊之事、可レ励二修復儀一之旨、今日以二相州（北条義時）奉書一、被レ仰二彼郡内地頭等一、是甲冑法師一人入二于尼御台所去夜御夢中一、平泉寺陵廃殊遺恨、且為二御子孫運一令レ申之由云々、令レ覚御後及二此儀一云々、三日者秀衡〔泰衡〕法師帰泉日也、若彼霊魂歟、着二甲冑一之条、有二不審一之由、人々談レ之云々、

これによると、甲冑法師の一人が北条政子の夢中にあらわれ、平泉寺塔の陵廃を恨み、さらには子孫のためにもならないと述べたが、四月三日は泰衡の命日にあたるので、甲冑を着て登場した人物は泰衡ではないかと人びとが談じあったのであった。そのため翌日には平泉寺を修復すべき旨が北条義時から言い渡された。奥州藤原氏の怨霊は、頼朝が亡くなって以降も祟りが恐れられ、鎌倉の為政者にとってその供養は重要な課題であった。

その後、鎌倉の永福寺の方も、建立されて以降幾度かの火災に遭ったりなどし、各所に傷みが生じてきていた。寛元二年（一二四四）四月ごろ修造が計画され、七月五日に永福寺ならびに両方の脇堂の修造に着工したものの、宝治二年（一二四八）になってもいまだ修造は完了していなかった。そこに北条時頼に対する霊夢の告があり、修造を急ぐよう命じられた。『吾妻鏡』宝治二年二月五日条には以下のように記されている。

永福寺之堂修理事、去寛元二年（一二四四）四月、雖レ及二其沙汰一、日来頗懈緩也、而左親衛（北条時頼）、明年廿七歳御慎也、可レ被レ興二行当寺一之由、依レ有二霊夢之告一、殊思召立云々、当寺者、右大将軍、文治五年討二取伊予守義顕（義経）一、又入二奥州一征二伐藤原泰衡一、令レ帰二鎌倉一給之後、陸奥出羽両国可レ令二知行一由被レ蒙二　勅裁一、是依レ為二泰衡管領跡

一也、而今廻二関長東久遠慮一給之余、欲レ宥二怨霊一、云二義顕一云二泰衡一、非二指朝敵一、只以二私宿意一誅亡之故也、仍其年内被レ始二営作一、随而壇場荘厳、偏被レ模二清衡、基衡、秀衡（以上泰衡父祖）等建立平泉精舎一訖、其後六十年之雨露侵二月殿一云々、明年者、所レ相二当于義顕幷泰衡一族滅亡年之支干一也、

来年は時頼の二十七歳の御慎の年であり、さらには義経および泰衡一族が亡んだ干支に当たっているために、その供養が必要だったのである。そしてさらには、泰衡百回忌かつ平泉滅亡百回忌である正応元年（一二八八）には、将軍惟康親王および執権北条貞時らによって、中尊寺金色堂覆堂の修理が行われている(40)。

中尊寺金色堂の須弥壇内には、金箔押の木棺に納められた清衡・基衡・秀衡の遺骸が安置されていたが、奥州藤原氏が滅亡し、泰衡の首が加わったことにより、金色堂の性格が大きく変化し、当初は葬堂としての性格をもっていたが、鎌倉幕府にとっては不気味な存在となり、事実上罪なくして滅ぼされた藤原一族の鎮魂、すなわち怨霊の封じ込めが緊要であったために、年忌に当たる年には修理が命じられたと考えられている(41)。さらには、金色堂覆堂についても、風雪から金色堂を保護するといった性格のものではなく、金色堂の光を隠蔽して怨霊を封じ込め、金色堂に宿る怨霊の恐ろしい視線を遮るという意味をもっていたとされている(42)。秀衡の平泉館は、金色堂の東方に位置し、先祖の霊魂によって見守られていた。そうした視線が、平泉を滅亡させた鎌倉の人びとにとっては驚異に感じられ、それを隠すために覆堂が造られたと考えられている。幕府側の人びとは、鎌倉において泰衡らの供養を行う一方、本拠地であった平泉においても供養を行うとともに、怨霊の視線を鎌倉にまでおよぼさないよう配慮したのであった。

おわりに

鎌倉の四周には、頼朝の入部前にすでに東南に八雲神社（祇園天王社）、東北に荏柄天神社、西南に坂ノ下御

霊神社、西北に佐助稲荷が祀られており、神仏の加護が期待された。そこへ頼朝は、治承四年に鶴岡八幡宮、文治元年に勝長寿院、建久元年に永福寺をそれぞれ自身の居館のまわりに配置し、怨霊が入り込まないようにして神仏による幕府の守護を願った。そして、頼朝が亡くなると幕府を見下ろす北山に法華堂が造られ、頼朝の霊魂が大倉にある源氏将軍を見守った。

現在残されている記録類からは、頼朝自身が怨霊によって苦しめられたという記事は見あたらない。後白河院の場合は、変異への対応として、神仏への祈禱を先にし、それを怨霊の仕業とみなすことはできるだけしないようにしていた。そのため対応が後手後手にまわり、亡くなるまで怨霊に悩まされることになった。それに対して頼朝は、奥州平定後すぐに永福寺を建立するなど、怨霊の跳梁を事前にくい止めようと、霊の鎮魂には細心の注意を払っている。この背景には、怨霊の存在が当然のごとく信じられていたという時代状況があり、頼朝もその点を周知していたからと言えよう。頼朝の存命中に社会を揺さぶるような事象がなかったことも幸いであり、そのため怨霊の登場を頼朝の死にのみ関連させて描く描き方しかできなかったのではないだろうか。

一口に怨霊といっても時代的変遷があり、怨霊を認識する側の人物によっても、とらえ方はそれぞれ異なるであろう。怨霊に対する認識は貴族と武士とではそれほど異ならず、むしろ死に直面する機会の多い武士の方が霊の供養に関して配慮していたと言えよう。そのため、戦闘の後に怨霊出現の前に鎮魂行為が行われ、死刑を行えばその報いが執行者の子孫にまでおよぶと考えられて忌避され(43)、首実検のさいにもさまざまな儀礼がともなった。

以降、このように怨霊が発動する前に霊魂を鎮魂・供養するという例はしばしば見られ、敵御方供養塔などもつくられていく。鎌倉時代前期の怨霊に対する認識が、その後どのような変容を遂げていくのか、今後も引き続き考えていきたい。

(1) 頼朝の信仰については、鎌田純一「源頼朝の信仰」（『皇學館論叢』二―六、一九六九年）、平泉隆房「源氏の神祇信仰についての二・三――とくに源頼朝を中心として――」（『神道史研究』二九―一、一九八一年）、元田正則「『吾妻鏡』にみる頼朝の寺社対策考　その一・その二」（『国語国文研究と教育』二一・二二、一九八八年）、山本幸司『頼朝の精神史』（講談社、一九九八年）、上横手雅敬「源頼朝の宗教政策」（上横手雅敬編『中世の寺社と信仰』吉川弘文館、二〇〇一年）などの研究がある。

(2) 新訂増補国史大系本を用いる。

(3) 五味文彦『平家物語、史と説話』（平凡社、一九八七年）。

(4) 佐伯真一・高木浩明編『校本保暦間記』（和泉書院、一九九九年）。

(5) 頼朝の死に関する伝承については、野村敏雄「死の謎――死因は何か?――」（新人物往来社編『源頼朝七つの謎』新人物往来社、一九九〇年）に詳しい。これによると、江戸時代の『盛長私記』『東海道名所図会』『駿江雑説辨』などに、頼朝が怨霊の祟りによって落馬し、それがもとで亡くなったことが記されてあり、世間一般に亡霊説が信じられていたとしている。

(6) 佐伯真一「『保暦間記』の歴史叙述」（『伝承文学研究』四六、一九九七年）。

(7) 生嶋輝美「鎌倉武士の死刑と斬首――『吾妻鏡』・軍記物にみるその観念と作法――（上・下）」（『文化史学』五四・五五、一九八八・九年）。

(8) 『吾妻鏡』元暦元年五月十五日条。

(9) 『吾妻鏡』文治二年五月二十五日条。

(10) 山田雄司『崇徳院怨霊の研究』（思文閣出版、二〇〇一年）。

(11) 蘆田伊人校訂・圭室文雄補訂『新編相模国風土記稿』（雄山閣、一九九八年）。現在もこの地にあり、神社の由緒書によると、大庭・梶原・長尾・村岡・鎌倉の平氏五家が先祖を祀る神社として五霊神社が建てられ、その五霊が御霊にかわり、いつしか祭神が景政公一柱になったという。

(12) 崇徳院怨霊と頼朝との関係については、福田晃「崇徳御霊と源頼朝――「夢合せ」とかかわって――」（福田晃・真鍋昌弘・吉田榮治編『幸若舞曲研究』八、三弥井書店、一九九四年）においてもふれられている。

(13) 東京大学史料編纂所蔵本。
(14) 角田文衛「崇徳院兵衛佐」(『古代文化』二六―九、一九七四年、のち『王朝の明暗』所収、東京堂出版、一九七七年)。
(15) 水野恭一郎「備前国福岡荘について」(藤原弘道先生古稀記念会編『藤原弘道先生古稀記念史学仏教学論集・乾』、一九七三年、のち『武家時代の政治と文化』所収、創元社、一九七五年)。
(16) 勝長寿院および永福寺については、鎌倉市史編纂委員会『鎌倉市史　社寺編』(吉川弘文館、一九五九年)でその沿革について述べられている。
(17)『吾妻鏡』元暦元年十一月二十六日条。
(18)『吾妻鏡』文治元年八月三十日条。
(19)『吾妻鏡』文治元年十月十一日条。
(20)『吾妻鏡』文治元年十月二十一日条。
(21) 関幸彦『源頼朝――鎌倉殿誕生』(ＰＨＰ研究所、二〇〇一年)一三六頁。
(22)『吾妻鏡』建久元年四月二十日条。
(23) 但馬進美寺文書(『大日本史料』四―五)。
(24) 山本幸司前掲書(注１)。
(25)『吾妻鏡』同日条。
(26) 松尾剛次『中世都市鎌倉の風景』(吉川弘文館、一九九三年)一〇二頁。
(27)『吾妻鏡』文治四年六月十九日条・八月三十日条。
(28)『玉葉』文治四年二月十三日条。
(29)『歴代残闕日記』。
(30)『平家物語』では、義経が西海にあったときの難船を平家の怨霊と結びつけ、『義経記』でもそれを受けて記されており、謡曲『船弁慶』や幸若舞『四国落』では平家の怨霊譚をさらに脚色して描いている。
(31)『新編相模国風土記考』によると、義経の首実検を行った後、その首を埋めたところに白旗神社を建て、その霊を祀って当所の鎮守としたという。この白旗神社は現在藤沢市藤沢にあり、境内には首洗い井戸もある。

(32) 頼朝の奥州討伐は、源頼義が安倍氏を追討した前九年の役の故実にもとづいており、鎌倉殿の権威を確立するのに利用されたことが指摘されている（川合康『源平合戦の虚像を剝ぐ』講談社、一九九六年）。
(33) 『吾妻鏡』元暦元年四月二十一・二十六日条。
(34) 『吾妻鏡』文治六年正月六日条。
(35) 『吾妻鏡』建久三年十月二十九日条。
(36) 『吾妻鏡』建久三年八月二十四日条。
(37) 『吾妻鏡』建久三年八月二十七日条。
(38) 『吾妻鏡』建久三年九月十一日条。
(39) 鎌倉市教育委員会編『鎌倉市二階堂史跡永福寺跡――国指定史跡永福寺跡環境整備事業に係る発掘調査概要報告書』（昭和59年度～平成8年度）。
(40) 『岩手県金石志』（岩手県教育委員会、一九六一年）。
(41) 大矢邦宣「中尊寺金色堂内両脇壇再考」（『岩手史学研究』七〇、一九八七年）。
(42) 入間田宣夫「中尊寺金色堂の視線」（羽下徳彦編『中世の地域社会と交流』吉川弘文館、一九九四年）。
(43) 『吾妻鏡』宝治元年六月八日条には、「但故駿河前司殿、自他門之間多申行死罪、亡彼子孫訖、罪報之所果歟」とあり、宝治合戦に敗れた三浦義村が語ったという。

〔付記〕 本稿は、東アジア恠異学会第五回研究会での発表をもとにしたものであり、当日貴重な意見を下さった西山克氏をはじめ、諸氏に対して厚く御礼申しあげます。

第6章　讃岐国における崇徳院伝説の展開

はじめに

崇徳院は保元元年（一一五六）七月十一日に戦われた保元の乱に敗れた後、仁和寺に逃れていたところを拘束され、二十三日に讃岐に向けて流された。そして、八月十日に讃岐に着いた後は八年ほどの日々を送り、長寛二年（一一六四）八月二十六日に亡くなった。

配流先における崇徳院の様子については『保元物語』に詳しく記され、自筆の五部大乗経の奥に、舌先をかみ切って流れる血で、日本国の大魔縁となって、皇をとって民となし、民を皇となす旨を記して海底に沈めたとされており、こうした姿が人口に膾炙しているが、これらは物語上の虚構であることは、すでに拙著において明らかにしたところである(1)。

拙著では、都の人びとさらに言えば崇徳院と敵対した人びとがどのような認識をもって崇徳院を怨霊とみなしたのかという点について考察したが、本稿では、讃岐において崇徳院がどのようにとらえられていたのかという点を考えてみたい。

香川県の直島や坂出周辺には崇徳院に関する伝承を伝える史跡が数多く存在する。これらの史跡は崇徳院配流当初からの伝承なのか、それとも後世に作られていったものなのだろうか。こうしたことを明らかにするために、まずは配流中に崇徳院はどこに滞在したのかという点について、院の動静を伝える諸本の異動を明らかにしていきたい。そしてその上で、あまり研究が深められていない直島において崇徳院の伝承がいかにして形成されていったのかという点について言及していきたい。

一　半井本『保元物語』にみる崇徳院の配流先

讃岐での配流地に関する記述は『保元物語』『平家物語』諸本や崇徳院の菩提所である白峯寺に関する縁起を記した『白峯寺縁起』(3)では異なっているので、まずはそれぞれどのように記述しているか確認しておく(2)。半井本『保元物語』は『保元物語』の中で最も古態をとどめているとされるが、その「為朝生ケ捕リ遠流ニ処セラルル事」では、以下のように記述されている。

八月十日、新院讃岐国ニ付セ給タリト請取ヲ進タリ。「御所ハ未ㇾ造出ㇾ、当国ノ二ノ在庁高遠ガ松山ノ堂ニ渡ラセ給」ト申タリ。

この記述によれば、讃岐に流されたさい、崇徳院の住むはずの御所がまだ造られていなかったため、在庁官人である高遠という人物の松山の堂に滞在したとする(4)。『風雅和歌集』(5)巻第九旅歌には、寂然（藤原頼業）が崇徳院のもとを訪れ、京都へ戻るさいに崇徳院と交わした歌が載せられているが、その中で、

崇徳院松山におはしましけるに、まいりて日数へて都へかへりなんとしける暁よめる　　寂然法師
帰るとも後には又とたのむべき此の身のうたてあだにも有る哉（九四〇）

とあることから、讃岐に流された崇徳院が松山に滞在していたことは確かである。

一方、半井本に記す崇徳院の住むはずの御所とは、「新院讃州ニ御遷幸ノ事」に、後白河天皇の語ったことと

して、

御所ヲバ、国司承テ可レ作。讃岐ノ地ノ内ニテハアラデ、直島ト云所ナルベシ。地ヨリ押渡事二町計也。住人少テ、田畠モ無シ。廻リ一町ニ築地ヲツキテ、内ヲ高クシテ、其中ニ屋ヲ作ベシ。門一ヲ立テ、外ヨリ鎖ヲ差ベシ。兵ハ門ノ外ニ居テ、固ク守ルベシ。御相節ノ進ラン外ニハ、人出入スベカラズ。仰下サル、事有バ、目代承テ奏聞セヨ。

とあるように、国司の指揮下で直島に御所を造ることになっていた。しかし、半井本では以後崇徳院が直島に移ったことは記さず、三年間五部大乗経を書いたとするのも松山でのことのようである。五部大乗経の奥に書いた歌、

浜千鳥跡ハ都ニ通ヘ共身ハ松山ニネヲノミゾ鳴

というものも、松山にいるからこその歌である。

しかし、崇徳院は実際には直島に移っていたようである。『梁塵秘抄』(6) 巻第二には以下の歌が収録されている。

讃岐の松山に　松の一本（ひともと）ゆがみたる　捩（もじ）りさの捩（すじ）りさに猜うだるかとや　直島（なおしま）の然許（さばかん）の松をだにも直さざるらん（四三一）

この歌は、讃岐の松山に松が一本ゆがんでいる。身をねじりくねらせ憎んでいるのか、直島の直（なお）のようにこれくらいの松さえ直せないのか、と解釈されている。さらに意を汲んで解釈すれば、松山に心がねじれてひねくれている崇徳院がいたが、「直島」という名前のところに移ってもその心を直すことができないのか、と解釈できよう。これは崇徳院を風刺する京童の童謡であり、だからこそ後白河天皇は『梁塵秘抄』に収録したのである。そしてこの歌が詠まれたのは、まだ崇徳院は怨霊として認識されていないときのことだと言える。

もう一首、讃岐の崇徳院に関連する歌として、次の歌が収録されている。

侍（さぶらい）藤五君（ぎみ）　召しし弓矯（ゆだめ）はなどとはぬ　弓矯も箆矯（のだめ）も持ちながら　讃岐の松山へ入りにしは（四〇六）

この歌は、侍藤五君、お召しの弓矯をなぜやらぬ。弓矯も箆矯も持っていて讃岐の松山へ行ったのは、と解釈されているが、これもまた、北面の武士である藤五君が、崇徳院からいただいた弓矯を使わないまま戦いに敗れ、崇徳院の後を追って松山へ下っていったことを揶揄した京童の童謡だと言えよう。両歌とも、後白河天皇側に立って崇徳院を非難しており、崇徳院の怨霊が意識される前の、歌を収録した後白河院の勝ち誇った顔が思い浮かばれる歌である。(7)

半井本「新院血ヲ以テ御経ノ奥ニ御誓状ノ事付ケタリ崩御ノ事」では、その後、崇徳院は国府近くに移ったことが記されている。

都ニテ常ニ召仕レシ伶人淡路守是成、法師ニ成テ、蓮如ト申者、讃岐へ参テ、若ヤ見参ニモ入トテ、御所ハ痛セ給シカバ、国府ニ有ケリ。月ノクマ無ニ、夜ヲ籠メ、横笛ヲ吹テメグレ共、聞食モ不レ入、聞ニハアラズ、キビシカラズ、門ハ開キタレバ、参ル。其時、御蔵ト思シキ物立タリケレバ、其ニ申ケルハ、「我ハ都ニサブラヒテ、常ニ召被レ仕シ伶人是成ト申者ガ、今ハ法師ニ成テ、蓮如ト申也。爰ニ候物ヲ進セバヤ」ト申セバ、取テ進セタリ。歌ヲゾ読テ進セタル。

アサクラヤ木ノマロ殿ニ入ナガラ君ニ知レデ帰ルカナシサ

御返事ヲ給テ、月ノアカキニ拝見スレバ、

アサクラヲ只イタヅラニ帰ニモツリスル海士ノネコソ泣ルレ

蓮如、是ヲ顔ニ当テテ泣々京へ上ニケリ。八年ト申シ長寛元年八月廿六日、御歳四十五ト申シニ、讃岐国府ニテ御隠レアリヌ。当国之内、白峰ト云所ニテ、薪ニ積ミ籠奉ル。煙ハ都ノ方ヘゾ靡キヌラムトゾ哀レ也。

崇徳院は御所が傷んだので、国府の粗末な丸木作りの「木の丸殿」へ移り、そこで亡くなったとする。ただし、史実では崇徳院の崩御は長寛二年八月二十六日である。

西行が讃岐を訪れたさい、以下のように詠んだことが『山家集』[8]に記されている。

　讃岐に詣でて、松山の津と申所に、院おはしましけん御跡尋ねけれど、形も無かりければ

松山の波に流れて来し舟のやがて空しく成にける哉（一三五三）

松山の波の景色は変らじを形無く君はなりましにけり（一三五四）

ここで、注意したいのは、西行は松山の津を訪れて、崇徳院が亡くなったことと、院の居住した跡がすでにわからなくなってしまっていることを歎いている点である。その後、西行は白峯の崇徳院陵を訪れて、

　よしや君昔の玉の床とてもかゝらん後は何にかはせん（一三五五）

と詠んでいるが、国府を訪れた形跡はない。もし崇徳院が国府で亡くなったとしたら、その地を訪れて思いをめぐらすのが当然ではないだろうか。

一方半井本では、

西行法師、讃岐へ渡リタリケルニ、国府ノ御前ニ参テ、カクゾ読タリケル、

　松山ノ浪ニユラレテコシ船ノヤガテ空ク成ニケル哉

のように、同じ歌を国府で詠んだことに変更している。これは、崇徳院が国府で亡くなったと記したための改変であろう。こうしたことから、崇徳院は松山において亡くなった蓋然性が高いと言える。

なお、松山津は坂出市の雄山・雌山の東麓の湾入した付近、すなわち高屋町の松山小学校付近に比定されている[9]。松山津は国府の津であり、四国の玄関口の一つでもあることから、かなりの賑わいを見せていたことが想像される。現在、坂出周辺には雲井御所をはじめとして数多くの崇徳院に関連する伝承地が存在するが、これらのほとんどは近世に設定されていったものであり、綿密な検討が必要である。

二　崇徳院配流先の諸本による異動

それでは、他の『保元物語』諸本ではどのように記されているか比較検討してみたい。鎌倉本『保元物語』(10)「為朝生捕り遠流に処せらるる事」では以下のように記されている。

十日、新院既に讃岐に下付せ在由、留守所請文を進す。御所未造出さりける間、暫二の在庁長の高季か松山の堂へ入まいらする。御所は国司の沙汰として、当国志度の郡直島と言所に造てそ居参せける。彼島は国の地に非す、海の面を押渡事、二時計へたてたる島也。田畠もなし、住民も無。実にけうとき御棲とそ見し。そこに一宇の長き屋を立て、方一町の築墻を高くし、門一を立て、外より鎖をさす。御膳の具足進するより外は、人出入事なし。此門を稠堅て、被レ仰事あらは、目代承て奏すへき由を仰含らる。

そして、「新院御経沈めの事付けたり崩御の事」では以下のようである。

角て御遠行の後九年を経て、御年四十六と申し、長寛二年八月廿六日、志度の道場と申山寺にて遂に崩御成にき。驄白峯と申所に渡し奉て焼揚奉る。其煙は都へそなひきける。御骨をは高野山え送奉れと御遺言有けれ共、いかゝ有けむ、そも知す。御墓所をは驄此白峯にそ構奉ける。此君当国にて崩御成にしかは讃岐院と申しを、治承の比怨霊共宥られし時、追号有て後は崇徳院とそ申ける。

崇徳院の移動先は半井本と同じだが、直島を志度郡としていたり、崩御した場所を「志度の道場と申山寺」とするなど、志度との結びつきが強いと言える。

京都大学附属図書館蔵本『保元物語』(11)「新院御経沈めの事付けたり崩御の事」では以下のとおりである。

八月十日、新院さぬきにつかせ給ひたれ共、御所いまだ作出さねば、二のちやうくはん為遠が松山の堂へ入奉ぬといふ請取を都へまいらせけり。新院、さぬきにわたらせ給へ共、世にをそれをなしていかにと申者もなし。ならはぬひなの御すまゐ、さこそ物うくおぼしけめ。秋も更行まゝに、草村ごとになく虫のこゑもやう〳〵よはり行。松風の音のみ身にしみて、いとゞ哀をもよほしけり。わづかにわたらせ給ふ女房たち、明ても暮てもなくよりほかの事ぞなき。さるに付ても、うかりしみやこは恋しくて、昔を忍ぶ涙のかさなる袖にあまりてせきあへず。新院島の御所をいたみ仰られければ、国司と在庁がはからひに、讃岐国の府に鼓岡と云所に御所を作すへ奉る。

（中略）

新院は其後長寛元年癸未八月廿六日、御年四十六にて讃岐の府中鼓岡にてつゐにかくれさせ給ひけり。当国の中白峯といふ所にて焼上し奉る。御意趣ふかかりし事なれば、煙は都へなびくとぞきこえし。御追号あるべしとて大炊の御門河原にて崇徳院とぞ申ける。

京図本では、直島の御所がまだ完成していなかったので、まずは松山の堂に入ったとしている。そして、島の御所を「いたみ」仰せられたので、国府の鼓岡というところに御所を作り、そこで崩御したとする。京図本の記述によれば、松山から直島へ移ったとははっきり記さないものの、「島の御所」を嫌って鼓岡に移動したことになっている。

金刀比羅宮本『保元物語』(12)「新院御経沈めの事付けたり崩御の事」の記述は以下のとおりである。

八月十日既讃岐に着せ給ひたりしかども、御所も未作出さゞりければ、二の在庁散位高遠が松山の御堂へ入奉たりと、請文を都へ奉る。其後御所は国司秀行が沙汰として、当国四度郡直島と云所に作奉る。彼島は陸地より押渡事二時計也。田畠もなければ住民の栖もなし。殊けふとき所也。四分一より遥にせばく、築地をつき、中に屋一建て、門一立たり。「外より鎖をさし、供御参らする外は、人の出入有べからず。仰出さる丶事あらば、守護の兵士承つて、目代に披露せよ。」とぞ仰下されける。海づら近き所なれば、海上烟波の眺望にも慰せ給べきに、加様に閉籠せられ給へは、松風・浦浪・千鳥の声、何となく御寝覚の床に聞召す。只蒼天に向て、月に愁、風に嘯給て明し暮させ給けり。

（中略）

其後新院余に島の御栖居も御歎有ければ、国司・官人はからひとして、四度の道場辺、鼓の岡と云所に御所をしつらひて渡し奉る。かくて明しくらさせ給ふ程に、賤き賤男・賤妻に到まで、外にて哀はかけまいらせけれ共、世に恐をなして参近く者もなし。

（中略）

其後九ケ年をへて、御年四十六と申し長寛二年八月廿六日、終隠させ給ひぬ。軈白峯と云所に渡奉る。さしも御意趣深かりし故にや、焼上奉烟の末も都をさして靡けるこそ怖けれ。御墓所は軈白峯に構奉る。此君当国にて崩御成しかば、讃岐院と申しを、治承の比怨霊共を宥られし時、追号有て、崇徳院とぞ申ける。

金刀本では、松山の御堂から「四度郡直島」へ移ったが、院がそこの生活を嫌ったので、「四度」の道場のあたりの鼓の岡に御所を造って移り、そこで亡くなったことになっている。

古活字本『保元物語』(13)「新院讃州に御遷幸の事并びに重仁親王の御事」の記述は以下のようである。

讃岐につかせ給(ひ)しかども、国司いまだ御所をつくり出(だ)されざれば、当国の在庁、散位高季といふ者のつくりたる一宇の堂、松山といふ所にあるにぞ入(れ)まいらせける。されば事にふれて都をこひしく思食ければかくなん。

浜ちどり跡はみやこにかよへども身は松山にねをのみぞなく

また、「新院御経沈めの事付けたり崩御の事」には以下のように記している。

新院、八月十日に御下着のよし、国より請文到来す。此(の)ほどは松山に御座ありけるが、国司すでに直島と云(ふ)

所に、御配所をつくり出されければ、それにうつらせおはします。四方についがきつき、たゞ口一つあけて、日に三度の供御まいらする外は、事とひ奉る人もなし。さらでだにならはぬひなの御すまゐはかなしきに、秋もやう〳〵ふけゆくまゝに、松をはらふあらしの音、草むらによはるむしのこゑも心ぼそく、夜の鴈のはるかに海をすぐるも、故郷に言伝せまほしく、あかつきの千どりのすざきにさはぐも、御心をくだくたねとなる。わが身の御なげきよりは、わづかに付奉り給へる女房たちのふししづみ給ふに、弥御心ぐるしかりけり。

（中略）

かくて八年御おはしまして、長寛二年八月廿六日に、御とし四十六にて、志戸といふ所にてかくれさせ給けるを、白峯と云所にて煙になし奉る。

古活字本では、松山の堂に滞在したのち、直島の配所が完成したのでそこに移り、その後の遷幸については記さないが、志戸というところで亡くなったことになっている。

これらを総合すると、『保元物語』諸本ではおおよそ、松山の堂→（直島）→国府（鼓岡）と移動したと整理できよう。しかし、鎌倉本・古活字本では崩御の地を志度の道場と申山寺とか志度とするのが特徴的である。志度は一般的には志度寺のあるさぬき市志度を指すが、これだと讃岐国府のあるところからはかなり離れており、志度寺にも崇徳院崩御に関する記録は残されていないことから、崇徳院がここで崩御した可能性はほとんどない。崩御の地を志度とするのは、『梁塵秘抄』にも記されるように、志度の道場は霊験所として著名であり、志度寺沖の龍宮伝説も謡曲『海士』に採録されているように、志度が都人にとって非常によく知られた場所であったからであろう。また志度は「死度」とも表記されたことから、死への旅立ちに似つかわしい地名として、崇徳院崩御と結びつけられたのかもしれない。

崇徳院の讃岐配流に関しては、『平家物語』諸本にも記されている。『平家物語』で崇徳院の動向について記しているのは、延慶本・長門本・『源平盛衰記』および『源平闘諍録』であるが、『保元物語』と比べてその記述は簡素になっている。延慶本『平家物語』[14]巻二「卅六讃岐院之御事」の記述は以下のようである。

サレドモ、ツナガヌ月日ナレバ、泣々讃岐へツキ給ヌ。当国志度郡直島ニ御所ヲ立テスヘ奉ル。彼島ハ国ノ地ニハアラズシテ、海ノ面ヲ渡事二時計ヲ隔タリ。田畠モナシ、住民モナシ。実ニ浅猿キ御スマヒトゾ見シ。長キ一宇ノ屋ヲ立テ方一丁ノ築垣アリ。南ニ門ヲ一ツ立テ外ヨリ鎖ヲ指タリケリ。国司ヲ始トシテアヤシノ民ニ至マデ、恐ヲ成シテ、言問参ル人モナシ。浦路ヲ渡ルサヨ千鳥、松ヲ払フ風ノ音、礒辺ニヨスル波ノ音、叢ニスダク虫ノ音、何モ哀ヲ催シ、涙ヲ流サズト云事ナシ。

（中略）

是ヨリ又当国ノ在庁、一ノ庁官、野大夫高遠ガ堂ニ移リ給タリケルガ、後ニハ鼓ノ岡ニ御所立テゾ渡ラセ給ケル。

（中略）

カクテ九年ヲ経テ、御歳四十六ト申シ長寛二年八月廿六日、志度ノ道場ト申山寺ニシテ、終ニ崩御ナリニケリ。ヤガテ白峯ト申所ニテ焼上奉ル。其ノ煙ハ都へヤナビキケム。「御骨ヲバ高野山へ送レ」トノ御遺言有ケレドモイカヾ有ケム、ソモ不レ知。御墓所ヲバヤガテ白峯ニゾ構へ奉リケル。此君当国ニテ崩御ナリニシカバ、讃岐院ト号シ奉リケリ。

（中略）

仁安三年ノ冬比、西行法師、後ニハ大法房円位上人ト申ケルガ、諸国修行シケルガ、此君崩御ノ事ヲ聞テ、四国へ渡リ、サヌキノ松山ト云所ニテ、「是ハ新院ノ渡ラセ給シ所ゾカシ」ト思出奉リテ、参リタリケレドモ、其御跡モミヘズ。松葉ニ雪フリツ、道ヲ埋テ、人通タルアトモナシ。直島ヨリ支度ト云所ニ遷ラセ給テ、三年久ナリニケレバ、理リナリ。

延慶本によれば、崇徳院はまず最初に国司によって造られた「志度郡直島」の御所に入り、その後、在庁官人高遠の堂に移り、そこからさらに鼓岡の御所に移ったことになっている。そして、亡くなったのは志度の道場と申す山寺であったとしている。直島から高遠の堂へという経路は、『保元物語』諸本とは逆である。また、西行が松山を訪れたさいに、「是ハ新院ノ渡ラセ給シ所ゾカシ」と感慨に耽った記述にしているのは、整合性をとろうとしたためだと言える。

ところが、西行が松山を訪れたのは仁安二～三年（一一六七・八）のころだと考えられているので、崇徳院が亡くなってから三～四年経った頃である。そのため、「直島ヨリ支度ト云所ニ遷ラセ給テ、三年久ナリニケレバ、理リナリ」とするのは、志度を崩御の地としたためにおかしな記述になっている。また「志度」「支度」両方の記述があり、統一されていないことも、実感をもって志度がとらえられていなかったことを意味していよう。

長門本『平家物語』[15]巻第四「讃岐院御事」での記述は以下のようである。

新院、さんしう、はい流の後は、さぬきの院と申けるを、廿九日、追号あり。崇徳院と申。去保元々年七月に、当国にうつされ給ひて、はしめは、なを島に、まし〱けるか、のちには、さぬきのくにの一在庁、野大夫たかとをか堂に、わたらせ給ひけるか、後にはつゝみのをかに、御所をたてゝそ、わたらせ給ひける。さぬきの院の、主上にて、わたらせ給ひける時、小河の侍従隆憲と申けるか、院、かくならせ給ひけれは、後の御門につかへむ事も、物うかるへしとて、もとゝりきりて、いまは蓮如上人とそ申ける。山林にましはりて、一かう、まことの道に入たりける程に、院の御あとを尋まいらせて、さんしうへまいり、なを島といふ所に、ついかきたかくして、そう門を一たてゝ、内には、屋一宇をつくりて、門に武士をそへて、外より鏁をさし、くこまいるよりほかは、たやすく門を、ひらく事なし。
生なから、天くのかたちにならせ給ひて、九年と申、長寛二年秋八月廿六日、御とし四十二にて、志渡とい
（中略）
ふ所にて、つゐにかくれさせ給ひにけり。「御骨をは、かならす、高野山へをくり奉れ」と、さいこに仰を
かれけるとかや。それも、いかゝならせ給ひけむ、おほつかなし。
去仁安三年の冬のころ、さとう兵衛入道西行、のちには大法房円位とそ、かい名しける。くに〳〵修行しけ
るに、さぬきの松山といふ所にて、「是は、新院のわたらせ給ひし所そかし」と思出奉て、まいりたりけれ
とも、その跡も見えす。松の葉に雪ふりかゝりつゝ、道をうつみて、人のかよひたる、あともなし。なを島
より、しとゝいふ所に、うつらせ給ひて、とし久なりにけれは、ことはり也。
よしさらは道をはうつめつもる雪さなくは人のかよふへきかは
とうち詠して、白峯といふ所の御墓所に、尋まいりたりけるに、あやしの国人の墓のやうにて、草ふかくし
けりたり。
（中略）
つく〳〵と、御墓所のまへに候へとも、法華三まいつとむる、せんりよもなく、念仏三まい、つとむる僧、
一人もなかりけれは、
なを島の浪にゆられて行ふねのゆくゑもしらすなりにける哉
と読たりけれは、御墓しんとうして、にはかに、くろ雲うす巻、まくろさまになりにけり。斜ならす、御い
きとほりふかゝりけるを、「行ゑも知す」と、よみたりけるを、御とかめありて、「あしく読たてまつりける
にや」とて、ひかさをのけ、袖かいつくろひて、

　よしや君昔の玉のゆかとてもかゝらんのちはなにゝかはせむ

長門本も延慶本と同様、まず直島に入り、その後、在庁官人高遠の堂に移り、そこからさらに鼓岡の御所に移り、志度で亡くなったことになっている。長門本では、延慶本でおかしな記述となっていた部分は、「なを島より、しとゝいふ所に、うつらせ給ひて、とし久なりにけれは、ことはり也」のように解消されている。また、「なを島の」の歌が収録されているところが特徴的である。

『源平盛衰記』[16]巻第八讃岐院の記述は以下のとおりである。

新院讃州配流ノ後ハ讃岐院ト申ケルヲ、廿九日ニ御追号有テ崇徳院トゾ申ケル。去保元元年七月ニ当国ニ遷サレ御座テ、始ハ直島ニ渡ラセ給ケルガ、後ニハ在庁一ノ庁官野大夫高遠ガ堂ニ入セ給ケルヲ、鼓岡ニ御所ヲ立テ奉ㇾ居。

（中略）

其後長寛二年ノ秋八月廿四日、御年四十六ニテ、支度ト云処ニテ終ニ隠レサセ給ニケリ。讃岐御下向之後九年ニゾ成給ケル。白峯ト云山寺ニ送奉リ、焼上奉リケルガ、折節北風ケハシク吹ケレ共、余ニ都ヲ恋悲ミ御座ケルニヤ、煙ハ都へ靡キケルトゾ。御骨ヲバ必高野へ送レトノ御遺言有ケルトカヤ。

『源平盛衰記』でも、直島から高遠の堂に移り、そこからさらに、鼓岡の御所に移動して、「支度」で亡くなったとするのは、『平家物語』諸本と同様である。一方『源平闘諍録』[17]では、かなり省略されたためか、志度の道場に遷されたのち府中堤岡で亡くなったことになっている。

これらを総合すると、『平家物語』諸本では、崇徳院はまず直島の御所に入り、その後、在庁官人高遠の堂に移り、そこからさらに鼓岡の御所に移動して、志度で亡くなったという記述になっているとまとめることができる。しかし、先にあげた『梁塵秘抄』の歌から崇徳院は松山から直島に移ったと思われ、また直島の御所を建築中だったために一時期在庁の館にとどまっていたとする『保元物語』の説の方が説得的である。『平家物語』諸本は話を要約する中で齟齬を来したものと推測される。

また、応永年間に入って白峯寺の伽藍を再興したのを機会にまとめられて、応永十三年（一四〇六）七月、良賢の草稿を世尊寺行俊が清書した『白峯寺縁起』(18)からは、在地における崇徳院伝承が形成されてきている有様がうかがえる。その崇徳院配流に関連する部分は以下のとおりである。

> 同廿三日（保元元年七月）、新院讃岐国へうつしたてまつるへきよし宣下せらる。御使には右少弁資長なり。其夜すなはち仁和寺をいてさせ給ふ。美濃前司保茂（成カ）か車をめさる。女房三人同御車にまいらる。守護の武士には、重成鳥羽まてまいりけり。季行弁武士三人、讃州まて御共申けり。八月三日、讃岐国松山津に御下着。在庁野大夫高遠か御堂にをきたてまつりて、三ケ年を送り給ふ。其柱に御詠歌あり。
>
> こゝもまたあらぬ雲ゐとなりにけりそらゆく月のかけにまかせて
>
> この御製今にのこりてこれあり。其後国府甲知郷鼓岳（丘）の御堂にうつしたてまつり、六年をへて長寛二年八月廿六日に、御年四十六と申に崩御ならせまします。ことの子細を京都へ注進の程、野沢井とて清水のあるに、玉体をひやし申、廿日あまり都の御左右を待たてまつる。かの水薬水となりて、今に国中に汲もちゐる事侍へり。さて同九月十八日戌の時に、当寺の西北の石巌にて荼毘したてまつる。これも御遺詔の故なり。国府の御所を、近習者なりし遠江阿闍梨章実、当寺に渡て頓證寺を建立して、御菩提をとふらひたてまつる。
>
> （中略）
>
> まことに大魔王ともならせ給ふやらむ、今も御廟所には、番の鵄とて毎日一羽祗候するなり。かの野沢の井の辺に社壇をかまへ、天王の社と申侍り。

『白峯寺縁起』では直島遷幸のことは記さず、松山津から在庁高遠の堂で三年間過ごしたのち国府鼓岳の御堂に移って六年を経て、そこで崩御したことになっている。そして、遺体の処遇を京都に問うている間、崇徳院の遺体を野沢井という清水によって冷やし、その近くに天王の社を建立したとしている。[19]また、国府にあった御所を遠江阿闍梨章実が白峯寺に移して頓證寺とし、菩提を弔ったことが記されている。『白峯寺縁起』は『保元物語』や『平家物語』の成立から百五十年あまり経った上での叙述であるので、その記述の真偽には慎重でなければばならない。しかし、十五世紀初頭までには、右にあげたような崇徳院の菩提を弔う施設が造立されていたことは確かだと言える。

三　直島に残る崇徳院伝説

崇徳院に関する伝承地は、主に坂出周辺と直島に残されているが、以下においては直島での伝承地がいかにして形成されていったのかみてみたい。[20]

直島における崇徳院伝承を語るもので、在地に残される最も古い記録は『故新伝』であろう。『故新伝』は慶応二年（一八六六）に編纂された『直島旧跡巡覧図会』の典拠となるなど、直島に関する伝承について記した最も古い記録と言える。その編纂年代や著者は不明だが、直島の大庄屋をつとめた三宅氏によって編纂されたもので、同家に代々伝えられてきた。ただし、現在その所在が不明であるので、東京大学史料編纂所に所蔵される修史局によって作成された写本を底本として翻刻した。なお、翻刻したのは、崇徳院にかかわる部分のみである。

直島名開伝

讃岐国香川郡直島なるハ往昔天地開闢より人の住居せしとなり、賀茂女島と云また名賀島といふ、神功后宮三漢〔韓〕たひしのおりしも吉備軍勢を待合せたまひしより待島と云、其後自然に真島と云真しまハ待島をちうりやくしてましまとよひしなり、保元の

比　崇徳天皇御左遷のとき付従しひと〳〵君仕の厚く直なるを叡慮あらせたまひ、真島を直島とよひたまひ、夫ゟ如今に直島と呼ひ伝ふ也、神代系図に小豆島・大島・女島・二タ児島・知賀の島と見へたり、島続を按するに、知賀のしま直島なるか否をしらす、

神鶴伝

（省略）

宮居伝

（省略）

岩瀬尾宮御祭伝

（省略）

崇徳院伝

保元の乱に　新院は讃岐国御渡し有しに、少納言入道信西の差図ニ従ひ、直島江仮の皇居をしつらひ遷し奉り、わさと偽りなくさめ奉り、暫ク御仮殿におハしましなハ、御殿しつらひ御迎に参上仕へしとて皆々船を出しぬれハ、新院ハ磯辺にたゝせたまひて、

夢路よりゆめしをねとる
浪まくら
さむれハ夢の心地こそすれ

此時御船の着し浦を王積の浦と云、新院ハこの所にもしハしは泊りやとのたまひ、それゟ此所を泊か浦と唱ふるなり、都に残りたまふ重仁親王ハ御かさりをおろさせたまひ、姫宮は院の御跡をしたわせたまひしのひやかに、三宅中務大輔源重成を従江直しまに着御有しなり、此の浦を姫泊か浦と云、山を姫泊山と云、此所に御仮殿をし

つらひ御親子御対面あり、ひとつハ御よろこひ一つは都のむかしを思ひ出したまひ、御たかひに御なけきたまふそかきりなしとなり、

新院従士伝

新院の御跡をしたひ来りしひと〳〵の着し所を地の名となりしハ、大納言中納言たる人々着し所を大納言様中納言様といゝ、野美の一郎忠房つきし所を一郎か谷と云、春田三郎光政着し所を三郎か浜と云、四位中将康行着し所を四位か浦と云此所の南の浜に大浦といへる浜あり、此所を、祖父か下と云、これハ四位か下の誤りなり、高原民部・乾治郎・立石主計・本郷庄作・手塚五郎兵衛・三宅帯刀・同出雲三宅の氏を名乗るもの皆々重成の子息なり、その外従士ありといへともつまひらかならす、

寵婢伝

新院御仮殿へ重成娘二人宮しに姉京に御寵置かゝり常ならぬ身となりぬれハ、朝庭を憚り一つの山を隔て別室をしつらひこの所におきまひらせ、或時おくられし御製に、

おき中の小島の谷間清水汲む
露のなさけにうさを忘れつゝ

京女のかへし

案山子より外にハ知らん人もなし
山田の水に月やとるかも

日往月来てついに若君御出生有けれハ、院にもかきりなく御よろこひ給ひければ、かくなる御身にあらせたまへは、重成か孫と唱へ御名を重丸と号たまふと也京女重丸君居らせし所を御子持谷といふ、また御平産のふ、し胞衣を壺におさめ埋めさせたまひし所を壺の奥といふ、

新院御製歌伝

泊か浦の北江越し谷間にひとつの亭を立させたまひ、数多桃を植させ給ひて、或時の御製に、

三千とせと契りし桃の実を植て

亀か齢もくちなこのたね

夫ゟして此谷を今にくちな亀谷といふ、山を桃山と云、

都鳥

鳴は聞く聞は都そ思ハるゝ

音をそきかする山ほとゝきす

かく御製ありしゟ、島中に都鳥あまた来りといへとも、音をいたさぬとなり、

保元二年二月廿八日、崇徳天皇直島波無(はむ)の端江海辺御遊覧のため御幸ましませしに、折節一天かきくもりほう風吹起りて、遠近の船人に難義なせしを天覧なしたまひ、いと不便のことに思召、大海の神天地の神江祈りたまひ、一首の御神詠をくたされしに、風立所に和風入あまたの船人等助命いたせしとなり、其時の御製に、

まかつみのあれ立浪もしつまれや

天の貢をはこふ船子等

或時直島松山泊りか浦にて、島人等火松をともし漁取するを御行宮より天覧ましまして、其時の御製に、

垣根もる衛士のたく火と見てあれハ

うみへにあさる海士のかゝり火

南の浦にいてまし給ひ、貝を拾あけたまひ、この名ハ何とかや御たつねにて、島人忘れ貝ともふしあけれハ、

松山やまつの浦風吹こして

しのひてひろふ恋わすれ貝

また此所にて姫宮琴を弾たまひ、新院御機嫌のありつるとて、姫宮

花の香のにほひの内のしらへこそ

去年の弥生にかわらさらまし

夫ゟして此所を琴弾ヶ浦といふ、また八島人こたんしといふ、また此所に忘れ貝なるもの今にあり、

新院御遊覧伝

ある日南の浦辺にいてまし給ひけるふし、沖の方俄に暴風起り大船小船波の間にしつめんとするを天覧ありて、不便なること、おほしめして龍神へ御祈念有しかハ、波たち所に静りもとの和風間と成けれハ、船もつゝかなく助りける是より此所を波無端と云、瀬戸を波無瀬戸といふ、また此時御柏手の響き山ひこをなせし向ふに島あり、これを柏島といふなり、それより西の山端へ御遷りありて、沖の方漁船の数多往帰るを天覧ありて、此風景よき園やとのたまひけり夫より此所を王園端といゝ、瀬戸を王園瀬戸といふ、それより泊り浦へ還御の道を王道といふ、或日義之より御慰の為とて葛の舞を奏しける是より此所を葛島と云、島人御能を拝見せし浦を能見か浦といふ伝へたり、或日また北の方小島へ御幸あり、手塚五郎兵衛・立石主計鵜をつかひ、色々の魚を取り天覧に備へし島を上鵜下鵜と云、夫より東の小島にて一夜を明させたまふ島を上旅籠下旅籠と云、夫ゟ南へまわりよき湊あり、此にて鉤なとたれて天覧に備へしかハ、此所島のかたちいかにも屛風に似て、屛風の内に居る心地なりとのたまひけり是ゟ此所を屛風か内と云、その御還るさに女のかつき帛して立たるか如き石あり、此かたちいかにも京の女郎に似たりしとのたまひける夫よりして此処を京の女郎といふ、また、此処に種々奇怪の事あり、後にしるす、此島の西に人の口をひらきしかたちの石あり、これハ京の女郎に似もつかす田舎者也と御笑ひたまひこれゟ此石を田舎の女郎といゝ伝ふ、なり、この向ふに一つ小島あり、島のかたちいかにもやさしく見ゆるにより、局島と名付たまふ此島の東に六郎島と云小島あり、何の故にて六郎島と名付をしらす、また泊り浦より北にあたれる小島あり、此島のかたち家の如く見ゆるにて、家島と号したまふ

今此島を家しまといふ事をゑしまと唱ふ、この東の小島を箱島と云此処江新院御帰京を御祈念あり、地中へ御箱を埋めたまひしより箱島といふ、或日鷹ト鵜を人人に携させ観〔漁〕したまひ、鳥またハ鰡魚なと得たまひける御鷹の遊したまふ所を御鷹島といふ、また此事讃岐に触れて人民の、諺に、もの、似付ぬ事を唯今にても直島の殿様は鰡に鷹といふ、折節船中に水切れハ、浜辺に船をかけ水を求めさゝけしかハ、無双の井水なりとのたまひ、夫ゟ其所を井島と号たまふ、南端に鞍掛ケ石とてくらかけのことき石あり、また北の端に牛鍬のなかにへらと名付るものあり、これによく似たる石あり、故にへら崎といふ、東の沖にひとつの磯あり、年々海獱数多集る故に海獱そあひといふ、皆後世形によつて名付るもの也、

大乗経伝

御子持谷に新に井を掘せたまひ、王積の上少し平なる地に御仮家をしつらハせ、七日御斎したまひ、大乗経を御宸筆なしたまふ井を経納水ト云、御仮屋を、御籠りの森といふなり、大乗経相調ひ、せめて筆のあとにても都におさめ置へしとて此時御経調ひしゆへ、山を経納山といふ、

浜千鳥あとは都へかよへとも
　身は松山に音をのミそ鳴く

かく御製ありて御経とともに義之を以て、京都御室仁和寺の宮仁和寺は新院の御弟なるによりてなり、さしておくらされしかは、早速禁裏江奏聞遂られしかハ、御評儀となりしふし、少納言信西進出て、かくなる新院のてにてましますゆへ、帝畿にとゝめ置きたまふましと有けれハ、ミなく此儀に一決し其侭義之江御返しとなりけれは、新院のたまふハ、古より兄弟のあらそひなきにしもあらす、しかるにたゝ筆の跡のミ都にとゝめ置さる事なれハ、仮令は御代せひゝつの上罪科赦免したまふこそ御なさけなるに、形の如くハ鴉の頭白くなるとも、帰京の期は有へからす、さあらハ朕か調し経文是より魔神に誓ひ、朕魔界の帝王となり、朕に敵するものそれく討亡さんと逆鱗ましく、御髪冠を貫か如しとなり、夫ゟ臣下江御宸筆の院宣を下したまわり、姫宮江重丸君を御預ヶ有て松ケ浦江渡御有り、白峯江登らせたまひて御経文に御生血をそゝき、大槌と小槌島の間に沈めたまへは、忽一天かき曇り、雷電

震動し、虚空より黒雲降り、潮は瀿流をなしけり、雲中にハ数万の天狗顕れ出て、海中より其の大さ小島の如き亀浮ミ出、御経文の御箱をくわへ吹き出せは、虚空へはるかに舞昇りける、其時中央に新院御すかた烟の如く露れ、左の御手に重色の鳶のかたちをなせし鳥を携給ひける、天狗御経文と共に守護奉り、白峯の方へ去りたまふ御有様、御供いたしたるものともなけきしことかきりなし大槌小槌と名付島ハ、敵討亡さん小槌大槌也とのたまひて、夫ゟ呼ひ来るなり、亀ハ今にこの内に住しとて、時々見請る者ありし也、院には林田村江還御ありてほとなく長寛二年八月廿六日崩御なし給ふ御齢四十六、歳となり、白峯山の麓にて火葬と成し奉りけれは、御すかた烟中にあらわれ、数万の天狗これを守護奉り、白峯山江去りたまふ、玉骨白峯山へ納奉ける、今の御廟是なり、其御分骨を直島御籠の森へ納奉り、御社造営いたし祭り奉りしとなり、崩御の後色々奇怪のことあり、白峯山の御廟時々震動す、直島の御廟も共に震動す、其節帝畿の震動厳敷数日おさまらす、依之色々御祈願或は御占なとありけれは、新院の御遺恨たることあらわれしかは、治承元年六月廿九日に、
崇徳院と　諡したまふ、風雨或は静夜に時々今に震動する事あり、今は何れの地なるか拠をしらす、

重丸君伝

新院崩御の後安元二年、重丸君ハ十九歳に成りたまひ、八月廿六日に御元服ならせたまひ、三宅左京大夫源重行と御改名あり、重親か女子を妻したまひおいちの方と、いふなり、三宅出雲・高原民部・乾治郎・立石主計・手塚五郎兵衛・本郷庄作、右六人のものとも老臣として其外諸士を従江直島を領したまふ、
重丸君を島人若宮と唱ふるゟ、御鎮座の地を今若宮と呼ひ伝ふ、高田浦西北の山端に三宅左京大夫重行公暫時住せしゟ、島人公住方ト云、今ハ公副方といふなり、

姫宮入仏伝

新院崩御の後は、姫宮には御髪を剃たまひ、墨染の御衣にて新院の御菩提を弔わせたまふ、或日臣下にのたまふ

は、曙かたの夢に六道能化の地蔵尊枕元にたち、われハ此島の西の方楠山に幾久敷埋りしなり、我か仏身を掘出したまわらハ、後ちの世は必誓をなして安要浄土へいさなひもふさん、阿弥陀仏を信仰したまふにより、仏勅を交て結縁の為爰にいたり向ふなり、所はかやう〳〵と夢見しゆへ、汝等に頼成楠山江我をつれ行へしと有しにより、島人に案内をさせ楠山に御供せしかハ、楠の元に大石あり、其西わきを御指図の通り掘りけれは、その深さ四尺余り掘りしかハ、はたして地蔵の形をなせしほさき自然石を掘りいたしけれハ、姫宮の御よろこひかきりなく、御肌を離したまわす念したまふ（夫ゟ此山を地蔵山、と号せしとなり、）御齢八十余歳にして自のたまふは、弥陀の迎によりいま往生すへしとありて、七日以前ゟ日に三度沐浴したまひ、御せうめうを唱へ念珠を携へ念仏唱へなから、その日申の下刻に去逝きたまふとなり、（掘出せし地蔵は寺の本尊の胸に納め、此寺を地蔵寺と号しとなり、姫宮を葬し所を姫宮の森といふ、また姫宮へ仕へ奉し女中ミな〳〵尼となり住ひせし所を尼か様といふ、）

京女入仏伝

崩御の後京女ハ法名崇蓮院殿帝須无疆妙理大姉とあらため、庵室を造営し御菩提次先々重行の武運、其身の渡世のミ念し他事なし、往昔君の契りたまハりしことのわつ〔す〕れかたきにて、庵を契りの坊と名付しとや、（庵室ありし山を、渡世契りの坊の山といふ、）

新院木像伝

御自像御自から彫ミたまひ、三宅帯刀重親に勅命ありて彩色をさせたまひ、姫宮重丸君に朕をこひしくおもふ度に見るへしと宣旨にて御渡しあり、松ケ浦江渡御ならせたまふ、夫より崩御の後、姫宮臣下に命し、御籠の跡に御社を造立成したまひ、御神像をおさめたまひ、朝暮に事へたまふ、その厚き事生けるにまされしとなり、如今に　崇徳院の御神像これなり、御社は寛文四年（甲辰）年に高原内記只今の宮居の所へ移し奉り、御籠の所は小き石

の御社を残し其記をなし、御社におさめ奉りしとなり、

水犬伝

大治二年朝鮮より牝牡の水犬

新院江献上しけれは、常に御寵愛なりしに、讃岐江渡御となりしかハ　姫宮江御譲りたまふ、また姫宮直島へ御跡をしたひたまふのふし御供いたし奉り、朝夕とも御側を離す馴染奉り、或時に院の御殿へ御文つかひなとハ人に異ならす、牡犬をトクと呼ひ牝犬をインと呼ひたまふ尤トクインの名ハ朝鮮ゟ呼来ル也、日々海或ハ山に出て四季に応したる魚鳥を取りて捧るなり、トク御前に有る時ハインも又従て御前にあり、これに仍てトク御前ならハインも御前と云、夫ゟトクこせインこせトハ呼ひ伝ふなり、新院崩御の後は　姫宮も仏にいらせたまふ、我仏に入しうへは、以来殺生禁すとのたまふよりかた〳〵御製〔制〕禁を侵さす、御念仏の時は御後に従ひ敬ひしなり、御鐘の音を聞く時は何れに有ともかならす帰り来ける、期至る共牝牡の交もかたくいたさす、寝時ハもとより一所に有りし時はかならす背と背を向け合すなり、　姫宮御逝去の後も日々御墓に詣てける、正元二年六月二日王積の浦辺にて背を向けあひ死しとなり、重行公二つの墓を建てまつらせたまふ、後人インコセトクコセと呼しハこれなり、この墓を面向け合し置ハ、一夜の内にかならす背同士になる、其奇如今に残りける、又島人夫婦中悪敷かまた気の合ぬ者をインコセトクコセといふ、是は背同士になる事をいふのミ、

三宅但馬守伝

（省略）

雑伝

治承元年俊寛・安頼〔康〕・成垣〔常〕、鬼界ケ島江流罪のふし、六月廿三日宮の浦江船を寄せ水を求めしに、大旱にて水不自由なれハ、俊寛念し仏に観世音を念し、島人船子ともに指図をなし、此地を掘へし必水出ると有て掘せけれは、忽水湧出す、その時俊寛首に掛し観世音を井中におさめ誓をなし、我帰京の期を守らせたまへ、其時此所にいたりてとりあけいたすへしと人しれす誓しかとも、つゐに赦免なかりしかハ、年暦久しく井の中に埋れしを、二百有余年を歴て不計備前児島郡日比村来願坊霊夢を受て、井の中より掘出し此寺の本尊となし、観音院と名付しなり、観音院ハ日比村に存在せり、井戸は如今僧都か井戸と言伝ふなり、

向島の南の端に姫宮飼せたまふ猫を埋めし所あり、猫ケ端といふ、

泊か浦の北東にひとつの石島あり、此所へ　新院弁財天を勧請したまふ、如今御社あり、（汐干には泊か浦に続く、満汐にハ隔をなせし、）宮の浦の西南に小島あり、京女御妊娠中安産を祈り、胞衣荒神宮を勧請あり、日々御祈念ありけれハ、其神霊にて御安産ありしにより、今此島を荒神島といふ、

揚島の西南に帆の形をなせし石あり、帆掛ケ石といふ、風雨はけしき夜ハかならす龍灯登ルなり、

串山荒神島の間に犢牛の形をなせし石あり、干汐に見へ満汐に見へす、六七見ゆる也、帆掛ケ石と揚島の間にまな板の如き石あり、俎板石と云、

姫泊ケ浦東北の磯辺に犬の如き石あり、また重石の山端に海中にいり犬の形をなせし石あり、自然に牝牡の分ちあり、

柏島の端に烏帽子の如き石あり、立烏帽子石といふ、

烏帽子石の続き南に大船の形ちをなせし石あり、元船石といふ、

姫泊山の東の端に南北に百五拾間の岸を隔て石島あり、石上に松を生し角の形をなせしにより角ケ崎といふ、

安野島の東北に虚無僧石・富士石といへる石あり、八九条皆形によりて名付ものにて、後世に伝なし、

男木島伝
（省略）
女木島伝
（省略）

「直島」という名称は、崇徳院がこの島に配流されたときに付き従った人びとが、院に対して厚く実直であったことから、院によって真島が直島と名づけられたということから『故新伝』ははじまっている。

そして、「崇徳院伝」では、直島に仮の御殿を造ったのでしばしのご滞在をと偽って崇徳院が連れてこられたことになっている。このさい京都から直接入ったのか、讃岐の松山を経由してきているのか、この記述ではわからない。そして、船が到着した浦を「王積の浦」、院の御所が造られた場所を「泊か浦」、院の姫宮が後を慕って三宅中務大輔源重成とともに到着した浦を「姫泊か浦」、山を「姫泊山」と呼び、そこに仮御所をつくったとするなど、直島の地名の由来を崇徳院と関連づけて説明している。その他「新院従士伝」以下においても、家臣らの滞在によって地名がつけられたことを語っている。

そして注目すべきは、「新院御製歌伝」の部分で、「直島松山泊りか浦」で島人らが漁をするのを目にし、「松山やまつの浦風吹こしてしのひてひろふ恋わすれ貝」という歌を詠んだというように、松山を直島の地名としていることである。しかし、この歌は崇徳院の詠んだ歌ではなく、『後拾遺和歌集』(21) 巻第八別に、

讃岐へまかりける人につかはしける　中納言定頼
松山の松の浦風吹きよせば拾ひてしのべ恋わすれ貝

とあるように、藤原定頼の歌である。この松山は坂出の松山のことであり、直島には松山という地名はなく、強引な附会である。(22)

また、崇徳院に付き従って都から三宅中務大輔源重成とその娘二人も直島に赴いたが、崇徳院は姉の京をとりわけ寵愛し、京との間に若君が誕生して重丸と名づけたが、朝廷に知られるのを恐れて重成の孫ということにして育てられたとする。重丸は元服後に重行と改名し、重成の次男三宅帯刀重親の娘を妻とし、三宅出雲・高原民部・乾治郎・立石主計・手塚五郎兵衛・本郷庄作らを老臣として直島を領したとする。

さらに、「大乗経伝」に「臣下江御宸筆の院宣を下したまわり、姫宮江重丸君を御預ヶ有て松ケ浦江渡御有り、白峯江登らせたまひて御経文に御生血をそゝき、大槌と小槌島の間に沈めたまへは」とあるように、直島で大乗経を書写し、それを都に届けようとしたが拒否されたので、姫宮へ重丸君を預けて自らは松山の浦へ渡り、そこからさらに白峯に登って経文に生き血を注ぎ、大槌島と小槌島との間に大乗経を沈めたとする。このとき臣下に下したとされる院宣の写と、院宣の写の奥に写した経緯について記したものとが三宅家に残されており、後者は軸装されている。以下に、後者を翻刻する。なお、院宣の文面は前者と同一である。

院宣

一、朕直島三年之暦春秋処、今日讃州志渡浦趣ニ付、汝等六名之者共江、直島に児島之内四ケ庄相添可被下置、朕渡海之後者都より下向之姫宮可仕、尚重成娘誕生之一子重丸者、唱重成孫致養育六名之者共成補佐可仕之、聊不可為違背、依而院宣如件、

保元三年
十月五日　　新院

貞治元壬寅年正月十五日

院宣之写書記之、

三宅中務大輔　源重成
重成嫡子　三宅帯刀　源重親
重成二男　三宅右京大輔　源忠重
重成三男　三宅出雲守　源清重
高原民部少輔　藤原久利
乾治部少輔　藤原胤□
立石主計頭　菅原安信
手塚五郎兵衛　藤原朝之
本郷庄作　橘通俊

右先祖之者共、保元之度
御宸筆頂戴仕、
御先祖三宅左京大夫源重行公より御当代迄六代之間、私共代々補佐仕来処之、院宣本紙者去ル延文四(一三五九)己亥年八月
十四日夜焼失仕候ニ付、六名之者申合、此度写相改候処、相違無御座候、謹言、
貞治元(一三六二)壬寅年正月十五日

三宅長大夫　源忠俊(花押)

高原久兵衛
藤原次久（花押）
乾　兵　衛
藤原盛信（花押）
立石左衛門
菅原政之（花押）
手塚五郎右衛門
藤原由満（花押）
本郷庄兵衛
橘通朝（花押）

三宅但馬守
源行信（花押）

前文之通、相違無之候也、

三宅但馬守殿

この院宣は、崇徳院が直島から「志渡浦」に渡海するにさいし、崇徳院と三宅重成の娘との間に誕生した重丸を重成の孫として養育し、三宅・高原・乾・立石・手塚・本郷の六名がその養育を補佐するようにという内容のものであり、六名の由緒を語るものと言えよう。そしてその中でも重丸君すなわち重行の六代孫である三宅但馬守行信の系譜の確かさを語っている。

行信は永仁六年（一二九八）に生まれ、明徳二年（一三九一）に亡くなった人物で、この「院宣」の本紙は、延文四年（一三五九）八月十四日の火災により焼失してしまったので、三宅長大夫忠俊をはじめとした六名が改めて書写したとされている。このときの火災は、八幡神社での神楽が終わった後に残り火から出火して社殿が焼失し、内陣に納められていた崇徳院院宣らその他の記録がすべて灰になったとされる。[23] しかし、この院宣を写したとされる文書を観察すると、花押も含めてすべて同一人の筆によると思われ、花押の描き方は近世風である。

こうしたことからも、「院宣」は『故新伝』とともにある意図をもって作成されたのではないだろうかと推測され、次にその理由について考えてみる。

四　崇徳院と三宅氏

瀬戸内海歴史民俗資料館所蔵の三宅家文書には、三宅氏の由緒を語る「由緒写」（請求番号：五〇七八）が残されている。これは嘉永四年（一八五一）五月に讃州直島住人三宅源左衛門によって書写されたものであり、以下に翻刻する。

由緒書
人皇三十七代
孝徳天皇第三皇子児島親王十八代後胤三宅宮内大夫重朝二男三宅中務大輔重成、保元之頃
新院奉仕後
新院讃岐国真島江
御左遷之後
姫宮
院之御跡為慕賜ニ付、奉御供仕真島江下向（此時御着之浦姫泊ノ浦と云、姫宮之森于今有之、）其後
院之玉躰近朝夕奉仕、此時重成二女三男有而姉女京と申候者（後京上臈と云）
院之玉躰近奉成宮仕、蒙
御寵三歳奉仕候内　御胤寄シ、男子奉産候得共、

朝廷憚り重丸と号賜ひ、重成孫奉養、
院ニも朝夕御寵愛之内、
院卒爾ニ思召立之事為有賜ニ付、重成江源姓幷直島二十七島児島郡之内四ケ村、重丸君ニ御添
御宸筆之
院宣ニ而被下置、
新院讃州地方江御渡海有而
御齢四十六ニして長寛二年秋八月廿六日崩御為成賜治承元年秋七月廿九日追号崇徳院、夫ゟ中務大輔重成直島ニ止り、
姫宮ニ奉仕二男三宅帯刀重親家督相続仕、御落胤重丸成長之後、
院宣家督相伝三宅左京大夫源重行号重親女市と申を娶ル直島領ス、此時
新院ゟ仕候補佐之臣、三宅出雲重親弟、高原民部、手塚五郎兵衛、乾治部、本郷庄作、立石主計、六人之者重行ニ
仕候而直島住居仕候、其後重成ゟ八代重行ゟ六代之孫三宅但馬守源行信代ニ当而延文四己亥年八月十四日夜、氏
神八幡宮湯神楽火誤而大火ニ相成、氏神之山幷人家迄不残致焼失、其節
新院ゟ被下置所之院宣及焼失、神主竹田與四郎其夜致出奔候、又行信ゟ九代之孫三宅大蔵之助源重時迄
院宣焼失仕候而も連綿と直島領仕来候処、秀吉公備中国御陣之節、軍勢催促申来候ニ付、家臣高原久右衛門次利
と申候者差遣候処、同人従有軍功而直島幷備前児島郡五百四拾貫之地不残久右衛門秀吉公ゟ申請候由申帰候ニ付、
重晴始外五人之家臣之者共、
新院ゟ
院宣ニ而重晴迄代々所領仕来候旨申立候得共、右
院宣焼失之上者、申分相立兼久右衛門江　秀吉公ゟ被下壱人之所領ニ相成不及力乾・手塚・立石・本郷・三宅長

大夫五人之臣下之者共、高原久右衛門不実憤り致退去候、此時重晴妻者久右衛門娘ニ而同人申候者、只今者縁家
也、元来主家之事也、格別之事ニ候得者、幾重ニも御止り被下度、永代客分ニ而無隔仕度旨段々申ニ付、不得止事
直島ニ止り居申候、久右衛門次利直島押而所領仕候者、天正十年三月廿日ニ有之候、其後重晴嫡子三宅与右衛門
常重　秀吉公朝鮮御陣之刻、文禄年中高原久右衛門悴佐助次勝と共ニ寺沢志摩守与力仕相勤申候、其後関ケ原
御陣之刻、
権現様江志摩守一同
御目見仕置ニ、九州薩摩迄為押と志摩守一同罷下り、大坂両度
御陣相勤、大坂落城之刻小豆島江罷越シ、大坂落人可相改旨、御老中方ゟ御折紙被下置、早速佐助・与右衛門
両人彼島江至り、大坂籠城之落人大善院搦捕并諸道具等小豆島中之庄屋共召連、改出御老中迄罷出言上仕候処、
達
御上聞ニ為御褒美大善院諸道具者佐助次勝ニ被　下置、其後
家光様
御上洛之御供仕候処、佐助者相州戸塚宿ニ而俄病死仕、悴治郎右衛門義元和八年八月十五日、
台徳院様江
御目見仕、翌年親跡職被
仰付、四年江戸詰仕、其後隔年ニ江戸詰仕、寛永十四丑年中島原
御陣之刻、与左衛門弟三宅藤左衛門子供二人罷出、天草寺沢志摩守加勢仕、兄弟共討死仕候、其後高原内記ニ至
り昨寛文十一亥年十二月廿八日
御公儀之蒙　御咎、高原御改易被　仰付、私共迄重々奉恐入候、其節

御上ゟ御尋有之、高原内記家来ニ者無之、天正年中秀吉之ために為無咎所領被取上、其節ゟ高原久右衛門客分ニ
而被養内記迄四代被養居申候処、右高原者
新院之
院宣ニ背壱人直島押領仕候故、
院之蒙御神罰候哉、此度家及滅亡申候、夫ゟ者私家も弥無禄之浪士ニ者相成申候得共、先祖三宅中務大輔源重成
ゟ私迄二十一代之間代々実子ニ而相続仕之、直島ニ住居仕来候間、何卒
御上之御憐憫を以私ゟ子孫至迄直島永住候様被　仰付候下度候、然ル上者若自然
御軍用者勿論何様之御用被
仰付候共、身命ニ相掛少しも違変不仕相勤可申候、右之段申上候通少しも相違無御座候、以上、

讃州直島浪人
三宅三郎兵衛

右御尋之趣奉申上候処、被為
聞召分直島永住被　仰付、然ル上者継添御奥書被成下候様奉願上候処、御聞済被成下候段、重々難有仕合奉存候、
以上、

寛文十二子四月

彦坂九兵次様
御役所

前文之通聞届置処、相違無之候、以上

彦坂九平次
子四月　御役所

前文之通先
御役所江差上御聞済ニ相成申候間、御突合之上相違も無御座候ハヽ、継添御奥書被為　成下候様奉願上候、以上

讃州直島浪人
三宅三郎兵衛

延宝二寅年十二月

彦坂孫三郎様
御役所

前文之通相違無之もの也、

彦坂孫三郎

延宝二寅年十二月　御役所

（以下の代々奥書は省略）

ここで重要になってくるのが、高原氏との関係である。『南海治乱記』によれば、高原氏は執権北条時頼のころ備讃の海賊を討ち、幕府から海島の警備を命じられた香西家資を祖とするという。のちに、高原次利は豊臣秀吉による備中高松城水攻めのさいに案内者として参陣し、直島・男木島・女木島の支配を安堵され、次利の子佐助次勝も天正十三年（一五八五）の秀吉による四国の役、同十五年の九州の役では海上輸送で活躍し、文禄・慶長の役では、秀吉の水軍の将である寺沢広高に与力して、対馬海峡の海上輸送で活躍したという。また関ケ原の戦いでは、寺沢氏とともに東軍に加わり、徳川家康の旗本になった。

ところが、五代内記仲昌には男子がなく、丹波国山家の谷大学頭衛政の八男熊之助を養子とするとともに隠居した。しかし、仲昌は六代目となった数馬仲衡のことが気に入らず、大老酒井忠清に対して、数馬が父母に不孝

であると訴えた。それが裏目に出て、寛文十一年（一六七一）十二月、内記夫妻は備中松山城主水谷勝重に、数馬は実家の谷衛政に預けられ、直島は召しあげられ高原家はお家断絶となった。[24]

高原氏の改易後の寛文十二年（一六七二）、直島は幕府の御領となり、倉敷代官所の支配を受けることになった。そのさいに三宅三郎兵衛が倉敷代官所の彦坂孫三郎に宛てて提出した文書が右にあげた「由緒書」である。「右高原者、新院之院宣ニ背、壱人直島押領仕候故、院之蒙御神罰候哉、此度家及滅亡申候」と、高原氏が直島を押領したことによる崇徳院の神罰のため、このたびお家断絶となったのだとしている。そして、このときに三宅氏も処罰されそうになったが、高原内記の家来ではないことを主張し、また先祖の重成以来自分にいたるまで実子により相続されて直島に居住してきていることから、子孫にいたるまで直島での居住を認めてくれたのなら、いかなる御用も果たすと嘆願している。

この甲斐あり、三宅氏は倉敷代官所のもと直島の大庄屋となり、直島・男木島・女木島の直島三か島を取り仕切ることになったのである。このとき作成されたのが崇徳院院宣であり、『故新伝』であったのではないだろうか。三宅氏は崇徳院とともに京都からやって来て、院との間に生まれた重行を祖とする「由緒正しき」家柄であり、院によって直島の支配を認められたのであって、高原氏がそれを「押領」したのだと主張することにより、直島にとどまって支配することを倉敷代官所に求めたのである。こうした崇徳院との由緒を語る三宅氏にとって、直島に崇徳院関係の伝承地が存在することは喫緊の課題であった。[25]おそらくは、そのために新たに伝承地が「創造」され、由緒が作りあげられていったのではないだろうか。『故新伝』の最後に崇徳院とは関係のない男木島伝と女木島伝も加えられているのは、三島を支配する大庄屋となることの正当性を主張したいがためではないだろうか。

五　坂出周辺の崇徳院伝説

先に掲げたように、崇徳院が亡くなった三年後の仁安二年（一一六七）西行が訪れて詠んだ歌からは、崇徳院が住んでいた住居はすでになかったことがわかり、崇徳院を偲ぶことのできる施設は、白峯寺や隣接する陵墓であった。

その後の状況はよくわからないが、応永十三年（一四〇六）に作成されたとする『白峯寺縁起』には、崇徳院が亡くなったときのこととして、

ことの子細を京都へ注進の程、野沢井とて清水のあるに、玉体をひやし申、廿日あまり都の御左右を待たてまつる。

のように、「八十場の霊泉」を神聖視する記述が登場するが、伝承に関する他の記述は見られない。

延宝五年（一六七七）に編纂された『玉藻集』では崇徳院関連の遺跡が散見され、伝承の内容が細かく記されるようになるが、伝承地自体はそれほど増えておらず、細かな「史跡」はまだ創出されていなかったとみなしてよいだろう。

それが、宝暦五年（一七五五）二月の跋文をもつ『綾北問尋鈔』になると、伝承の数が増えてより詳しく記されるようになる。

崇徳院社（青海神社）については、

兒カ嶽の麓に有り。彼院を荼毘し奉りし時、烟狀下りて雲のことく谷中に靉靆し、故に宮を建氏神と崇む。烟の宮と云。

と記される一方、現在では崇徳院の遺体を野沢井から白峯山へ運ぶさいに棺を置き、そのとき棺を置いた石に血

が流れたことから「血の宮」と呼ばれる高家神社については、「崇徳院社」として、

彼の君白峯へ遷し奉る時、此所にて御鳳輦を止めまひらせし所也、御輿休〆の石有り。祀りて氏神とす。

と記され、まだ「血」に関する伝承は見られない。これは『保元物語』などに記される崇徳院の血経から連想して、もっと後になって作成された伝承であろう。

また、崇徳院が最後に滞在したとされる鼓岡の付近には内裏泉があって、「彼君爰に皇居し玉ふ中チ、供御を清ヨめし泉也」とし、この水を汲みと眼を患うといって汲まないという伝承があることを記している。しかし、菊塚・盌塚の記述はない。

さらに、崇徳院が讃岐に配流された際に、御所がまだ建造されていなかったため入ったとされる在庁官人綾高遠の松山の御堂とされるのが、長命寺すなわち雲井御所であるが、『綾北問尋鈔』が編纂された当時は洪水により流失して何も残っておらず、付近は田となっていた。それを天保六年（一八三五）に整備したのが第九代高松藩主松平頼恕であり、これにより「雲井御所」が確定されてそこには石碑が建てられることになった。

『綾北問尋鈔』の著者本條貴傳太は坂出市西庄町の大庄屋であった人物で、本書をまとめるにあたって古老に物語を尋ねてまわっているが、そのさい真贋とり混ぜたさまざまな伝承が入り込むことになったと思われる。そしてそれが書き残されるようになると、「伝承」が「定説」として確立し、さらなる伝承を産んでいったと推測される。

おわりに

以上、まずは讃岐での崇徳院の滞在先について検討してみた。その結果、松山の在庁官人高遠の堂→直島→松山の御所のように移動したとするのが最も妥当ではないかと考えた。これまでの研究では、近世の地誌類や現在

残る「伝承地」から崇徳院の滞在先や動向について検討されてきたが、のちに創作されたものを使って考察するのでは、脚色された史料を使って分析することになり、実像を探るのにはむしろ障害となる。そのため本稿では、崇徳院が流されたのに最も近い史料を比較検討することにより、実像を明らかにしようと考えた。

そして、その上で直島および坂出における崇徳院伝説の形成について考察した。直島の三宅家に伝えられてきた『故新伝』などの分析を通じて、直島での崇徳院伝承地は、三宅氏が高原氏改易という事態に直面したときに、自己の由緒を主張して大庄屋として認められるために創作されたのではないかと考えた。また、坂出では、『綾北問尋鈔』が作成されるさいに伝承が非常に詳しく記載されるようになったことを指摘したが、その背景には歴代高松藩主による崇徳院の崇敬があったのではないかと考えられる。

伝承は、その事件が発生したときから伝えられてきているものもあれば、のちに作られたものもある。後者の場合、それは何らかの強い要請があって作成されたものであり、多分に恣意的側面が強いことに注意しなければならない。しかし、後世に作られた伝承だからといって価値のないものとして捨象してはならない。そこにはそれを作成しなければならない強い欲求があるのであるから、われわれはその意図を汲み取っていく必要がある。そして、伝承が地域の人に守られて伝えられてきたことの重要性にも配慮していかなければならないのである。

（１）山田雄司『崇徳院怨霊の研究』（思文閣出版、二〇〇一年）。

（２）水原一「崇徳院説話の考察」（『平家物語の形成』加藤中道館、一九七一年、初出一九六九年）、泉基博「記録と伝承――崇徳上皇と讃岐――」（『武庫川女子大学言語文化研究所年報』二、一九九〇年）で諸本の違いを検討しており、大変参考にさせていただいた。

（３）栃木孝惟・日下力・益田宗・久保田淳校注『保元物語・平治物語・承久記』〈新日本古典文学大系〉（岩波書店、一九九二年)。

(4) 高遠については『全讃史』所引「綾氏系譜」に、日本武尊の子武殻王の後裔である高末が「綾在庁」と号して、そこを崇徳院の皇居とし、高遠を高末の子とするが、他の史料からそれを裏づけることができない。

(5) 次田香澄・岩波美代子校注『風雅和歌集』(三弥井書店、一九七四年)。

(6)『梁塵秘抄』および歌の解釈は上田設夫『梁塵秘抄全注釈』(新典社、二〇〇一年)による。

(7) 拙著においては、先行研究に引きずられるかたちで、この歌を後白河院に対する批判の歌ととらえていたが、崇徳院を批判しているととらえる方が、時代背景にもあっており、適当であろう。

(8) 西澤美仁・宇津木言行・久保田淳校訂『山家集・聞書集・残集』〈和歌文学大系〉(明治書院、二〇〇三年)。

(9) 香川県歴史博物館・香川県埋蔵文化財センター共同調査・研究班「松山津周辺の景観」(『歴史の中の港町』(香川県歴史博物館、二〇〇六年)。http://www.pref.kagawa.jp/kmuseum/tyousakenkyu/minatomachi/minatomachi.html

(10) 北川忠彦・竹川房子・犬井善壽編『鎌倉本保元物語』〈伝承文学資料集〉(三弥井書店、一九七四年)。

(11) 早川厚一他編『京都大学附属図書館蔵　保元物語』〈和泉古典文庫〉(和泉書院、一九八二年)。

(12) 永積安明・島田勇雄校注『保元物語・平治物語』〈日本古典文学大系〉(岩波書店、一九六一年)。

(13) 同右。

(14) 高山利弘編『校訂延慶本平家物語』(汲古書院、二〇〇一年)。

(15) 麻原美子・名波弘彰編『長門本平家物語の総合研究』(勉誠社、一九九八年)。

(16) 松尾葦江校注『源平盛衰記』(三弥井書店、一九九三年)。

(17) 早川厚一・弓削繁・山下宏明編『内閣文庫蔵　源平闘諍録』(和泉書院、一九八〇年)。

(18) 香川県編『香川叢書』第一(名著出版、一九七二年)。『群書解題』ではその成立などについてまとめられている。『白峯寺縁起』に関する研究は、本多典子「『白峯寺縁起』覚書き——讃岐と都・地方と中央——」(東京都立大学大学院人文科学研究科国文学専攻中世文学ゼミ編『伝承文学論〈ジャンルをこえて〉』東京都立大学大学院人文科学研究科国文学専攻中世文学ゼミ、一九九二年)などがある。

(19) 野沢井は現在でも弥蘇場の霊泉として信仰を集めている。

(20) 直島の地名の由来については、三宅勝太郎『直島の地名とその由来』(石田印刷有限会社、一九九〇年)に詳しい。
(21) 久保田淳・平田喜信校注『後拾遺和歌集』〈新日本古典文学大系〉(岩波書店、一九九四年)。
(22) 恋忘れ貝は二枚貝で、これを拾うと恋しい人を忘れられるとされ、『萬葉集』などにも恋忘れ貝を歌った歌がある。本州・四国・九州沿岸の浅海砂底にいることから、直島だけに見られる貝であるわけではない。
(23) 直島町史編纂委員会編『直島町史』(直島町役場、一九九〇年)一八九ページ。
(24) 同右、一七三〜一七四・二二三〜二五六ページ。
(25) 二本松康子「崇徳院——讃岐配流説話・直島の崇徳院伝承をめぐって——」(岩瀬博・福田晃・渡邊昭五編『在地伝承の世界【西日本】』〈講座日本の伝承文学〉三弥井書店、二〇〇〇年)では、三宅家文書中の『三宅氏系図』の分析から、「直島が高原氏の支配から倉敷代官所支配に移管した時期において、倉敷代官所の配下として実際に島政を管轄する大庄屋三宅氏の正統性を遡らせ、その権威を高めるのに大いに役立つものであったにちがいない」としている。

〔付記〕　古文書調査にさいし、東京大学史料編纂所・香川県立図書館・瀬戸内海歴史民俗資料館の各機関、ならびに三宅重久氏には大変お世話になりました。最後になりましたが、厚くお礼申しあげます。
なお、本稿は福武学術文化振興財団平成二十年度瀬戸内海文化研究・活動支援助成「崇徳院怨霊の地域的展開」ならびに平成二十三年度瀬戸内海文化研究活動支援助成「讃岐国における崇徳院伝説の展開」の成果の一部である。

第7章　怨霊と怨親平等との間

はじめに

亡くなった人をどのように供養するのかは、いつの時代でも大きな問題である。そしてそれは純粋に死者のための供養ではなく、残された生者のための供養でもあった。そのため、「死者の思いを遂げるため」にさまざまな行為がなされ、死者が生者を支配し動かしていることすらある。

これまで近代以降の戦死者供養については村上重良『慰霊と鎮魂』（岩波書店、一九七四年）をはじめとして、数多くの蓄積がなされてきた。そして、近年では国立歴史民俗博物館の共同研究として、忠魂碑や忠霊塔をはじめとする「戦没記念碑」の全国的調査が行われたり、國學院大學研究開発推進センターにおいて「慰霊と追悼研究会」が継続的に開催されたりするなど、はじめに結論ありきではないさまざまな側面からの実証的な研究が行われている(1)。

そうした中、前近代の「異常死」に対する研究は近代のそれとどう結びついていくのか注目されるところであるが、研究はそれほど多くない。前近代における戦死者供養については、黒田俊雄「民衆史における鎮魂」（『歴史学の再生』校倉書房、一九八三年）、久野修義「中世日本の寺院と戦争」（歴史学研究会編『戦争と平和の中世史』青木書店、二〇〇一年）、藤木久志『飢饉と戦争の戦国を行く』（朝日新聞社、二〇〇一年）などがその方向性を示しているが、限られた時期の一部の戦争についての言及のため、前近代全体の戦死者供養のあり方がどのように変遷し、それが近代のあり方とどうリンクするのか、とりわけ霊魂がいかに認識されていたのかという点の解明は行われていない。そうした中、池上良正『死者の救済史』（角川書店、二〇〇三年）や西村明『戦後日本と戦争死者慰霊』（有志舎、二〇〇六年）などは全体を見据えて思想的背景を探ろうとした好論である。

亡くなった人物の霊魂をどのように扱っていくのか。この点は日本人の霊魂観を考察していくにあたって非常に重要であり、日本の場合死者を神として祀りあげることに特色があると言える。そこで本論では、怨霊・顕彰・慰霊という死者が神となる場合の重要な三つの側面について考察していく。この三つを明確に分離することは難しいが、それぞれどのような変遷を経ていったのか見ていく。

一　怨霊思想の変遷

怨霊とは、人が配流先で亡くなったり処刑されたりするなどして非業の死を遂げたとき、現世で果たせなかった思いを晴らそうと、自分を追い落とした人物に祟って出るという個人的なレベルから、災害や疫病などを引き起こすという社会的レベルまで、人びとにとってマイナスの現象を死者の霊魂が引き起こすと認識されている現象のことを言う(2)。

こうした考え方がいつから存在するのか、明言することは極めて難しいが、我が国においては非常に古くから存在したのではないだろうか。『古事記』『日本書紀』では「怨霊」という語は見られないが、それと似た現象として「祟り」が存在する。タタリの原意は「神の示現」であって、それはよい場合もあれば悪い場合もあるとされるが、のちにはもっぱら悪い意味に限定されて用いられていく。

『古事記』垂仁天皇段には以下の話が記されている。天皇の子である本牟智和気は大きくなっても言葉を発することができず、それに落胆した天皇は病気になって寝込んでしまった。すると夢に神があらわれて、「我が宮を天皇の宮殿と同じように整えたならば、御子は話すことができるようになるであろう」と語った。夢から覚めた天皇は太占によりどこの神の心かと占ったところ、その崇りは出雲大神の御心によるものだった。このように、神の意思のあらわれとして祟りが存在していた。

また、『常陸国風土記』には祟りが二例見られるが、そのうち行方郡の項には以下のように記されている。古老の言うことには、継体天皇のとき、箭括麻多智という人物が西の谷の葦原を開いて田にしようとしたところ、蛇身で角のある夜刀の神が群れをなして妨害し、耕作をさせなかった。麻多智は反撃して打ち殺したり山に追い払い、山の登り口に杖を立て、ここから上を神の地、下を人の田とし、今後は私が祝となって永代敬い祭るので、どうか祟ってくれるな、恨むなと告げ、社を造って夜刀の神を祭った。この例でも、祟りとは神の要求を意味していると考えられている(3)。

このような神の祟りは、記紀・『風土記』・『萬葉集』以降は八世紀末になるまでは見られなくなり、宝亀年間に災異に対してそれが神の祟りにより発生したものだとする記事が頻出する。このころは神祇官の亀卜によって祟りの主体が判定されるが、こうした祟りも神意のあらわれのために起こったとみなされている。

以上のような国家による祟りの認識とは別に、民衆はさまざまな場面で祟りを感じていたのではないだろうか。それは自然と密接な暮らしをしていることにより、自然の恩恵によって生活を送ることができる反面、災害などにより生死を左右されており、かつさまざまなところに神の存在を感じていた原始・古代の人びとにとっては当然なことであろう。

そしてまた、死者の霊魂をも恐れ、異常死などの場合に祟りの存在を感じていたのではないだろうか。当時の埋葬のあり方からも、死者の霊魂を丁重に扱おうとしていた姿勢が読みとれる。『続日本紀』天平二年（七三

○）九月庚辰（二十九日）条には、安芸・周防で妄りに禍福を説いて多く人衆を集め、死魂を妖祠することがあったことが記されているが、これは、それだけ死者の霊魂が重要視され、畏怖されていたことのあらわれである。こうしたあり方を受けて、天平宝字元年（七五七）七月に、民間で亡魂に仮託して浮言する者は軽重を問わず同罪に処すという勅が出された。これは、死者の霊魂の祟りが広く認識されていたことのあらわれであり、そうした流言飛語は社会を混乱させることになるため、国家によって取り締まられたのである。

国家の中枢を震撼させた怨霊として史料的に確認できるのは、平城遷都が行われた奈良時代以降のことであり、その最初は長屋王（六八四?〜七二九）である。長屋王は密かに左道を学んで国家を傾けようとしていると密告され、それを受けて藤原宇合らの率いる軍勢が長屋王邸を包囲し、長屋王は妻子とともに自害した。このことに関して、『日本霊異記』[4]中巻「恃二己高徳一刑二賤形沙弥一以現得二悪死一縁第一」には以下のように記されている。

　天皇に讒ぢて奏さく、「長屋、社稷を傾けむことを謀り、国位を奪らむとす」とまうす。爰に天心に瞋怒りたまひ、軍兵を遣はして陳ふ。親王自ら念へらく、「罪无くして囚執ハル。此れ決定して死ぬるならむ。他の為に刑ち殺されむよりは、自ら死なむには如かじ」とおもへり。即ち、其の子孫に毒薬を服せしめ、絞り死し畢りて後に、親王、薬を服して自害したまふ。天皇、勅して、彼の屍骸を城の外に捨てて、焼き末き、河に散らし、海に擲てつ。唯し親王の骨は土左国に流しつ。時に其の国の百姓に死ぬるひと多し。云に百姓患へて官に解して言さく、「親王の気に依りて、国の内の百姓皆死に亡すべし」とまうす。天皇、聞して、皇都に近づけむが為に、紀伊国の海部郡の椒枡の奥の嶋に置きたまふ。

長屋王にかかわった人々の屍は平城京の外に捨てて焼き砕いて河に投げ散らし、海に捨て、長屋王自身の骨は土佐国に流した。そうしたところ土佐国では多くの人々が死んだ。そこで人々は、親王の気が原因で国内の人々が皆亡くなってしまったに違いないと訴えた。そのため天皇は少しでも都に近づけるために、紀伊国海部郡椒枡の奥の島（有田市初島町）に骨を置いたという。

『日本霊異記』の長屋王怨霊譚は、『日本霊異記』が編纂された九世紀初頭の早良親王怨霊譚をもとにつくられた部分もあると考えられるが、長屋王の怨霊自体は、同時代の人びとから恐れられていたものと思われる。長屋王が亡くなった後、天平七年（七三五）から九年にかけて天然痘が流行し、藤原武智麻呂・房前・宇合・麻呂の四兄弟が相次いで亡くなった。こうした状況を受けて聖武天皇は自らの不徳を認め、諸社への奉幣、護国経転読などを行ったが功を奏さず、安宿王・黄文王・円方女王ら長屋王の子女の位階昇叙が行われた。また、光明皇后は燃燈供養を行って長屋王の菩提を弔ったり、「五月一日経」書写を発願したが、これらは長屋王に対する罪障の滅罪を意図していたと考えられる(5)。

なぜ奈良時代になって史書に怨霊と呼ばれるような現象について明確に記述されるようになったのかといえば、そこにはいくつかの背景が考えられるが、最も大きいのは恒常的な都の成立であろう。都が成立することによって、みかけ上閉鎖的な空間に貴族たちが集住することになる。皇族・貴族たちは政争を繰り返し、自らの出世・昇進のために敵を追い落とす。そして都から追放されて非業の死を遂げた人物は、死後再び都に戻って政敵を倒そうとするものと考えられていた。そのため、自身および周辺の人物が相次いで変調を来し、さらには天変地異が頻発するようになると、その原因を怨霊に求めるようになっていく。とりわけ、怨霊は疫病と関係あるものとされた。それは、疫病が地方から次第に都へと伝わって短期間に多くの人びとを死に追いやるものであり、そこに地方へ配流されて非業の死を遂げたことにより、怨みを抱いて都をめざしてのぼってくる怨霊が重ね合わされたからである。

奈良時代にはその後、藤原広嗣・橘奈良麻呂・淳仁天皇・井上内親王・他戸親王・早良親王などの怨霊が相次いで登場した。こうした怨霊に対しては、名誉回復、墓の整備、諸社への奉幣、読経、大赦といったさまざまな政策が施され、慰霊を行うことによって怨霊の鎮魂がはかられた。このような慰霊を主導したのは仏教であった。律令国家では、神祇官人や神職が人霊・死霊祭祀に公式に携わることはなく、それにかかわっていったのは僧侶・陰陽師・修験者らであった。その理由は、仏教などには怨霊を鎮めるための修法・経典があったからである。

一般に、怨霊は神として祀りあげられることによって鎮魂がはかられるとされているが(6)、果たして奈良時代の怨霊について、この考え方が適用できるであろうか。私はこれに否定的である。藤原広嗣を祀る鏡神社や井上内親王・早良親王・他戸親王を祀る御霊神社など、のちの時代に神社となった例はあるが、同時代的に神社を建立して怨霊を慰撫した例は見あたらない点に注意すべきであろう。

井上内親王らを祀る史料は、『日本後紀』(7)延暦二十四年（八〇五）二月丙午（六日）条に、

令㆘僧一百五十人、於㆓宮中及春宮坊等㆒、読㆗大般若経㆖、造㆓一小倉於霊安寺㆒、納㆓稲卅束㆒、又別収㆓調綿百五十斤、庸綿百五十斤㆒、慰㆓神霊之怨魂㆒也、

とあり、神霊の怨魂を慰めるために、一小倉を霊安寺に造るとあり、そこに稲などが納められたのであった。霊魂の管理は霊安寺でなされていたことがわかる。また、貞観五年（八六三）五月二十日に神泉苑で行われた御霊会でも、霊座六座が設けられているが、そこで儀式を行ったのは律師慧達であった。

最澄の高弟光定による『伝述一心戒文』には「以㆑怨報㆑怨怨不㆑止、以㆑徳報㆑怨怨即尽」の記述があり、そして「同法宏勝霊」「同法命延霊」に対して、怨を断って徳をもって怨に報いるよう命じている。死霊が怨恨を捨てるのならば七難が消滅し、成仏できるとしているのである(8)。怨霊の鎮魂には仏教があたり、怨の連鎖を断ち切って成仏するように怨霊に説いたのであった。

こうした中、怨霊の鎮魂にあたって大きな転換となったのは菅原道真の場合である。道真の場合は北野天満宮という神社が建立され、天満大自在天神という神号が与えられた。これは崇徳院や藤原頼長の場合も同様で、彼

らを祀る神祠が建立され、神として祀りあげられたのであった。以後、こうしたあり方が一般化していく。

院政期は怨霊の全盛期で、崇徳院・安徳天皇・後鳥羽院・順徳院ら、配流されたり非業の死を遂げた天皇・上皇らが相次いで怨霊となったとみなされた。慈円の『愚管抄』など、怨霊を重視して歴史を分析していく史書も生まれた。こうした背景には、この時代が呪術の時代とも呼べる時代であったことがある。

怨霊となったのは天皇だけでなく、各層に広がっていた。『沙石集』巻七「嫉妬ノ人ノ霊ノ事」では、ある公卿の妻が、妊娠中の夫の愛人を一間に押し込め、腹に焼きごてを押しつけて殺し、これを知った愛人の母も狂い死にしたことに対し、「其霊ニテ幾程ナクテ彼北方病付テ、身フクレ腫、苦痛シテウセ給ヌ。代々其霊タヱヌトゾ承ル」「サレバ人ヲ損ズルハ、我ヲ損ルトワ不知シテ、自他ノ分別堅、愛恚ノ念慮深キ習ハ、返々愚マヨヘル心ナルベシ」と記され、悪事は怨霊による報いを受けると認識されていたことがわかる。民衆でも怨霊への畏怖が強かった。そして、怨霊は単に恐れられただけでなく、社会を「あるべき姿」に戻す役割を果たしたとも言えよう。

南北朝・室町時代においては、後醍醐天皇の怨霊が代表的である。後醍醐天皇怨霊鎮魂のために、足利尊氏・直義の発願によって天龍寺が創建され、境内に後醍醐天皇の霊魂を祀る多宝院が建立された。そして、天龍寺を守護するための八幡神を祀る霊庇廟が建立されたときに、後醍醐天皇の霊魂が夢窓疎石の夢にあらわれ、建立してくれたことに感謝したとされている(9)。また、足利直義と南朝との和議交渉を記録した『吉野御事書案』(10)には以下のように記されている。

大かた我君は人皇正統として神器をうけ侍べること誰か疑申べき、況元弘建武の天下は誰人の天下ぞや、事あらたまりて十六年、先皇御事有て今年十三廻にあたらせ給へり、かつうは正理を存じ、かつうは怨霊をやすめ申されて、其上に諸国をしづめらるゝはかりごとあらば、本朝中興の時いたり、理世安民の道にかへり

美名を後代にのこし、当時の抽賞に預かられむ事、尤庶幾あるべき者也、いかでか遠慮を存ぜられざるべきや、

北畠親房は後村上天皇こそ正統な天皇であると主張し、ちょうど後醍醐天皇の十三回忌にあたることから、その怨霊を鎮魂することによって再び「元弘・建武の天下」を取り戻すことができるとしている。このように、怨霊の鎮魂は王権との関係で最重要の課題だったことがわかる。

『太平記』や『太平記絵巻』には後醍醐天皇の怨霊をはじめ、その他さまざまな怨霊が登場する。そこでは、怨霊が集合して対応を協議していたり、そうした姿が描かれたりするようになり、一方では恐れられているものの、他方ではそれを楽しんでいるような節も見られる。

また、能の世界では、世阿弥は「怨霊」という語のかわりに「幽霊」を用い、怖ろしくない「幽霊」を創作した。そして、他の方面においても次第に「怨霊」という語よりも「幽霊」が用いられることが一般的となり、それとともに怖い幽霊が誕生した。しかし、幽霊に対しては国家による対応はなされず、庶民の間で怖ろしいものとして江戸時代以降認識されていく。お岩さんなどがその代表例であるが、江戸時代にはさまざまな怪談話や幽霊画などが作られ、幽霊は現在にいたるまで恐れられている日本文化の代表例の一つと言えよう。

二　霊魂の顕彰

次に、優れた人物を神として祀る場合、すなわち顕彰により神とされる例を見ていく。顕彰により神とされることは近世以降顕著になるが、古代においても見られないわけではない。それが道君首名の場合である。(11)『続日本紀』養老二年（七一八）四月乙亥（十一日）条には道君首名の卒伝が記されており、それによれば、彼は大宝律令撰定功労者の一人で筑後守・肥後守であったが、在任中に堤・池などを作って灌漑を広め、作物の収穫量を

増やし、良吏として評価が高い人物だった。そのため、「及レ卒百姓祠レ之」のように、亡くなった後、民衆により優れた人物として神に祭りあげられている。

その他、仏教諸宗派や一家一族の祖霊・傑出した人物などを祀っている例は多数あり、そうしたものは廟と称される。これは中国の影響を受けて日本でも造られていったものであるが、応神天皇を祀る香椎廟をはじめとして、叡福寺の聖徳太子廟、多武峰の鎌足廟、高野山における空海をはじめとした諸大名などの廟、親鸞を祀る大谷廟など数多く存在する。また、寺院において開山・宗祖などの御影を祀る御影堂も、僧侶らが「神格化」された事例と言えよう。

天皇が埋葬された御陵の神聖化も進んでいく。天皇陵は葬られたのちには祭祀が行われず、被葬者が誰なのかわからなくなる場合もしばしばであったが、九世紀半ばには十陵四墓の制度が作られ、毎年十二月には荷前使が派遣されて陵霊が祀られたり、国家の大事があったさいには報告がなされた。

また、廟・御影堂・陵墓はときに鳴動し、何か大きな変異の予兆とされた。こうした場所には神霊が宿り、国家や地域、その人物の子孫らに何かが起きるときには、鳴動することにより事前に知らせると思われていたのである。

このような優れた人物を祀って顕彰するあり方は、天皇や高僧・貴族のみに限定されるのではなく、一般民衆にも広がっていたと想像される。鎌倉時代後期から南北朝時代にかけての浄土真宗の僧である存覚の『諸神本懐集』[12]には以下のように記されている。

第二ニ、実社ノ邪神ヲアカシテ、承事ノオモヒヲヤムベキムネヲス、ムトイフハ、生霊・死霊等ノ神ナリ。コレハ如来ノ垂迹ニモアラズ。モシハ人類ニテモアレ、モシハ畜類ニテモアレ、タ、リヲナシ、ナヤマスコトアレバ、コレヲナダメンガタメニ神トアガメタルタグヒアリ。

（中略）

タトヒヒトニタ、リヲナスコトナケレドモ、ワガオヤ、オホヂ等ノ先祖オバミナカミトイハヒテ、ソノハカヲヤシロトサダムルコト、マタコレアリ。コレラノタグヒハ、ミナ実社ノ神ナリ。モトヨリマヨヒノ凡夫ナレバ、内心ニ貪欲フカキユヘニ、少分ノモノオモタムケネバタ、リヲナス。コレヲ信ズレバ、トモニ生死ニメグリ、コレニ帰スレバ、未来永劫マデ悪道ニシヅム。コレニツカヘテ、ナニノ用カアラン。

存覚は神を権社の神と実社の神とに分け、権社の神とは一般の神社に見られるような本地垂迹の関係を有する神であるのに対し、実社の神とは、垂迹神でない生霊・死霊の類で、人であっても畜類であっても祟りをなす神で、これをなだめるために神として崇めている存在であるとしている。そしてその上、たとえ人に祟りをなすことはなくても、自分の先祖を神としてその墓を社としたりしているのも実社の神であって、こうしたものに帰すれば未来永劫悪道に沈むため、崇めてはならないとしている。この記述からは、民衆が生霊・死霊などを神として祀り崇めていたり、先祖を神として祠に祀っていることがわかり重要である。

民俗事例においても、開発した先祖あるいは遠祖が屋敷神となったり、家代々の死者が屋敷神となったりしている事例が報告されている(13)。そこでは、三十三年の弔いあげがすむと神になるとか、五十回忌・百回忌を過ぎると神として祀るとされたりしている。

また、江戸時代の神道学者橘三喜は、

生れ来ぬ先も生れて住る世も死にても神のふところのうち

という歌で、生まれ来る前の世界も、生まれてきて住んでいる世界も、さらには死後の世界も、すべて神の住まわれているところの中なのだとしており、豊受大神宮の神官中西直方が詠んだ歌、

日の本に生まれ出にし益人は神より出て神に入るなり

では、人間の霊魂は神から授かったものであり、亡くなったら霊魂は再び神のもとに返っていくとしている(14)。中西は、死後は魂が高天の原の神の下に安鎮することにより、この世もあの世も安楽であると説いた。こうしたことからもわかるように、人霊は神に支配されており、死後神となることは全く不思議がなかった。

さらには、本居宣長は『古事記伝』三十之巻（『本居宣長全集』）で以下のように述べている。

> 神に御霊ある如く、凡人といへども、ほど〳〵に霊ありて、其は死ぬれば夜見国に去るといへども、なほ此ノ世にも留まりて、福をも、禍をもなすこと、神に同じ。但其人シの位の尊卑き、心の智愚かなる、強弱きなどに随ひて、此ノ世に魂ののこることもけぢめありて、始メよりひたふるに無きが如くなる者もあり、又数百千年を経ても、いちじろく盛にて、まことに神なる者もあるなり。

人の霊魂の中には、黄泉の国へ行くものもあれば、この世にとどまって幸いをもたらす場合や不幸をもたらす場合もあり、それは神と同様である。そして、その人の地位や心のあり方、強い弱いなどによって、この世への魂の残り方も変わってくるのであり、長い時間がたってもかわらずに盛んであって神となるものもあると述べている。

平田篤胤の「御国の御民」思想でも、天皇を神の子孫としてアキツカミと位置づける一方で、一般の人びともまた神の子孫に他ならないとし、「世に有ゆる事物は此天地の大なる、及び我々が身体までも尽く天神地祇の御霊の資りて成れる物にて、各々某々に神等の持分け坐して」（『玉襷』第三巻）や「賤の男我々に至るまでも神の御末に相違なし」（『古道大意』）などにその思想が見られる。この思想に影響を受けて、神葬祭によって死者の御霊が祖霊としてさらには神として祀られるようになっていった。

このように、江戸時代の思想家の言説からしてみても、人は神のもとから生まれ、亡くなればまた神のもとへ帰って行くと考えられていて、人が神となることは特殊なことでなく、ごく普通のことだったということがわかる。

戦国時代までは、国家が人を神として祀ることは、怨霊の場合を除いてなかった。それが、豊臣秀吉を神として祀ることによって転機がもたらされた。傑出した人物を国家が意図的に神として祀り、政治的に利用していったのである。秀吉は自ら神として祀られることを希望し、京都東山に自らが建立した大仏の守護神として新八幡と称されることを望んだという(15)。そして、秀吉の遺体が阿弥陀ケ峰に埋葬され、その麓に廟所が築かれ秀吉が祀られた。慶長四年（一五九九）四月十七日には「豊国大明神」の神号が与えられた。この神号授与には吉田神道の影響が強かった。

これに引き続き、徳川家康も神となった。元和二年（一六一六）四月十七日家康が亡くなると遺体はその夜のうちに久能山へ遷された。家康は遺言で、

御終候ハヽ、御躰をハ久能へ納、御葬礼をハ増上寺ニて申付、御位牌をハ三川之大樹寺ニ立、一周忌も過候て以後、日光山ニ小キ堂をたて勧請し候へ、八州之鎮守に可被為成との御意候、

と言ったとされており、これにもとづき実行された(16)。家康の神号については天海と崇伝が論争の結果、「大権現」号が選ばれ、元和三年二月二十一日家康に「東照大権現」の神号が与えられた。そして四月に霊柩が日光に遷され、日光東照社の正遷宮が行われた(17)。

このように人が神となることを国家が公式に認めるということは、神の相対的地位が低下し、神と人との差が少なくなったことを意味していよう。そのため、人間が容易に神の領域に入り込むことができるようになったのである。中世から近世への転換期にかけて、神に対する絶対的な信仰心は減少し、それとともに怪異の有効性も薄らいでいった(18)。

この流れを受けて、近世では顕彰により神となる事例が増大していった。それが「義人神社」と呼ばれる神社

である[19]。神とされた人は老中、代官・藩主・藩士・庄屋・名主・百姓・商町人など幅広い階層にわたり、中でも代官・庄屋が圧倒的に多いという。義人神社には、ある特定の限られた地域において郷土に功績のあった人が祀られるが、その功績とは、土地の開拓、水利事業、年貢減免闘争、殖産などが大部分であり、義人の恩恵を受けた土地の人びとから敬慕され祀られた。

司馬江漢の『春波楼筆記』[20]には以下のように述べられている。

百姓と云ふ者は、誠に愚直なる者にて、其国の領主をば、人間には非ず、神なりと思ひ居る事にて、一度拝すれば一生涯あんおんにしてわざはひなし、故にや老婆老夫皆出で丶、数珠を以て拝む事なり。

近世の民衆は自らの領主を神のように崇め、手を合わせて拝んでいたという。こうしたあり方は、流行神の爆発的増加にもあらわれている。流行神は近世以前にも見られたが、数の増大、機能分化といった面で圧倒的にそれ以前のものを凌駕している。疱瘡神、眼病の神、歯病の神など、人びとの個別の願いが込められて神として祀りあげられたり、また自らが神となって人びとを守護することを誓い、亡くなったのちに祀られる場合もあった[21]。

このように、近世社会では、国家とは切り離された形で民衆による民衆のための神が多数作りあげられ、幅広い篤い帰依を受けたが、そうしたものは近代国家からは淫祠邪教として弾圧され、姿を消していった。

近代以降の顕彰により人を神として祀る例は、招魂社というかたちで国家主導で全国に展開していく。維新の殉難者、そして近代国家建設のために亡くなった人びとを顕彰する中で、民衆の多元的な価値観念を天皇の下に一元化していった。そしてさらに、招魂社が護国神社とされる中で、対外戦争における戦死者を国家の手で祀ることにより、死者に寄せる民衆の思いを国家が取り込んでいったのである[22]。

こうした招魂社建立の背景には、国家のために亡くなった人びとの顕彰という意味合いが中心だったが、非業の死を遂げたことにより怨霊となることを恐れたための「慰霊」という側面もあったことに注意しておきたい。

慶応三年（一八六七）十一月の尾張藩主徳川慶勝による「殉難者合祀」建白には、国事のために身を滅ぼしていまだ何も対応がなされていない者が少なからずあり、これらの幽魂が落ち着くところがなく、それにより天地の和気が破られているため、日本国内では静謐が保たれなくなっている。ゆえに、精霊を慰めて合祀し、楠社境内に摂社を建立すべきだと主張している。

当時は、崇徳天皇神霊を京都に還遷して神社を造り、怨霊を慰めることによってはじめて武家政治に終止符を打つことができるのだということが国学者らによって議論された。実際に白峯宮が建立されたのをはじめとして、後鳥羽・順徳・土御門・淳仁天皇など配流地で非業の死を遂げたとみなされた天皇の神霊を京都周辺に還遷して神社を建立し、慰霊を行うなど、霊魂の扱い方に関して非常に配慮されていた時期であった[23]。

三　慰霊の系譜

次に、慰霊の思想的根拠となる怨親平等思想の系譜について見ていきたい。中村元著『仏教語大辞典』（東京書籍、一九八一年）の「怨親平等」の項には、「敵も味方もともに平等であるという立場から、敵味方の幽魂を弔うこと。仏教は大慈悲を本とするから、我を害する怨敵も憎むべきでなく、我を愛する親しい者にも執着してはならず、平等にこれらを愛隣する心をもつべきことをいう。日本では戦闘による敵味方一切の人畜の犠牲者を供養する碑を建てるなど、敵味方一視同仁の意味で使用される」と解説されている。

「怨親平等」という語は、五世紀に漢訳された『過去現在因果経』巻第一にすでに登場している[24]。

於二諸衆生一、怨親平等、以二布施一摂二貧窮一、持戒摂二毀禁一、忍辱摂二瞋恚一、精進摂二懈怠一、禅定摂二乱意一、智慧摂二愚癡一

ここでは、すべての衆生に対して、信じているか信じていないかにかかわらず平等に施すことを述べている。

また、日本において「怨親平等」という語がどのように使われたのか見てみると、唐・貞元二十一年（延暦二十四年＝八〇五）の最澄の「伝教大師将来台州録」[25]に、

然後普及㆓十方一切含識㆒、倶乗㆓一宝車㆒同遊㆓八正路㆒、怨親平等、自他倶也、

とあるほか、承和二年（八三五）三月十五日の空海の『御遺告』[26]東寺座主大阿闍梨耶可㆑護㆓持如意宝珠㆒縁起第二十四に、

親弟子等之内彼心性不㆑調者更不㆑可㆑令㆓授知㆒、代々座主阿闍梨耶、若自門弟子、若同門之内相弟子、幷諸門徒衆等之中、能者看定、以㆓怨親平等観㆒可㆑令㆓預護㆒、

と書かれている。これらからは、怨親平等とは、敵味方関係なく愛せよといった意味ではなく、仏法を信じているか信じていないのかにかかわらず、すなわちすべての者に平等であるべきだと述べていることがわかる。

一方、「怨親平等」という語は用いられないものの、敵味方関係なく供養するというあり方は、すでに奈良時代から見られる。天平宝字八年（七六四）の藤原仲麻呂の乱後、称徳天皇は戦闘で亡くなった人びとの冥福を祈るために百万塔陀羅尼を建立して南都十大寺に寄進したが、これは亡くなった人をおしなべて等しく供養し、冥福を祈るためであった。

天慶十年（九四七）三月二十八日、朱雀上皇は延暦寺講堂で承平・天慶の乱での戦没者のための千僧供養を行い、そのさいに藤原師輔が奉じた願文には、「雖㆑在㆓官軍㆒、雖㆑在㆓逆党㆒、既云㆓率土㆒、誰非㆓王民㆒、欲㆘混㆓勝利於怨親㆒、以頒㆗抜済於平等㆖」[27]とあり、亡くなれば官軍・逆党すなわち親・怨の区別もなく、平等に苦しみからの救済がもたらされることを祈願している。

このような為政者による敵味方かかわりなく供養するあり方は、特に院政期以降顕著になっていく。建久八年（一一九七）十月四日「源親長敬白文」[28]では、保元の乱以来諸国で亡くなった人びとを供養しようと、頼朝が全

国に八万四千基の宝塔造立を計画し、但馬国分として三百基造立することが述べられているが、その中で注目されるのは以下の部分である。

須下混二勝利於怨親一、頒中抜済於平等上焉、伝聞、以レ怨報レ怨者、怨世々無レ断、以レ徳報レ怨者、転レ怨為レ親、因レ茲尋二阿育之旧跡一、造二立八万四千之宝塔一、仰二豊財薗之利益一、書二写宝篋印陀羅尼一、即於二諸国霊験之地一、敬遂二供養演説之誠一、

この中では、勝利を敵・味方双方の戦死者に平等に分かつよう命じている。なぜならば、怨によって怨に報いたならば、怨の連鎖は永遠に断つことができず、徳によって怨に報いたならば、怨を転じて親にすることができるからという。よって阿育王にならって宝篋印陀羅尼経を書写して八万四千塔を作り、諸国の霊験の地で供養演説を遂げるよう述べている。

阿育王伝説は、インドにおいて多くの人を殺した阿育王が、罪を懺悔するために八万四千塔の塔を作り、その中に仏舎利を納めて供養したとされるもので、中国を経て日本に伝わり、八世紀後半から九世紀にかけて定着し、十世紀以降は怨霊調伏・罪障消滅を阿育王塔に祈願する信仰が強くなり、中世を通じてそうした機能が中核であったとされる(29)。しかし、右にあげた史料からもわかるとおり、怨霊調伏のために八万四千塔を造立しようとしているのでなく、死者の追善・追福のためであり、「怨親平等」思想にもとづくものと理解した方がよいだろう。

こうした「怨親平等」思想にもとづく戦死者供養の増加は、院政期以降増大した大規模な戦闘や禅宗の影響が考えられよう。怨霊の鎮魂と「怨親平等」思想にもとづく供養とは本来は別のものであったが、平安初期以降密接にからみあい、国家による鎮魂においては、怨霊に対して「怨」を「親」に転換することにより鎮魂する手法にとってかわるようになった。

その後「怨親平等」思想にもとづく供養は、蒙古襲来にともなう敵味方供養のために建立された円覚寺や仙台

市の「蒙古の碑」、上杉禅秀の乱での双方の死者を弔うために建立された清浄光寺境内の「敵御方供養塔」、元弘以来の戦争で亡くなった敵味方一切の人びとの遺霊を弔った夢窓疎石による安国寺・利生塔、文禄・慶長の役で亡くなった人々を敵味方かかわりなく供養した島津義弘による高野山奥の院の「高麗陣敵味方供養碑」など多数見られる。(30)

そしてこの思想は施餓鬼とも関連してくる。明徳の乱の二年後の明徳三年（一三九二）、足利義満により山名氏清をはじめ合戦で亡くなった人びとの亡魂を慰めるための供養が行われた。『明徳記』には「陸奥前司氏清幽儀幷に諸卒戦死の亡霊六道の有情三界の万霊悉皆得道」と記されており、施餓鬼供養をすることにより、政争による特定の非業の死者への個別的対処から、不特定多数の死者の供養へと拡大していることがわかる。この行事は北野社頭で行われる北野万部経会として室町時代京都最大の行事となった。

『看聞日記』応永二十八年（一四二一）六月十五日条でも、

今夕大光明寺有㆓大施餓鬼㆒、是人民死亡為㆓追善㆒、五山以下寺々有㆓施餓鬼㆒云々、仍俄執行、地下上下勧進云々、

と記されており、庶民が亡くなったことに対して伏見宮家菩提寺である大光明寺で施餓鬼が行われ、また庶民が勧進して五山以下の寺々でも施餓鬼が行われている。

天正六年（一五七八）に大友宗麟軍と島津義久軍が日向高城川原で激突した耳川の戦いでは、大友軍が敗走し、増水した耳川で多数の死亡者を出した。戦後、義久は高城主の山田新介有信に命じ、戦死者のために施餓鬼を行うとともに供養塔を建立した。これが宗麟原供養塔として知られるものである。『上井覚兼日記』天正十二年（一五八四）十一月二十一日条には、「当年豊後衆滅亡候て七廻ニ罷成候、然間六地蔵戦場ニ可被立覚悟ニ而、石塚へ（をカ）用意させられ候」とあり、「天正十三年戦没者供養碑」には以下のように記されている。(31)

（前）
于時天正十三年　　大施主
（梵字）謹奉訓誦大乗妙典一千部、為戦亡各霊、
二月彼岸日　　源有信山田新介
（左）
迷故三界城　悟故十方空、
（後）
諸行無常、是生滅法、生滅々已、寂滅為楽、
（右）
本来無東西、何処有南北

怨親平等の思想は、施餓鬼と結びついて、餓鬼道にあって苦しむ一切の衆生に対してというかたちで供養が行われた。そしてこれは、近世になっても大火による死者供養のさいなどに行われた。

さらに、怨親平等の思想は、近代戦争を経験することによって武士道と結びついたかたちで再び注目されることになっていく。日露戦争のさい、乃木希典は旅順要塞攻撃で亡くなったロシア軍慰霊のために、明治四十一年（一九〇八）六月十日日露両国の代表者が参列して行われた「旅順陣歿露軍将卒之碑」の除幕式に参加したり、旅順要塞攻撃のさいに殉じた日本陸海軍将校下士卒の遺骨残灰の一部を合葬して英霊を慰めるために同年三月三十一日に竣工された旅順白玉山納骨祠や、日本軍戦歿者の英霊を慰めその威烈を千載に伝えるために明治四十二年十一月二十八日に竣工式が行われた旅順表忠塔に深くかかわっている。(32)「旅順陣歿露軍将卒之碑」建立の意図は、戦時中は「仇敵」だったが戦後は「友邦者」となったのであり、自国に忠義を尽くし戦没した「英霊」が存するのであるから、もちろん敵国にも戦没した「英霊」がおり、その遺屍が「無頼土民の徒」に冒瀆されないように改葬して弔い、その義烈を千載に伝えようとしたものであったとされている。(33)

こうした慰霊のあり方は、南京攻略戦のさい司令官であった松井石根に受け継がれていく。松井は同じ大将として乃木希典を非常に尊敬していた。松井は帰国後ただちに山口の赤間神宮および乃木神社に参拝し、その後は

傷病兵の慰問や全国の護国神社の参拝などを行い、退役軍人として英霊の冥福を祈り、遺族から依頼された墓碑銘の揮毫などを行った。そして熱海に興亜観音と名づけた観音像を建立し、日本・中国両国戦死者の菩提を弔った。この観音像は常滑の陶工柴山清風に依頼し、中国での戦場の土と日本の土とを混ぜて製作され、伸ばした五本の指は五族協和、合せた一つの掌は東西、西洋の一致をあらわし、南京の方角を向いて建立された。その台座に記される「建立縁起」には、

茲に此等の霊を弔ふ為に、彼我の戦血に染みたる江南地方各戦場の土を獲り、施無畏者慈眼視衆生の観音菩薩の像を建立し、此の功徳を以って永く怨親平等に回向し、諸人と倶に彼の観音力を念じ、東亜の大光明を仰がん事を祈る。

とあり、怨親平等思想にもとづく観音像の建立であったことがわかる。この思想に感銘を受けて、三重県尾鷲市金剛寺、富山県入善町養照寺、奈良県桜井市蓮台寺などでも興亜観音が建立された(34)。

このように、怨親平等思想は近代に「再評価」され、戦争で亡くなった両軍の死霊供養のさいの思想的根拠となっていき、現在にいたるまで怨親平等思想は日本人の思想の基層を占めていると言えよう。

おわりに

以上、死者を供養して神として祀る場合について考察したが、それは大きく「怨霊」「顕彰」「慰霊」の三つに分けることができる。この三つはときに重なり合いながら変化を遂げてきた。

国家にとって、「怨霊」が重要な位置を占めていたのは中世までであり、近世以降は民衆の中で恐れられるにとどまった。そして、怨霊が神とされるようになるのは、十世紀後半の菅原道真以降のことである。「顕彰」は古代でも見られるが、国家によって神として祀られるようになるのは、戦国時代に秀吉が神となって以降のこと

であり、近世社会において急激に増え、民衆の間ではさまざまな人物が神として祀りあげられていった。これは、幕末の国学者、さらには神道を選択した明治国家にも引き継がれ、以降「英霊」の顕彰が盛んとなった。また「慰霊」は怨親平等思想の拡大とともに鎌倉時代より盛んとなり、室町時代には施餓鬼と結びついて、戦乱で亡くなった大量の人の供養が行われた。近世では大きな戦いがなかったため、この思想は表だっては見られなかったが、近代戦争を体験する中で武士道と結びつき、再びこの思想が広まることとなった。

この分野における前近代の研究は、近代以降の研究と比べて遅れているといってよい。古代以来の戦闘においてどのように戦死者の供養が行われてきたのか、丹念に研究される必要があろう。そのことによって近現代戦死者の慰霊・追悼・顕彰についての研究をより進展させることができるようになるのではないだろうか。

（1）國學院大學研究開発推進センター編『慰霊と顕彰の間』（錦正社、二〇〇八年）は、そうした視点からの新たな試みである。
（2）日本における怨霊の変遷については、山田雄司『跋扈する怨霊』（吉川弘文館、二〇〇七年）で言及した。
（3）古代における祟りの諸相については、大江篤『日本古代の神と霊』（臨川書店、二〇〇七年）などに詳しい。
（4）中田祝夫校注『日本霊異記』〈日本古典文学全集〉（小学館、一九七五年）。
（5）寺崎保広『長屋王』（吉川弘文館、一九九九年）。
（6）柳田國男「人を神に祀る風習」（『柳田國男全集』一三、ちくま文庫、一九九〇年）をはじめ、民俗学では人から神への時代的変遷をあまり考慮していない。
（7）黒板伸夫・森田悌編『日本後紀』（集英社、二〇〇三年）。
（8）八重樫直比古「空と勝義の孝——古代仏教における怨霊救済の論理——」（石田一良編『日本精神史』ぺりかん社、一九八八年）。
（9）嵯峨井建『神仏習合の歴史と儀礼空間』（思文閣出版、二〇一三年、初出二〇〇五年）。

(10)『群書類従』合戦部所収。
(11)上田正昭『古代伝承史の研究』(塙書房、一九九一年)。
(12)大隅和雄校注『中世神道論』(岩波書店、一九七七年)。
(13)直江広治『屋敷神の研究』(吉川弘文館、一九六六年)。
(14)渡辺勝義「日本精神文化の根底にあるもの(三)――「霊魂の行方」について――」(『長崎ウエスレヤン大学現代社会学部紀要』二―一、二〇〇四年)。
(15)フランシスコ・パシオ師「太閤秀吉の臨終」(『フロイス日本史二』)。
(16)『本光国師日記』元和二年四月四日条。
(17)平成二〇年度秋期特別展『天下人を祀る――神になった信長・秀吉・家康――』(滋賀県立安土城考古博物館、二〇〇八年)に秀吉・家康神格化の過程が的確にまとめられている。
(18)山田雄司「室町時代伊勢神宮の怪異」(『神道史研究』五四―一、二〇〇六年→本書第16章)。
(19)神社新報社編『郷土を救った人びと』(神社新報社、一九八一年)。
(20)『日本随筆大成』第一期第二巻(吉川弘文館、一九七五年)。
(21)宮田登『近世の流行神』(評論社、一九七二年)。
(22)大濱徹也「神社をめぐる国家と民衆」(池田英俊・大濱徹也・圭室文雄編『日本人の宗教の歩み』桜楓社、一九八一年)。
(23)山田雄司「崇徳天皇神霊の還遷」(大濱徹也編『近代日本の歴史的位相』刀水書房、一九九九年)。
(24)『大正新脩大蔵経』第三巻所収。
(25)『大正新脩大蔵経』第五五巻所収。
(26)『大正新脩大蔵経』第七七巻所収。
(27)『本朝文粋』巻第十三願文上。
(28)但馬進美寺文書(『鎌倉遺文』九三七)。
(29)追塩千尋『日本中世の説話と仏教』(和泉書院、一九九九年)。

（30）立花基「戦国期島津氏の彼我戦没者供養——その政治的機能——」（『日本歴史』七六二、二〇一一年）
（31）『大日本史料』第十一編之十二、天正十三年二月是月条。
（32）大濱徹也『乃木希典』（河出書房新社、一九八八年）によれば、乃木は自戒の思いを込めて武士道の本質を広く伝えるのに尽力し、常に戦死者や傷病兵を意識していたという。
（33）藤田大誠「近代日本における「怨親平等」観の系譜」（『明治聖徳記念学会紀要』復刊第四四号、二〇〇七年）。
（34）山田雄司「松井石根と興亜観音」（『三重大史学』九、二〇〇九年）。

第二部

怪異

第8章　鎌倉時代の怪異

はじめに

自然の小さな変化の背後に何か大きな変異・災異の発生を読みとろうとする考え方は、自然と密着し、自然に生活を大きく左右された原始・古代の人びとの中に当然存在しただろう。それが古代律令国家においては、中国からの思想の流入もあり、怪異を国家が吸収して対処するというシステムが確立されていった。怪異を管理し、支配下に置くことは王権の重要な役割の一つであり、国家とかかわる場所においての怪異発生は、天皇や国家に災害をもたらす予兆ととらえられた。そのため、伊勢神宮・石清水八幡宮をはじめとした王権と密接な関係を有する神社や東大寺などの国家的寺院、天皇の居住する内裏で発生する怪異は朝廷に奏上され、神祇官と陰陽寮による軒廊御卜や蔵人所御占などによって占断され、対応がなされた(1)。そして、平安時代後期から室町時代にかけては怪異が頻発し、それに対して真剣に対応が施されたのである。

そうした背景には、そのころの日本社会は呪術的宗教に覆われていたということがあった。顕密寺院で国家や天皇のための加持祈禱が行われたことをはじめとして、民間では巫女や陰陽師が活躍し、護符を貼ることによって疫神を遠ざけ、人びとは日々の吉凶に左右されて行動するなど、天皇から庶民にいたるまで、生活の大部分を呪術的宗教に依存していた(2)。そのため、崇徳院・後鳥羽院といった国家を震撼させた怨霊もこの時期跳梁した(3)。

そして、たびかさなる疫病・災害・飢饉・戦乱から逃れようと呪術的宗教への依存が高まり、そうしたことを未然に感知するために怪異に対する需要が高まった。

怪異はあらゆる場所、あらゆるレベルで発生しうるが、鎌倉時代においては、史料上確認できるのは、王権と関連した怪異である場合がほとんどである。本稿においては、鎌倉時代における朝廷および幕府でどのような怪異の奏上がなされ、それに対していかなる対応がなされたのか、朝廷と幕府とでは怪異認定に差異があるのかといった点に注意して考えてみたい。

一　朝廷周辺の怪異

(1)廟での怪異

伊勢神宮と八幡宮（石清水八幡宮）は、他の神社とは異なる宗廟として王権によって保護され、勅使による奉幣が行われ、さまざまな国家祈禱がなされた。十一世紀末より皇祖神を祀る神社である八幡宮、それに遅れて伊勢神宮が宗廟と称され、国家神としての側面を強め、十三世紀には伊勢神宮を国家第一の宗廟、石清水八幡宮を国家第二の宗廟と称するようになった(4)。そのため、そこで発生する怪異には細心の注意が払われた。また、そうした意識に応えるかのように、両所で発生した怪異は他の社寺と比べて格段に多い。

しかし、両所の怪異は質的に異なっており、伊勢神宮の場合は心御柱の違例、千木や葺萱の頽落といった社殿の頽廃にもとづく怪異が多いのに対し、石清水八幡宮の場合は社殿や八幡宮の鎮座する男山の鳴動が多くなっている。これは、伊勢神宮では二十年に一度の式年遷宮が国家によって執り行われるため、社殿は常に整っていることが当然であって、一部でも崩壊していることは許されず、そこに神意のあらわれを読みとったのである。そして、祢宜らは怪異を朝廷に奏上することにより、仮殿遷宮の遂行を求め、社殿が整備されることを要求していった[5]。一方、石清水八幡宮をはじめ他の神社での怪異は鳴動である場合が多い。鳴動はいわば第三者が発生を確認することのできない怪異で、鳴動したと主張したならばそれを信じるしかない。そのため、恣意的に怪異が「発生」している例も少なからずある。

宗廟に次いで、藤原氏に関連する神社・廟での怪異も多い。春日社は藤原氏の氏神であり、多武峰には始祖鎌足の墓所があることから、これらの場所での怪異発生は、藤原氏さらには国家にとって大きな変調を齎すものと考えられており、多武峰での鳴動が山の東辺であれば国王に、南辺であれば藤原氏の長者に、北辺であれば藤原氏の氏人に、西辺であれば万民に、中央であれば多武峯寺に異変があるものと信じられていた。そして、聖霊院に安置される鎌足木像「破裂」に対しては、藤原氏の氏長者から使者が派遣されて奉幣や仁王会などが行われ、破裂が平癒するまで藤原氏一門が祈禱や物忌みをし続ける必要があった[6]。

(2)二十二社での怪異

怪異は全国の神社から朝廷に奏上されたわけではない。天皇と密接にかかわった二十二社からの怪異の報告がほとんどである。二十二社とは、右にあげた伊勢神宮・石清水八幡宮・春日社のほか、賀茂下上社、松尾神社、平野神社、稲荷神社、大原野神社、大神神社、石上神社、大和神社、広瀬神社、龍田神社、住吉神社、日吉神社、梅宮神社、吉田神社、広田神社、祇園社、北野神社、丹生川上神社、貴船神社をさす。この中で、史料上は怪異の発生を確認できない神社もあるが、これら神社で発生した怪異は王権に密接に関係するものとして注意が払われた。

二十二社は、平安中期以降に成立し、国家の重大事や天変地異などが発生した場合、奉幣が行われた神社である。そうした王権守護のための神社は、怪異を感じとるアンテナのような役割を果たし、王権の危機をいち早く察知したのである。

『玉葉』治承四年（一一八〇）十月十八日条には、九条兼実のところに藤原兼光がやってきて以下のように語ったと記している。八月に高倉院が御祈の御神楽を行うため賀茂社に参詣したさい、神主の重保が「宝前に通夜していたところ、夢かうつつか宝殿が震動し、故法性寺殿（藤原忠通）が束帯に身を正して宝殿の傍らに座って嘆息し、由なくして遷都したためこのように宝殿も揺れ動くのだと歎いた」という。このことについて兼実は「この事実恐るべきか」と感想を述べている。平清盛によって治承四年六月二日福原遷都が行われたが、平安京の鎮守神である賀茂の神は、それを歎いて鳴動したと理解されていたのである。

(3) 寺院などでの怪異

怪異の発生は神社である場合が多いが、寺院における怪異も朝廷に報告され、対処がなされている例も散見される。『花園天皇宸記』には正和二年（一三一三）三月の東大寺での怪異が記されている。十一日には東大寺大仏が汗湿したために軒廊御卜が、十九日には物忌が行われ、大僧正尊照が内裏へやってきて加持を行った。そして二十日には大仏の汗湿をトった神祇官は「公家慎之上、恠所口舌驚恐病事」を、陰陽寮は「天下疾疫事」を奏している。東大寺大仏の「汗」は天皇と国家を揺さぶる一大変異と考えられていたのである。

仏像が「汗」をかく例は、その他、宇治平等院阿弥陀堂本尊、鹿島社神宮寺本尊、高野山大塔五仏、八幡護国寺本尊、泉涌寺本尊・十六羅漢像、興福寺東金堂薬師像などに見られ、材質も金銅・木造の両方ある。そして、鐘・堂舎の柱などからの「汗」も怪異とされた(7)。

また、仏像の場合は、「汗」をかくだけでなく、動いたり、色が変わったり、光を放ったりする怪異があった(8)。神仏習合により、仏も「人格」をもっていると考えられ、怪異を発生する存在となったのである。寺院も怪異が発生する場所として位置づけられ、鳴動も報告された。

その他、内裏や京中で発生した怪異もあるが、数は多くない。京およびその周辺で天皇をとりまくように存在した神社群は、怪異を感知して朝廷に報告し、そして朝廷での占いを経て、そうした神社で祈禱が行われるといった循環構造ができあがっていたのである。

二　幕府周辺の怪異

(1)鎌倉の陰陽師

鎌倉幕府では、源頼朝周辺に挙兵前から陰陽道の知識を持った人物がいて陰陽道祭を行っていたが、幕府専属の陰陽師はいなかった。二代将軍頼家のときにもそうした人物はおらず、陰陽に関する祈禱は京都の陰陽師に頼っている。三代将軍実朝のときに京都から陰陽師が下向して居を構えるようになってから陰陽道祭が増加し、さらに摂家将軍・親王将軍の時代にいっそう盛んとなった。そして陰陽師は輪番を組んで将軍の護持を行った。これは、北条氏を中心とする幕府勢力が京都から将軍を迎え、京都の朝廷に対抗して政権を権威づけるために陰陽道祭を公的宗教祭儀として導入したからとされている[9]。

鎌倉幕府には神祇官が存在しないため、怪異が奏上されてきたときには、神祇官による卜いは行われず、御所の西廊において陰陽師による占いが行われて対応が図られた。そのため、朝廷での軒廊御卜では、卜占の結果として「神事違例、不信不浄」が占断されることがしばしばあったが、鎌倉での陰陽師による占断ではそうした判定が下されることは少なく、百怪祭や泰山府君祭などの陰陽道祭が執り行われることが多い。

そして、朝廷においては、伊勢神宮・石清水八幡宮の二所宗廟をはじめとする二十二社を中心とした怪異のシステムが構築されていたのに対し、鎌倉幕府ではそうしたシステムはなかったようである。幕府が認知した怪異は、史料から確認できる限り、鎌倉の中心神社で源氏の氏神でもある鶴岡八幡宮や将軍の居所である御所で発生する場合がほとんどであり、鎌倉周辺の他の神社などから幕府に報告したことが確認できる怪異はわずかである。鎌倉幕府では伊豆・箱根両権現および三島明神が重要視され、二所詣も盛んに行われたが、これら神社での怪異は記録されていないことからも、幕府が関知する怪異は鎌倉といった限定的な場所での場合がほとんどであったといえる。

(2)鶴岡八幡宮での怪異——鳩のお告げ——

『吾妻鏡』[10]には建仁三年（一二〇三）六月末から七月にかけて鳩に関する怪異があったことが記されている。六月三十日条には、鶴岡八幡宮若宮宝殿の棟上に留まっていた唐鳩一羽が地面に落ちて死んでしまい、七月四日には鶴岡若宮の経所と下廻廊との造合の上から鳩三羽が喰い合って地に落ち、一羽が死ぬという事件が起き、さらに七月九日には同宮寺の閼伽棚の下に鳩一羽が頭が切れて死んでおり、供僧たちは前例がないことであると驚いている。そうしたところ、七月二十日になると将軍頼家がにわかに病悩し、心神の辛苦を訴え、それは霊神の祟りが原因とされ、結局は九月七日に亡くなってしまった。鳩の怪異は将軍の死を暗示していたのであった。鳩は源氏の氏神である八幡宮の使いとされる霊鳥であり、鳩が将軍自体をも象徴していたといえよう。

さらに、承久元年（一二一九）正月二十五日条には次のような鳩の怪異があったことが記されている。

右馬権頭（源）頼茂朝臣参㆓籠于鶴岡宮㆒、去夜跪㆓拝殿㆒、奉㆓法施㆒之際、一瞬眠中、鳩一羽居㆓典厩之前㆒、小童一人在㆓其傍㆒、小時童取㆑杖打㆓殺彼鳩㆒、次打㆓典厩狩衣袖㆒、成㆓奇異思㆒曙之処、今朝廟庭有㆓死鳩㆒、見人怪㆑之、頼茂朝臣依㆑申㆓事由㆒有㆓御占㆒、（安倍）泰貞・（清原）宣賢等申㆓不快之趣㆒云々、

この記事では、源頼茂が鶴岡八幡宮拝殿で法施を奉ったさい眠ってしまい、そのとき頼茂の前に飛んできた鳩

を子童が杖で打ち殺し、ついで頼茂の着ていた狩衣の袖を打つという夢を見たが、翌日八幡宮の庭に死鳩があり、人びとが怪しんで御占をしたところ、安倍泰貞・清原宣賢がよくない前兆だと判断したとする。安倍泰貞は承元四年（一二一〇）十月十六日、変異のために属星祭を行っているが、これが鎌倉に下向した陰陽師による祈禱の初見である(11)。

鳩の怪異が起こった二日後の二十七日、源実朝は右大臣拝賀のため鶴岡八幡宮参宮を行ったさいに公暁によって殺された。頼茂の夢では、子童が公暁のことを、鳩が実朝のことをあらわしていたと判断できる。頼家・実朝といった源氏の将軍の命運を握っていたのが鳩であり、さまざまな怪異の中でも鳩の怪異は鎌倉幕府にとって特別だったといえよう。その他、鳩の怪異は建仁二年（一二〇二）八月十八日条、寛喜三年（一二三一）二月二十三日条にも見られる。

鳩が建物の中に入ってくることなど、現代人にしてみれば何も不思議ではないが、元仁二年（一二二五）二月二十四日条には興味深い解釈を載せている。この日雀を捕った小鷹が御所中門廊の内に飛び入るということがあった。小鷹は捕まえられて将軍頼経に献ぜられ、これは吉兆だと判断されている。これについて中原師員は、「野鳥入レ室、主人将レ避之文、在二文選一、可レ忌レ之歟云云、然非二野鳥一人之所レ用也、是亦飼鳥也、有二何事一哉之由、有二宥申之輩等一云云」と、野鳥が建物に入って来たときは忌むべきであるが、飼鳥であれば何でもないと述べている。自然は自然の中にあるのが当然であって、それが人工物の中に入り込むことは何か変調を齎す予兆すなわち怪異であると判断された。そのため、動物の糞が建物の中にあったり、鳥が軒下に巣を作ったりすることも怪異とされた。

（3）鷺の怪異

また、朝廷における怪異と比較して、鎌倉幕府では鷺の怪異がしばしば起きていることが特徴的である。建保三年（一二一五）八月二十一日、鷺が御所の西侍の上に集まり、これはこの日未刻発生した地震と関係していると解釈された。翌日、地震と鷺の怪に対する占いが行われ、「重変」と判断され、将軍実朝は御所を出て北条義時邸に移った。二十五日には御所において百怪祭が行われたが、実朝が御所に戻ったのは十一月八日になってからであった。

それでも天体の異変などの怪異は続き、十一月十二日に鎌倉坂ノ下御霊社（鎌倉権五郎神社）で解謝等が行われた。そして、十一月二十五日には実朝が和田義盛以下の亡卒が御前に群参する夢を見たことにより、幕府で仏事が行われた。和田義盛は北条氏排斥を企て建保元年五月に敗死していることから、そうした義盛の怨霊が怪異を発生させたのだと解釈されたのである。

寛喜二年（一二三〇）六月五日にも幕府小御所の上に白鷺が集まったことが怪異とされ、翌日七人の陰陽師が御所に集まって西廊で占いが行われた。その結果、口舌（言い争い）や闘諍（いさかい）が起こるので慎んだ方がよいなどの意見が出され、御所を移るべきかどうかということも議論されたが、移らなくてよいという結果になった。鷺が集まっただけで御所を移るべきかどうか問題にされるほど、鷺の怪異は重大な事象ととらえられていたことがわかる。そして翌日には陰陽師により鷺祭が行われた。鷺祭は朝廷による陰陽道祭には見られないものので、関東独自の祭法である。

さらに、弘長三年（一二六三）五月十七日には、鷺が北条時宗の御亭の坂に集まり、しばらくして永福寺山を指して飛び去るという怪異が発生したが、これを陰陽師が占ったところ、「口舌の兆」であるとの占断で、そのため武田時隆が鷺を追って射殺して持参し、夜には泰山府君・百怪・白鷺などの祭が行われた。怪異を発生させた動物を殺して献上する点、大変興味深い。

（４）幕府関連神社での怪異

建久四年（一一九三）十一月十八日、武蔵国からの飛脚が幕府に到着して、昨日太田庄鷲宮の御宝前に血が流れ、凶怪であるとの報告があったため卜筮を行うと、兵革の兆しであると出た。そのため鷲宮に神馬が奉られ、社壇を荘厳にするよう命じられた。また、承元三年（一二〇九）二月十日、鷲宮は鳴動している。鷲宮は日本武尊が東夷平定のさいに天穂日命の子の武夷鳥命を相殿に祀ったとされ、坂上田村麻呂も武運長久を祈って奥州鷲の巣に鷲宮の分社を祀ったと伝えられており、東国平定と関連した神社である。そのため武将の尊崇が厚く、藤原秀郷・源義家も奉幣し、関東鎮護の神として崇敬された。

幕府や鶴岡八幡宮のほかには、幕府と関係のある神社からの怪異がいくつか報告されている。建久二年（一一九一）十二月二十二日に常陸国鹿島社が鳴動し、それは大地震のようで聞く者の耳を驚かした。そのため祢宜の中臣広親が、これは兵革ならびに大葬（天皇や皇后などの葬儀）の兆しであると幕府に奏上した。そこで頼朝は謹慎し、神馬を奉納した。そして、建長二年（一二五〇）八月一日には、鹿島神宮寺の本尊が汗をかいた旨幕府に注進があった。鹿島社は武甕槌神を祭神とする常陸国一宮で、武神として崇められた神社である。

建久六年（一一九五）十一月十八日には伊豆国三島社第三御殿の上に、鳥の頭が切れて死んで伏しているという鳥死の穢が発生したことが二十日幕府に伝えられた。この怪異に謝すために使いが遣わされ、神馬・御剣以下の幣物が奉られ、千度詣が行われた。また『北条九代記』には、弘安十年（一二八七）六月に三島社で怪異が発生したことを記している。三島社は伊豆国一宮で、頼朝は伊豆に流されている時から崇敬し、治承四年（一一八〇）八月十七日夜、三島社の祭礼が行われていたため警護が手薄になった平兼隆の館を襲って勝利を得たことから、開幕後はよりいっそう崇敬するするようになった。

さらには、建久六年十二月には伊豆国願成就院で毎夜怪異が起こり、飛礫により堂舎の扉が打ち破られたり、天井が動揺して人が歩いているようであった。そのため鎮守を崇め奉るようにとの命令が幕府から下った。願成就院は文治五年（一一八九）北条政子の父で初代執権の北条時政が、源頼朝の奥州戦勝祈願のため建立した寺で、北条氏の氏寺として栄えた。

このように、幕府と関係の深い関東の寺社からの怪異が幕府に報告され、対応がとられているが、その数は多くない。その他、幕府に怪異が報告された場所としては、鎌倉坂ノ下御霊社、由比ケ浜、御家人邸といった鎌倉のほかは、相模国一宮寒川神社、相模国毛利庄山中、武蔵国浅草寺、上野国赤城嶽、信濃国諏訪社、美濃国蒔田庄などがあげられる[12]。鎌倉幕府にとっては、朝廷における二十二社のような神社の体系が構築されておらず、また、幕府に怪異が奏上されても、陰陽師だけで神祇官が存在せず、怪異を十分吸収して対応することができないため、怪異が発生したとしても幕府に報告することはなかったのではないだろうか。

三　戦乱と怪異

(1)承久の乱と怪異

怪異が発生すると、軒廊御卜などが行われて怪異の示す意味を読みとっていく行為が行われるが、その結果は、疾疫・病事・薬の慎み・口舌・闘諍・闘乱・兵革・動揺・不安・火事のいずれかが占断された。こうした中で、社会に大きな影響を与えたのは闘諍・闘乱・兵革といった戦乱に関する占断で、干戈を交えることの多かった鎌倉時代において特に重要な意味をもった。また、諸社は怪異発生を報告することによって自社の存在を主張することにもつながった。

承久元年（一二一九）源実朝が殺害されたことをきっかけとして、公武関係がぎくしゃくするようになり、幕府が治天の君たる後鳥羽院の思い通りにならないことへの不満から、後鳥羽院は承久三年、倒幕を企てた。しかし、北条政子の訓示もあって後鳥羽院のもとにつく御家人は少なく、六月十四日に宇治を突破して入京した幕府軍に屈服した。その結果、後鳥羽院は隠岐へ、順徳院は佐渡へ流され、土御門院は討幕運動に消極的だったため配流を免れたが自ら土佐から阿波へ赴き、九条廃帝（仲恭天皇）とされて後堀河天皇が即位した。承久の乱は臣下である北条氏によって院が流され、天皇も代えられるという前代未聞の事件であったため、世の不安に乗じ後鳥羽院の怨霊が跳梁することとなった[13]。

承久三年は怪異が相次いだ。正月十日は終日風が強く、晩頭急に雷が鳴り雨が降った。そのため二十二日には祈禱がはじまり、天地災変祭・三万六千神祭・属星祭・泰山府君祭・天曹地府祭が陰陽師によって執り行われ、鶴岡八幡宮では供僧などによる大般若経転読が行われた。雷鳴への対応としてはぎょうぎょうしいものであり、乱を予見していたかのようである。そして、三月二十二日には波多野朝定が北条政子の使いとして伊勢神宮に遣わされた。これは政子の夢想のためで、面二丈ばかりの鏡が由比浦の浪に浮かび、そこから声がして、「吾是大神宮也、天下於鑒留仁、世大仁濫天、兵於可ㇾ徴、泰時吾於瑩者太平於得牟」とのことだったので、使いを派遣したのであった。これは、伊勢神宮の加護により乱に勝利するということを暗示していよう。乱がはじまると陰陽師や鶴岡八幡宮での祈禱が行われるが、六月八日には、執権北条義時邸の釜殿に雷落し、疋夫一人が雷に打たれるということが起こった。義時は、泰時を上洛させたのは朝廷を傾けるためであり、今この怪が起こったのは運命が縮む兆しかと大江広元に尋ねた。すると広元は、怖畏することはないとして、落雷は関東では佳例であり、文治五年（一一八九）頼朝が藤原泰衡を征したさいの奥州の軍陣でも落雷があったことをあげている。そして念のため陰陽師に占わせたところ、みな最吉であるとの結果を出した。怪異の判定のあり方に、「関東」流の解釈が

作りあげられていった。そして、この乱を通じて陰陽道が幕府祈禱において重要な位置を占めるようになったのである。(14)

(2)宝治合戦と怪異――黄蝶の群飛――

宝治元年(一二四七)外様御家人中最大の勢力を誇った三浦泰村の一族が北条氏によって滅ぼされた宝治合戦のさいにも怪異が頻発している。(15)

宝治元年正月十七日、鶴岡八幡宮若宮神前に蝼蟈(カエル)が数万群集し(『百練抄』)、正月二十九日には羽蟻の大群が鎌倉中に充満した。翌三十日には越後入道勝円の佐介亭の後山に光物が飛行した。三月十一日には由比ケ浜の潮の色が血のように赤くなり、十二日には長さ五丈にわたる流星が音を立てて北東から南西に向かって流れた。そして十七日には黄蝶が群飛し、鎌倉中に満ちあふれるという怪異が起こった。これについて『吾妻鏡』では、兵革の兆しであるとし、承平年間(九三一~九三八)には常陸・下野で、天喜年間(一〇五三~五八)には陸奥・出羽で黄蝶の怪異が発生し、それぞれ平将門・安倍貞任が闘戦におよんだので、今度も黄蝶が群飛したことで東国兵乱の予兆かとの古老の説を記している。また、四月十一日に陸奥国津軽の海辺に死人のような形をした大魚が流れ寄ったことに対し、由比ケ浜の潮の色が血のように赤くなったのは、この魚が死んだためかとして、同じころ奥州の海浦の波濤も赤くなったそうだと記している。そしてこれを古老に尋ねたところ、文治五年(一一八九)夏にこの魚が出現し、その秋には藤原泰衡が誅戮され、建仁三年(一二〇三)夏にもまた流れ来て、秋に源頼家が伊豆に幽閉されるという事件が起こり、建保元年(一二一三)四月に出現したときには五月に和田義盛の大軍が世間を騒がせるということがあったことから、よくない予兆であると述べた(五月二十九日条)。

こうした中、六月五日には北条時頼軍によって三浦氏攻撃が開始され、三浦泰村は源頼朝の御影の前で最期を遂げたいとの思いから頼朝法華堂へ向かい、一族五百余人は自害して果てた。その後、宝治二年（一二四八）九月七日、由比ケ浜から鶴岡八幡宮ならびに頼朝法華堂にいたるまで黄蝶が群れわたるという出来事が起こった。ついで九月十九日には、黄蝶が幅三段（約三メートル）ほどで三浦三崎の方から名越のあたりに出現した。こうした現象はおそらく前年起こった宝治合戦とかかわった現象と推測される。黄蝶は三浦氏と関連する場所で発生しているのである。

黄蝶の出現は、文治二年（一一八六）五月一日にも見られ、鶴岡八幡宮にとりわけ遍満し、怪異と判断され、御供を奉ったり臨時の神楽が催された。そして、大菩薩巫女に「有二反逆者一、自レ西廻レ南、自レ南又帰レ西、自レ西猶至レ南、自レ南又欲レ到レ東、日々夜々奉レ窺二品之運一、能崇二神与レ君、申二行善政一者、両三年中、彼輩如二水沫一可二消滅一」との託宣が下った。これにより神馬が奉られ、重ねて解謝が行われた。これは各地をさまよう源義経の行動をあらわしており、そうした義経も、頼朝が神と天皇をあがめ善政を行ったのならば退治できると示されている。

黄蝶は建保元年（一二一三）八月二十二日にも見られ、このときは鶴岡上宮宝殿に群集し、これは兵革の兆しであるという人物がいたので二十八日に御占を行ったところ、御慎みあるべしとの結果が出たので、遠江守親広（大江）を奉行として八幡宮において百怪祭が行われた。この怪異の発生する三か月前の五月には和田義盛の乱が起こり、五月二十一日には大地震が起こって多くの舎屋が破壊され、地震の御祈が行われた。そして六月二十九日には光物がしばらく北天を照らしてから南方に向かい、人びとは人魂であるとか流星であるなどと噂した。おそらく、和田一族の亡魂の存在がささやかれていたのだろう。古代より蝶は人の霊魂のあらわれだと考えられており、こうした考えは現代人にも受け継がれている。

(3) 蒙古襲来と怪異

蒙古襲来のさいにも怪異は頻発した。文永七年（一二七〇）から文永十一年（一二七四）にかけて、賀茂社、阿蘇霊池、石清水八幡宮高良社、伊勢豊受宮・月読宮などで怪異が発生したほか、出雲杵築社、安芸厳島社、香椎宮、筥崎宮、法成寺総社が炎上している[16]。

そして、再び蒙古軍が襲来して異国降伏の祈禱が盛んに行われた弘安三年（一二八〇）から四年にかけては、熱田社、春日社、石清水八幡宮、高野山神殿、伊勢風社、鶴岡八幡宮、多武峰、阿蘇霊池などで怪異が発生した。その中で、伊勢風社は神風を吹かせて蒙古軍の船を転覆させたとしてよく知られている。弘安四年（一二八一）七月二十九日、両宮祢宜などにより風社宝殿の鳴動が二十七日から三日間続き、二十九日暁には神殿より赤雲が発出し、西方ではたちまち大風が起こり喬木が倒れたが、これは九州夷狄が今日明日に亡びる予兆だと注進されている。

神宮祭主大中臣隆通の子の醍醐寺僧通海が弘安年間に記した『通海参詣記』[17]上には以下のように記されている。

爰ニ去弘安四年夏ノ比、蒙古先鋒亡宋ノ群兵艨艟海満テ旌旗日ヲかゝやかす。然ニ御祈ヲ承テ神宮ニ参シテ鎮ニ懇祈ヲ抽て敵国ヲ降伏ノ所ニ、飛簾風ヲ起して賊船忽ニ漂泊し陽侯浪ヲあけて群兵速に退散す。其時、波瀾に光曜ありて海陸霊瑞ヲ朗にす。

この結果、風社は格あげされて風宮とされることとなったが、単に風社の問題ではなく、宗廟たる伊勢神宮に鎮座する風社が神風を吹かせて日本を擁護したととらえられたことが重要である。

また、石清水八幡宮では叡尊が「以二東風一吹二送兵船於本国一、不レ損二来人一、焼二失所レ乗之船一御」と祈願したところ、石清水八幡宮から西に向かって大風が吹いたとか[18]、叡尊所持の愛染明王像の鏑矢が八幡宮の玉殿から西を指して飛行し、異賊を滅ぼしたとも伝える[19]。国家的危機にさいし、宗廟では日本を守るべく怪異が起こった。

その他、肥前国鷹島の海上に青龍があらわれて、阿蘇明神の化現である霊鷹四羽が蒙古軍の船に飛翔し、このとき神風が吹いて賊船を退けたとか[20]、諏訪明神が龍となって蒙古軍を退治したとか[21]、蒙古襲来という困難にさいしてはさまざまな神社において怪異が発生し、神が化現して蒙古軍と戦ったとの説話がつくられた。

四　怪異の否定

(1)専修念仏による怪異否定

前節までで述べたように、鎌倉時代には怪異が頻発し、それに対して王権により的確に対応がなされた点で、怪異隆盛の時代といえるが、一方で怪異を表だって否定する言説が見られるようになり、それが一つの大きなうねりとなっていく点が注目される[22]。そのとき大きな役割を果たしたのが、法然・親鸞・日蓮といった「鎌倉新仏教」に位置づけられる僧たちである。

親鸞の主著『教行信証』化身土巻には、種々の経典を引用するかたちで親鸞の神に対する認識が記されている[23]。

夫拠諸修多羅勘決真偽、教誡外教邪偽異執者、涅槃経言。帰依於仏者、終不更帰依其余諸天神。略出

般舟三昧経言、優婆夷聞是三昧欲学者、乃至自帰命仏帰命法帰命比丘僧。不得事余道、不得拝於天、不得祀鬼神、不得視吉良日。已上

又言。優婆夷、欲学三昧、乃至不得拝天祠祀神。略出

ここでは、『涅槃経』や『般舟三昧経』を引用することにより、仏に帰依するのならば他の神々に帰依しなくてよいとし、天を拝んだり鬼神を祀ったり、吉良日を選んだりすることを否定しており、その他多くの内典・外典を引用するかたちで親鸞は「神祇不拝」を主張している。

また、親鸞による『三帖和讃』のひとつ『正像末和讃』悲嘆述懐讃には、正嘉二年（一二五八）九月二十四日、親鸞八十六歳のときの和讃として、以下のように記している。

五濁増ノシルシニハ　コノヨノ道俗コトコトク
外儀ハ仏教ノスカタニテ　内心外道ヲ帰敬セリ
カナシキカナヤ道俗ノ　良時吉日エラハシメ　天神地祇ヲアカメツ、
卜筮祭祀ヲツトメトス

（中略）

外道梵士尼乾子ニ　コ、ロハカワラヌモノトシテ
如来ノ法衣ヲツネニキテ　一切鬼神ヲアカムメリ
カナシキカナヤコノコロノ　和国ノ道俗ミナトモニ
仏教ノ威儀ヲコト、シテ　天地ノ鬼神ヲ尊敬ス

ここでも、良時吉日を選ぶ陰陽道的考えや卜筮祭祀、さらには「鬼神」を尊敬して呪術的宗教に傾倒している道俗らを嘆いている。親鸞は「怪異」という語を用いてはいないが、親鸞が否定したものの中に、呪術的な怪異も当然含まれると考えてよい。

親鸞の神観念は師である法然に影響を受けて発展させたもので、[24] 法然は称名念仏の一行専修を主張して余行を雑行として排することを主張した。

(2)専修念仏への攻撃

神祇を拝まないとする専修念仏のあり方は、顕密仏教と国家とが密接に結びつき、呪術的宗教全盛の時代に

あって、まさに異端の存在であり、痛烈に批判された。『沙石集』[25]巻第一（一〇）「浄土門ノ人神明ヲ軽テ蒙レ罰事」には以下のようなことがあったことを記している。

鎮西の浄土宗の学生であった人物が検注使として神社領を検注して余田をとりあげたため、社僧神官らが怒って鎌倉に訴訟したが却下され、地頭に訴えても認められなかった。そのため呪詛しようとしたが、学生は「聊かも恐るる事なし。浄土門の行人、神明など何とか思ふべき。接取の光明を蒙らん行人をば、神明も争か罰し給ふべき」とからかい嘲ったため、神人は怒って呪詛したところ、いくほどもなく悪い病がついて物狂いとなった。その後、母が神を巫女に降ろしてもらい、何とか助けようとしたが、かなわずに首がねじれたまま亡くなってしまった。母の尼公も病気になったため、白山の神を降ろしてお詫びしたが、「心中に我を恨めしと思し事、安からず」とのお告げで、とうとう亡くなってしまった。その地頭の子息が家を継いでいたが、家の棟に鷺がいるのを占ったところ、神の御とがめであると出たので、家の内にいた陰陽師が「神の罰は何事の候べきぞ。封じ候はん」と言ったが、盃を持ちながら縛られたように手を後ろへ回して硬直して死んでしまった。

こうしたことに対して著者の無住は、「凡念仏宗は、濁世相応の要門、凡夫出離の直路也。実に目出度き宗なる程に、余行・余善を撰み、自余を仏菩薩・神明までも軽め、諸大乗の法門をも誹ずる事あり。此俗諸行往生を許さぬ流にて、事外に心えずして余の仏菩薩をも軽めける人なり」「只仰て本願を信じ、ねんごろに念仏の功を入て、余行を謗り余の仏菩薩・神明を軽しむる事あるべからず」と記している。顕密仏教側からしてみると、神仏を軽んじる専修念仏には当然神罰が下るものと意識されていたのである。

また、親鸞とほぼ同時代を生きた日蓮は、文永元年（一二六四）七月十六日北条時頼に呈上した『立正安国論』でこのように述べている[26]。

旅客来つて嘆いて曰く、「近年より近日に至るまで、天変・地夭・飢饉・疫癘、遍く天下に満ち、広く地上に迸る。牛馬巷に斃れ、骸骨路に充てり。死を招く輩、既に大半を超え、之を悲しまざる族、敢て一人もなし。然る間、或は「利剣即是」の文を専らにして、西土教主の名を唱へ、或は「衆病悉除」の願を恃んで、東方如来の経を誦し、或は「病即消滅、不老不死」の詞を仰いで、法華真実の妙文を崇め、或は「七難即滅、七福即生」の句を信じて、百座百講の儀を調へ、有は秘密真言の教に因つて、五瓶の水を灑ぎ、有は坐禅入定の儀を全うして、空観の月を澄まし、若しくは七鬼神の号を書して、千門に押し、若しくは五大力の形を図して、万戸に懸け、若しくは天神地祇を拝して、四角四堺の祭祀を企て、若しくは万民百姓を哀みて、国主国宰の徳政を行ふ。然りと雖も、唯肝膽を摧くのみにして、弥飢疫逼る。乞客目に溢れ、死人眼に満てり。屍を臥して観と為し、尸を竝べて橋と作す。

ここで日蓮は、昨今飢饉や疫癘が相次いだことにより死体が満ちあふれている状況を目にし、真言や呪を唱えたり、修法を行ったり、呪符を貼ったり、神道や陰陽道の祭祀を行ってもまったくよくなるわけではなく、死体の山となっている状況を歎いている。

親鸞も同様に、混乱している社会状況の下、呪符や陰陽道的祭祀、怨霊などに傾倒している民衆に接し、そうしたものに帰依しても救われることはなく、ただ念仏を唱えることだけが極楽往生への道だと示したといえよう。

(3)『徒然草』の目

怪異的解釈を否定しようとする動きは、専修念仏からはじまって、それに影響を受けた人びとにも広がっていった。吉田兼好の『徒然草』第二百六段には以下のように記されている(27)。

徳大寺右大臣殿、検非違使の別当の時、中門にて使庁の評定おこなはれける程に、官人章兼が牛はなれて、庁のうちへ入りて、大理の座のはまゆかの上にのぼりて、にれうちかみて臥したりけり。重き怪異なりとて、牛を陰陽師のもとへつかはすべきよし、各申しけるを、父の相国聞き給ひて、「牛に分別なし。足あれば、いづくへかのぼらざらん。尩弱の官人、たまたま出仕の微牛を取らるべきやうなし」とて、牛をば主に返して、臥したりける畳をば換へられにけり。あへて凶事なかりけるとなん。

「怪しみを見て怪しまざる時は、怪しみかへりて破る」といへり。

牛車の牛が検非違使庁の中に入って、白木の床の上に上って、もごもご食べながら臥していたのを、重い怪異だとして牛を陰陽師のもとへ連れていくべきだと人びとが言ったが、公孝の父徳大寺実基がそれを聞いて、「牛には良い悪いの区別はできない。足があるので、どこだって好きなところへ上っていく」ということで、牛を持ち主に返して、牛が臥していた畳を換えただけで、取り立てて凶事はなかったという事例をあげながら、兼好は「怪異を見ても怪しいと思わなければ、怪異とはならない」という言説を紹介している。

また、第二百七段には以下のように記されている。

亀山殿建てられんとて、地を引かれけるに、大きなる蛇、数も知らず凝り集りたる塚ありけり。この所の神なりといひて、ことのよしを申しければ、「いかがあるべき」と勅問ありけるに、「古くよりこの地を占めたる物ならば、さうなく掘り捨てられがたし」と皆人申されけるに、この大臣一人、「王土にをらん虫、皇居を建てられんに、何のたたりをかなすべき。鬼神はよこしまなし。咎むべからず。ただ皆掘り捨つべし」と申されたりければ、塚をくづして、蛇をば大井河に流してげり。さらにたたりなかりけり。

後嵯峨上皇が亀山御所を建てようと基礎工事をしていると、大きな蛇が数え切れないくらい集まっている塚があった。この地の神だろうと報告があったので、上皇はどうしたらよいか勅問すると、「昔からここを占有していた蛇ならば、簡単に掘り捨てるわけにいかない」と人びとが口をそろえて申し述べたが、徳大寺実基だけは、「王土にいる虫が、皇居を建てるのに、何の祟りをするものか。鬼神は悪さをしないので何も心配することはない。みんな掘り捨ててしまえばよい」といったので、塚を壊して、蛇を大堰川に流してしまったが、その後祟りはなかったことを記している。

これら二つの説話からは、怪異を信じるから何か起きると怪異と結びつけてしまうのであって、別に気にしなければ何も起きないのだと主張していることがわかる。『徒然草』には浄土教の影響が見られ、法然の言葉も引用して、その言説に対し、肯定して賛辞を加えている。(28) 怪異の存在を否定する兼好の態度は、おそらく法然に影響されたことによるものであろう。怪異全盛期にあってその存在を否定する思想が登場していることは注目されよう。

おわりに

鎌倉時代には多種多様な怪異が発生し、怪異の全盛期であったと位置づけることができる。平安時代後半に確立した怪異システムが継承され、宗廟、二十二社、東大寺およびその周辺に広がる国家的寺社で発生する怪異は王権と直結するものとみなされ注意が払われた。

これは鎌倉幕府にも継承され、鶴岡八幡宮での怪異、それも鳩の怪異がとりわけ注視された。また、鷲宮・鹿島社・三島社・願成就院といった幕府と密接な関係にある社寺での怪異は幕府や将軍の命運に連関すると考えられ、怪異が発生すると陰陽師による占いが行われ、対処が施された。

怪異は貴人の病気、災害などさまざまな予兆として発生するが、鎌倉時代には戦乱が頻発したため、それに対応するように怪異が重畳したところに特徴があり、朝廷・幕府それぞれにおいて独自の占いが行われた。

その一方こうした怪異全盛期に、異を唱える人びともあらわれた。『徒然草』では怪しいものを見ても怪しまなければ怪しいことも起きないことが記され、法然・親鸞や日蓮など「鎌倉新仏教」を打ち立てた僧たちは「迷信」からの脱却を訴えて、人びとの救済をはかった。

怪異はそれを怪異だと感じなければ意識されない。鎌倉時代には戦乱などが発生するときには怪異が起こるとの共通認識があったため、通常のさいには見過ごされてきた出来事も怪異とみなされた。そして王権と結びついた社寺においては、怪異発生を主張することにより自己の存在を誇示した。また後付けで、あのとき起こった現象は災異の予兆だったのだと認識されることも多い。『吾妻鏡』での記述はこのパターンだろう。何か悪いことが起きるときには前もって神の示現があると考えられていたのである。現代人にもこうした考え方は少なからず継承されているのではないだろうか。

鎌倉時代の呪術的宗教に迷罔した人びとを、現代を生きる我々が一笑に付すことはできない。怪異は自然を畏怖し敬っていた中世人の心象であり、よこしまな行為を糾す機能も果たした。一方、現代人の中にも呪術的宗教に幻惑されている人は少なからず存在している。呪術に呪縛されている様(さま)は、他者の目からすると不思議だが、当人にとっては当たり前かつ切実な問題なのである。

(1) 小坂眞二「古代・中世の占い」(村山修一ほか編『陰陽道叢書四　特論』名著出版、一九九三年)。
(2) 井原今朝男『中世寺院と民衆』(臨川書店、二〇〇四年)。
(3) 山田雄司『跋扈する怨霊』(吉川弘文館、二〇〇七年)。
(4) 高橋美由紀『伊勢神道の成立と展開』(大明堂、一九九四年)。
(5) 山田雄司「室町時代伊勢神宮の怪異」(『神道史研究』五四―一、二〇〇六年→本書第16章)。
(6) 黒田智『中世肖像の文化史』(ぺりかん社、二〇〇七年)。
(7) 森茂暁「仏像の「汗」」(『日本歴史』六五八、二〇〇三年)。
(8) 笹本正治『中世の災害予兆』(吉川弘文館、一九九六年)。

(9) 村山修一『日本陰陽道史総説』(塙書房、一九八一年)。
(10) 以下、史料の典拠を特に示さない場合は『吾妻鏡』による。
(11) 佐々木馨「武家王権と陰陽道」(佐々木馨『日本中世思想の基調』吉川弘文館、二〇〇六年)。
(12) 『阿蘇家伝』や『肥後国誌』には、延応元年(一二三九)九月、阿蘇山の神霊池の中に水鳥が七羽あらわれたため幕府に言上し、翌年春、将軍から神馬が献じられたことを載せるが(笹本正治『天下凶事と水色変化』高志書院、二〇〇七年)、『吾妻鏡』に記載はない。
(13) 山田雄司『崇徳院怨霊の研究』(思文閣出版、二〇〇一年)。
(14) 新川哲雄「鎌倉と京の陰陽道」(『季刊日本思想史』五八、二〇〇一年)。
(15) 佐藤和彦・谷口榮編『吾妻鏡事典』(東京堂出版、二〇〇七年)で、怪異と関連させて宝治合戦について言及している。
(16) 蒙古襲来のさいの神々の戦いについては海津一朗『神々と悪党の世紀』(講談社、一九九五年)などに詳しい。
(17) 『日本庶民生活史料集成』二六・寺社縁起(三一書房、一九八三年)所収。
(18) 『感身学生記』(奈良国立文化財研究所監修『西大寺叡尊伝記集成』法藏館、二〇一二年)。
(19) 『西大寺光明真言縁起』(『続群書類従』釈家部)。
(20) 『阿蘇家伝』『肥後国史』(『阿蘇町史』第三巻史料編、阿蘇町、二〇〇四年)。
(21) 『諏訪大明神画詞』(『新編信濃史料叢書』三、信濃史料刊行会、一九七一年)。
(22) 親鸞の神に対する認識については、拙稿「親鸞における神と鬼神」(『親鸞の水脈』三、二〇〇八年)で言及したので参照いただければ幸いである。
(23) 以下、親鸞関係史料の引用は『真宗史料集成』第一巻(同朋舎出版、一九八三年)による。
(24) 法然の神祇観については、浅井成海「法然における神祇の問題」(『真宗学』六二、一九八〇年)参照。桃井信之「浄土仏教の「神祇」論序説」(浅井成海編『日本浄土教の形成と展開』法藏館、二〇〇四年)参照。
(25) 渡邊綱也校注『沙石集』(日本古典文学大系〈岩波書店、一九六六年)。
(26) 『立正安国論』の読み下しは名畑應順・多屋頼俊・兜木正亨・新間進一校注『親鸞集　日蓮集』〈日本古典文学大系〉(岩波書店、一九六四年)による。

（27）神田秀夫・永積安明・安良岡康作校注『方丈記　法然草　正法眼蔵随聞記　歎異抄』〈新編日本古典文学全集〉（小学館、一九九五年）。
（28）榊泰純「兼好と浄土教」（『仏教文化研究』五〇、二〇〇六年）。

第9章　平家物語・保元物語・平治物語の「怪異」

はじめに

「怪異」という言葉を『広辞苑』でひくと、「あやしいこと。ふしぎなこと。ばけもの。へんげ。」と書かれている。けれども、現代社会において何かが起こったさいに、「これは怪異だ」のように使用されることはほとんどないことから、「怪異」という語は歴史的用語といえる。歴史的用語としての「怪異」は、同時代人または現代人にとって不思議と思われる現象をさし、史料上明確に「怪異」と記されている場合もあれば、ただ単に不思議な現象として記されている場合もあった(1)。そして、そうした「怪異」が発生する背後には神意があるものと考えられていた。そのため、畿内周辺の有力神社などの国家と関連した場所で怪異が発生すると朝廷に報告され、朝廷では神意をくみとるための占いが行われたのであった。

怪異にはさまざまな種類があり、日食や彗星などの天体現象、炎旱・地震などの自然災害、蛇・牛などの動物の侵入や群集など動物の異変、神木顛倒や木の枯れる枯槁などの植物の異変、殿舎の倒壊や鳴動などの建物・器物の異変、天皇の病気や神域への人の侵入などの人事といった具合に分類することができる。また、怪異はその現象が発生した場所や時間にも左右された。

怪異が発生すると、先例が調べられた上で、軒廊御卜などの占いが行われて怪異の示す意味を読みとっていく作業がなされた[2]。軒廊御卜とは、内裏の紫宸殿に向かって右側に連なる廻廊（軒廊）において、天皇や国家の危機のさいに神祇官・陰陽寮の官人によって行われた当時最高の占いだった。占いは、神祇官は亀の甲羅を、陰陽寮は式盤を用いて行った。そして怪異の原因が特定され、これから起きるかもしれない災厄として、疾疫・病事・薬の慎み・口舌・闘諍・闘乱・兵革・動揺・不安・火事のいずれかが占断された。そしてその対応として、神社への奉幣や忌み籠もりなどが行われるという一連の対応方法が平安時代後期には確立し、室町時代までは継続していたことが確認できる[3]。

一　将軍塚鳴動

それでは実際に軍記物の中で怪異がどのように描かれているのか見てみる。『保元物語』[4]巻上「将軍塚鳴動并びに彗星出づる事」では、保元元年（一一五六）七月八日（金刀本では五日）から彗星が東方にあらわれ、将軍塚がしきりに鳴動したことを記す。そのため占いをしたところ、重い慎みを必要とすると出た。実際このときは鳥羽院が亡くなったことにより、崇徳院側と後白河天皇側とが一触即発という状況だった。

彗星の出現は洋の東西を問わず、不吉な前兆と考えられており、日本の場合、飢えや兵起の予兆とされていた。久安元年（一一四五）四月にハレー彗星が地球に接近したさいの様子はさまざまな記録に見られるが、特に藤原頼長の日記『台記』には詳しく記されており、彗星の災いを攘わんがため、畿内周辺の国家にとって重要な神社である二十二社への奉幣、法勝寺での千僧仁王経読経、孔雀経法の厳修や、諸寺院での法会などが行われた。

彗星の出現とともに将軍塚の鳴動も起こっているが、将軍塚の鳴動に関しては、『平家物語』[5]巻第五「都遷」にも記述がある。

桓武天皇ことに執しおぼしめし、大臣・公卿、諸道の才人等に仰あはせ、長久なるべき様とて、土にて八尺の人形を作り、くろがねの鎧・甲を着せ、おなじうくろがねの弓矢を持たせて、東山ノ峰に西向きにたててうづまれけり。末代に此都を他国へうつす事あらば、守護神となるべしとぞ御約束ありける。されば天下に事出でこんとては、この塚必ず鳴動す。将軍が塚とて今にあり。

桓武天皇は都が長久たらんことを祈念し、土で八尺（約二五三センチ）の人形を作り、鉄の鎧甲を着せ、弓矢を持たせて、京都東山の峰に西向きに立てたまま埋めたが、この塚は天下に何かが起こらんとするときには必ず鳴動するという。地震が比較的広い範囲で揺れるのに対し、鳴動とは、音を立てながら地が動く局地的な現象であり、山海・陵墓・神社・寺院などさまざまな場所が鳴動したことが知られる。(6)

『平家物語』の記述と非常に似通っている記事が、平安末から鎌倉初頭までの間に成立した漢文縁起本『清水寺縁起』(7)に見られる。

（弘仁二年五月）同廿七日庚申戌二刻葬二於山城国宇治郡栗栖村一（今俗呼為馬脊坂）、于レ時有レ勅調二備甲冑、兵杖、剣鉾、弓箭、糒塩一、令三合葬一向二城東一立レ窆、即勅使監臨行レ事、其後若可レ有二国家之非常、天下之交難一者、件卿塚墓之内、宛如レ打レ鼓、或如二雷電一、

京都市山科区の坂上田村麻呂の墓所である西野山古墓の木棺内からは、金装大刀一口、鉄鏃十数本などが発見されており、これが剣鉾・弓箭に相当するといえるが、甲冑を身につけてはいなかったようである。また、立った姿勢で葬られたとするのは事実と異なる。そして天下が困難な状況に陥りそうなときには塚墓の中で鼓を打つような、または雷電のような音がするという点は、坂上田村麻呂が国家に災難が起こりそうなときに怪異をあらわす存在だと認識されていたことを示している。

西野山古墓は滑石越の東の登り口に位置し、東山を越える峠道のうちで平安京羅城門に最もスムースに接続するルートであり、平安京の東の玄関と位置づけられていたことから、(8)桓武天皇の御代に征夷大将軍として活躍し

た坂上田村麻呂は、死後平安京の守護者とみなされるようになっていった。

これが十六世紀前半に成立した『清水寺縁起』[9]になると、さらに話が拡大している。

> さて其日庚申戌二刻に当国宇治郡栗栖村（今俗呼馬背坂）にして葬儀あり、然に　勅ありて甲冑・剱鉾・弓箭等の兵器を具し棺槨に納之、城東にむかへて竪なからに窆ましむ、猶宣旨云、此後国家に殃難起るへくは、件の塚墓の内、鼓うつことく雷動のことくして、恠相を告よ、又坂東に向はむ者は、先此墓に詣て擁護をこふへきよし、諸臣に　綸言をそ加へられける、

先の内容につけ加え、坂東に向かう者は、田村麻呂の墓に詣でてから赴いたならば、田村麻呂の神霊が擁護してくれるというのである。これを漢文縁起本『清水寺縁起』と比較すると、所持物や鳴動する点などで共通するが、前者の場合は西向きに立てて埋めたのに対し、後者では城東に向かって立てて埋めている点が異なる。[10]なぜこうした違いが生じたのか考えてみると、田村麻呂墓の場合は、稲荷山を越えた平安京の南東に位置しているため、平安京の東玄関の方向、すなわち北西方向を向いているとするのに対し、東山の「将軍塚」の場合は、その場所自体が城東であり、平安京全体を見渡すことができることから、その場所から西の平安京を見守り守護していると改変されたのではないだろうか。すなわち、田村麻呂墓の伝承をもとに「将軍塚」の話が作成されたものと思われる。そして田村麻呂墓の存在があいまいになってくると、「将軍塚」に鳴動の役割がとって代わられたのであろう。[11]「将軍塚」という名称自体、征夷大将軍坂上田村麻呂からとられたものであるが、場所が東山に移ると田村麻呂が意識されることは次第に少なくなっていった。[12]

それでは、田村麻呂の伝説化はいつから行われるようになったのだろうか。それを明確に示すことはできないが、九世紀後半から十世紀ごろには『田邑麻呂伝記』が成立していたことが裏づけられ、十一世紀中葉には清水寺創建に関して田村麻呂が重要な役割を果たしていることが描かれることから、比較的早い時期から伝説化が行

われていったといえる。そして、平安末期の前九年の役、後三年の役といった陸奥での乱により田村麻呂が再び想起され、頼朝の奥州平定により確立化されていったのではないだろうか。

源頼朝は奥州平定を終え、陸奥国伊沢郡鎮守府の八幡宮に奉幣したが、そこは田村麻呂が東征のために下向したときに勧請崇敬した霊廟であって、田村麻呂が所持していた弓箭や鞭などが奉納され、それらは宝蔵に保管されていて、頼朝はことさら欽仰したことが『吾妻鏡』[13]文治五年（一一八九）九月二十一日条に記されている。また、九月二十八日条には以下のようにある。

> 御路次之間、令レ臨二一青山一給、被レ尋二其号一之処、田谷窟也云々、是田村麿利仁等将軍、奉二綸命一征レ夷之時、賊主悪路王并赤頭等構レ塞之岩屋也、其巌洞前途、至二于北一十余日、隣二外浜一也、坂上将軍於二此窟前一建二立九間四面精舎一、令下模二鞍馬寺一、安中置多聞天像上、号二西光寺一、寄二附水田一

藤原利仁は延喜十五年（九一五）に鎮守府将軍となった人物で、『鞍馬寺縁起』では下野国の高蔵山一帯の群盗を討ったとされる人物である。田村麻呂と利仁などの将軍が征夷に赴いたさい、賊主の悪路王や赤頭などが立て籠もったのが田谷窟すなわち達谷窟で、田村麻呂はこの窟の前に九間四面の精舎を建立して西光寺とし、鞍馬寺を模して多聞天像を安置したという。

このように、平安末には田村麻呂は蝦夷平定をなしとげた偉大な将軍として想起される存在となっていた。それを同じ征夷大将軍の源頼朝が伝承地を訪れることにより、田村麻呂の伝説化はよりいっそう深化することになったのである。『公卿補任』[14]弘仁二年（八一一）条には田村麻呂に関して、「此人身長尺八寸、胸厚一尺二寸、毘沙門化身、来護我国云々」とあり、田村麻呂は毘沙門天の化身とされている。毘沙門天（多聞天）は北方の守護神であることから、北方の蝦夷を平らげた田村麻呂と重ね合わされていったのだろう。[15]

二　鳩の怪異

それでは次の怪異を見てみよう。『平家物語』巻一「鹿谷」では、鳩の怪異について記述されている。藤原頼長の長男師長が左大将を辞任するということで、その地位を三人の人物が求めた。そのうちの一人藤原成親は後白河院のおぼえがよかったので、種々の祈りをして所望した。あるとき、石清水八幡宮に百人の僧を籠らせて、大般若経を七日間真読させていたところ、摂社である甲良（高良）大明神の前に生えている橘の木に、男山の方から山鳩が三羽飛んできて、互いに喰い合って死んでしまうという怪異が発生した。

これに対して当時の石清水八幡宮検校慶清は、「鳩は八幡大菩薩の第一の使者である。石清水八幡宮でこれほど不思議なことはない」ということで、内裏へ奏聞し、神祇官で御占が行われた。すると、「天下のさわぎ」という結果が出て、「ただし天皇の凶事ではなく、臣下の凶事である」ということだった。しかし、成親は恐れもせず毎夜上賀茂神社へ参った上、ある聖を籠らせて、神殿の後ろの杉の洞に壇を立てて、ダキニ天の法を百日間行わせたところ、七十五日目にその大杉に雷が落ちて神社が危うく燃えてしまいそうになり、神官たちが消し止めた。そこで聖を追い出そうとしたが拒んだので、賀茂の神人たちは白杖で聖の首を打ちたたき、一条大路の南へ追い出した。これに対して、「神は非礼を享給はずと申に、此大納言非分の大将を祈申されければにや、かゝる不思議も出で来にけり」との感想が記されている。

すなわち、成親は怪異の結果に逆らって慎みをせず、神のお告げにも耳を貸さなかったので、右のような変事が起こったのだとする。怪異は神意のあらわれであり、それに背けば神からの咎めを受けると理解されていた。このとき起こったのは鳩の怪異だったが、巻七「願書」でも鳩の怪異について記されている。

鳩が八幡神の使いとされるようになったのは、いついかなる理由によるものなのかはっきりしないが、鎌倉時代後期に成立したと考えられる『八幡愚童訓』[16]甲本に、前九年の役において源頼義が安倍貞任・宗任に苦しめられていたさい、源氏の氏神である八幡神に祈願したところ、鳩が軍旗の上に降ってきたとの記述があることから、十一世紀中頃には鳩と八幡神との関係が成立していたということができよう。

八幡宮で発生する鳩の怪異は、国家と重要なかかわりがあると考えられていた。この点については本書第8章で言及したように、鳩は源氏の氏神である八幡宮の使いとされる霊鳥であり、鳩が将軍自体をも象徴していた。

三　自然災害

『平家物語』巻三「飈」では、治承三年（一一七九）五月十二日（史実は治承四年四月二十九日）午の刻に京中ですさまじい旋風が吹いたことにより多くの建物が倒壊し、人的被害も大きかったことに対し、これはただ事ではないということで、神祇官・陰陽寮による軒廊御卜が行われ、その占断結果として、「今百日のうちに、禄を重んずる大臣の慎み、別しては天下の大事、並に仏法・王法共に傾て、兵革相続すべし」という結果が出たことを記している。実際この後には、内大臣平重盛が亡くなったほか、後白河法皇の鳥羽殿への幽閉、以仁王の挙兵、園城寺の炎上といったことが相次いだ。一般的な台風や大風の場合には、軒廊御卜を行うことはないが、今回は甚大な被害があったということで、神意を確かめるためになされたのであった。『平家物語』では旋風のあった日を史実と違う年月日に移すことによって、災異の前兆としての怪異ということを示したかったのであろう。

同じく地震の場合も、必ずしも怪異とされるわけではないが、その程度がはなはだしいと占いが行われる場合がある。巻三「法印問答」では、治承三年十一月七日夜の京都での大地震について言及している。地震の後、安倍晴明の五代孫で陰陽頭安倍泰親は急ぎ参内して、「今度の地震、占文のさす所、其慎みかろからず。当道三経の中に、根器経の説を見候に、「年をえては年を出ず、月をえては月を出ず、日をえては日を出ず」と見えて候。以外に火急候」といってはらはらと泣いた。

巻十二「大地震」では、平氏滅亡後の元暦二年（一一八五）七月九日正午ごろに京都で大地震があり、白河の法勝寺の九重塔が倒壊したのをはじめ、皇居や庶民の民屋もことごとく被害を被ったことを記している。『理科年表』によれば、この地震の震源は琵琶湖南端で、M7・4と推定されている。その状況は、『山槐記』『玉葉』『吉記』などさまざまな記録に残されており、貴族たちの動揺していた状況がよくわかる。被害は京都だけでなく広範囲にわたり、各地で地割れ・土砂崩れ・津波が見られ、余震も二か月以上続いた。九条兼実の日記『玉葉』によれば、地震当日天文博士安倍広基による地震奏があり、その占文では、天子凶・百日内大兵起・害諸大臣・女主慎・旱魃などを占断している[17]。すなわち地震という怪異は何かの予兆であって、さらなる大災が恐れられているのである。現代人の感覚からすると地震こそ最大の大災だと思うのだが、占断結果で地震が出ることはない。これは占断がパターン化しているためで、中国の地震のない地域での占方を基礎に日本の占方も作られたので、最初から占断結果として地震は排除されていたと考えられる。また、軒廊御卜の結果では、神祇官・陰陽寮ともに神の祟りであると占った。そこで地震御祈として山陵使が陵墓に派遣されて鎮謝がなされたり、諸社への奉幣、諸寺院での読経が行われた。

一方、『平家物語』では大地震の原因を怨霊に求めている。

十善帝王、都を出させ給て、御身を海底に沈め、大臣・公卿大路をわたして、その頸を獄門にかけらる。昔より今に至るまで、怨霊はおそろしき事なれば、世もいかゞあらんずらんとて、心ある人の嘆かなしまぬはなかりけり。

寿永四年（一一八五）三月二十四日、安徳天皇は平氏とともに壇ノ浦に沈み、平清盛の子で安徳天皇の外戚の宗盛やその子らは処刑されたほか、重衡は木津川畔で斬首された後、奈良坂の般若寺門前で梟首された。そしてその後、崇徳院の怨霊とならんで安徳天皇の怨霊への対応が朝廷において議論されるようになる。

『玉葉』によれば、七月三日には長門国に一堂を建てて、安徳天皇をはじめ戦場で命を落とした士卒らの霊を弔うべきであるとの議論がなされた。その矢先の大地震であったので、怨霊のために大地震が発生したと解するのも道理あることとである。十三世紀初頭に成立した慈円の『愚管抄』[18]巻第五には、「事モナノメナラズ龍王動トゾ申シ。平相国龍ニナリテフリタルト世ニハ申キ」のように、地震は龍となった平清盛が起こしたという説もあったことを記している。怨霊はしばしば龍となってあらわれ、この世に災害をもたらした。龍王動とは、室町時代の辞書『塵添壒嚢鈔』に地震の原因として記される火神動・龍神動・金翅鳥動・帝釈動の四種のうちの一つであった。龍は近世になると鯰に変わり、鯰が地震を起こすと考えられるようになったのである。

このように、ある現象が起こると、人によりその原因を違ったものに求めることがあるが、概してその背後に神の意志を感じるのが中世人のあり方だった。

また、巻十一「遠矢」にも不思議な現象があったことが記されている。壇ノ浦での合戦のさい、空から白幡が一筋降りてきて、源氏の船の舳先に、旗竿に結ぶ緒が触れるほどに近づいて見えた。それを見た源義経は、「これは八幡大菩薩がお現れになったのだ」と喜んで、手を洗い口をすすいで拝み奉った。また、源氏の方からイルカが一、二千ほどパクパク口を開けて平家の方へ向かった。平宗盛はこれを御覧になって、安倍氏と推測される小博士の晴信という人物を召して、「イルカは常に多いけれども、今までこのようなことはなかった。どういうことなのか占うように」とおっしゃったので、「このイルカ、口を開けて呼吸をしながら反対方向へ泳いでいったのなら、源氏は滅びるに違いない。パクパクしながら通り過ぎたのならば、味方の軍勢は危うくございます」と晴信が申すのも終わらぬうちに、イルカは平家の船の下をすぐに口をパクパクしながら通った。そこで「平家の世は今はこれまで」と晴信は申した。

このようなことがあった後、実際、四国・鎮西の軍兵がみな平氏に背いて源氏につき、平氏の軍兵は次々に射殺されたりし、最後には安徳天皇はじめ平氏一門は身投げして海の底に沈んでいったのであるから、空から降ってきた白幡やイルカの群れの動向は合戦の勝敗を暗示していたといえる。イルカの動きは潮の流れが変化したことによるもので、それに合わせて源氏が一気に突進して平氏を壊滅させたとも考えられるが、多数の動物や昆虫が現れて移動することは怪異としてしばしば記録され、その意味の読みとりが行われてきた。

おわりに

このように、『保元物語』『平家物語』には不思議な現象が何かを暗示しているとする記述がしばしば見られる。そして、その結果は常に正しく、それに反しようと抵抗しても強い力によって押し戻されてしまうのである。その強い力の根源は神であり、「日本国は神国」とする考え方がその背景にあったことによるものといえよう。そのため、神の啓示する「怪異」を読み解くことは、これからどのように生きていったらよいのかを知る指針として重要な意味をもっていたのである。

（1）「怪異」という言葉については、京極夏彦「私たちの「怪異」――現代の中の「怪異」と怪異――」（『怪異学の可能性』角川書店、二〇〇九年）に詳しい。

（2）軒廊御卜については、西岡芳文「六壬式占と軒廊御卜」（今谷明編『王権と神祇』思文閣出版、二〇〇二年）などで述べられている。

（3）古代の怪異については、榎村寛之「奈良・平安時代の人々とフシギなこと」（東アジア恠異学会編『怪異学の可能性』角川書店、二〇〇九年）、また怪異全般については西山克「怪異学研究序説」（『関西学院史学』二九、二〇〇二年）に詳しい。

（4）栃木孝惟・日下力・益田宗・久保田淳校注『保元物語　平治物語　承久記』〈新日本古典文学大系〉（岩波書店、一九九二年）。

（5）梶原正昭・山下宏明校注『平家物語　上』〈新日本古典文学大系〉（岩波書店、一九九一年）。

（6）鳴動全般については、笹本正治『鳴動する中世――怪音と地鳴りの日本史――』（朝日新聞社、二〇〇〇年）、西山克「中世王権と鳴動」（前掲注2『王権と神祇』）、黒田智『中世肖像の文化史』（ぺりかん社、二〇〇七年）などに詳しい。

（7）清水寺史編纂委員会編『清水寺史　第三巻史料』（法藏館、二〇〇〇年）。

（8）吉川真司「近江京・平安京と山科」（上原真人編『皇太后の山寺』、柳原出版、二〇〇七年）。

（9）『続々日本絵巻大成　清水寺縁起・真如堂縁起』（中央公論社、一九九四年）所収。

（10）「城東」という語に関しては解釈が分かれている。東すなわち陸奥の方向とするもの、平城京の方向とするもの、平安京の東とするものの三つである。漢文縁起本『清水寺縁起』の場合、「城の東を向く」と読むのが素直な読み方であり、「城」で平城京か平安京のどちらかを指す。当時の都は平安京であり、平城京の方向を向く意味はあまりないといえる。また、『平家物語』では土人形が「東山の峰に西向き」に埋められ、平安京を見守っていることから、田村麻呂は平安京の東の入り口の方角を向いて平安京を見守るように埋葬されたと解釈するのが妥当であろう。

（11）『山槐記』治承二年（一一七八）六月二十三日条では、東方で鳴動があったのに対し、「或曰将軍墓云々、十二度鳴之、後日又或曰、山階御陵云々、無一定」とあることから、このときの鳴動は山科側、すなわち田村麻呂墓からの鳴動と考えられたようである。十三世紀初頭までには、田村麻呂「将軍墓」から東山「将軍塚」へ鳴動が移ったと考えられる。『保元物語』では保元の乱の予兆として将軍塚がしきりに鳴動したことを記すが、これがどこの将軍塚かは記していない。また『太平記』巻第二十六「洛中の変違幷びに田楽桟敷崩るる事」にも貞和五年（八三八）二月二十六日夜半に将軍塚が鳴動し、虚空に兵馬の馳せ廻る音が半時ばかりした明くる日の午の刻、清水坂から出火して本堂などが焼失したことを記しているが、ここでも将軍塚がどこか記していない。しかし、「墓」と「塚」との表記の違いからすれば、これらは東山将軍塚の鳴動と解される。

（12）西野山古墓が田村麻呂の墓と比定されるまでは田村麻呂の墓所は不明で、明治二十八年の平安遷都一一〇〇年祭のときには京都東山区栗栖野にある墳丘が墓所として整備された。
(13)『新訂増補国史大系』。
(14)同右。
(15)毘沙門天と田村麻呂との結びつきについては、西川明子「東北地方における毘沙門天像と田村麻呂伝説の関連について」(『藝叢』一六、一九九九年)などの論考がある。
(16)桜井徳太郎・萩原龍夫・宮田登校注『寺社縁起』〈日本思想大系〉(岩波書店、一九七五年)。
(17)『玉葉』の地震記事については、湯浅吉美「九条兼実の地震観――『玉葉』に見る地震記事の検討――」(『埼玉学園大学紀要　人間学部篇』九、二〇〇九年)に詳しい。
(18)岡見正雄・赤松俊秀校注『愚管抄』〈日本古典文学大系〉(岩波書店、一九六七年)。

第10章　怪異と穢との間——寛喜二年石清水八幡宮落骨事件——

はじめに

八代国治・黒板勝美・相田二郎ら碩学により編纂された『石清水八幡宮史』[1]全九冊中の、史料第四輯には、「怪異編」が収録される。そこでは、天慶二年（九三九）十二月二十七日に鐘を鳴らしても音が鳴らなかったという怪異にはじまり、明和三年（一七六六）七月に境内の石清水が濁り黒気が生じたという怪異まで、平安時代から江戸時代にかけて石清水八幡宮で起こったさまざまな「怪異」が紹介されている。そこからわかるように、石清水八幡宮では、男山鳴動、釜鳴、人魂、光物、虹立、瓦落、建物の転倒、仏像の汗、狐鳴、羽蟻出現、動物の死など多様な怪異が発生していた。

また、田中宗清らが十三世紀はじめに石清水八幡宮関係の文書・記録を抄出してまとめた『宮寺縁事抄』[2]にも「恠異幷不浄等事」という項目があることから、石清水八幡宮では先例として怪異に関する記録をまとめておくことが大きな意味を持っていたことがわかる。

石清水八幡宮のはじまりは、貞観元年（八五九）に大和国大安寺の僧行教が、大菩薩の示現により宇佐宮から山城国男山の地に八幡神を勧請したことによるという。京畿名神七社の一つとして二十二社に列され、天皇の行幸、上皇の御幸は、天元二年（九七九）の円融天皇参詣以来、明治十年（一八七七）にいたるまで二百四十余回を数えた。また、石清水八幡宮は伊勢神宮とならび宗廟として尊崇されるとともに、源氏が八幡神を祖神と仰いでいたため、幕府の篤い崇敬もうけた。

このように国家と密接な関係にある石清水八幡宮で起こった怪異を考察していくことは、王権と怪異との関係を解明していく上で、非常に重要な位置を占めるはずである。(3) 石清水八幡宮における怪異がどのような意味をもっていたのか、またそれぞれの怪異がいかなる背景のもと発生したのか、その全貌を明らかにしていくことはできないが、ひとまずは寛喜二年（一二二〇）に社頭で発生した事件をとりあげて、石清水八幡宮での怪異について考えてみたい。(4)

一　事件の発生

(1)落骨事件の概要

事件は寛喜二年閏正月十九日正午ごろ、石清水八幡宮の本殿前で起きた。(5) 八幡宮内殿の当番預であった阿闍梨大法師俊源が朝廷に奉った言上状には以下のようにある。

十九日の午の刻、骨をくわえた烏が巽（南東）の方角から宝前の犬防ぎの上に飛来し、しばらくすると榊の上にその骨を落としていった。すぐさまそれを調べてみると、五寸（約十五センチ）ほどの大きさであり、獣の骨ではなく、どうも人間の骨のようであった。色は白く変色していたが、髄の部分にはまだかなり血の気があった。そのためすぐに番仕丁であった貞行を召し、西経所の坤（南西）の方角にある脇戸からその骨を取り捨てさせ、骨が落ちた場所の土はことごとく掘って取り除き、後には他から土を運んできてそこに埋め、解除（はらい）を行った。

これを受けて翌二十日に、関白であった九条道家は、明法博士である中原章久に対して、この出来事が穢であるか否かについて、今夜中に注進するよう命じた(6)。章久は勘文の中で以下のように述べる。

謹んで『新儀式』を調べてみると、五体不具の死骸は七日間忌むことになっているという。『新儀式』によると、五体不具というのは、頭・手・足それぞれが胴体から切り離され、それ一体としてかたちを残していることをいうのである。石清水八幡宮からの申状によると、五寸ばかりの骨であるとのことであり、手足などの完形ではないので穢ではないであろう。先例を見ると、天暦四年(九五〇)二月二日、中院北内膳南門のあたりで死人の頭が見つかり、その形は破垸(欠けたわん)のようであった。右大臣藤原師輔はこれを聞いてしばし佇立し、穢ではないと判断して諸祭をいつものように行ったというし、天徳四年(九六〇)十二月十二日に右大将藤原師尹が延光に言ったことによると、その二日前の十日に、鳶が死んだ子供の片頭(頭の一部)を邸内に落としたが、過去の式文にしたがって、これは穢ではないと判断したという。このように、前例では穢にあたらないとして奏上したが、今回の事件に類似したことは式条に明文化されていないので、時宜によるべきではないかと勘申する。

こうした勘文は「穢勘文」と呼ばれる。章久は以前に起きた同様の例を勘案しながら、今回は発見された骨が五寸ほどと小さいので穢ではないととりあえずは判断するが、『新儀式』の式条に明文化されていないので、あらためて判断すべきであると態度を保留している(7)。『新儀式』とは、十世紀中頃に成立した儀式書で、五体不具の死骸があった場合は七日間忌むことを規定している。この点については、おって詳しく考察したい。

これに対して、翌二十一日の大外記中原師季による注進状は以下のように述べる。

先例を調べたところ、詳細はよくわからない。ただし承安三年(一一七三)二月九日に軒廊御卜が行われたことがあり、これは平野社司の言上によると、承安二年閏十二月十一日に第四神殿の上に死人の生骨があるのを見つけたことによる。さらに、十二日に再び言上がなされ、築垣内の乾(北西)角と大膳職屋の東方でも死人の生骨がそれぞれ一本見つかり、すぐさま取り捨てられたという。このような穢は神祇官が言うところにしたがえば、祓い清めをすべき例である。閏十二月十一日に第四神殿の妻庇茅葺皮の上に死人の生骨があったので、すぐに言上したが、穢所をまだ祓い清めないうちに続けてこのようなことが起こったので、先例にしたがって穢となった場所をそれぞれ祓い清めたということである。また、治承二年（一一七八）五月九日に平野社司が言上して言うことには、九日巳の時に神殿前庭で死人の骨が見つかったため、すぐさま取り捨てた。よって、来る十一日の旬御饌は、すでに穢となってしまったため、先例に任せて供進しないことになったとのことである。ついては、これらの例を勘案すべきではないか。そもそも社解によると、骨は五寸ほどであるとのこと。法家（中原章久）の申状では穢ではないと判断しているが、伊勢太神宮では宮中で骨を見つけたとき、白く乾いているか赤い肉がついているか問うことはなく、朝夕の御饌を供進しなかったということであるし、平野社も神宮の例にならって旬の御饌を停止したのではないか。

先例を詳しく知る外記は、しばしばこうした伺いを立てられることがあった。今回の場合、以前平野社において死人の生骨が見つかったさいに穢と判断して祓い清めを行い旬の御饌が停止された前例や、伊勢神宮で骨が発見されたときにも、日別朝夕大御饌祭の神饌が停止された前例をもちだし、こうした例に基づけば、落骨事件は穢と判断されるべきではないかと注進している。

神域が穢されると、怒った神の祟りにより災害が発生すると考えられていたため、その対処方法も異なることとなり、穢か否かはそれだけ重要な問題だったのである。

(2)平野社の位置づけ

ところで、平野社とはどのような神社であったのだろうか。嘉承二年（一一〇七）、左大臣源俊房が平野社に神宮寺を寄進したさい、大江匡房が願文をしたためた「左大臣家平野建立堂願文」[8]には、「夫平野明神者本朝之宗廟也」との記述がある。また、平野社に祭られる桓武天皇の母高野新笠は、天照大神の姿を投影したといわれる[9]「天高知日之子姫尊」という諡号をもつ。つまり、平野の神は伊勢神宮に準ずる地位をもち、桓武天皇自身の祖神かつ皇室守護神とみなされていたことがわかる。さらには、平野社が大江氏の氏神でもあったため、大江匡房が平野社を宣揚する目的で「宗廟」の語を使用したという説もある。

平野社が神宮の例にならって旬の御饌を停止したということは、平野社の神官が、平野社は他の神社と異なり、伊勢神宮にならぶ社であるという意識を強くもっていたからではないだろうか。

ともかくも、中原師季は結論として落骨事件は穢であると判断しており、明法博士と大外記とでは判断が異なることになった。

二 仗 議

(1)公卿たちの主張

これをうけて翌二十二日に仗議が行われた[10]。これには按察使藤原兼宗、権中納言藤原定高、権中納言藤原実基、中納言源通方、大納言源定通、右大将藤原実氏、参議平範輔、左大弁藤原家光、参議平経高、そしてとりまとめ役である上卿の権中納言藤原頼資が参加し、それぞれ請文を提出した。各々の主張を要約すると以下のようになる。

按察使藤原兼宗

長元二年(一〇二九)天皇の御在所の近辺で、壺に入った死骸を見つけたという事件があった。その例にならって、まずは御卜を行うべきである。その上で、たとえ軽重の差違があったとしても奉幣・御読経などを行うというのはどうか。そもそも法家の勘申で穢ではないとされたことは、大外記の勘状に背くのでよろしくない。八幡宮寺の申状によると、髄には血の気があったということだから、今回の件は穢とすべきではないか。重ねて勘問すべきである。

権中納言藤原定高

穢と判断すべきではないが、神宮の例では白く乾いているか赤肉がついているかを論ぜず例饌を供えないということであるから、それに準じないわけにもいかない。重ねて宮寺の例を調べて、さらには卜筮で決するべきではないか。

権中納言藤原実基

先例にならって御卜を行い、その結果によって穢か否か決するべきである。卜によって疑いを決するのは先言の教えるところである。

中納言源通方

明法博士中原章久の勘申では穢ではないとするが、宗廟のことは他に異なる。大外記師季朝臣の勘申によれば、他に準拠する例もあるようなので、亀卜の吉凶によって烏が喰ったことが穢であるか否かを定め、さらに解謝の法を行うべきではないか。

大納言源定通

外記の勘例と法家の申状だけですぐに結論づけることは難しい。さらに詳しく先例を探してかつ御卜を行うべきではないか。宗廟のことは他に異なるので、穢か否かの疑を決することは難しい。たとえ先例が不詳であっても、重い方に判断して対処するのが例である。

右大将藤原実氏

宮寺の申状を式条から判断すると、穢ではないのではないか。ただし神慮ははかりがたく、疑いがあるのはよろしくない。亀卜で決するのがよいのではないか。

参議平範輔

社解によると、骨は五寸ほどとのことである。章久の勘申によると穢ではないということだが、これに異議はないのではないか。骨の髄に血の気があったとしても、その色はすでに白く変わっており、物体は原形をとどめていないのではないか。さらに一手一足は数日を経れば穢ではないということは、古人の説に明らかではないか。ただし災難の兆しかもしれないという疑いがないわけではない。御卜を行ってその結果によっては祈謝をすべきではないか。

左大弁藤原家光

法家が穢ではないと言っていることについて、外記が穢であると言っているのは、両極端である。非常に判断に迷ってしまう。ただし『新儀式』の式文についておもんぱかりの詞を加えるとしても、本解についていえば、骨は畜類のものではなく、髄に血の気があるとのことである。その形状がたとえ不完全であっても、穢ではないと一決してしまうにはなお考慮の余地がある。御卜を行い、神のお告げを待つべきではないか。もし穢であったなら、師季の注申のように、承安・治承等の平野社の例に準じて取りはからうべきではないか。そもそも犬防ぎの上に烏が飛来したということ自体に、汚穢の疑いがあるので、社殿を造替すべきであるということを、石清水八幡宮寺が自ら申し出るべきではないか。さらにまた穢の期間以後も、ことさらに祈謝すべきではないか。

参議平経高

法家の申状によると、穢ではないとのことであるが、外記の勘申にしたがうべきではないだろうか。伊勢太神宮ではすでにこうしたことがあったとのことである。穢でないとするのは神慮を知らないのであって、たやすく穢か否かということは奏しがたい。もし疑問が残るのであれば、亀卜で決すべきではないか。その内容により対処すべきではないか。

権中納言藤原頼資

石清水八幡宮の解状によると、穢気の疑いがないわけではない。大外記師季の勘申のように、伊勢太神宮の例にならって取りはからうべきではないか。鳥は陽精の鳥である。廟は陰気の像である。今陽精の鳥が陰気の廟を汚したことは、何かしらの疑いがないわけではない。とりわけ祈謝するべきではないか。

（2）宗廟としての石清水八幡宮

興味深いのは、藤原定高・源通方・源定通・平経高・藤原頼資のように、多くの公卿が、石清水八幡宮は宗廟であって、他の神社で怪異が発生した場合とは異なり、伊勢神宮と同じように取り扱われるべきであることを主張している点である。

伊勢と八幡は皇祖神であって、他の神々と一線を画した存在であるという意識は、大江匡房主導により、十一世紀末の寛治年間に形成されたと考えられており、今回の場合も「宗廟」という点が特に協調されている[11]。

もともと日本においては中国的な「宗廟」は存在せず、天皇陵を宗廟とすることもあったが、十一世紀末より皇祖神を祭る神社である八幡宮、それに続いて伊勢神宮が宗廟と称され、国家神としての側面を強めた。そして十三世紀には、伊勢神宮を国家第一の宗廟、石清水八幡宮を国家第二の宗廟と称するようになった[12]。つまり、石清水八幡宮は国家的地位の極めて高い神社であるため、他の神社で発生した怪異と同一には判断できないとの主張が起こってくるのである。

『平戸記』寛元二年（一二四四）十一月二十日条にあるように、「八幡宮者、昔是我朝之聖皇、今又宗廟之尊神、示二霊託於貞観一、垂二権跡於当宮一以来、百王之鎮護其誓厳、万人之帰依其効新、君之所レ恭、人之所レ敬」であり、他の神社とは別格の存在であった。したがって中世を通じて継続して発生した石清水八幡宮鳴動という事象は、王権に対しても重要な意味をもつことになるのである。(13)

その他、公卿の意見をみると、藤原家光が請文の中で、犬防ぎの上に烏が飛来したということ自体に汚穢の疑いがある、としていることは興味深い。このことからは、烏に対する当時の認識がうかがえよう。すなわち、烏は犬と同様に、神の使いとして他界との間を往き来する境界的な動物として認識されていたが、その一方、死体をはじめ、残った食物や捨てたごみなどを喰うので、穢と関係した動物としても意識されており、(14)それゆえ今回も烏の飛来自体に汚穢の疑いがあるとの意見も出されたのである。

また、藤原頼資の意見の中で、烏を陽、廟を陰とする指摘がある。これは『太平御覧』巻九百二十所引『春秋元命苞』に、火流が烏に変じたのは、烏が陽精であるためと記されていることと関係しよう。一方、廟は死者の霊魂を祭る場所なので陰とされたのであろう。陰と陽が触れあうことで生じる何らかの異常なるものを感じたと推測される。

結局、公卿たちの総意としては、たやすく穢か否かを決することはできないので、御卜により判断すべきであるということに落ち着いた。

神意をはかるためには、御卜によるべしというのが当時一般の考え方であった。公卿たちに決定能力がなかったから御卜を行うということではなく、御卜が神意の反映であったからである。(15)

三　軒廊御卜

(1)軒廊御卜

以上をうけて軒廊御卜が行われた。実際には史料に「軒廊御卜」と記されているわけではないが、出仕者およびその内容から軒廊御卜が行われたと判断できる。軒廊御卜は天皇や国家の安危にかかわるさいに行われた当時最高位の卜占である。内裏紫宸殿に向かって右側に連なる回廊（軒廊）において、奏上された怪異に対し、上卿主導のもと、神祇官と陰陽寮の官人が出仕して行われた。

鎌倉時代以降は、伊勢神宮を除き、石清水八幡宮など社格上位の諸社でも蔵人所御占ですまされることが多くなったというが、この場合は重大な事項と判断されたためか、軒廊御卜が行われた。ちなみに、小坂眞二氏の定義によると、蔵人所御占とは、蔵人所に候して占いや祓など天皇身辺の雑事に奉仕する蔵人所の陰陽師が、蔵人を通して天皇内々の諮問をうけて蔵人所で占う、天皇私問の系統に属する、陰陽師の個人占のことである[16]。

(2)寮占

二十四日には陰陽寮と神祇官による占断が行われた。天文博士丹波維範と主計頭賀茂宣俊による陰陽寮の占文では、まずは穢気の有無はどうであるかが占われた。これは、六壬式占によるもので、陰陽寮の伝統的な占断方式であった[17]。占いは、月日・時刻によって行うが、怪異が実際に発生した日時で占う場合、怪異を発見した日時で占う場合（怪異がいつ発生したかわからない場合はこの日時を用いる）、占いを行うよう指示された日時で占う場合の三通りあるが、この場合、占いを行うよう指示された日時で占いが行われた[18]。

ところで、六壬式占とは、歳・月・日・時の干支を徴明・河魁・従魁・伝送・小吉・勝先・太一・天罡・大衝・功曹・大吉・神后の十二月将、貴人・螣蛇・朱雀・六合・勾陳・青龍・天空・白虎・大裳・玄武・大陰・天后の十二天将を配した式盤に対応させ、五行相尅の理により吉凶を判断するものである(19)。

式盤は四角い地盤の上に円い天盤がのったミクロコスモスで、それは天地のマクロコスモスと対応している。ある怪異が発生した場合、それは天の啓示であるが、それだけでは何を示しているのか、一般人には理解することができない。それを陰陽師が天盤・地盤を用いて怪異の日時を対応させることにより、天意の読みとりを行っていくのである。こうした寮占は十六世紀後半まで続く。つまりこの事実は、当時天や神の存在が確信され、国家による怪異の管理が行われていたことを意味する。

寮占によると、「今日丁巳、時申に加り、二月節」という日時・時刻により占断が行われ、穢気ありと推断された。これは、「大歳上に天岡・白虎が見え、御年上に河魁・螣蛇があり、これは穢気をつかさどっているため」だという。

次に改めて怪異の吉凶が占われた。これは「今月十九日壬子、時午に加り、二月節」のように、怪異の起こった日時により占断が行われた。この結果は「依二神事不浄不信一所レ致之上、公家非レ慎二御　薬事一、従二震巽方一奏二口舌事一歟、期二彼日以後卅五日内一、及来二月五月六月節中、並戊己日一也」となった。訳すと、怪異の原因は、神事が不浄・不信によりもたらされる上、公家が御病気時に物忌・斎戒をしないことにあるという。さらに続けて、近いうちに震（東）・巽（南東）の方角から口舌（兵革）が起こる可能性があり、怪異が発生した日から三十五日以内の戊・己の日と二月・五月・六月の節中にある戊・己の日には、物忌をしなければならないと判定している。

（3）怪異について

ところで、こうした占断には独創性があるわけではなく、パターン化されたものなのである。怪異の原因としては神事の不浄・不信・違例が慣用句として用いられ、怪異に対する物忌としては、疾疫・病事・薬の慎み・口舌・闘諍・闘乱・兵革・動揺・不安・火事のいずれかが占断された。しかし平安中期に物忌の理由として意味をもっていたのは、口舌（兵革）と病事（疾疫）とにすぎなかったとされている。[20]

平安時代に行われた軒廊御卜の原因となった怪異について分析した西岡芳文氏によると、怪異は、

A　広範囲におよぶ自然災害
B　動物の異変
C　植物の異変
D　建物・器物の異変
E　人事

に分類されるという。[21] 鎌倉時代以降の怪異については別個に分析する必要があるが、この分類から遠く離れるものではないだろう。そして今回の場合は烏が骨片を宝前に落としたということなので、Bに分類されよう。そしてそれが穢であるかどうかという点で問題が複雑化したのである。

（4）官卜

陰陽寮の占文に対して、卜部兼頼・卜部兼継・大中臣宣経・卜部兼直という四人の神祇官による卜文も提出された。これは灼甲による卜定で、海亀（アカウミガメ）の甲を火であぶり、加熱で生じたひび割れの状態により占う。[22] まずは穢か否かが五兆卜によって判定され、「人稍伏」という結果が出たので「不浄を主る」と判断し、

それは「火兆金支相副、玄武兆を加う」ためとされ、結論として今回の事件には穢があるという判断が下された。そして改めて、怪異の原因が卜された。怪異の原因が何かを卜定することには陰陽寮はかかわらない。これは神祇官のみの職務であった。神祇官の卜定によると、石清水八幡宮の神事が滞っており、かつ不浄であるためにこのような怪異が発生したのであるから、公家は御慎をすべきであり、さらに怪所である石清水八幡宮では失火のおそれがあるという。こうした公家の御薬事（病気）・御慎（物忌）や怪所での失火の恐れという判定はしばしば見うけられるものであった。

このように、何か怪異が発生した場合、その原因を神事が滞っているためとか、社殿が汚損しているために神の祟りがあらわれたのだとかする事例はしばしば見られる。『御成敗式目』にもその最初に「可㆘修㆓理神社㆒専㆗祭祀㆖事」として、「神者依㆓人之敬㆒増㆑威、人者依㆓神之徳㆒添㆑運」と見られるとおり、神を清浄に保ち、祭祀を滞りなく行うことは非常に重要であり、神を満足させることは国家にとっての重大な責務であった。

(5)官宣旨

さて、こうした陰陽寮と神祇官の判断をうけ、翌二十五日には石清水八幡宮に対して官宣旨が二通出された。それによると、神祇官の官卜と陰陽寮の寮占の両者を採用して、石清水八幡宮に公家御薬・口舌および怪所での火事防止などを祈謝させるとともに、神事の違例や不浄を注進させたという。そしてもう一通では、官卜・寮占をうけてこのたびの出来事を穢と判断し、石清水八幡宮に通知した。

こうしてみてくると、まずは公卿たちの会議が行われ、それで決することができない場合、神祇官・陰陽寮による占いに判定がゆだねられ、それがほぼそのまま太政官の決定となったという経緯が読みとれる。

占いは神意の発露に対する理解であり、目で見ることのできない神々の世界について知ろうとする当時の「科学」であった。

四　五体不具の穢

この事件では、烏によって落とされた骨が穢となるかどうかが問題となったが、ここで五体不具の穢について考えてみたい[23]。

(1)穢に関する規定の変遷

まず『延喜式』臨時祭の穢に関する規定は、人の死は三十日、産は七日、六畜の死は五日、産は三日（鶏は忌む限りではない）、その宍を喫るときは三日、改葬および四月以上の傷胎（流産）は三十日、三月以下の傷胎は七日を忌むことをとり決めているが、死体がバラバラになった状態、つまり五体がそろっていない場合の五体不具の穢については規定されていない。

しかし、平安中期に成立した有職書『小野宮年中行事』によると、「人死忌卅日」の解釈をした中に、延喜十六年（九一六）四月二十八日、五体不具の場合は三十日の穢として死穢の範疇に入れて忌むべきことを定めた、とある。従って延長五年（九二七）成立の『延喜式』では、五体不具の穢は、死穢三十日の規定に含まれると解釈されていたため、特に式文上に記載する必要がなかったと解されている。

なお、五体不具の穢を一般の死穢とは別に最も早く規定したのは、十世紀中頃の村上天皇の御代に編纂されたとされる『新儀式』で、その第五には、五体不具の死骸があった場合は七日を忌む（ただし三十日忌むこともあれば、忌むことのない場合もある）と規定されている。五体不具といってもさまざまな場合があるため、三通りの忌み期間が設定されたのだろう。この段階では、どのような場合に何日間を忌むという規定はまだない。

続く十一世紀前半成立の儀式書『北山抄』でも、五体不具の穢に関する日数はまだ定まっていない。その中では、三十日忌むのは手足など身体の一部が切断された死体の場合か、七日忌むのは切断された手足など身体の一部が残存する場合か、穢とならないのは切断された手足が数日を経た場合か、などと述べられ、身体の残存範囲などによる忌みの日数の違いが述べられている。

また、平安時代末期に成立した『法曹至要抄』では、三十日の穢となる五体不具とは、上半身あるいは下半身の部位がそろっている場合と全身の死灰が残っている場合と規定されている。そして七日の穢となるのは、死人の頭もしくは手足や、死人の灰が少々残っている場合とされる。穢とならない場合は、骨が年月を経て血の気がない場合とされた。

そして、鎌倉時代末の伊勢神宮の服忌令注釈書である『文保記』ではさらに具体的になる。人の死穢は三十日、五体不具は七日、けれども手・足・頭や骨類の場合は三日で、手足がなくても六腑がそろう場合は三十日の穢となり、畜類の死は五日、血の気がなく古骨ならば穢ではないと規定している。そして、血肉がなくても骨の色に赤みがあれば穢となるとされる。骨の大きさについても規定され、指先など一寸に満たない骨ならば穢ではないと判断されたとある(24)。

また、畿内など二十一社の禁忌を集めた鎌倉初期成立の『諸社禁忌』では、五体不具の穢について、伊勢神宮・賀茂・平野・稲荷・大原野などでは七日を忌むとするのに対し、石清水八幡宮に関する記述はない。これは五体不具を忌まないということではなく、その規定をしていなかったということではないか。そのため、今回のように朝廷による判断を仰ぐことにもなったのであろう。

このように、穢に関する規定は年代が降るにしたがって詳細に規定されていくが、それとともに穢自体への理解は表層的なものとなり、何日間忌むかといった類の問題に終始していくこととなった。

(2)石清水八幡宮の対応

二十八日、石清水八幡宮では先の官宣旨をうけて請文を提出した。石清水八幡宮は、神事違例、不浄不信については追って注進言上するが、穢気に対する忌みが七日間であるなら、すでにその日数は過ぎてしまったので、まずは百度の解除を行い、その後百人の僧侶を招いて百座仁王講を修し、その上でさらに祈謝をする、と朝廷に伝えている。この結果がどうなったのか、それを伝える史料は残っていないものの、おそらく石清水八幡宮では請文どおり解除などが行われたのであろう。なお、最終的には今回の事件は五体不具の穢であると判断されたが、すでにそのための忌みの期間は過ぎてしまっており、意味がなくなっていた。

こうしてこの落骨事件は一応の決着を見た。石清水八幡宮本殿前の落骨は、神社における常ならざる現象＝怪異であり、それは神意のあらわれとみなされた。落骨自体は各所で見られることであるが、神意をあらわす神社、さらには国家と重要なかかわりを持つ石清水八幡宮で落骨が起こったという点において、重要な意味が生じることとなったのである。そして、落骨が穢なのかどうかという問題が議論され、今回は神意により穢と認められるにいたったということであった[25]。

五　むすびにかえて――事件のその後――

明文化された規定であってもはっきりと判断できない場合は、このように神意が仰がれた。つまり、怪異と穢とは必ずしも結びつく問題ではないが、この落骨事件の場合は、事件が神社の社頭で発生したということ、そして尋常ならざる不思議な出来事であったという点から、怪異と穢とが結びついていったのである。

(1)後堀河天皇の対応

落骨事件に対する対応は、百度の解除や百座仁王講により決着をみたはずであった。しかし当時、社会で発生したさまざまな現象は、なお人びとの怪異への恐れを生み出した。

二月七日の祈年穀奉幣のさい、正三位権中納言藤原頼資と前河内守正五位下藤原孝綱が使いとして石清水八幡宮に詣でて御幣を捧げ、特別に後堀河天皇の宣命を奉じた。それによると、「近日地維屢振比、雷電自鳴留、加之都鄙乃間爾、疾疫流行乃由」という世間の状況を後堀河天皇が聞き憂いていたところ、去月十九日の怪異が発生した。そこで神祇官・陰陽寮に卜定させたところ、「咎祟りのためで、これから災異が起こる可能性がある」とのことであったので、これから起こるかもしれないよろしくない厄介事を未然に払い退けて、「宝祚延長」つまり天皇の命が長く続くことと、「黔首安穏」つまり人民の安穏を護っていただくように、八幡の神に対して祈願したのであった。

後堀河天皇は怪異に対する畏怖の念がなお深かったため、さらに四月九日にも正三位中納言藤原盛兼と前備後守正四位下藤原信実を石清水八幡宮へ使いとして派遣し、鎮護の誓に違わず、冥助の感を施して、これから起こるかもしれない不祥を未然に退けてくれるよう宣命を述べ、大幣を捧げた。このときは伊勢神宮にも奉幣を行った。この宣命の中でも「このごろ都鄙の間に疾疫流行」し、「憂民の心、時として休まず」と述べるように、早く患難が消えてくれるよう願っていることが注目される。

ここで当時起きた災異について見てみると、地震に関しては『明月記』寛喜二年閏正月十三日条にその発生が記され、定家は「地震近年はなはだ不快の事か、もっとも怖るべきことなり」と記す。また『吾妻鏡』には、閏正月二十二日に鎌倉大慈寺の後山が頽れたことが記され、この地震は神奈川県東部を震源とする震度五以上の地震だったと推定されている(26)。また、閏正月七日には木幡の浄妙寺陵をはじめ多武峰も鳴動するなど、所々で怪異などが多く発生し、御祈禱や泰山府君祭などが修された。

雷電に関しては『明月記』閏正月十七日条に、京都で風をともなう雨がはなはだしく降り、雷鳴が二、三度したあと次第に遠ざかったと記される。しかし風雨はその後も猛りおさまらず、夜更けにかけてまた雷鳴が頻りに聞こえたという。

疾疫に関しては、寛喜二年にとりたてて流行したという記録はないものの、宣命に書かれていることからすると、流行していたことは確かであろう。

しかし、地震にしても雷電にしてもときには起きる事象であり、それをあえて怪異と関連づける背後には、それを解釈する側に何らかの意識が存在していたからと指摘できる。

寛喜二年落骨事件のさい、後堀河天皇の脳裏をよぎったものが何なのか、確かなことはわからない。しかし、承久の乱により仲恭天皇が廃され自らが突如として天皇の位に上った後、幕府主導のもととりあえず社会は安定したと思ったのも束の間、怪異の頻発によって再び動乱が巻き起こるのではないかと、後堀河天皇は疑心暗鬼になっていたのかもしれない。

しかし「宝祚延長」を石清水八幡宮に祈った後堀河天皇も、わずか四年後の文暦元年（一二三四）八月六日、病気のため二十三歳の若さで逝去してしまう。これも歴史のいたずらなのであろうか。

(2) さらなる地平へ

石清水八幡宮での怪異現象は、その後次第に種類が少なくなり、室町時代になると「御山鳴動」が怪異の大部分を占めるようになる。それが史料的性格によるものか、怪異自体のもつ性格が変化したことによるものか、国家における石清水八幡宮の位置づけがかわったことによるものか、現在のところ判断がつきかねる。

これまで興味本位にとりあげられるだけだったり、等閑視されがちであった怪異を深く探求していくことによって、新たな日本史像を築いていくことができるであろう。

（1）明治四十三年から昭和十四年にいたるまで、ほぼ三十年を要して編纂され、石清水八幡宮社務所より刊行されたが、その後、続群書類従完成会より再刊された。

（2）『神道大系　神社編七　石清水』所収。『宮寺縁事抄』については、村田正志「石清水八幡宮創建に関する二縁起の流伝」（『村田正志著作集』第五巻、思文閣出版、一九八五年）で詳述されている。

（3）石清水八幡宮の怪異や穢について扱った論考として、鍛代敏雄「石清水社に於ける『穢』の問題」（『國學院大學大学院紀要文学研究科』二一、一九九〇年）がある。

（4）この事件についてふれた論考として、山本幸司『穢と大祓』（平凡社、一九九二年）などがあるが、全面的に論じたものは見うけられない。

（5）この事件については、『大日本古文書』家わけ第四・石清水文書之二・田中家文書「宮寺宝殿恠異事寛喜二年閏正月十九日」において、二十四通（うち一通は紙背文書で怪異とは無関係）すべて翻刻されており、先に掲げた『石清水八幡宮史』史料第四輯にも収められている。すべて案文であり、成巻されている。

（6）明法家の活動および、歴代の明法家については、布施弥平治『明法道の研究』（新生社、一九六六年）を参照のこと。

（7）鍛代前掲論文（注3）によると、石清水八幡宮では、院政期のはじめから鎌倉時代の十三世紀前半までの約百五十年間に、怪異・触穢・除服の事例がもっとも頻発するという。

（8）『江都督納言願文集』巻三所収。

（9）義江明子「平野社の成立と変質――外戚神説をめぐって――」（『日本歴史』四二九、一九八四年、のち『日本古代の氏の構造』所収、吉川弘文館、一九八六年）。

（10）鎌倉時代の杖議に関しては、早川庄八「寛元二年の石清水八幡宮神殿汚穢事件――平戸記の関連記事・試読――」（『名古屋大学文学部研究論集　史学』三二、一九八六年、のち『中世に生きる律令』所収、平凡社、一九八六年）に、石清水八幡宮神殿での流血事件に関する詳しい経過が検討されている。

（11）吉原浩人「八幡神に対する「宗廟」の呼称をめぐって」（中野幡能編『八幡信仰事典』戎光祥出版、二〇〇二年）。

（12）高橋美由紀『伊勢神道の成立と展開』（大明堂、一九九四年）。

（13）鳴動に関しては、小峯和明「託宣としての鳴動」（『説話の声』新曜社、二〇〇〇年）、笹本正治『鳴動する中世』（朝日新聞社、二〇〇〇年）、黒田智「鳴動論ノート」（『中世肖像の文化史』ぺりかん社、二〇〇七年、初出二〇〇二年）、西山克「中世王権と鳴動」（今谷明編『王権と神祇』思文閣出版、二〇〇二年）など、近年研究成果が相次いで発表されている。西山によって山陵の鳴動から宗廟の鳴動への転換が指摘されているが、『八幡山陵末社告文起文等部類』三（『石清水八幡宮史』四・祠官編・訴訟）に嘉禎二年（一二三六）のこととして、「山陵者形骸之所在、宗廟者精神之所ㇾ拠也」と、八幡宮別当宗清が誉田山陵に祈っていることが注目される。なおこの史料の所在は、三重大学人文学部中辻肇君から教示を得た。

(14) 黒田日出男「「犬」と「烏」と」（『増補　姿としぐさの中世史』平凡社、二〇〇二年）。

(15) 中世社会における占いや籤のもつ意義については、今谷明『籤引き将軍足利義教』（講談社、二〇〇三年）に述べられている。

(16) 小坂眞二「古代・中世の占い」（村山修一ほか編『陰陽道叢書4特論』名著出版、一九九三年）。

(17) 六壬式占の占い方については、小坂眞二「式占」（『別冊太陽七三　占いとまじない』平凡社、一九九一年）で詳しく解説されている。

(18) 鈴木一馨『陰陽道』（講談社、二〇〇二年）。

(19) 陰陽道で実際に用いられた式盤は現存しないが、中国では後漢時代や六朝期の遺品が残る。

(20) 三和礼子「物忌考」（村山修一ほか編『陰陽道叢書1古代』名著出版、一九九一年）。物忌全般に関しては、岡田重精『斎忌の世界――その機構と変容――』（国書刊行会、一九八九年）に詳しい。

(21) 西岡芳文「六壬式占と軒廊御卜」（前掲注13『王権と神祇』）。

(22) 亀卜については、小坂前掲論文(注16)のほか、東アジア恠異学会編『亀卜――歴史の地層に秘められたうらないの技をほりおこす――』（臨川書店、二〇〇六年）に詳しい。

(23) 触穢の変遷については、小堀邦夫「触穢制度史稿」（『神道学』一三九～一四三、一九八八・八九年）で、五体不具の穢に関しては、小堀邦夫「五体不具の穢」（『神道史研究』二九―二、一九八一年）で詳しく述べられている。また、中世の穢に関する代表的論考として、横井清『中世民衆の生活文化』（東京大学出版会、一九七五年）、大山喬平『日本中世農村史の研究』（岩波書店、一九七八年）、丹生谷哲一『検非違使――中世のけがれと権力――』（平凡社、一九八六年）、吉田徳夫「中世の触穢政策」（『関西大学法学論集』四〇―六、一九九一年）、勝田至「中世触穢思想再考」（『日本史研究』三五六、一九九二年）などがある。

(24) 中世伊勢神宮の穢に関しては、飯田良一「中世後期伊勢神宮における穢と不浄」（西垣晴次先生退官記念宗教史・地方史論纂編集委員会編『西垣晴次先生退官記念宗教史・地方史論編纂』刀水書房、一九九四年）に詳しい。

(25) 山本前掲書（注4）で、穢の結果と考えられていた事象として、天候・自然の異変、皇太子らの肉体的変調、御所での物怪の出現、穢に触れるような行為を行った当人に対する直接の神罰などが指摘されている。また、丹生谷前掲書（注23）で、神社（祭）と内裏、換言すれば神と天皇が、穢をもっとも忌避すべき存在とみなされていたと指摘されている。

(26) 宇佐見龍夫編『CD-ROM版　新編被害地震総覧　増補改訂版』（東京大学出版会、一九九七年）。

〔付記〕史料閲覧にさいして、便宜をはかって下さった石清水八幡宮宮司田中恆清、祢宜西中道、権祢宜伊原佳直の各氏に対し、厚く御礼申しあげます。

第11章　親鸞における神と鬼神

はじめに

平安時代後期から鎌倉時代にかけては呪術的宗教全盛の時代であった。顕密仏教においては加持祈禱によって天皇をはじめとする貴族たちの安泰と国家の護持とがはかられた。また、二十二社を中心とした神社においては怪異のシステムが確立され、常とは違った現象が起きると朝廷に奏上され、神祇官と陰陽寮による軒廊御卜によって対処がなされた。

一方、個人においても修験者・陰陽師たちに病気直しの祈禱を依頼し、呪符を貼って疫病を遠ざけ、現世利益を神仏に祈願することが一般的となっており、社会全体が呪術的宗教で覆われていたといえる。そのため、怨霊・天狗の存在が信じられ、国家は非業の死を遂げて亡くなった人物の霊魂を鎮魂することに腐心した。

しかし、こうした呪術的宗教によっても災害や疫病は止むことはなく、寒冷化もあって寛喜の飢饉など大きな飢饉が相次ぐこととなり、人びとは一向に安心を獲得することはできなかった。このような社会状況の中、親鸞は「神祇不拝」を唱え、呪術的宗教によって束縛されている状況からの脱却を促し、専修念仏の道こそ唯一人びとを呪縛から解放できる方策だとして念仏を広めていった。そのため、専修念仏の徒のあり方は社会を混乱に導くとして、顕密側から激しく糾弾されるとともに、そうした宗教によって支えられていた国家により法然・親鸞らは流罪とされた[1]。

「神祇不拝」は宗祖親鸞によって定立され、その後多少の変化はあったものの、現在にいたるまで受け継がれている、真宗にとって根幹となる概念である[2]。本稿においては親鸞の神祇観、とりわけ「鬼神」に対していかなる認識をもって対峙しようとしていたのか考察していきたい。

一　神祇不拝と諸神護念

親鸞の宗教観が体系的に示されているのが主著『顕浄土真実教行証文類』（以下『教行信証』と記す）で、その化身土巻には種々の経典を引用するかたちで親鸞の神に対する認識が記されている。第8章において言及したが、親鸞は『涅槃経』や『般舟三昧経』を引用することにより、仏に帰依するのならば他の神々に帰依しなくてよいとし、天を拝んだり鬼神を祀ったり、吉良日を選んだりすることを否定しているが、その他多くの内典・外典を引用するかたちで「神祇不拝」を主張している。しかしここで注意しなくてはならないのは、近代的観念を親鸞の思想に投影してはいけないのではないだろうか。関東での親鸞は多分に善光寺信仰の影響を受け、「呪術的」性格も有していた[3]。

親鸞の神観念は法然に影響を受け、さらに発展させたものといえる[4]。『浄土宗略抄[5]』には以下のように記されている。

弥陀の本願をふかく信じて、念仏して往生をねがふ人をば、弥陀仏よりはじめたてまつりて、十方の諸仏菩薩、観音、勢至、無数の菩薩この人を囲繞して行住坐臥、よるひるをもきらはず、かげのごとくにそひて、もろ〳〵の横悩をなす、悪鬼悪神のたよりをはらひのぞき給ひて、現世にはよこさまなるわづらひなく、安穏にして、命終の時は極楽世界へむかへ給ふ也、されば念仏を信じて往生をねがふ人は、ことさらに悪魔をはらはんために、よろづのほとけかみにいのりをもし、つゝしみをもする事は、なじかはあるべき、いはんや仏に帰し法に帰し、僧に帰する人には、一切の神王、恒沙の鬼神を眷属として、つねにこの人をまもり給ふといへり、しかればかくのごときの諸仏諸神、囲繞してまもり給はんうへは、又いづれの仏神かありて、なやまし、さまたぐる事あらん、

念仏を唱えて往生を願う人は、阿弥陀如来をはじめとした諸仏が取り囲んで、悪鬼・悪神が祟ることから守ってくれるのであるから、ことさら悪魔を払うために諸仏神に祈ったり物忌みをしたりする必要はない。まして三宝に帰する人には、一切の鬼神が眷属として守っているので、いずれの仏神も障害を及ぼすことはないと述べている。法然は称名念仏の一行専修を主張して余行を雑行として排することを主張したが、念仏者に対する諸神の擁護について述べており、神祇不拝を主張したわけではない。そして法然のこの考え方は中国浄土教の善導による主張を踏襲している(6)。

しかし、神祇を拝まないとする専修念仏のあり方は、顕密仏教と国家が密接に結びつき、呪術的宗教全盛のときにあって、まさに異端の存在であり、痛烈に批判された。『沙石集』(7)巻第一（十）「浄土門ノ人神明ヲ軽テ蒙レ罰事」には以下のようなことがあったことを記している。

鎮西の浄土宗の学生であった人物が検注使として神社領を検注して余田をとりあげたため、社僧神官らが怒って鎌倉に訴訟したが却下され、地頭に訴えても認められなかった。そのため呪詛しようとしたが、学生は「聊かも恐るる事無し。浄土門の行人、神明なむど何とか思ふべき。接取の光明をかぶらむ行人をば、神明も争でか罰し給ふべき」とからかい嘲ったため、神人は怒って呪詛したところ、いくほどもなく悪い病がついて物狂いとなった。その後、母が神を巫女に降ろしてもらい、何とか助けようとしたが、かなわずに首がねじれたまま亡くなってしまった。母の尼公も病気になったため、白山の神を降ろしてお詫びしたが、「心の中にわれを恨み思ひ

し事、安からず」とのお告げで、とうとう亡くなってしまった。その地頭の子息が家を継いでいたが、家の棟に鷺がいるのを占ったところ、神の御とがめであると出たのに、家の内にいた陰陽師が「神の罰は何事の候べきぞ。封じ候はん」と言ったが、盃を持ちながら縛られたように手を後ろへ回して硬直して死んでしまった。

こうしたことに対して、著者の無住は、「凡念仏宗は、濁世相応の要門、凡夫出離の直路也。実に目出度き宗なる程に、余行・余善を撰み、自余を仏菩薩・神明までも軽め、諸大乗の法門をも謗ず事あり。此俗諸行往生を許さぬ流にて、事外に心えずして余の仏菩薩をも軽めける人なり」「只仰て本願を信じ、ねんごろに念仏の功を入て、余行を謗り余の仏菩薩・神明を軽しむる事あるべからず」と記している。顕密仏教側からしてみると、神仏を軽んじる専修念仏には当然神罰が下るものと意識されていたのである。

専修念仏の徒は神祇軽侮であるとして、さらに激しく指弾を受けた。元久二年（一二〇五）十月、貞慶による『興福寺奏状』(8)第五霊神を背く失には、

念仏の輩、永く神明に別る、権化実類を論ぜず、宗廟大社を憚らず。もし神明を恃めば、必ず魔界に堕つと云云。実類の鬼神においては、置いて論ぜず。権化の垂跡に至つては、既に是れ大聖なり、上代の高僧皆以て帰敬す。

と記され、神を軽んじて帰依しない念仏の徒を批判している。神には仏を本地にもつ権化の神と、本地をもたない実類の神とがあり、後者はともかく前者はこれまで高僧らが皆帰敬してきたとする。しかし、貞慶のこの批判は親鸞の説を曲解している。親鸞自身は神祇を拝む必要はないことを主張したのであって、神々に背いているわけではない。無住も念仏宗は仏菩薩・神明を誹っているとして非難しているが、法然・親鸞の言説からはそのような事実は認められない。

旧仏教側の批判はさらに貞応三年（一二二四）五月十七日の山門奏上(9)で、

一、一向専修党類向二背神明一不当事、

右吾朝者神国也、以レ敬二神道一為二国之勤一、

と述べているように、専修念仏の徒は神明に背いていることを批判の的にしている。親鸞が否定したかったのは顕密仏教を覆っている呪術的宗教の部分であり、神祇そのものではなかった。親鸞は、他の仏神を拝むことによって人びとが救われることのない呪術的宗教の世界に迷い込んでしまうことを危惧していたのであった。

『親鸞聖人御消息集』の九月二日付「念仏ノ人々ノ御中へ」の消息には以下のように記されている。

マツヨロツノ仏・菩薩ヲカロシメマヒラセ、ヨロツノ神祇・冥道ヲアナツリステタテマツルトマフスコト、コノ事ユメ〳〵ナキコトナリ。

（中略）

仏法ヲフカク信スルヒトヲハ、天地ニオハシマスヨロツノ神ハ、カケノカタチニソヘルカコトクシテマモラセタマフコトニテサフラヘハ、念仏ヲ信シタル身ニテ、天地ノ神ヲステマフサントオモフコト、ユメ〳〵ナキコトナリ。

念仏者の中には親鸞の説を曲解し、諸神諸仏を軽侮し、造悪無碍を主張する者も出てきた。そうした者を親鸞は諫めているのであり、諸神は念仏者を擁護するのであるから、神祇を侮ったり捨てたりしてはならないとしている。この点に関して、親鸞の神祇への妥協であるとか、思想のゆれであるとか、方便であるとか論じられているが、そうではなく、念仏を唱えることによって諸神が擁護してくれるのであるから、あえて他の仏神を拝む必要はないとするのである。そのため、擁護してくれる神を侮り捨ててはいけないのである。その点、親鸞の思想は一貫している。

こうした姿勢は善鸞義絶のさいにも示されている。『最須敬重絵詞』第五巻には次のように記されている。

初ハ聖人ノ御使トシテ坂東へ下向シ、浄土ノ教法ヲヒロメテ、辺鄙ノ知識ニソナハリ給ケルカ、後ニハ法文ノ義理ヲアラタメ、アマサヘ巫女ノ輩ニ交テ、仏法修行ノ儀ニハツレ、外道尼乾子ノ様ニテオハシケレハ、聖人モ御余塵ノ一列ニオホシメサス、所化ニツラナリシ人々モステ、ミナ直ニ聖人ヘソマイリケル。

親鸞の正しい教えを伝えるために関東に使わされた善鸞が、次第に呪術的宗教に染まってしまい、それを親鸞は許すことができなかったのである。

さらには『正像末和讃』悲嘆述懐讃には、正嘉二年（一二五八）九月二十四日、親鸞八十六歳のときの和讃として、以下のように記している。

五濁増ノシルシニハ　コノヨノ道俗コトコトク
外儀ハ仏教ノスカタニテ　内心外道ヲ帰敬セリ
カナシキカナヤ道俗ノ　良時吉日エラハシメ　天神地祇ヲアカメツ、
卜筮祭祀ヲツトメトス
（中略）
外道梵士尼乾子ニ　コ、ロハカワラヌモノトシテ
如来ノ法衣ヲツネニキテ　一切鬼神ヲアカムメリ
カナシキカナヤコノコロノ　和国ノ道俗ミナトモニ
仏教ノ威儀ヲコト、シテ　天地ノ鬼神ヲ尊敬ス

ここでも、良時吉日を選ぶ陰陽道的考えや卜筮祭祀、さらには「鬼神」を尊敬して呪術的宗教に傾倒している道俗らを嘆いている。

二　親鸞の鬼神認識

そこで、親鸞が拝むことを強く否定する「鬼神」とはどのような存在か明らかにすることが重要となってくる。(10)

一般に、鬼神とは主として仏教経典や儒教において用いられた用語であり、「変化自在の力を有して、或は仏教を護持し、国界を守護し、又は兇悪を恣にして人畜等を悩害する怪物を云ふ」(『望月仏教大辞典』)存在とされる。

親鸞は『教行信証』化身土巻で鬼神について諸経典を引用して以下のように言及している。

灌頂経言。三十六部神王、万億恒沙鬼神為眷属。陰相番代、護受三帰者。已上

地蔵十輪経言。具正帰依、遠離一切妄執吉凶。終不帰依邪神外道。

又言。或執種種若少若多、吉凶之相、祭鬼神、乃至而生極重大罪悪業。近無間罪。如是之人若未懺悔除滅如是大罪悪業不令出家及受具戒、若令出家或受具戒、即便得罪。已上

（中略）

神智法師釈云。餓鬼道、常飢曰餓、鬼之言帰尸、子曰、古者名人死為帰人。又天神云鬼、地神曰祇也。乃至形或似人、或如獣等。心不正直、名為諂誑。

（中略）

論語云。季路問、事鬼神、子曰。不能事人焉能事鬼神。已上抄出

仏典における鬼神は、仏教を護持する存在であることもあるが、それを祀ることによって仏法たる正法を誹謗することになると、『地蔵十輪経』を改変しながら述べており、(11)鬼神は多様な存在であることを示している。ま

た、儒教経典においては鬼神とは死者の霊魂のことを意味するが、ここでも親鸞は『論語』の部分を改変しながら鬼神を拝んではならないことを主張している。

そしてさらに、鬼神には善鬼神と悪鬼神とがあり、善鬼神は仏教を護持するものの、悪鬼神は障碍をなす存在で、帰依してはならないとしている。『現世利益和讃』には以下のように記されている。

南無阿弥陀仏ヲトナフレハ　梵王帝釈帰敬ス
諸天善神コト〳〵ク　ヨルヒルツネニマモルナリ
南無阿弥陀仏ヲトナフレハ　四天大王モロトモニ
ヨルヒルツネニマモリツヽ　ヨロツノ悪鬼ヲチカツケス

（中略）

天神地祇ハコト〳〵ク　善鬼神トナツケタリ
コレラノ善神ミナトモニ　念仏ノヒトヲマモルナリ
願力不思議ノ信心ハ　大菩提心ナリケレハ
天地ニミテル悪鬼神　ミナコト〳〵クオソルナリ

先に引用した『正像末和讃』での鬼神に関する記述とあわせて考えると、人びとは鬼神をすべて崇めているが、鬼神には念仏者を護持する善鬼神と人びとを悩ませる悪鬼神とがあるのであるから、後者にかかわってはならないとの主張だと結論づけることができる。

法然の専修念仏について隆寛が解説した『一念多念分別事』を建長七年（一二五五）四月から翌八年五月の間に親鸞が撰述した『一念多念文意』にも悪鬼・悪神は念仏者を悩ます存在として位置づけられている。

マモルトイフハ、異学・異見ノトモカラニヤフラレス、別解・別行ノモノニサエラレス、天魔波旬ニオカサレス、悪鬼・悪神ナヤマスコトナシトナリ。

そして親鸞の真像の讃銘とした経論釈文のみを集めて、その意味を平易に注釈した『尊号真像銘文』にも同様に記されている。

ツネニマモリタマフトマフスハ、天魔波旬ニヤフラレス、悪鬼・悪神ニミタラレス、摂護不捨シタマフユへ也。

ところで、この鬼神という語は日蓮もさかんに用いている。しかし、仏教者以外はあまり用いない用語であり、当時の言葉に置き換えると何にあてはまるだろうか。元亨四年（一三二四）本願寺三世覚如の長男である存覚が著した『諸神本懐集』では、否定されるべき実社の神として以下のように記している[12]。

第二ニ、実社ノ邪神ヲアカシテ、承事ノオモヒヲヤムベキムネヲス、ムトイフハ、生霊・死霊等ノ神ナリ。コレハ如来ノ垂迹ニモアラズ。モシハ人類ニテモアレ、モシハ畜類ニテモアレ、タ、リヲナシ、ナヤマスコトアレバ、コレヲナダメンガタメニ神トアガメタルタグヒアリ。

（中略）

タトヒヒトニタ、リヲナスコトナケレドモ、ワガオヤ、オホヂ等ノ先祖オバミナカミトイハヒテ、ソノハカヲヤシロトサダムルコト、マタコレアリ。コレラノタグヒハ、ミナ実社ノ神ナリ。モトヨリマヨヒノ凡夫ナレバ、内心ニ貪欲フカキユへニ、少分ノモノオモタムケネバタ、リヲナス。コレヲ信ズレバ、トモニ生死ニメグリ、コレニ帰スレバ、未来永劫マデ悪道ニシヅム。コレニツカヘテ、ナニノ用カアラン。

実社の邪神とは、垂迹神でない生霊・死霊の類で、人であっても畜類であっても祟りをなす神で、これをなだめるために神として崇めている存在であるとしている。またたとえ人に祟りをなすことはなくても、自分の先祖を神としてその墓を社としたりしているのも実社の神であって、こうしたものに帰すれば未来永劫悪道に沈むため、崇めてはならないとしている。覚如や存覚の神祇観は権社崇敬、実社否定を中心とするもので、権門勢家と関係の深い権社への崇敬を唱えるが、そこには権門勢家への接近が読みとれ、この背景には本願寺中心主義と貴族化があったとされる。[13]親鸞の場合は、権実のように分ける考え方はもっておらず、善鬼神・悪鬼神としていたものを、覚如・存覚は権社・実社のように区分した。親鸞のような分類では、何を善鬼神に、何を悪鬼神に分類してよいのかあいまいな点があるが、それを覚如・存覚は権門勢家に配慮するかたちで整理分類したと言えよう。

ところで、親鸞が京都に戻った一二三〇年代から四〇年代にかけては、ちょうど後鳥羽院の怨霊が跳梁しているときであった。天変地異が重畳し、承久の乱により後鳥羽院を隠岐に流した北条氏が相次いで亡くなったことにより、怨霊の存在が恐れられ、その鎮魂のために諡号が贈られたり鶴岡八幡宮西北の山麓に神として祀られたりした。[14]こうした怨霊は否定されるべき鬼神のひとつであった。

また、親鸞とほぼ同時代を生きた日蓮は、文永元年（一二六四）七月十六日北条時頼に呈上した『立正安国論』[15]でこのように述べている。

旅客来つて嘆いて曰く、「近年より近日に至るまで、天変・地夭・飢饉・疫癘、遍く天下に満ち、広く地上に迸る。牛馬巷に斃れ、骸骨路に充てり。死を招く輩、既に大半を超え、之を悲しまざる族、敢て一人もなし。然る間、或は「利剣即是」の文を専らにして、西土教主の名を唱え、或は「衆病悉除」の願を恃んで、東方如来の経を誦し、或は「病即消滅、不老不死」の詞を仰いで、法華真実の妙文を崇め、或は「七難即滅、七福即生」の句を信じて、百座百講の儀を調へ、有は秘密真言の教に因つて、五瓶の水を灑ぎ、有は坐禅入定の儀を全うして、空観の月を澄まし、若しくは七鬼神の号を書して、千門に押し、若しくは五大力の形を図して、万戸に懸け、若しくは天神地祇を拝して、四角四堺の祭祀を企て、若しくは万民百姓を哀れみて、国主国宰の徳政を行ふ。然りと雖も、唯肝膽を摧くのみにして、弥飢疫逼る。乞客目に溢れ、死人眼に満てり。屍を臥して観と為し、尸を竝べて橋と作す。

ここで日蓮は、昨今飢饉や疫癘が相次いだことにより死体が満ちあふれている状況を目にし、真言や呪を唱えたり、修法を行ったり、呪符を貼ったり、神道や陰陽道の祭祀を行ってもまったくよくなるわけではなく、死体の山となっている状況を歎いている。

親鸞も同様に、混乱している社会状況の下、呪符や陰陽道的祭祀、怨霊などに傾倒している民衆に接し、そうしたものに帰依しても救われることはなく、ただ念仏を唱えることだけが極楽往生への道だと示したと言えよう。

おわりに

以上、親鸞の神祇観を鬼神とのかかわりから考察してみた。親鸞は『教行信証』においてインド・中国での鬼神に関する文献を引用して鬼神が先行文献にどのように登場しているのか示しているが、それは単に過去のことを調べて事足れりとしているのではなく、現実社会において鬼神が跳梁していることにどう対処していったらよいのか、自分の思いつきではなく論理的に提示する必要があると認識していたからであろう。

親鸞のこうした姿勢は『教行信証』全般にわたって見られ、そこには呪術的宗教からの決別をはかって人びとを救済しようとする、真摯かつ使命感に満ちた固い決意があったはずである。呪術的思考形態からの脱却は現代社会においても果たされておらず、占い師の言説に右往左往させられている人びとが少なからずいる中で、われわれは親鸞の言説をもう一度深く読み込んでいく必要があるのではないだろうか。

（1）当時の社会状況と宗教との関係については井原今朝男『中世寺院と民衆』（臨川書店、二〇〇四年）に詳しい。

（2）近年の親鸞の神祇観に関する論文として、嬰木義彦「親鸞聖人の神祇観」（『真宗研究』一七、一九七二年）、寺倉襄

「宗祖の神祇観」（『同朋仏教』九・一〇合併号、一九七六年）、田代俊孝「親鸞における神祇の「不拝」と「不捨」について」（『真宗研究』二九、一九八四年）、細川行信「親鸞の神祇観」（『日本仏教学会年報』五二、一九八七年）、田代俊孝「親鸞の神祇観」（同前）、尾畑文正「「真宗と神祇」論（上・中・下）」（『同朋仏教』二三・二四・二九、一九八八・八九・九四年）、伊藤博之「親鸞における神祇不拝の思想」（『日本文学』四五三、一九九一年）、本多静芳「親鸞の神祇観」（『武蔵野女子大学紀要』二六、一九九一年）、内藤知康「親鸞の神祇観についての一考察」（『龍谷紀要』一五―一、一九九三年）、柏原祐泉『真宗史仏教史の研究Ⅰ親鸞・中世編』（平楽寺書店、一九九五年）などがある。

（3）五来重『善光寺まいり』（平凡社、一九八八年）、小山聡子『親鸞の信仰と呪術』（吉川弘文館、二〇一三年）。なお、以下の親鸞関係史料の引用は『真宗史料集成』第一巻（同朋舎出版、一九八三年）による。

（4）法然の神祇観については、浅井成海「法然における神祇の問題」（『真宗学』六二、一九八〇年）、および桃井信之「浄土仏教の「神祇」論序説」（浅井成海編『日本浄土教の形成と展開』法藏館、二〇〇四年）参照。

（5）以下、法然関係史料の引用は『法然上人全集』（宗粋社、一九〇六年）による。

（6）村山修一『本地垂迹』（吉川弘文館、一九七四年）、本多静芳「親鸞の神祇観（二）――日本仏教における仏と神（法然の場合）――」（『武蔵野女子大学紀要』二八、一九九三年）など参照。

（7）渡邊綱也校注『沙石集』〈日本古典文学大系〉（岩波書店、一九六六年）。

（8）鎌田茂雄・田中久夫校注『鎌倉旧仏教』〈日本思想大系〉（岩波書店、一九七一年）。

（9）『鎌倉遺文』三三二四。

（10）親鸞の鬼神認識については、浜田耕生「鬼神の考察」（『同朋仏教』九・一〇合併号、一九七六年）、山崎龍明「親鸞の鬼神不礼について」（『真宗研究』二二、一九七七年）、本多静芳「親鸞の神祇観（三）」（『武蔵野女子大学仏教文化研究所紀要』一一、一九九三年）、前田壽雄「親鸞における鬼神の意味」（『印度学仏教学研究』五一―一、二〇〇二年）などの先行研究がある。

（11）前田壽雄前掲論文（注10）。

（12）存覚の神祇観については、村上宗博「存覚の神祇観」（『真宗研究』三六、一九九二年）、藤村研之「本願寺教団における「神祇不拝」の形成」（『真宗研究』三九、一九九五年）、柏原祐泉「真宗における神祇観の変遷」（『真宗史仏教史の研

究Ⅰ親鸞・中世編』（平楽寺書店、一九九五年）参照。『諸神本懐集』は大隅和雄編『中世神道論』〈日本思想体系〉（岩波書店、一九七七年）による。

(13) 柏原祐泉前掲論文（注2）。

(14) 山田雄司『崇徳院怨霊の研究』（思文閣出版、二〇〇一年）。

(15) 『親鸞集　日蓮集』〈日本古典文学大系〉（岩波書店、一九六四年）所収。

〔付記〕本稿の内容は、二〇〇七年十一月十一日、津市彰見寺において「親鸞聖人の生きられた時代」と題して講演した内容と深くかかわっています。講演する機会を与えて下さった彰見寺住職小妻道生師にこの場をお借りして深く感謝いたします。

第12章　穢と不浄をめぐる神と仏

はじめに

日本の歴史上、穢（ケガレ）に関する事象は重要な論点であり、歴史学・文学・宗教学・人類学・社会学・民俗学など、さまざまな側面から研究が行われてきた。そして、穢は古代から現代までかたちを変えながら伝えられ、その有用性とともにさまざまな問題も生み出してきた。

穢についての定義は研究者によって異なっているが、おおむね、時間・空間・物体・身体・行為などが清浄ではなく汚れて悪しき状態となっていることをさす用語とされており、そうした状態を忌避しようとした結果、社会的観念として定着していったとされる。

穢については、さかのぼれば『古事記』(1)上巻神代に見られる以下の記事で知られる。神世七代の最後に登場したイザナギとイザナミは大八洲国をはじめさまざまな神を産んだ後、火神カグツチを産んだことによりイザナミは神避（かむさ）りて黄泉の国に赴いた。イザナギがそれを追って黄泉国に行って面会を求めても、すでに黄泉戸喫（よもつへぐい）をしてしまったとして会ってくれなかった。見てはいけないといわれていたイザナギは禁を犯してイザナミを見ると、体には蛆がたかっており、あまりの姿に怖くなったイザナギは走って逃れ、黄泉比良坂でイザナギが大岩で道を塞いで会えなくしてしまう。そこで、

是以伊邪那伎大神詔、吾者到二於伊那志許米上志許米岐此九字以音。穢国一而在祁理此二字以音。故、吾者為二御身之禊一而、
到二坐竺紫日向之橘小門之阿波岐此三字以音。原一而禊祓也。

とあるように、黄泉の国は「いなしこめしこめき穢国（きたなきくに）（穢繁国（きたなきしきくに））」であって、そこを訪れたイザナギは「御身の禊（みそぎ）」をして身を清めなければならないと言い、筑紫日向の橘の小門の阿波岐原で禊祓（みそぎはらえ）をしたとする。『古事記』ではもう一か所、死と関連して穢が登場する。国譲りの段のアメワカヒコの葬儀の場面で、弔いにやってきたアヂシキタカヒコネが死んだアメワカヒコが復活したかと見間違われたことに怒り、「何吾比二穢死人一」と言って喪屋を破壊したことを記している。

これらの記事からは、死と関連して穢が認識され忌避されていたこと、また穢に接したときには禊によって身を清めなければいけないとされていたことがわかる。記紀においては「穢」の使用方法が一定していないことから、記紀神話に記される穢のあり方がそのまま律令期の穢の規定につながったと単純に結論づけることはできない。けれども基底を流れる思想となったとはいえよう(2)。

その後、律令の導入にあたり、中国からの影響も受けながら、弘仁式・貞観式を経て発展し、『延喜式』神祇臨時祭式に全九条として規定されたものが穢に関しての以降の基準となった。そして神道においては清浄が尊ばれ、正反対の穢は厳格に忌避され、禊や祓などが行われたのであった。

一方、仏教においては、不浄観という考え方があり、淫欲をとどめるために身の不浄を観ずる観法のことで、五種不浄と九想観からなる(3)。五種不浄は生処不浄（胎児として生活する胎内が臭穢に満ちていて不浄であること）、種子不浄（父母の淫欲の業火の結果として生じる身種が不浄であること）、自性不浄（足より頭までこの身は不浄が充満していて、いかなる衣服、燥浴、食物をもってしても浄めることができないこと）、自相不浄（この身は常に九孔より不浄物を流出していること）、究竟不浄（死後、膖脹、爛壊し、はては白骨となり、一切の

死屍の中で人身は最も不浄であること）の五つからなり、生命の発生から死後に白骨となるまでのすべてが不浄だとする。九想観は人間の死から白骨にいたるまでの相を観想することで、肉体の汚らわしさを観想して煩悩・欲望を取り除こうとするものである。[4]そしてこの世を穢土ととらえ、肉体を穢身とみなしたのであった。

本稿においては、神道的穢がどのような変遷をたどって成立し、それが仏教にいかなる影響を与え、それを受けて仏教では不浄がどのように受けとめられ克服されていったのかという点について考える。

一　清浄を尊ぶ神と仏

神社においては清浄が重視され、穢が徹底的に排除された。『類聚三代格』[5]冒頭には以下の聖武天皇による詔を載せる。

詔。攘レ災招レ福。必馮二幽冥一。敬レ神尊レ仏。清浄為レ先。今聞。諸国神祇社内。多有三穢臭及放二雑畜一。敬神之礼。豈如レ是乎。宜下国司長官自執二幣帛一。慎致二清掃一常為中歳事上。

神亀二年七月廿日

この詔は『続日本紀』[6]神亀二年（七二五）七月十七日条にもほぼ同文を載せる。『類聚三代格』の詔は「敬神尊仏」のために清浄第一であることを謳っているものの、その後の記述は神社に対するものであることから、この詔は神社に対して出されたものといえる。一方『続日本紀』では「慎致清掃常為歳事」の後に、「又諸寺院限、勅加二掃浄一、仍令三僧尼読二金光明経一。若無二此経一者、便転二最勝王経一、令二国家平安一也」の文言が付け加わっており、こちらは寺院に関する詔だったといえる。寺院の場合も清浄が求められ、寺々には「浄人」がいて清掃に当たっていた。[7]

寺院を清浄にすべきことは、『続日本紀』霊亀二年（七一六）五月庚寅（十五日）条に収載される元正天皇詔にも見られ、「崇二飾法蔵一、粛敬為レ本、営二修仏廟一、清浄為レ先」「或房舎不レ脩、馬牛群聚、門庭荒廃、荊棘弥生。遂使下無上尊像永蒙二塵穢一、甚深法蔵不上レ免二風雨一。多歴二年代一、絶無二構成一」のように、仏廟を営修して清浄であることを求めている。神も仏も神社および寺院が清浄な状態でないと威力を発揮できず、国家や人民を護持することが不可能となってしまうと考えられていた。この段階では、まだ神社と寺院で用いられる「穢」に差異はなく、「穢」は汚（きたな）く汚（けが）らわしいものという意味で用いられているようである。

こうしたあり方に変化が訪れたのは、八世紀末から九世紀はじめにかけてであった。早良親王の「怨霊」と関連して『日本紀略』(8) 延暦十一年（七九二）六月庚子（十七日）条には以下の記述がある(9)。

勅去延暦九年、令下二淡路国一宛二其〔某〕親王崇道天皇、守冢一烟一、兼随近郡司専中当其事上、而不レ存二警衛一、致レ令レ有レ祟、自今以後、冢下置レ隍、勿レ使二濫穢一。

桓武天皇は延暦九年の勅により、淡路国に命じて早良親王の守冢を一烟置き、郡司に守衛を専当させたが、管理をしっかり行わなかったために祟りが起こったので、これより後は冢のまわりにからぼりを掘り、「濫穢」させないように命じる記事である。

『喪葬令』(10) 先皇陵条に「凡先皇陵。置二陵戸一令レ守。非二陵戸一令レ守者。十年一替。兆域内。不レ得二葬埋及耕牧樵採一」とあるように、天皇陵には陵戸が置かれて管理されるか、もしくは陵戸でなく公民に管理させる場合は、十年ごとに変わるよう規定している。また、陵墓およびその周辺は「兆域」として一般住民の埋葬や牛馬飼育、木の伐採などを禁じている。これは、そのような汚穢が陵墓に伝染すると、陵墓が祟りを起こすと考えられていたからである。

陵墓には陵霊がとどまっていると考えられており、『職員令』諸陵司条に「諸陵司。正一人。掌。祭二陵霊一。喪葬・凶礼。諸陵。及陵戸名籍事」とある。諸陵司は陵墓にとどまる陵霊を祭るのを職務としていた。祭とは、十二月に行われる荷前奉幣のことであるが、祭祀はそれだけにとどまらず、種々の目的に応じて不定期的に臨時奉幣が行われた。「陵霊」に関しては、桓武朝になって早良親王をはじめとする怨霊の祟りが天皇・皇太子の病いや火災などのかたちで発現したと認識されたため、祟りの主の「陵墓」を整備し手厚く祀ることでこれを鎮めようとし、「陵墓」と特定「陵霊」、すなわち「陵」主の霊との不即不離の関係が常態として確立したとされる(11)。

そして、「穢」に神祇特有な意味が見出される初見は『続日本後紀』承和三年（八三六）九月丁丑（十一日）条だとされている(12)。

遣下二左兵庫頭従五位上岡野王等於伊勢大神宮一、申中今月九日宮中有レ穢、神嘗幣帛、不レ得二奉献一之状上、

宮中の穢によって伊勢神宮神嘗祭への奉幣が中止となっており、ここに記される「穢」は『延喜式』で規定されている「穢」と同様の意味をもつものと考えられる。神社で忌避される穢には、動物の死など神社境内で発生する場合と、穢れた人物が境内に参入するという外部からもたらされる場合とがあるが、両者とも排除され、万一神社が穢となった場合には、その対応についてはマニュアル化されていた。それは神が穢に触れると祟りを起こし、疫病発生や戦乱勃興など被害が社会全体にも広がると考えられていたからである。その点で、「怨霊」と化した早良親王の霊魂のとどまる陵墓は祟りやすく、実際に穢の伝染により祟りが発生し、こうした現象に先導されるかたちで神社においても穢に触れると神が祟ると考えられていったのではないだろうか。それがさらに十一世紀になると、怪異が発生して軒廊御卜が行われたさいに「神事違例穢気不浄」が占断されて奉幣が行われるようになっていった(13)。

穢の忌避は、神社とともに天皇においても要求された。時代は降るが、長享二年（一四八八）四月十六日吉田兼倶注進状案には以下のような記述がある(14)。

御所中可レ被レ定二浄穢之分別一哉否事。神祇式義解云。穢悪者不浄之物。鬼神之所レ悪也。以二清浄一為レ先之条

往代之通規也。　大内之時者。以三不浄之殿舎有二何ヶ日之穢物一。日限之間不レ可二出入一之由。至二其所一被レ立レ札者乎。

内裏が穢となった場合は、不浄の殿舎が何日間の穢なのか、そこに札を立てて示して人の出入りを禁ずる旨明示するよう記されている。天皇が穢に接触すると不予となったり社会に大きな影響を与えたりすると考えられていたため穢の発生は極度に恐れられた。

また穢は仏教にも影響を与えた。『小右記』[15]万寿元年（一〇二四）三月二日条には、法成寺僧房の板敷の下から子供の死体が見つかったので三十日の穢となり、十日に予定していた法会が停止となったことが記されている。

或云、禅（藤原道長）室有二死穢一、御堂会延引云々、両宰相（藤原経通・資平）来、右兵衛督（経通）云、法成寺僧房板敷下有二死児一、犬喫入云々、
仍有二卅日穢一、十日御堂会停止者、

穢思想の拡大により、寺でも穢が発生した場合それを忌むことになっていったようである。またある人物が穢となった場合、神社参詣を慎むのは当然だが、寺院への参詣も忌避された[16]。

二　『今昔物語集』に見る「穢」

穢は「神道」に発するものであるが、これが拡大して仏教においても穢が意識されていった。この点に関して、『今昔物語集』[17]を素材に検討していく[18]。

巻十六「参長谷男依観音助得富語第二十八」には、ある青侍が長谷寺に参詣して観音の前で、「我レ身貧クシテ一塵ノ便無シ。若シ此ノ世ニ此クテ可止クハ、此ノ御前ニシテ干死ニ死ナム。若シ自然ラ少ノ便ヲモ可与給クハ、其ノ由ヲ夢ニ示シ給へ。不然ラム限リハ更ニ不罷出ジ」と言って仏前にひれ伏したところ、寺の僧たちはこれを見て、「此ハ何ナル者ノ此テハ候フゾ。見レバ物食フ所有トモ不見ズ。若絶入ナバ、寺ニ穢出来ナムトス。

誰ヲ師トハ為ゾ」と答えたことが記されている。寺の僧侶たちは、寺に穢が生じることを恐れていたのである。

また、『今昔物語集』巻二十九「摂津国来小屋寺盗鍾語十七」では、摂津国小屋寺（昆陽寺）という寺に、年八十あまりの法師が来て宿を乞うたため、住持は鐘堂に宿して鐘撞の法師のかわりに鐘をつくことを認めた。そして二夜ほどこの老法師が鐘をついたが、その次の日、鐘撞の法師がやってきて、鐘をついているのはどのような法師か見たいと思って鐘堂をのぞいてみると、老法師は死んでいた。そこで御堂の住持のもとへ行って「老法師が死んでしまった。どうしたらよいだろうか」とあわてて言ったところ、住持は驚いて鐘堂に行って、「戸ヲ細目ニ開テ臨ケバ」、老法師は本当に死んでいた。そのため、「戸ヲ引立テ」住持の僧は寺の僧にこのことを告げると、「由無キ老法師ヲ宿シテ、寺ニ穢ヲ出シツル大徳カナ」とみな立腹した。「然レドモ、今ハ甲斐無シ。郷ノ者共ヲ催シテ取テ棄サセヨ」と言って郷の者たちを呼び寄せたが、「御社ノ祭近ク成ニタルニハ、何デ可穢キゾ」と言って、死人に手を掛けようとする者は一人もなかった。

すると、年三十ほどの男が二人、行方不明の父親を探しているとしてやって来て、鐘堂の下に入って遺骸を確認し、さめざめと泣いた。そして夜になって四、五十人ほどの人を連れて来て、老法師を運びだそうとするときに、武具を背負っている者も多数いた。僧房は鐘堂から遠く離れていたので、法師を運び出すときに出て見る人もなかった。「皆恐テ、房ノ戸共ヲ差シテ籠テ聞ケバ」、後の山の麓の松原で終夜念仏を唱え鉦を叩いて明朝までに葬った。「寺ノ僧共、其ノ後、此ノ法師ノ死タル鐘堂ノ当リニ、惣テ寄ル者無シ。然レバ、穢ノ間三十日ハ、鍾撞モ寄テ不撞ズ」という状態で、三十日経つと鐘撞の法師が鐘堂の下を掃こうと思って行って見てみると、大鐘がなくなっていた。さては老法師を葬ったのは、何と鐘を盗もうとして謀ったことよと思って、寺の僧たちは郷の者どもを多く連れて彼の松原に行ってみると、大きな松の木を鐘に切り懸けて焼いたので、銅の屑がところどころに散っていた。誰の仕業かわからないのでこのまま終わってしまい、これをきっかけに寺の鐘がなくなってしまったという。

この説話で興味深いのは、僧侶であっても穢となることを恐れ、戸をわずかに開けただけで死骸を見ようとしたり、自らが死骸を取り捨てることなく、郷の者たちにまかせている点である。しかし、まかされた郷の者たちも、郷の祭が近いので穢れては祭に携わることができないと拒否した。神社は穢に触れてはいけないということは民衆にとっても当然のこととされていたのである。そして、『延喜式』の規定通り、鐘堂は死穢のケガレとして、三十日間閉鎖されて、鐘をつくこともなかった。このときに鐘が盗み出されるのだが、この説話の評語は「然レバ、万ノ事ヲバ、現ニト思ユル事也ト云フトモ、不見知ザラム者ノセム事ヲバ、尚吉ク思ヒ廻シテ可疑キ也トナム語リ伝ヘタルトヤ」のように、知らない者がすることには思いをめぐらして疑ってかかれとなっており、僧侶が穢にとらわれている間に鐘が盗まれてしまったということが嘲笑の的となっているのではないことに注意したい。僧侶であっても穢の規定を遵守することが当然と考えられていたのだった。

一方『今昔物語集』には、逆に穢よりも慈悲を優先する人物の姿が見受けられる。巻二十「下毛野敦行、従我門出死人語第四十四」では、右近将監下毛野敦行という近衛の舎人が、年をとって法師となって西京の家に住んでいたところ、隣人が亡くなったので弔いのためにその家の門に行き、その子と会って話したところ、その子は死人を外に出そうと思うが、この家の門が極めて悪い方角に当たっており、だからといってどうしようもなく、方角が悪くともこの門から出そうと語ったところ、敦行はそれはよくないことだとして、故人は事に触れて自分に情けを懸けてくれた人なので、自分の家の垣根を壊して出してくれるよう話した。敦行はこのことを家に戻って家人に話したところ、自分の家の門から隣人の死骸の車を出す人などいるものかと否定された。敦行は「物ヲ忌ミ□キ者、命短ク子孫無シ。物忌ヲ不為ヌ物ノ、吉ク命ヲ持チ子孫栄ユ。只、人ハ恩ヲ思ヒ知テ、身不顧ズ恩ヲ報ズルヲゾ人トハ云フ。天道モ其ヲゾ哀ビ給フラム。彼ノ死人、生タリシ時キ、事ニ触レテ我ニ情ケ有キ。

何ニシテカ其ノ恩ヲ不報ザラム。由無シ事ナ不云ソ」のように一蹴して、自邸の檜垣を壊させてそこから死人の車を出させた。その後このことは世に聞こえ、ありがたく慈悲広大な心だと人びとは賞賛した。そして天道もこれを哀れんだのか、敦行は九十歳の天寿を全うし、その子孫も栄えたという。

このときに敦行が言った言葉として、物忌を厳重に行う者は命短く、子孫を得ることもないのに対して、物忌をしない者がよく命を長らえて子孫も栄えている、人は恩を思い知り、身を顧みずに恩に報いるのを「人」というのであり、天道もそれを哀れんでいるのであろう、彼の死人は生きていたときに事有るごとに私に情けをかけてくれたのであり、どうしてその恩に報いないことができようかと述べ、物忌など形式的にすぎず意味がないことを主張している。そして、そうした形式的な物忌よりも慈悲が重要であることを述べている。貴族や神官・僧侶には穢観念が浸透している中、そうした束縛にとらわれずに「人」としての道の方が重要だとして実際に行動に移している人物がいて、それが『今昔物語集』に収録されていることは大きな意味を持つ。

個人的には穢にとらわれず、物忌をしない人もいたことがわかるが、一方、神社においては厳格に守られており、個々の神社ではそれぞれの禁忌が設定され、それを鎌倉時代初期にまとめたのが『諸社禁忌』であった[19]。ここからは、『延喜式』に規定されるような一律的な穢に対する物忌が守られなくなる傾向が出てきた一方、各神社においてはそれぞれの実態に符合した規定を設けて守ろうとしている有様を読みとることができる。

三　慈悲行を優先する神

鎌倉時代になると、物忌より慈悲行を優先する神のあり方が明確となってくる。慶安四年板本『発心集』[20]第四「詣二日吉社一僧、取二奇死人一事」には、以下の話が収載されている。

ある法師が京から日吉社に百日詣をしていた。八十余日となったある日、日吉へ行く途中の大津で、人目もはばからず若い女が泣いているのに出会ったので、どうして泣いているのか尋ねると、女は「御姿ヲ見奉ルニ、物詣シ給人ニコソ。コト更ヱナンキコユマジキ」と言ったので、憚るべきとは思いながらも哀れみのあまりねんごろに尋ねると、自らの母が今朝亡くなったので、野辺送りをするにしても寡なので助けてくれる人はなく、近隣の人びとは「神ノ事シゲキワタリナレバ、誠ニハイカヾハシ侍ラン」と誰も助けてくれない。僧はこれを見て、「神ハ人ヲ哀ミ給フ故ニ、濁ル世ニ跡ヲタレ給ヘリ。是ヲ聞ナガラ、争カ無レ情スギン」ということで葬送を行ってあげた。そして、「サテモ、八十余日参リタリツルヲ徒ニナシテ、休ミナンコソ口惜ケレ。我、此事、名利ノ為ニモセズ。只マイリテ神ノ御チカヒノ様ヲモシラン。生レ死ヌルケガラヒハ、イハヾカリノイマシメニテコソアラメ」と強く思って、暁方に水を浴びて日吉へ向かった。日吉に着くと、十禅師権現が巫に憑依して、「我モトヨリ神ニ非ズ。アハレミノ余リニ、跡ヲタレタリ。人ニ信ヲオコサセンガ為ナレバ、物ヲイムコトモ又、カリノ方便ナリ。サトリアラン人ハ、ヲノヅカラシリヌベシ。タヾ、此事人ニカタルナ。愚ナル者ハ、ナンヂガ憐ノスグレタルニヨリ、制スル事ヲバシラズ」と語ったという。

ここで興味深い点は、女が僧に対して、物詣の人であるようだから母親が亡くなったことを知らせないでおこうとしたことである。寺社参詣のさいには穢れた状態で参詣することはできないので、それを避けようとしたのである。そして、日吉社に近く神事も多い地域ということで穢となるのを恐れて誰も葬送に手を貸してくれない中、この僧は百日詣が無になってしまうことも厭わず、生まれ死ぬ穢はいわば仮の禁制だとして日吉社に参詣すると、山王七社のうちの一つ十禅師の神が巫に託宣して、我はもともと神ではなく、憐れみのあまりに垂迹神となったのであり、人に信心を起こすためならば物忌することは仮の方便であって本質的ではなく、本質は慈悲行であることを主張し、僧のあり方を肯定している。

そして、神自身が「このことは人に語るな」と述べたことになっており、外見上の穢は忌避しなくてもよく、重要なのは心の清浄性であるとする考え方の萌芽が見られることは注意すべき点である。この一文は五巻本の神宮文庫本にはなく、八巻本の慶安四年板本にある。そして、『沙石集』巻一に吉野の神のこととして、『八幡愚童訓』乙には石清水のこととして同類の説話が見られるが、これらの『発心集』より成立の遅れる説話では「このことは人に語るな」という一文がないことから、神は十三世紀初頭のころから物忌よりも慈悲行を優先しはじめると解されている。(21)

一方『発心集』では物忌が重要であるとする話もある。神宮文庫本『発心集』巻第四「侍従大納言ノ家ニ、山王不浄ノ咎メノ事」に以下の話が語られている。(22)侍従大納言成通が病となったため堪秀已講という僧が祈禱に訪れたところ、「不浄ナル事ノ有レバ、其ヲ咎メ」るために十禅師の神があらわれた。それに対して堪秀は「何ノ経文ニカ、物忌セヨト、説レタル。諸法ハ浄不浄無トコソ、侍ルニ、カク由シ無キ事ヲ咎メテ、人ヲ悩給フ事、太ダアタラヌ事也」と言ったのに対し、十禅師は「ワ僧ハ学生トシテ、カクナマザカシキ事ヲバ云フカ。我ハ、諸ノ聖教ニ皆文字毎ニ、物忌セヨトノミ、説レタルト見ルハ。ワ僧ノ学文ハ、文ノ内ヲバ見ヌカ」のように反論し、さらに「衆生ヲ助ケンガ為ニ跡ヲ垂タレドモ、猶生死ヲバ忌メト禁メタル也」と述べ、堪秀に対して死を厭わないことを謳っている経文を出すように迫った。堪秀はこれに屈服し、「今ヨリハ我レ物忌仕ラン」のように物忌をすることを誓った。そして最後に、「物忌無シト、云ハ、仏ノ内証文ノ内ヲ極メヌ人ノ申シ事也」のように、物忌をしなくてよいというようなことを唱えている人は、仏教の深奥を理解していないとしている。

この話では、最終的には物忌が必要だという結論なのだが、逆に言えば、物忌をしない人があらわれてきており、そうしたあり方に対して伝統的立場から否定しようとする力も強かったことを示していよう。

それが弘安六年（一二八三）成立の『沙石集』(23)になると、神は穢を忌避せず、慈悲行を優先するということを明確に示している。巻第一(四)「神明慈悲ヲ貴給事」では、三輪の上人常観坊という人物が、吉野へ行く途中で母を亡くしてどうにもできずさめざめと泣く三人の子供に逢ったため、遺骸を野辺に捨てて弔いをしてあげた。そのため吉野への参詣をやめて三輪へ戻ろうとしたが、身がすくんで動くことができなかった。これは神罰かとたいそう驚いたが、試みに吉野の方へ向かって歩いてみると、まったく煩いがなかった。しかし、参詣するのはさすがに気が引けたので、遥か隔てた木の下で念誦し法施を奉っていたところ、巫がやってきて「我ハ物ヲバ忌マヌゾ。慈悲ヲコソ貴クスレ」と言って僧の袖を引っ張って拝殿へと引き入れたことを記している。

また、性蓮房という上人が母の遺骨を持って高野山に参るついでに熱田社社頭に宿しようとしたところ、皆そのことを知って宿を貸さなかった。すると大宮司の夢に、大明神の御使という神官がやってきて、「今夜大事の客人があるのでよくよくもてなせ」ということなので、骨を持っていたので参詣することはできないとする僧に、「私ニ忌奉ルニ及バズ」として招き入れた。

こうした事例を受けて、「只心清クハ、身モ汚レジ」のように、形式的外見的な穢は問題ではなく、心の清らかさが重要であると説いている。常観坊の場合、自らが所属する三輪の神は穢を拒否しているのに対し、吉野の神は受け入れていることから、神にも穢を納受するようになってきている神と、まだ拒否している神とがある段階であることがわかる。また、常観坊・性蓮房ともに物忌を守ろうとしているのに対し、神の方がそれを受け入れようとしており、神の慈悲深さを強調する結果となっている。

そして、『沙石集』では以上の説話に引き続き、「神明慈悲ト智恵ト有人ヲ貴給事」「和光ノ利益甚深ナル事」「神明道心ヲ貴ビ給フ事」のように展開し、慈悲行を優先する神のあり方が明示されている。

物忌に対する認識が軟化する一方、それに抗して厳格に維持しようとする考え方もある。十四世紀初頭に成立したと考えられる『八幡愚童訓』(24)乙本「不浄事」では、神がなぜ不浄を嫌うのかということが端的に述べられている。

右御託宣に、神護景雲三年七月十一日、「吾神道とあらはれて深く不浄を差別する故は、吾不浄のもの無道の者をみれば、吾心倦(モノウク)成て相を見ざる也」「我人五辛肉食せず、女の穢汙おの〳〵三日七日、死穢は三十三日、生穢は二七日也」とぞありし、香椎の宮には聖母の月水の御時いらせ給ふ所とて、別の御殿をつくり御さわり屋と名付たり。神明なを我身をいまれ給ふ。況凡夫の不浄つゝ、しまざらんや。

八幡大菩薩の託宣によれば、不浄の者は無道の者と同義であって、不浄に接すると神の心が物憂くなり神としての力を発揮できなくなるという。そして、香椎宮の神功皇后すら自らの血の穢を忌むように、神でさえも我が身を忌むのであるから、凡夫にあっては不浄を慎むのは当然であるという文言から『八幡愚童訓』ははじまっている。そして、女犯の穢や産穢についての事例をあげた後、以下のことを記している。

> 加様に不浄をいみ給ふを、御託宣に、「汙穢不浄を嫌はず、諂曲(てんごく)不実をきらふ」とあれば、婬欲死穢はくるしからぬ事也とて、はゞからぬたぐひ多き事、神慮尤恐るべし。「諂曲不実を嫌なり」と告給をば都て改めず、汙穢不浄をくるしみあるまじと申様、前後相違の詞也。内心は清浄正直なれ共、外相にゆきふれの汙(けがれ)、利益の為に大慈悲に住ていさゝか不浄にあらんこそ、今の霊託の本意なるに任て浄穢をわかぬ者どもは、唯畜生にことならず。

八幡大菩薩の託宣に「汙穢不浄を嫌はず、諂曲不実をきらふ」とあるのをいいことに、淫欲・死穢はかまわないと解釈して恐れずに参拝する輩が多いことは、まことに神をも恐れぬ行為である。内心は清浄・正直であっても穢に触れたり神の大慈悲に安住して不浄となったりすることは、浄と穢を分けることのない者であって、それは畜生と異ならないのだと、穢に関する認識がゆるみがちになっていることを厳しく戒めていることは注目される。

この点に関しては、鎌倉初期から仏教説話にあらわれる穢れを容認する慈悲の神という観念・言説と、神社を基盤とする中世社会における穢れ忌避の強固な持続という実態は、全く同時代における平行現象だったと解されており[25]、そのとおりだと思われる。
僧侶・寺院側は穢を容認して、慈悲行を優先する神として認識していくのに対し、神官・神社側は穢の制度を厳格に維持しようとし、その結果が『諸社禁忌』としてあらわれたとみなすことができよう。また、日本全国の神の中でも『発心集』に記す日吉社の十禅師の神があらわれて慈悲の神であることを示した例が最も古いと判断されることは故なしとしない。その背景には、天台宗の中での穢に対する認識の変化があったのではないだろうか。以下、天台僧の中でも穢を容認していった浄土教諸宗における認識について考えてみたい。

四　浄土教における不浄認識

先にあげた『八幡愚童訓』の不浄に関する解釈は、本願寺第三世覚如の息である存覚の『諸神本懐集』[26]では全く違うように解釈されていることは興味深い。

邪幣オバウクベカラズ。汙穢不浄ノ身オバキラハズ。タゞ諂曲不実ノコ、ロヲイム。タトヒ千日ノシメヲカクトモ、邪見ノカドニハノゾムベカラズ。タトヒ二親ノ重服ナリトイフトモ、慈悲ノイヘニハ、ハナルベカラズトノタマヘリ。余社ノ神明マタコレニナズラヘテシリヌベシ。サレバ、タトヒ清浄ノ身ナリトイフトモ、ソノコ、ロ邪見ナラバ、神ハウケタマフベカラズ。タトヒ不浄ノヒトナリトモ、コ、ロニ慈悲アラバ、カミハコレヲマモリタマフベシトミヘタリ。

すなわち、『八幡愚童訓』では、「汙穢不浄を嫌はず、諂曲不実をきらふ」という文言から穢を考慮せずに参詣する輩が多いことを否定しているのに対し、『諸神本懐集』では形式的な物忌は無意味であり、慈悲の心こそ重要であるというように、価値観が大きく転換していることがわかる。

こうした不浄を問題としないあり方については、浄土教とのかかわりが指摘されている[27]。法然の『百四十五箇条問答』[28]では、「七歳の子しに（死）て、いみ（忌）なしと申候はいかに」に対して「仏教にはいみといふ事なし、世俗に申したらんやうに」と答え、「産のいみいくか（幾日）にて候ぞ、又いみもいくかにて候ぞ」に対しては、「仏教には、いみといふ事候はず、世間には産は七日、又三十日と申げに候。いみも五十日と申す、御心に候」と答え、「月のはばかりのあひだ、神のれう（料）に、経はくるしく候まじきか」の問には、「神やはばかるらん、仏法にはいまず、陰陽師にとはせ給へ」と答えるなど、神であったり世俗においては忌みということがあるが、仏教では忌まないのだと述べている。

さらに日本における不浄を許す言説としては、源信の『往生要集』[29]巻下に、「今勧二念仏一非三是遮二余種種妙行一。只是男女貴賤。不レ簡二行住坐臥一。不レ論二時処諸縁一。修レ之不レ難」とあることや、永観の『往生拾因』[30]に、「又不レ簡二身浄不浄一。不レ論二心専不専一。称名不レ絶必得二往生一」とあることがあげられている[31]。

また、首楞厳院で二十五人の僧が極楽往生を希求して結成された念仏結社二十五三昧会の発願文である慶滋保胤『横川首楞厳院二十五三昧起請』[32]には、「遂莫レ厭二離臭穢不浄一」とあるように、念仏は死穢を問題にしなかった[33]。

種々の往生伝においても「浄穢を論ぜず」に弥陀の宝号を唱えたり『法華経』を読誦した例を載せている[34]。往生伝に登場する「浄穢を論ぜず」に往生を遂げた人物は、備中国吉備津宮神人だったり散位従五位下の人物だったりして、庶民や中・下級貴族・神人らであって、高僧や上流貴族たちではないことから、物忌を厳格に守ることができない人でも往生ができるのだというように、実態が先にあってそれを肯定的に認めようと理論体系が構築されていったのだろう。

こうした不浄をはばからない念仏者のあり方に対して、旧仏教側からは『興福寺奏上』や『山門奏上』において、肉を食し穢気に触れ、不浄を忌まずに参社するとして批判の対象となったことは周知の事実である。

以上のように、顕密体制下にある仏教諸派においては穢を遠ざけ、不浄であることを忌み嫌うのに対し、浄土教諸宗では身の不浄は問題にされず、儀礼的な禁忌は否定された。しかし、不浄という概念自体がなくなったわけではない。『諸神本懐集』には以下の記述がある。

　フカク生死ノケガレヲイムハ、生死ノ輪廻ヲイトフイマシメナリ。ツネニアユミヲハコバシムルハ、勤行精進ヲス、ムルコ、ロナリ。シカレバ、ホカニハ生死ヲイムヲモテ、ソノ儀トスレドモ、ウチニハ生死ヲイトフヲモテ本懐トス。ウヘニハ潔斎ヲ精進トスレドモ、シタニハ仏法ヲ行ズルヲモテ精進トス。

これによれば、生死の穢を忌むことの本質は生死の輪廻を厭うことであり、外見的には潔斎することを精進としているけれども、仏法を行ずることが精進なのであるとしている。

こうした考え方の淵源は『沙石集』に求めることができる。巻第一（一）「太神宮御事」では、伊勢神宮においては出産のさいも死の時も五十日の忌みとなることをあげて、「生ヲモ死ヲモ忌トイフハ、愚ニ苦キ流転生死ノ妄業ヲ造ズシテ、賢ク妙ナル仏法ヲ修行シ、浄土菩提ヲ願ヘト也」と述べている。

もともと神道における穢と仏教での不浄とは別のものであったが、右の史料においては穢を忌むことが生死の輪廻を厭うことと結びつけられていることが重要である。十四世紀初頭にこうした言説が集中的にあらわれ、〈不浄〉から「厭(欣)」への転換、さらに輪廻観への脱皮は、それを足場としてさらに「無常観」への高次的飛躍を遂げたのであった[35]。そして、仏教においては浄土教が隆盛していく一方、神道においては「中世神道論」が形成され、物忌のもつ意味について再認識されていった。

おわりに

以上、「穢」に対する認識がどのように変化し、神道と仏教それぞれにおいていかに対応していったのか考察した。そこでは、双方がそれぞれ影響を与えながらも独自の方向を目指して問題を解決しようとしていったことを読みとることができよう。

一遍が熊野本宮に参詣したときに、熊野権現から「信不信をえらはす浄不浄をきらはす、その札をくはるへし」との託宣を示されたことは、一遍の思想に大きな影響を与え、その後の遊行を決定づけた。また、親鸞の教えを深く信奉していた平太郎が精進をせずに熊野詣を行ったとき、平太郎の夢に熊野権現があらわれてそれをとがめたが、親鸞聖人はそれに対して「善信か訓によりて念仏する者」であると言ったところ、権現は敬屈の礼をあらわして重ねて述べることはなかったという(36)。こうしたことからも、不浄の問題は中世の宗教者にとって大きな課題であったことがわかる。

人間が生活していく中で、汚らわしい、汚い現象は生じざるを得ない。しかし、何をもって汚いとするのか、そしてそれを汚いと認定したさいに、どのようにして清浄な状態に復元するのかといった点については、さまざまな対応を考えることができる。汚らわしいことを「穢」ととらえた日本の古代社会において、それを克服していくことは宗教上の大問題であり、国家の維持のためかつ個人の魂の救済のためにも真摯な対応が求められていた。その結果が如上の神道・仏教による対応となったのである。

(1) 倉野憲司・武田祐吉校注『古事記・祝詞』〈日本古典文学大系〉(岩波書店、一九五八年)。
(2) 古代の穢に関しては多数の論考があるが、代表的な論考として、岡田重精『斎忌の世界』(国書刊行会、一九八九年)、山本幸司『穢と大祓』（平凡社、一九九二年）、三橋正『日本古代神祇制度の形成と展開』（法藏館、二〇一〇年）などがあげられる。また、片岡耕平『日本中世の穢と秩序意識』（吉川弘文館、二〇一四年）も有益である。

（3）廣田哲通「不浄観説話の背景」（『女子大文学　国文篇』三四、一九八三年）。

（4）山本聡美・西山美香編『九相図資料集成』（岩田書院、二〇〇九年）。

（5）『新訂増補国史大系』。

（6）青木和夫ほか校注『続日本紀』〈新日本古典文学大系〉（岩波書店、一九九〇年）。

（7）『続日本紀』天平十七年五月甲子（七日）条。

（8）『日本紀略』〈新訂増補国史大系〉（吉川弘文館、二〇〇〇年）。

（9）早良親王の怨霊に関しては、山田雄司「怨霊への対処——早良親王の場合を中心として——」（『身延論叢』一六、二〇一一年→本書第2章）を参照されたい。

（10）井上光貞校注『律令』〈日本思想大系〉（岩波書店、一九七六年）。

（11）田中聡「「陵墓」にみる「天皇」の形成と変質——古代から中世へ——」（日本史研究会・京都民科歴史部会編『「陵墓」からみた日本史』（青木書店、一九九五年）。

（12）三橋正「穢規定の成立」（前掲注2書所収、初出一九八九年）。

（13）山田雄司「怪異と穢との間——寛喜二年石清水八幡宮落骨事件——」（東アジア恠異学会編『怪異学の技法』、臨川書店、二〇〇三年→本書第10章）。

（14）『続左丞抄』第二〈新訂増補国史大系〉所収。

（15）『小右記』は〈大日本古記録〉による。

（16）『小右記』天元元年正月十八日条・天元五年二月十八日条・正暦元年十月十七日条などからは、清水寺・長谷寺など諸寺院への参詣が憚られたことがわかる。

（17）『今昔物語集』は岩波書店刊新日本古典文学大系本を用いた。

（18）この問題に関しては、渡辺貞麿「生死と神祇——物忌をしなくなる神——」（『仏教文学の周縁』和泉書院、一九九四年、初出一九八八年）で検討されており、大変有益である。また『今昔物語集』の穢については、高橋貢「『今昔物語集』における「穢」「不浄」の意味するもの」（『国文学研究』九二、一九八七年）、中根千絵「『今昔物語集』における身の不浄と心の不浄」（『説話文学研究』三二、一九九七年）などに詳しい。
(19)『諸社禁忌』については、三橋正「『諸社禁忌』について」（前掲注2書所収、初出二〇〇九年）に詳しい。
(20)慶安四年板本・神宮文庫本とも、大曾根章介・久保田淳編『鴨長明全集』（貴重本刊行会、二〇〇〇年）所収。
(21)渡辺貞麿「和光同塵・中世文学のなかの神々」（前掲注18書所収、初出一九九〇年）。
(22)流布本発心集（八巻）と異本発心集（五巻）の日吉山王説話に関する異同については、山口真琴「異本発心集神明説話をめぐる諸問題」（『国文学攷』九二、一九八一年）に詳しい。
(23)渡邊綱也校注『沙石集』〈日本古典文学大系〉（岩波書店、一九六六年）。
(24)桜井徳太郎・萩原龍夫・宮田登校注『寺社縁起』〈日本思想大系〉（岩波書店、一九七五年）。
(25)舩田淳一「中世死穢説話小考」（『国語国文』七六―一一、二〇〇七年）。
(26)大隅和雄校注『中世神道論』〈日本思想大系〉（岩波書店、一九七七年）。
(27)池見澄隆「禁忌と念仏」（『中世の精神世界』人文書院、一九八五年、初出一九七二年）。
(28)石井教道編『昭和新修法然上人全集』（平楽寺書店、一九七四年）。
(29)石田瑞麿校注『源信』〈原典日本仏教の思想〉（岩波書店、一九九一年）。
(30)『大正新脩大蔵経』二六八三。
(31)敬西房信瑞『広疑瑞決集』〈国文東方仏教叢書〉（名著普及会、一九七八年）。
(32)『大正新脩大蔵経』二七二四。
(33)松下みどり「時衆における神祇と女人――「浄不浄をきらはず」をめぐって――」（砂川博編『一遍聖絵と時衆』岩田書院、二〇〇九年）。
(34)『拾遺往生伝』藤井久任の条
(35)池見澄隆「〈不浄〉の軌跡」（前掲注27書所収、初出一九七一年）。
(36)平太郎熊野参詣説話については、山田雄司「平太郎熊野参詣説話の検討」（『親鸞の水脈』九、二〇一一年）を参照されたい。

第三部

伊勢神宮

第13章　伊勢神宮の中世的意義

はじめに

中世の伊勢神宮を考察する上で重要な点は、『延喜式』(1)巻四伊勢大神宮に「凡王臣以下、不レ得三輙供二大神宮幣帛一、其三后皇太子若有レ応レ供者、臨時奏聞」と規定されているように、古代では私幣禁断の制によって天皇以外の者が私（わたくし）に幣帛を捧げることが禁じられており、一般庶民はもとより貴族でさえ私的に参詣することはなかったのに対し、しだいにそれが緩和され、貴族さらには一般庶民が参詣するようになったことである。しかし、そうした中にあって、僧侶の参宮は憚られていたとされる。

十四世紀初頭に成立した神宮におけるさまざまな禁忌について記した『文保記』(2)では、

> 二宮太神宮者、異二于天下之諸社一、所謂元々本本以二清浄一為レ先、屏二仏法息一、以二正直一為レ宗、而再二拝神祇一、故禁二経教一、忌二僧尼一、戒二妖言一、退二巫覡一、

のように、神宮は他の神社とは異なり清浄を旨とするので、仏法の息を屏し、正直を宗として神祇を再拝するので、仏教の教えを禁じ、僧尼を忌み、妖言を戒め、巫覡を退けるのだとしている。

「屏二仏法息一」という記述に関しては、鎌倉時代に相次いで成立した神道五部書『倭姫命世記』『造伊勢二所太神宮宝基本記』（以下『宝基本記』）『伊勢二所皇太神御鎮座伝記』（以下『御鎮座伝記』）にも見られる記述であ

り、中世伊勢神宮の仏教に対する基本的立場だと言える。(3) しかし、「屏」をどう訓むのかということについて、古来二つの考え方がある。すなわち、一つは「カクス」と訓む説で、もう一つは「シリゾク」と訓む説である。この点に関しては、中世の写本類は「カクス」と訓んでいるのに対し、近世になると儒教的排仏思想の影響により「シリゾク」と訓むようになるようである。(4)

このように、仏教に対する認識は時代とともに変化を見せているが、伊勢神道の確立にあたって仏教は欠くべからざる思想であった。伊勢神道の成立に関しては、鎌倉時代前期から蒙古襲来後にかけて、神宮に伝わる古縁起を基礎として、両部神道さらには陰陽道や道教の思想の影響を受けて神道五部書が成立したとされている。『宝基本記』には『無量寿経』の言葉が引用されており、『天照坐伊勢二所皇太神宮御鎮座次第記』（以下『御鎮座次第記』）『豊受皇太神御鎮座本紀』（以下『御鎮座本紀』）では『長阿含経』の影響を受けているほか、『大元神一秘書』や『類聚神祇本源』なども『大日経疏』をはじめとしたさまざまな経典を引用していることが指摘されている。(5)

伊勢神宮と仏教とのかかわりについては、神宮寺の成立と消長、祠官による氏寺の建立や埋経、出家神主の登場、僧侶の伊勢参宮、神前での読経や法楽、神宮周辺での寺院の建立といったさまざまな側面から研究が行われ厚い研究史がある。そして、両部神道との関係から伊勢神道が形成されたことからわかるとおり、中世の神宮は仏教の存在を抜きにしては考えられない。(6) 本論においては、伊勢神宮と仏教とのかかわりについて、神宮側および仏教者側双方においてどのような言説が展開されたのか、神道論と実際の参宮のあり方を対比させながら考察してみたい。

一　古代伊勢神宮における仏教の影響

延暦二十三年（八〇四）に伊勢神宮の祠官によってまとめられた『皇太神宮儀式帳』[7]では、天照大神が五十鈴川のほとりに鎮座する場面で、この地方ではさまざまのことを忌み定めたとして、仏を中子と言い、経を志目加弥と言い、塔を阿良々支と言い、法師を髪長と言い、優婆塞を角波須と言い、寺を瓦葺と言い、斎食を片食と言うなどといった、仏教用語やケガレに関する言葉の禁忌を記している[8]。

これは『延喜式』巻第五斎宮に掲げる忌詞として、仏教用語である内七言、ケガレに関する用語である外七言に引き継がれているが、伊勢大神宮の項にはこの規定は記されていない。『延喜式』では神宮での私幣禁断を規定しているため、そもそも神宮において私的な仏事が行われることは考慮されていないことから、仏教に関する禁忌は記す必要がないと判断されたのではないだろうか。

一方、『延喜式』巻第七践祚大嘗祭では、散斎は十一月の一か月間、致斎は三日間で、斎月には諸司および畿内に対して符を下し、「不レ得レ預二仏斎清食一」のように仏法のことに関与することを禁じているほか、忌詞について規定されている。伊勢神宮においては清浄たるべき神事が毎日厳修されているため、践祚大嘗祭の規定を神宮にも適用して仏事を行うことを忌避したのだろう。

奈良時代以降、諸社には神宮寺が建立され、神社の境内には仏教施設が建立されて僧侶が住し、神前読経なども行われるという「神仏習合」が進んでいくが、神宮にも国家によって神宮寺が建立された。『続日本紀』天平神護二年（七六六）七月丙子（二十三日）条には、伊勢大神寺に丈六仏像を造ったことを記す。岡田登によって、この伊勢大神寺は『太神宮諸雑事記』にいう逢鹿瀬寺に相当することが明らかにされ、逢鹿瀬廃寺跡からは八世紀後半の瓦が出土している[9]。仏教を忌避していた神宮にも神宮寺が建立されたのには、称徳朝において道鏡が実際の政権を握っていたからだと考えられている。しかし、一般的に神宮寺はその神社にごく近いところに建立されたのに対し、逢鹿瀬廃寺は神宮からかなり離れたところに位置していることから、神宮においては仏教忌避の影響が強く反映されたものと思われる。

また、この時期に伊勢神宮に神宮寺が建立されたのには、『続日本紀』天平神護元年（七六五）十一月庚辰（二十三日）条にのせる宣命が大きく影響したのではないだろうか。

復勅久、神等乎方三宝余利離天不触物曽止奈毛人乃念天在。然経乎見末都礼方、仏乃御法乎護末都利尊末都流方諸乃神多知仁伊末志家利。故是以、出家人毛白衣毛相雑天供奉仁豈障事波不在止念天奈毛、本忌之可如久不忌之天、此乃大嘗方聞行止宣御命乎、諸聞食止宣。

神々を仏から遠ざけ、神々は仏に触れないものだと人は思っている。けれども、仏典を見れば、仏法を守護しそれを尊崇するのは諸神である。ゆえに僧侶も俗人も相交わることにどうして差し障りがあるであろうか。従来は大嘗に僧侶がかかわることは禁忌として避けたであろうが、今度の大嘗は避けることはせずに行われると、称徳天皇は宣言している。これは大嘗祭の場合だけでなく、神社にも適用されたはずで、越前国気比神宮寺や若狭国若狭比古神願寺などはすでに建立されていることから、仏を遠ざけている神社とは具体的に伊勢神宮を意味していたのではないだろうか。そのため、この宣命が発せられてすぐに神宮寺が建立されたのは伊勢神宮であった。また、『儀式』[10]巻第四践祚大嘗祭下によれば、散斎は十一月の一か月間、致斎は三日間で、百官・五畿内・諸国司に対して、六条の忌むべきことが決められている。その中では、穢悪に関連する言葉を発してはいけないなどケガレに関与してはならないこととならんで、「行㆓仏法㆒事」も憚られている。

しかし、道鏡が失脚し宮司も替わったことによるためか、『続日本紀』宝亀三年（七七二）八月甲寅（六日）条には、異常風雨があり、樹木が抜け家屋が倒れたので卜ったところ、伊勢月読神の祟りと出た。そのため毎年九月に荒祭神に準じて馬を奉ることとし、また荒御玉命・伊佐奈伎命・伊佐奈弥命を官社に入れ、さらに度会郡の神宮寺を飯高郡度瀬山房に移すことが決定された。そして宝亀七年には飯野郡へ、十一年二月には神郡に近くて祟りが止まないため、飯野郡以外の他郡に移すことになった。

これら神宮寺のあり方からわかるように、他の神社においては神仏習合が進んで神宮寺が建立され、九世紀には神前読経が行われるようになる中、伊勢神宮においてはごく限られた期間に、それも遠く離れた場所に神宮寺が建立されただけであり、神前読経も行われなかった(11)。

伊勢神宮社頭で神前読経が忌避されていたことについては、以下のような事例がある。天徳二年（九五八）五月に疾疫が多発して死者が出たため、朝廷は石清水・賀茂社などで十社読経を行わせたが、そのさい伊勢は除かれた(12)。また、建久元年（一一九〇）八月二十八日には、止雨のための十社奉幣が行われ、伊勢・石清水・賀茂社などに奉幣がなされたのに対し、翌日の仁王経による止雨御読経では、伊勢が除かれて代わりに大原野社で御読経が行われた(13)。これらの事例から、伊勢神宮で仏事が行われることはなかったと言える。また、『玉葉』(14)承安五年（一一七五）五月十二日条には以下のように記されている。

左少弁兼光（藤原）来、仰曰、太神宮事、可二計行一之由、有二法皇詔一者、対曰、朝廷大事、莫レ過二神宮一、（中略）其間雑務多象二仏事一、混三合与二神事一之条、非レ無二事之恐一、加之、病侵二五内一、所レ憑只三宝、自レ非二仏徳一、無レ由レ扶レ身、而奉二此神事一之人、出二仏教於郭外一、禁二僧尼於家中一、

神宮祭祀は最も重要なことであるが、普段の雑務では仏事に携わることが多く、神宮の神事と混合してしまい、それは非常によろしくないと考えられていた。

さらに、長寛二年（一一六四）四月二十四日の助教清原頼業勘文(15)には、

天照太神者、諸神之最貴、伊勢両宮更无二抗礼一、天無二二日一地無二二王一之義也、加之神宮者禁二断私幣一、忌二憚仏事一、熊野者不レ嫌二民庶一、容二受緇徒一、其風乖違、

とあるように、熊野は一般の人びととの参詣を嫌わず、僧侶たちも受け入れるのに対し、神宮は私幣禁断であり、仏事が忌避されていることが述べられている。

それならば、伊勢神宮ではなぜ仏事が忌避されたのであろうか。十七世紀中葉に成立した外宮祠官出口延佳による『陽復記』(16)下では、「仏法をいむ子細如何」との問いに対して以下のように答えている。

答曰、説々あまたあれど何を証拠としがたし。只倭姫命禁誡にまかせていむ事なり。若むかしより此禁誡を不レ用して僧尼をゆるしなば宗廟の古法は、かたばかりも今にのこるまじ。諸国の神社を見てしるべし。祠官は社僧の奴のごとくなりて神殿は変じて仏殿となりぬ。一宮などにては、言をさへ替てあらゝぎと云ていむ塔なるを、諸社には立置て神のいがきとも見えず。是我国の古法ならんや。未来をかゞみ給ひ、屏二仏法息一よとの禁令ありがたき事なり。なを末代も弥此禁誡をまもるべき事歟。

神宮において仏教を受け入れていたのならば、他の神社と同じように仏教の方が主となってしまい、古い伝統が守られなかっただろうから、「屏二仏法息一」の禁令があったことはありがたいことだとしている。

また、十七世紀後半成立の外宮祠官龍熙近による『神国決疑編』(17)は神宮における神仏関係について記した書だが、そこには以下のように記述されている。

所謂屏二仏法息一者。非二排斥之文一也。臨二祭庭一而守二神道根源一奉レ再二拝神祇一也。若背二此禁誡一不レ可レ逃二不敬之罪一。是故大田命伝記。宝基本記。皆曰。守二混沌之始一。屏二仏法息一。混沌之始者。謂天地未生巳前也。

（中略）

或曰禁裏公事中。仏法時見。雖レ然散斎月不レ許二僧尼之来入一。不二是仏法汚穢之謂一。守二神国古風一為二如在之祭祀一故也。我神宮恒守二斎戒法一。所以常屏息也。

これによれば、「屏二仏法息一」とは仏教を排斥しようとするのではなく、仏教が日本に入ってくる以前の神道の根源および伝統的祭祀を守るためなのだとしている。そして、『延喜式』の記述を引用しながら、散斎月には僧尼が内裏に入るのを許していないのは、仏法がケガレているからではなく、神国の古風を守り祭祀を厳格に行うためであり、神宮も斎戒の法を守って常に仏教を遠ざけているのだとしている。

引用のもととなっている『延喜式』巻第三臨時祭致散斎条の記述は以下のとおりである。

凡祈年、賀茂、月次、神嘗、新嘗等祭前後散斎之日、僧尼及重服奪情従公之輩、不レ得レ参二入内裏一、雖二軽服人一、致斎幷前散斎之日、不レ得二参入一、自余諸祭斎日、皆同二此例一

この条文の内容は、祈年・賀茂・月次・神嘗・新嘗祭の前後の散斎の日は、僧尼および重服であって欠くことができない人も、内裏に参入することはできない。軽服の人であっても致斎ならびに前の散斎の日は参入することができない。自余の諸祭の斎日も、みなこの例に同じくせよ、というものである。

これら十七世紀に成立した外宮祠官による神道書の解釈によれば、神宮が仏教を遠ざけているのは、仏教がケガレているからではなく、天地が未だ生まれる以前からの神国の「守二混沌之始一」の状態を保って古風の祭祀を伝えるためだと解釈している点が特徴的である。伊勢神宮においては旧儀を守ることが肝要であったため、それを大きく変更することになる境内地への神宮寺など仏教施設の建立、仏事の導入、社僧の存在など、あからさまに仏教とわかる施設や行為は固く禁じられていた。その一方、神官が氏寺を建立したり個人的に仏教信仰をもっていることは問題にされていないが、両者は矛盾しているわけではない。

二　伊勢神道における仏教理解

それでは、次に伊勢神道において仏教をどのように理解していたのか見てみる。先に掲げた『神国決疑編』にも引用されている『御鎮座伝記』では、倭姫命磯宮に坐す十一月の新嘗祭の夜ふけに皇太神ならびに止由気皇太

神の託宣が神主部・物忌などにあったとして以下のように記している。

汝正明聞給倍。人乃天下之神物也。莫レ傷二心神一。神垂以二祈禱一為レ先。冥加以二正直一為レ本。任二其本心一。皆令レ得二大道一。故神人守二混沌之始一。屏二仏法之息一。崇二神祇一。

人はすなわち天下の神物であるので、心神を傷つけてはならない、すなわち清浄でなければならないとし、正直であることを求めているが、伊勢神道においては人間の心が清いことが重要視された。そのため、仏教が日本に伝わる前の混沌のはじめの状態を守って仏法の息がかからないようにして、神祇を崇めるべきだと述べている。そして引き続いて以下のように述べられていることが重要である。

散斎致斎内外潔斎之日。弔レ喪問レ疾食レ完不レ判二刑殺一。不レ決二罰罪人一。不レ作二音楽一。不レ預二穢悪事一。不レ散二失其正一。致二其精明之徳一。左物不レ移レ右。兵器无レ用。不レ聞二鞆音一。口不レ言二穢悪一。目不レ見二不浄一。鎮専二謹慎之誠一。宜レ致二如在之礼一矣。

散斎・致斎などの内外宮における潔斎の日には、祠官たちは穢悪のことに携わらず、口には穢悪なことを言わず、目には不浄のものを見ないようにし、威儀を正して誠を専らとし、慎みかしこまって礼を尽くすよう述べられている。また、諸祭の斎日には「仏ノ法言」すなわち読経や法楽を行ってはならないことが明記されているなど、斎日のさいの仏教忌避は言われているが、その他の日は問題になっていない。また『御鎮座伝記』では、ケガレを遠ざけて清浄を保つべき旨をうたっているが、仏教をケガレた存在と見ているわけではないことに注意したい。

そして『宝基本記』では以下のように述べている。

伊勢太神宮神主大少内人祝部等。諸祭之日。僧尼及重服奪情従レ公之輩。并軽服人与同宿往反。斎日犯二弔レ喪問レ疾等六色禁忌一者。宜レ科二上祓一云々。

（中略）

神道則出㆓混沌之堺㆒。守㆓混沌之始㆒。三宝則破㆓有無之見㆒。仏㆓実相之地㆒。神則罰㆓穢悪㆒導㆓正源㆒。仏又立㆓教令㆒破㆓有想㆒。目不㆓妄視㆒。耳不㆓妄聴㆒。鼻不㆓妄香㆒。口不㆓妄言㆒。手不㆓妄持㆒。足不㆓妄行㆒。精不㆓妄施㆒。其死也及レ是也。

（中略）

詔。掃レ災招レ福。必憑㆓幽冥㆒。敬レ神尊レ仏。清浄為レ先。

これによれば、神宮の神主たちは諸祭の日に僧尼とのかかわりを禁じているが、その他のときは問題となっていない。また、神道と仏教を峻別しているが、決して仏教を下に見るのではなく、神を敬い仏を尊んだ上で、清浄を先とすべきことを述べている。そして、神仏は究極的には同じ思想にもとづくものと考えていたようである。神道五部書においては清浄が強調されるものの、仏教をケガレた存在としているのではなく、神道と同様に仏教を尊んでいる。

こうした考え方は外宮祢宜度会行忠の晩年の著作である『古老口実伝』[18]にも引き継がれている。『古老口実伝』には祠官らの生活における心得が述べられているが、仏教に関する記述もいくつか記されている。「宮司家中禁法ノ事」では、「僧尼及重軽服人々等。不㆓同宿同坐㆒也」としており、さらにその注に「但僧者。烏帽子直垂如㆓俗形㆒改㆓其像㆒者同坐云々」とある。僧尼や重軽服の人びとと同宿・同坐してはならないとしているが、注目されるのは注釈の部分で、僧が烏帽子・直垂を着して俗人と同様の姿であったのなら同座してよいというのである。これは近世においては、僧侶であっても付髪をつけて俗人と同様の姿に変えたのなら参詣は憚られないとする規定に通じる考え方である。仏教の内実はともあれ、視角上で仏教的と思われる行為が忌避されていたのである[19]。「内外宮参詣之間。不レ可レ指㆓墨笠㆒。忌㆓不浄之笠㆒也」という記述も、外見が問題であることによる制約であろう。

さらに、「葬籠僧幷持二死人一者。或百日。或一廻以後参宮云々」とあるように、僧の中でも葬送に関与する籠僧の場合、死のケガレとかかわった場合は百日間参宮が禁じられた。これは『文保記』でも「籠僧荷レ棺葬礼輩事」として、

自二葬送日一穢卅日如レ恒。禁忌百日。不レ参二太神宮一矣。掃二除牛馬斃一之人。穢限以後無二別憚一也。

（中略）

荷レ棺輩等事。細砕見二正元土宮仮殿沙汰文一。如二彼沙汰文一者。或百日。或一廻以後参宮云々。

と規定されているけれども、籠僧が職能的にケガレているとして忌避されているのではなく、一般人の場合と同様に、ケガレにかかわった場合に参宮が憚られたのであり、忌の期間が過ぎれば参宮は禁じられていなかった。ましてや僧侶の参宮自体が禁じられていたわけではない。その他『文保記』ではケガレに接したさいの禁忌が細かく記されているが、仏教や僧侶についての記述は極めて少ない。

『古老口実伝』ではさらに、「一祢宜公文所。以二清浄一為レ先也。故雑人輙不二乱入一也。亦於二寝殿一不レ修二仏事一。可レ移二他所一也」「致斎散斎。及番直勤仕之時。僧尼同宿同火禁レ之」「参宮前三箇日致斎。不レ預二穢悪一。宜レ存二六色禁忌一也」としており、この記述からは神事のさいに仏事が忌避されていたことがわかる。しかし、神事以外の通常時における祢宜・祠官などの仏事への関与は否定されていない。実際、『古老口実伝』には「常明寺勤役事」として度会氏の氏寺である常明寺の年中行事とそのさいの祢宜の役割が記されており、度会氏が氏寺での仏事に関与していたことがわかり、内宮祢宜も氏寺の田宮寺での仏事にかかわっていたと推測される。(20) その他、神宮に参詣する僧侶と公私でかかわる神官らも少なくなかった。

また、「宮中近辺西北在家。門戸。大道。高声念仏金口音等禁レ之」という規定は、神宮周辺において高声での

念仏や金口の音を鳴らすのを禁じているが、逆に言えば小声での念仏や読経は禁じられていない。すなわち音声的にあからさまに仏教だとみなされる行為が憚られたのである。

そうした規定が、元応二年（一三二〇）度会家行が『神道五部書』をもとに伊勢神道の理論を集大成した『類聚神祇本源』[21]になると厳しくなっている。禁誡篇は「六色禁忌事」「内七言外七言事」「忌仏法事」「忌僧尼事」から構成され、禁忌が明確に規定されており、そのうちの「忌僧尼事」では、先にあげた『延喜式』巻第三臨時祭致散斎条を引用しながら以下のように説いている。

被レ行二神事一之内裏。猶以不レ被レ入二僧尼一。何況伊勢太神宮者宗廟中之大廟也。任二神宣勅語一不レ可レ不レ忌二僧尼一。争致二内院参入一哉。僧尼則着二釈尊服一之故也云々。此外猶有二深義一哉。

神事が行われる内裏でさえ僧尼が参入するのを拒否しているのであるから、まして宗廟の中の大廟である伊勢神宮が僧尼を拒否するのは当然であり、どうして内院に参入できるであろうか。僧尼は釈尊の服を着ているために拒否するのであるとしている。この段階では、僧尼自体が忌まれ、参宮が認められていないと判断できる。家行は同書で祓の重視、清浄の徹底を主張しているが、その影響でこれまでは問題とされていなかった僧尼の神宮への参入自体を忌避しており、以降中世においては僧尼の正宮への参入が認められず、二鳥居での遙拝ということに制限されていく。しかしおそらく、僧尼の服装をしていなければ参入は可能であったと思われ、ここでもあからさまに視覚的に仏教とみなされることが拒否されていたと言える。

三　僧尼の伊勢参宮

次に、中世に僧尼が伊勢参宮を行ったさいの記録を分析し、具体的な参宮形態および伊勢神宮と仏教との関係をどのように認識していたのか見ていきたい[22]。

『玉葉』には僧侶が参宮した記録が散見される。元暦二年（一一八五）三月十七日条には、「盲聖人法華房来、参㆓籠大神宮㆒之間、天下可㆑直之由有㆓夢想㆒旨所㆑語也」とあり、法華房という盲目の聖人が神宮に参籠し、夢想を得た様（さま）が記されている。この僧はおそらく瑞垣のあたりで参籠したのであろう。また、建久五年（一一九四年）正月二十日条には、「於㆓太神宮㆒供㆓養金泥心経六巻㆒、以㆓隆聖阿闍梨㆒為㆓導師㆒、中宮王子誕生御祈也」と記され、九条兼実は真言僧の隆聖阿闍梨を神宮に遣わし、金泥般若心経六巻の供養をすることにより中宮の皇子誕生御祈を行わせている。これは神宮のどこで行われたのか不明だが、おそらく正宮前では憚られ、祠官の氏寺などで行われたのではないだろうか。これらの史料からは、僧侶が少人数で参拝し参籠することは問題なかったと言える。

次に、まとまった参詣記としては最初のものである、俊乗房重源が神宮に参詣したさいの記録『東大寺衆徒参詣伊勢大神宮記』(23)から、僧侶の参宮の状況を見てみる(24)。文治二年（一一八六）二月中旬ころ、重源は東大寺大仏殿造営を祈るために参宮したが、そのさい瑞垣の辺りで通夜し、二十三日夜に大神による「近年身疲力衰、難㆑成㆓大事㆒。若欲㆑遂㆓此願㆒、汝、早可㆑令㆑肥㆓我身㆒」との託宣があったため、東大寺に戻って大般若経二部を新写し、四月には僧綱以下の僧徒六十人をはじめとした都合七百人ほどをともなって再び参宮し、内外二宮にて各一部の供養転読と番論議を行おうとした。しかし、神前での読経は認められなかったので、宿所となった成覚寺で読経しようとしたが、外宮一祢宜光忠が、常明寺こそ神官崇重の氏寺であって、厳重の仏事は先例によれば必ずこの寺で行われるということなので、二十六日常明寺において大般若経供養と番論議がなされた。そして、「臨㆓夜陰㆒、僧徒少々参㆓拝瑞垣之辺㆒。白昼有㆑憚之由、祢宜諫申之故也。暗々之間、不㆑及㆓子細㆒、謹以退帰了」と記すように、僧徒が白昼大挙して参宮するのは憚りがあるとの祢宜の言により、夜陰に紛れて少しずつ分かれて参拝を行った。しかしそれでも瑞垣の辺りまで行って参拝することが可能だった。

そして、二十七日にはまた常明寺で読経を行って申一点まで続いた後、おのおの宿坊に戻ってから内宮へ向かった。内宮では一祢宜成長が未刻より待っており、申刻に僧徒以下の人びとは一鳥居あたりに参着した。しかし、「僧徒群参依レ有二其憚一」ということで、成長がまず二〜三人ずつ先導して正宮前に赴き、礼拝が終わると残りの人びとが漸次参向するといった次第であった。参拝が終わると、成長は一行を二見の天覚寺へ案内した。この寺は成長が建立した氏寺であった。そしてそこで二十九日に御経供養および番論議が、晦日には大般若経転読が行われ、翌日に宿坊を出発して東大寺へ戻った。二度目・三度目の参宮記事は簡略であり、二度目の参宮は建久四年（一一九三）で、二宮法楽の大般若経供養を二見の天覚寺で行い、三度目の参宮は建久六年四月で、菩提山で供養が行われた。

『東大寺衆徒参詣伊勢大神宮記』からうかがえることは、神宮側は内宮外宮とも一祢宜の人物が対応し、それぞれの氏寺に宿泊させていることから、重源一行を丁重に出迎えていたことがわかる。僧侶が数人で神宮参拝することはかまわないが、群参することは憚られていた。僧侶の群参はこのときが最初であったため、拒否されることを知らずに重源らは二宮の宝前で大般若経供養を行おうとしていたのであった。僧侶が参宮すること自体は可能であったことから、仏教自体が忌避されていたわけではなく、あからさまに神宮の中に仏教が入り込んでいると視覚的・聴覚的に明示されることが忌避されたのである。そのため重源らは二〜三人ずつ正宮まで赴いて参拝することができた。

祭主家出身の醍醐寺僧通海の記した『通海参詣記』[25]下巻では、弘安九年（一二八六）八月十四日の豊受大神宮上棟祭の折りに参詣した人物が、神宮側に立つ「俗」と神宮参拝の「僧」との間に交わされた問答を聞き書きしたという設定で叙述されている[26]。

一僧云、神拝ノ次第、託宣ノ旨趣貴ク承リヌ。抑当宮ニ仏法ヲ忌セ給トテ、加様ニ二ノ鳥居ノ内マテ参リ侍レトモ、中院ノ神拝ヲユルサレス。此辺ニテ法施ヲ奉レハ、事モ相ヘタ、リ念モ及サル心地シ侍リ、サテモ御誓ハ何時ヨリ始テ、イカナル文ニ見ヘタル事ニカト云々。

一俗云、仏法ヲ忌事ハ、昔伊弉諾伊弉冉ノ尊ノ此国ヲ建立セント思ヒ給テ、第六天ノ魔王ニコイウケ給ヒシニ、魔王ノ申テ云ク、南閻浮提ノ内此所ニ仏法流布スヘキ地也、我仏法ノアタナルニ依テ、是ヲ不可許ト申シシカハ、伊弉諾尊然ラハ仏法ヲ可忌也ト乞請玉ヒシニ依テ、仏法ヲ忌也ト申伝タリ。

『通海参詣記』でも僧侶は二鳥居までしか入ることができず、そこから法施を奉っても正宮からは離れているので、念もおよばない心地がすると歎いている。そして伊弉諾尊が仏法を忌むからと約束して第六天魔王からこの国を請い受けたという「中世神話」を記している。こうした神宮での仏法忌避を第六天魔王との約諾から説明するのは、『鼻皈書』『沙石集』『八幡愚童訓』などにも見られ、中世社会で広く普及していた説であったと言える。

徳治元年（一三〇六）から同二年にかけて成立した後深草院二条の『とはずがたり』[27]巻四では、正応四年（一二九一）に二条は神宮参拝を行うが、そのときのこととして以下のように記している。

かかる騒ぎの程なれば、経沙汰もいよいよ機嫌悪しき心地して、津島の渡りといふことをして、大神宮に参りぬ。卯月の初めつ方のことなれば、何となく青みわたりたる梢も、やう変りておもしろし。まづ新宮に参りたれば、山田の原の杉の群立ち、ほととぎすの初音を待たむ便りも、「ここを瀬にせむ」と語らはまほしげなり。神館といふ所に、一、二の祢宜より宮人ども、伺候したる。墨染の袂ははばかりあることと聞けば、いづくにて、いかにと参るべきこととも知らねば、「二の御鳥居、御庭所といふ辺までは苦しからじ」と言ふ。

所のさま、いと神々しげなり。館の辺にたゝずみたるに、男二、三人、宮人とおぼしくて、出で来て、

「いづくよりぞ」と尋ぬ。「都の方より結縁しに参りたる」と言へば、「うちまかせては、その御姿ははばかり申せども、くたびれたまひたる気色も、神も許したまふらむ」とて、内へ入れて、やう〳〵にもてなして、「しるべしたてまつるべし。宮の内へはかなふまじければ、よそより」など言ふ。

千枝の杉の下、御池の端まで参りて、宮人、祓へ神々しくして、幣をさして出づるにも、心の中の濁り深さは、かかる祓へにも清くはいかがと、あさまし。

（中略）

これにまづ七日籠りて、生死の一大事をも祈誓申さむと思ひてはべるほど、面々に宮人ども、歌詠みておこせ、連歌いしいしにて明かし暮すも、情けある心地するに、うちまかせての社などのやうに経を読むことは、宮の中にてはなくて、法楽舎といひて、宮の内より四、五町退きたる所なれば、日暮し念誦などして、暮るるほどに、それ近く、観音堂と申して、尼の行ひたる所へまかりて、宿を借れば、「かなはじ」とかたく申して、情けなく追い出ではべりしかば、

まず最初に外宮に参り、僧服では参宮は憚りがあると聞いていたので、どこでどのように参宮したらよいのかということもわからず、斎館に詰めていた祠官から、二鳥居のところの御庭所というところまではかまわないと言われた。そして神々しい境内の風景を眺めていたところ、宮人と思われる男が二〜三人やってきて、「普通はそのような僧侶の姿では参宮することは差し障りがあるけれども、くたびれている姿を神もお許しになるだろう」とのことで、丁重にもてなしてくれ、「道案内をいたしましょう。宮の中へは入れないので、外側から」ということで、五百杉の下、御池の端まで行って、宮人が祓をし幣帛を捧げ、そこから神宮を拝んだ。そして、普通の神社のように経を読むことは神宮の中では行われずに、かわりに法楽舎で念誦を行ったとする。法楽舎は建治元年（一二七五）、通海により異国降伏の御祈禱所として設立され、以降神宮へ参拝する僧尼らが読経や法楽

などを行い、神宮における仏教祈禱の中心となっていった[28]。

二条は次に内宮へ参るが、そのときの記載は以下のようである。

待たれて出づる短夜の、月なきほどに宮中へ参るに、これもはゞかる姿なれば、御裳濯川の川上より御殿を拝みたてまつれば、八重さか木も事しげく立ち重ね、水がき、玉垣遠く隔たりたる心地するに、「この御社の千木は、上一人を護らんとて、上へ削がれたる」と聞けば、何となく、「玉体安穏」と申されぬるぞ、我ながらいとあはれなる。

二条は正宮の前までは参入することができず、御裳濯川の川上の方から遠く社殿を拝している。この場所がどこなのか確定することはできないが、瑞垣・玉垣について言及していることから、それらを望むことのできる高所ということで、高宮（多賀宮）あたりから遙拝しているのだろうか。ともかく、内外宮とも単独でも僧尼の正宮前への参入は認められなくなっていると言える。なお、僧尼拝所が設置されるのは江戸時代の寛文十二年（一六七二）になってからで、それも場所が一定していたわけではない。中世段階では僧尼は二鳥居から拝むということが一般的であった。

次に時宗の史料から参宮の状況を見てみる。時宗の祖一遍は神宮参詣を行っていないが、二祖真教は信者をともなって参詣しており、その様子は一遍・真教の事績を描いた『遊行上人縁起絵』[29]に記されている[30]。

正安三年（一三〇一）十月の比、伊勢国へ入給。同十一月のはしめに、櫛田の赤御堂に逗留ありけるか、此次に太神宮へ参詣すへきよしの給けるを、凡当宮ハ僧尼参詣の儀たやすからさるうへ、如此遊行多衆の聖、宮中へ入給事いまた其例なし。且そこはくの尼衆の中にハ、月水等のけかれあるへし。又疥癩人等付したかひ奉れり。是又宮中へ入事禁制あり。かた〳〵憚あるへしなと申輩侍けれとも、追帰されん所まて参へしとて、疥癩の類をハ宮河の辺にとゝめをきて、自余の僧尼以下ハ皆引具て外宮へ詣給に、敢て制し奉人なし。是によりて、中の鳥居までまいりて十念唱たまふ。

（中略）

かくて宮中出入の輩に念仏をすゝめ給に、神人等この所の風俗として、如此の儀いましめられ侍とて、一人もうくる者なし。爰宮政所大夫雅見といふもの、折節参宮して下向しけるか、聖の念仏をすゝめ給御手より、金色の光その色あさやかにして、上へ一尺五六寸はかり、左右へ一尺七八寸ハかりみえたまふ。又おなし御手より、五色の瓔珞二尺許玉をつらぬきて、うこくかことくしてたれたり。于時雅見奇異の思をなして、幻と云はかやうの事にやと思惟して、暫目をとちて又見開になをもとのことし。此時掌をあはせ、膝を幅して、十念をうけ奉る。此後諸人悉念仏をうけ奉けり。

（中略）

其日法楽舎に宿せられけるに、宮人等美膳をとゝのへて供養し奉る。又次日内宮へ詣給。御裳洗河に浴水を用て、漸社壇に趣給に、神風ひさしくつたはりて業塵を払ひ、霊水とをくなかれて、心垢をきよむるかとそ覚たる。さて二鳥居にて、十念唱給て下向し給に、内宮一祢宜申て云、神の法楽、人の結縁の為にとて、日中の礼讃を所望し侍けるに、社頭ハ其例なき間、道のかたはらなる芝の上にて、例のことく一時念仏あり。聴聞の上下、感涙をゝさへて信仰し侍り。

真教らは宮川にさしかかったとき、「神宮への僧尼の参詣は容易でない上に、多くの遊行聖が神宮へ参詣するという前例がない。かつ尼衆の中には月水等のケガレがある者もいるであろう。また癩病人なども行動を共にしている。これもまた神宮へ入ることは禁じられている。いろいろ憚りがあるに違いない」と言う輩もいたが、追い返されるところまでは行こうということで、癩病人だけは宮川にとどめおいて他の僧尼とともに外宮へ詣ったが、制止する人はいかなったので中の鳥居まで参入して十念を唱えた。そして神宮に出入りする人びとに念仏を勧めたが、「このところの風俗として念仏を行うことは戒められている」ということで一人も受ける者はなかったが、外宮政所大夫雅見(度会)という人物が真教のただ人でないことを知り、十念を受けたところ、諸人もことごとく念仏を受けたという。そして法楽舎に宿した後内宮へ詣で、御裳濯川で身を清めてから二鳥居のところで十念を唱え、一祢宜が「神の法楽、人の結縁のため」に日中の礼讃を行うことを所望したことにより、社頭では例がないので、道の傍らの芝の上で念仏を唱えた。

『遊行上人縁起絵』の記述からわかることは、僧尼が参入できるのは内外両宮とも二鳥居までで、そこで念仏を唱えていることである。そして法楽は法楽舎で行われた。また、祢宜たちは個人的に仏教に帰依しており、個人の信仰としては仏教を重要視していた。

以上、僧尼の参宮記録からわかることは、蒙古襲来以前と以後とでは参宮のあり方が大きく異なっていることである。すなわち、『東大寺衆徒参詣伊勢大神宮記』などに見られるように、僧尼の群参は認められてないものの、少数で正宮前へ参入し、参籠して小声で念仏を唱えることも禁止されていなかった。しかし、蒙古襲来を経験した建治元年(一二七五)に法楽舎が建立されると、仏事はもっぱらここで行われるようになり、おそらくそれとあわせて僧尼の参入も二鳥居までということに制限されていったものと思われる。また、仏教という宗教の宗旨が問題なのではなく、僧侶の外見、読経や念仏を唱える声、鉦と叩く音といった視覚的・聴覚的に仏教とわかる行為が憚られたのであった。

おわりに

『倭姫命世記』には、倭姫命が大和国宇多秋宮に遷って天照大神を斎きまつっていたところ、宇太の大祢奈が参上して清浄に潔斎して天照大神に仕え申しあげる旨を誓った場面で次のような記述がある。

無墨心志弖。以二丹心一天。清潔久斎慎美。左物於不レ移レ右須。右物於不レ移レ左志弖。左レ々。右レ々。左帰右廻事毛。万事違事奈久志弖。太神尓奉レ仕。元レ元。本レ本故也。

神宮では清き心をもち、清潔に斎み慎んで奉仕し、左のものを右に移さず、右のものを左に移さないようにし、左は左、右は右にして、左に帰り右に廻ることも万事違うことのないようにして大神に奉仕するが、それは元を元とし、本を本とするゆえであるという。

神宮では仏教が日本に移入する以前の古態を守っているという自負があり、そうしたことが仏教忌避につながったと考えられる。そのため、あからさまに仏教とわかる行為、すなわち群参や神前での読経・法楽といった行為は憚られた。しかしその一方、少数での参拝や参籠は禁じられておらず、祠官の中には仏教を信仰し氏寺を建立する者もいた。それが、蒙古襲来以降の神道思想の高まりにより、僧尼の参宮は二鳥居までに制限されるようになり、そこからの遙拝を余儀なくされ、もっぱら法楽舎で仏事を行うようになった。それとあわせて、神道五部書の段階では神と仏を峻別して神道の立場からの理論化を行ったが、蒙古襲来以降は理論の先鋭化が進み、仏教や儒教と対等の普遍性をもつ神道へと昇華され、混沌のはじめを守り古来よりかわらぬ祭祀を守るという意識が高まっていったのである。

（1）　虎尾俊哉編『延喜式』上〈訳注日本史料〉（集英社、二〇〇〇年）。
（2）　『群書類従』雑部。
（3）　神道五部書の引用はすべて『伊勢神道（上）』〈神道大系〉（神道大系編纂会、一九八二年）による。
（4）　萩原龍夫「伊勢神宮と仏教」（萩原龍夫編『伊勢信仰Ⅰ』〈民衆宗教史叢書〉雄山閣出版、一九八五年、初出一九六七年）、高橋美由紀「神仏習合と神仏隔離」（『神道文化』五、一九九三年）。
（5）　高橋美由紀「神道五部書と仏教思想」（『伊勢神道の成立と展開　増補版』ぺりかん社、二〇一〇年、初出一九七二年）。

（6）伊勢神道の成立過程については、平泉隆房『中世伊勢神宮史の研究』（吉川弘文館、二〇〇六年）で研究史を整理した上で詳述している。
（7）『皇太神宮儀式帳・止由気宮儀式帳・太神宮諸雑事記』〈神道大系〉（神道大系編纂会、一九七九年）。
（8）禁忌の問題については池見澄隆「中世における神仏関係の一面」（『日本仏教学会年報』五二、一九八七年）に詳しい。
（9）岡田登「伊勢大神宮寺としての逢鹿瀬寺について」（『皇學館大学史料編纂所　史料』八五、一九八六年）。
（10）『儀式・内裏式』〈神道大系〉（神道大系編纂会、一九八〇年）。
（11）嵯峨井建『神仏習合の歴史と儀礼空間』（思文閣出版、二〇一三年、初出二〇〇四年）。
（12）『類聚符宣抄』天徳二年五月十七日左弁官下文。
（13）『玉葉』建久元年八月二十八日・二十九日条。
（14）國書双書刊行會編『玉葉』（名著刊行会、一九八四年）。
（15）『長寛勘文』（『群書類従』雑部）
（16）『度会神道大成　後篇』〈増補大神宮叢書〉（吉川弘文館、二〇〇九年）。
（17）同右。
（18）『度会神道大成　前篇』〈増補大神宮叢書〉（吉川弘文館、二〇〇八年）。
（19）塚本明「仏教の受容と忌避」（『近世伊勢神宮領の触穢観念と被差別民』清文堂出版、二〇一四年、初出二〇一〇年）。
（20）高橋美由紀「伊勢神道の形成と道家思想」（前掲注5『伊勢神道の成立と展開　増補版』、初出一九七七年）。
（21）大隅和雄校注『中世神道論』〈日本思想大系〉（岩波書店、一九七七年）。
（22）僧侶の伊勢参宮については、梅田義彦「僧徒の大神宮崇拝史」（『神道思想の研究』會通社、一九四二年）、大西源一『参宮の今昔』（神宮文庫、一九五六年）、萩原龍夫「鎌倉時代の神宮参詣記」（萩原龍夫編『伊勢信仰Ⅰ』雄山閣、一九八五年、初出一九六七年）をはじめとして多数の研究がある。
（23）国文学研究資料館編『古文書集』一〈真福寺善本叢刊〉（臨川書店、二〇〇〇年）。
（24）重源の伊勢参宮については、注(22)に示した論文のほか、久保田収「重源の伊勢神宮参詣」（『神道史の研究』皇學館大学出版部、一九七三年、初出一九六一年）、阿部泰郎による「『東大寺衆徒参詣伊勢大神宮記』解説」（前掲注23『古文書集』一）などがある。
(25)『神宮参拝記大成』〈増補大神宮叢書〉（吉川弘文館、二〇〇七年）。
(26)通海の参宮については、小島鉦作「大神宮法楽寺及び大神宮法楽舎の研究――権僧正通海の事蹟を通じての考察――」〈小島鉦作著作集『伊勢神宮史の研究』吉川弘文館、一九八五年、初出一九二八年〉、西山克「『通海参詣記』を語る」〈上山春平編『シンポジウム伊勢神宮』人文書院、一九九三年〉で詳しく考察されている。
(27)久保田淳校注『建礼門院右京大夫集・とはずがたり』〈新編日本古典文学全集〉（小学館、一九九九年）。
(28)小島鉦作前掲論文（注26）。
(29)宮次男・角川源義編『遊行上人縁起絵』〈日本絵巻物全集〉（角川書店、一九六八年）。
(30)真教の参宮については、今井雅晴「中世の時宗教団と伊勢国」（地方史研究協議会編『三重――その歴史と交流――』雄山閣出版、一九八九年）、西垣晴次「伊勢神宮と一遍・真教」（武田佐知子編『一遍聖絵を読み解く』吉川弘文館、一九九九年）で言及されている。また、山田雄司「神祇信仰の重み――神社と寺院――」（今井雅晴編『遊行の捨聖一遍』〈日本の名僧〉吉川弘文館、二〇〇四年）で考察した。

第14章　中世伊勢国における仏教の展開と都市

はじめに

「都市」と呼ばれるためには、どのような要件が必要だろうか。石井進は都市の要件として、第一に人口の集積地であること、第二に第二次・第三次産業すなわち商工業、交通・運輸、金融業、「公務」に従事する人びとが優越していること、第三に交通の要衝であることの三点をあげている(1)。そしてその中でも第三の交通の要衝であるという点が最も本質的な要素で、津・湊・泊・宿など、都市的な空間を指す中世語の多くが交通上の機能に由来することを指摘している(2)。また、笹本正治もほぼ同様に都市たるための要件として五点あげている(3)。すなわち、第一に住民の多数が第一次産業に従事していないこと、第二に道を中心として家々が密集し、人口が集中していること、第三に町の空間が限定され、町割りがされていること、第四に商業機能を内包していること、第五に宿の機能を持つことだという。

松尾剛次はこうした定義につけ加えて、遁世僧系の寺院あるいは道場が中世の都市的な場に不可欠であったと指摘している(4)。そして、都市的な場はよそ者たちが「貨幣」を媒体として貸借関係を取り結ぶ場であり、鎌倉新仏教は都市民を第一義の救済対象にしていたとしている。

また網野善彦は、鎌倉仏教は、都市的な場、都市があらわれてきたことによって、はじめてその立場を確保できた宗教だと言ってよいとして、十四世紀から十五世紀にかけて宗教が都市民の宗教として広く教線をのばしたとしている。(5)このように、都市にとって宗教が重要な要素であったということについては異論がないであろうが、逆に寺院がある場所を都市とみなしてよいのだろうか。

本稿では、こうしたことをふまえ、これまでの研究においては比較的個々の都市における宗教の展開について検討することが多かったのに対し、一国内でどのように宗教とりわけ仏教が展開していったのかという視点から考察したい。具体的には時衆・律衆に関して、一国内で展開したことを考察するのに適した史料が存在することから、室町時代伊勢国の時衆・律衆の分布状況を見ることにより、都市と宗教とのかかわりについて考察していきたい。(6)

一　『時衆過去帳』の分析

時衆は一遍以来、湊・津・市場・宿など交通の要衝に立ち寄って人びとを教化し、そこで活動する商人や交通業者を取り込むことで勢力を拡大していった。湊町に時衆が存在した具体例としては、越中放生津・越後直江津・博多息浜・兵庫・小浜・新宮・鎌倉・六浦・品河・神奈河・石巻などがあげられる。(7)これらの場所は人の集住している場所であり、教えを広めるのに効率的であり、さらには有徳人も多数居住していることから、喜捨を受けることも期待できた。また、時衆はさまざまな情報も伝えたため、商人や交通業者にとっては大きな恩恵を得ることができた。(8)

そうした時衆のあり方を知るのに適した史料が『時衆過去帳』および『藤沢山過去帳』である。両者の詳細については、吉田積善による『時衆過去帳』の解説、(9)および橘俊道の研究に詳しいが、(10)前者は二祖他阿真教以来、歴代の遊行上人が廻国のさいに持ち歩いたもので、本来移動する遊行上人教団の僧と尼のための過去帳だったが、のちには一般の結縁者も記載されるようになり、そこからは遊行上人の廻国の経路や状況をうかがうことができ、後者は遊行を退いて独住した藤沢上人によって伝えられたもので、藤沢上人会下および各地道場在住の僧尼ならびに結縁者のための過去帳であって、諸国道場の動向や藤沢山をめぐる信者層の研究に資するとされている。

両者から明らかに伊勢国とわかる地名を抜き出して一覧にしたものが、伊藤裕偉作成の表1で[11]、それを地図上に落としたものが図1である。一見して歴代上人による過去帳記載衆徒数にばらつきがあることがわかる。注意しなければならないのは、すべての上人が伊勢国を遊行したわけではないし、伊勢国を廻国したとしても同じルートをとっているわけではないことである。また、第十五代尊恵のときに過去帳記載数が最も多いのは、藤沢山再建のため諸国を勧進して廻っているためである。伊勢国全記載衆徒数のうち尊恵の場合が八十パーセント以上も占めているため、尊恵の場合の廻国傾向といった側面が強くならざるをえないのを承知の上で、都市の比較を行ってみたい。

この表からうかがえる伊勢国の都市の特徴は、まず第一に、他の史料からも裏づけられる安濃津・山田といった「大都市」に衆徒数が多いことである。第二に桑名・白子・白塚・矢野といった海上交通上の交通の要衝にも相当数の衆徒が見られること、第三に日永・関・窪田・阿射賀といった陸上交通上の重要な地にも衆徒が集中していることである。とりわけ、伊勢湾岸の津・湊に衆徒が多く、これは伊勢湾岸の都市に人口が集中し、産業・交通の面でも集中化が進んでいたことと関係していよう。

こうした過去帳に名前が載せられるには寄進が必要だったと推測される。西大寺律宗で行われる不断光明真言のことを記した「西大寺毎年七日七夜不断光明真言勤行式[12]」を分析した追塩千尋は、寄進者になることによって過去帳に登録されたことを指摘しており、記載されているのは勧進聖、守護・地頭・名主などの中間層やそれ以下の庶民層まで広きにわたるとしている[13]。時衆の場合でもこれと同様に、単に往生したとされる人物を記すので

表 1

歴代遊行上人および年代				在所(伊勢国内)																								
				桑名	志知	四日市	赤堀殿	日永	白子	関	白塚	窪田	安濃津	矢野	綾井笠	八田	七栗	須賀	阿射賀	平尾	山室	坂内	花岡	斎宮	通	山田	合計	過去帳記載計
1	一遍	1275～1289																									0	0
2	真教	1289～1304																									0	280
3	智得	1304～1318																									0	172
4	呑海	1318～1325																									0	44
5	安国	1325～1327																									0	13
6	一鎮	1327～1338																									0	133
7	託阿	1338～1354																									0	276
8	渡船	1354～1356																									0	25
9	白木	1356～1367	僧							1				1													2	122
			尼																								0	74
10	元愚	1367～1381	僧															1								1	2	180
			尼																								0	97
11	自空	1381～1387	僧																								0	364
			尼							1																	1	6
12	尊観	1387～1400	僧																							1	1	9
			尼			1																					1	186
13	尊明	1401～1412																									0	864
14	太空	1412～1417	僧											1													1	285
			尼																								0	390
15	尊恵	1417～1429	僧	4	1	1	1	3			1		6	3	1		1	3	6	1	1				1	10	44	3266
			尼	2	1	1		2	2		1	4	4	11		1		1	6	2	1	1	1	1		16	58	2522
16	南要	1429～1440	僧																								0	328
			尼			1																				1	2	248
17	暉幽	1440～1466	僧							2																3	5	488
			尼			3																					3	347
18	如象	1466～1471																									0	171
19	尊晧	1471～1494	僧						1				1					1									3	232
			尼																								0	70
20	一峯	1494～1497																									0	2
21	知蓮	1497～1513	僧															1									1	104
			尼																								0	24
22	意楽	1513～1514																									0	32
23	称愚	1514～1518																									0	28
合計				6	2	7	1	5	3	4	2	4	11	16	1	1	1	7	12	3	2	1	1	1	1	32	124	11382

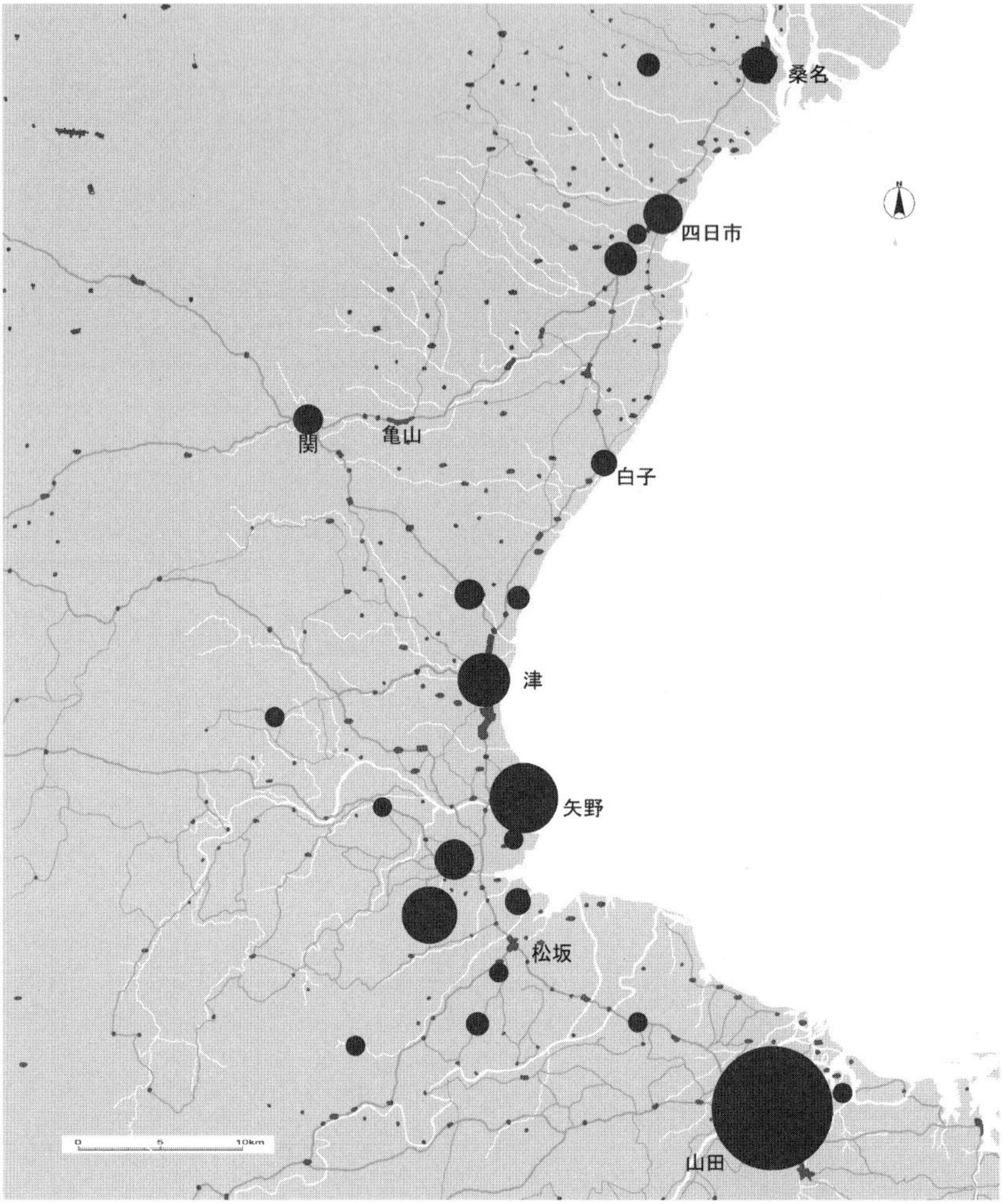

第１図　室町時代伊勢国の時衆分布
●の大きさは時衆の数をあらわす
参謀本部陸軍部測量局地図（明治19年）より作成

はなく、なにがしかを遊行上人に喜捨し、十念を与えられた人物が過去帳に記されたのであろう。諸国を勧進して廻っていた尊恵のときに過去帳に掲載数が最も多いということがこのことを裏づけている。

一方、過去帳に記されない場所でも時衆の徒が存在していた。遊行上人第七代他阿弥陀仏託何（一二八五〜一三五四）による文和二年（一三五三）九月晦日「被レ遣二勢州長野一之御書」（『七代上人法語』）では、南長野にのちに千手寺と呼ばれる時衆道場があったことがわかる(14)。長野は安濃津から伊賀へ抜ける道の途中の山間にある。

こうした状況を、同じように海岸線を持つ越後の場合と比較してみる(15)。『時衆過去帳』には越後では約三百人が記載されており、越前・相模・近江などとならんで多い。その中でも府中・関山・柏崎・蔵王堂などに多くの時衆が存在したことが確認できるほか、北条・長岡・三条・小国・小千谷・十日町などに時衆の徒がいた。このことから、陸・海とも交通の要衝に時衆道場が作られ、時衆の徒が数多くいたことがわかる。とりわけ直江津は陸上交通、沿岸海運、佐渡への渡航地であったため、日本海側における時衆展開の拠点となっていた。

鎌倉中期成立の仏教説話集『撰集抄』巻五第九「真範僧正遁世流浪事」には、「かくてその後はるかに程へて後、その里の人なすべき事なん侍りて、越後の国府を過けるに、此聖町にまじはりてひそめきありかれけり」とあるように、聖たちは「町」にやってきて人びとに教えを広めていたのだった。

二　遊行上人廻国記事からの分析

次に、遊行上人が廻国したさいの記録から、伊勢国の都市の状況を見てみたい。『遊行三十一祖京畿御修行記』(16)は同念（一五一八〜八七）が天正六年（一五七八）七月一日から、八年三月まで東海・関西地方を遊行したさいの状況を伝えるもので、天正八年三月以後あまり時日を隔てない頃に成立したと推測されている。以下、関連するところを掲げる（傍線は筆者による）。

時天正六年七月朔日、遊行三十一代上人関東伊豆国下田津ヨリ順風平波にして御乗船。同二日勢州大湊江御着岸。同八日山田神光寺へ御移り。

さて十一日御参宮。如二先例一神官達神楽を奏し渇仰被レ申。誠ニ二祖大上人詣玉ひし時種々瑞相有し旨、一二祢宜注進状幷夢想之記、往昔思ひ出られたり。然而盂蘭盆御阿弥陀経御行事之間、社家宮人諸国ノ参着男女貴賤上下御算を給群集す。

（中略）

九月五日至二松か島一御移。当国司ハ信長二男子也。御礼儀ニ留守居被レ遣一段懇切。則御宿真盛派の寺被二申付一。其傍ニ葬所起立塔婆共多シ。

（中略）

同十四日安南津へ移給ふ。当郡主長野上野介方是も信長舎弟也。御音物段子二端。御使有、則御宿被二申付一二巻不レ及二拝領一恐多し。唯今御名号一幅御算頂戴専要とて、御逗留中度々町人以下恭敬可レ申旨被二申触一。余テ異馳走有。（中略）其より白児浦まて荷送舟被二申付一、大衆ハ陸路桑名津阿弥陀寺へ御着候キ。十日ハかり御逗留。

十月十六日尾州戸田湊まて川舟にめし萱津より御迎に松久庵罷出、種々御中休の行器以下進上。則光明寺へ御移。

同念は伊豆下田から船に乗って伊勢大湊に到着し、山田の神光寺に入った。神光寺は一遍上人を開基とする伝承をもち、もと田中中世古町にあって中ノ道場と呼ばれ、寛文の大火の後に一之木町越坂に移転した寺である。七月十一日に神宮に参詣し、九月五日に松ケ島に移っていることから、その間、神光寺にとどまっていたのであろう。松ケ島では真盛派の寺に宿していることが注目される。そして十四日に安濃津に移った。安濃津では名号の書かれた掛幅に賛を書いてほしいと町人以下がたびたび訪れ、盛大なもてなしをされたことを記している。これは安濃津に有徳人が相当数住んでいたことを想像させる。安濃津には一か月ほど滞在したものと思われる。安濃津から白子までは舟で荷物を送り、大衆は陸路桑名の阿弥陀寺へ行き、十日ほど滞在してから尾張の戸田まで川舟に乗っていった。重い荷物は海運によって運ぶことができることからも、遊行するのに伊勢湾沿岸は便利だったといえよう。

次に『国阿上人絵伝』[17]について見てみたい。国阿（一三一四〜一四〇五）および『国阿上人絵伝』については別稿で検討したので参照していただきたいが[18]、国阿は伊勢神宮に一千日の参詣をしたさいに授かったとされる「柏葉の神印」を参宮する貴賤道俗男女に授け、汚穢不浄にかかわらず誰でも参宮することを可能にしたことで、応永のころには著名な人物であった。以下『国阿上人絵伝』巻三の部分、永和元年（一三七五）に熊野新宮から伊勢へ向かった場面から引用する。なお国阿に関する伝記の諸本の詳しい比較は小野澤眞によってなされており[19]、諸本によって内容が大きく異なり脚色されている部分も多々あるが、『吉田家日次記』応永十年（一四〇三）十月三日条・二十五日条に、国阿が伊勢参宮のたびごとに奇異な現象があり、国阿から免許を受けることによって浄不浄にかかわらず参宮する者が見られることを記していることから[20]、伊勢参宮の部分に関して、かなりの部分信頼できよう。しかし、近世になって脚色された箇所も少なくないので、注意して扱わなければならない（傍線は筆者による）。

伊勢の山田へぞ着給ふ。聖御裳濯河にて垢離を取り給へば、御供の道俗男女我をとらじと垢離を取、それより外宮へぞ参り給ふ。

（中略）

永和四年（一三七八）九月の末つかた、内宮をたち出て山田の里へつかれしかば、参宮の道者の汚穢を赦し給ふ神勅を請られし聖ぞとて、渇仰なゝめならず。外宮の庁官十人、祢宜百廿人の神主を始在所の人々あまた聖に申やふは、寒天の折柄なり。此所にて年を越給へとて、一宇の道場を建まいらせしかば、神護念仏寺と名付て、此所にて六時不断の行法を修せられける。道俗男女、先此寺へ参り、国阿弥陀仏の十念をうけ、汚穢を赦し給ふ御札を頂戴して、神前へぞ参りける。然る間帰依するもの其数を知らず。其中に喜多源左衛門尉と云太夫、聖に尋て云、他力に乗ずる念仏の者は、弥陀の願力に催されて、信を起て名号を唱へ、往生をとくべしとおもひ定るの処に、又或人、仏の教門に依て、名号をたのむ心は本願より起れば他力なり。行者の信心なくば摂取あるべからずと云り。此子細を我等ごときの愚人はわきまへがたく候、と申されければ、聖の御返答に云、

（中略）

康暦二年（一三八〇）の春、神護念仏寺を立出給ふに、明野を過て、斎宮の神前にて法施し、櫛田の赤御堂に移り、六時不断の行法を修して通られけるに、在々所々の万人渇仰する事、いふ計なし。阿野の津といふ所にて宿をとられけるに、人々集りて、太神宮の御神託を受られし聖ぞと瞻仰して暫此所にて念仏利益し給へとて、人々供養をさゝげしかば、此所にて日を重ね、道路のちまたにて六時の行法を修せられけるに、初春より参宮の道俗布引なりしかば、万人聖の十念を受、汚穢を赦し給ふ神印を受てぞ通りける。此所に一寺を建立して神護永法寺と名付、上足の内阿弥陀仏を残し置、永徳二年（一三八二）の秋、関の地蔵堂にて日中の行事を勤給ふに、参詣の諸人太神宮の汚穢を赦し給ふ御札を受奉らむと、貴賤群集をなし侍れば、聖札をあたへて過行給ふに、

国阿は永和四年（一三七八）九月末に山田に入り、神護念仏寺を建立してここで六時不断の行法を行った。そして、道俗男女はまずこの寺にやってきて国阿から十念を受けて汚穢を許す札をいただいてから参宮したことを記している。山田に一年半ほど滞在し、明野・斎宮・櫛田の赤御堂を経て、安濃津に着いた。安濃津では参宮の

道俗に対して十念を、さらには汚穢を許す神印を授け、二年半ほど滞在してその間神護永法寺を建立した。同念にも共通することだが、山田・安濃津に長期滞在して寺を建立していることから、両所は人口が凋密であり、寺を建立する資金を提供できる有徳人層が存在し、伊勢参宮の人びとが宿泊する施設もある都市だったと言えよう。

安濃津の具体的状況については、伊藤裕偉による一連の研究に詳しいのでそちらを参照していただきたいが(21)、以下宗教との関係から見てみたい。花山院長親が応永二五年（一四一八）足利義持にともない伊勢参宮したときの記録『耕雲紀行』(22)はよく知られた記事であるが、そこには安濃津に念仏道場があったことが記されている。

その夜ハあの、津につきぬ。念仏の導場にやとる。こゝハこの国のうちの一都会にて封彊もひろく、家のかずもおほくて、いとミところあり。当国の守護土岐の世やす（世保康政カ）とかや。御まうけなといとなむ。

また、天台真盛宗の祖であり伊勢国一志郡大仰に生まれた真盛（一四四三～九五）の伝記を記した『真盛上人往生伝記』(23)中には以下の記述がある。

亦勢州安濃津西来寺ノ西ニ有ニ時衆寺一、号ニ光明寺一、彼寺ノ下女上人自筆ノ名号ヲ所持ス、彼寮焼失ス、同是亦灰ノ中ニ儼然トノ有レリ之、西来寺住持盛品換ヘテ二別ノ名号ニ于レ今所持云々、

真盛派の寺である西来寺の西に時衆の光明寺という寺があり、その寺の下女が真盛自筆の名号を所持していたところ、その建物が焼けてしまったが、名号は灰の中に焼けずに残っていた。西来寺の住持盛品がそれを別の名号と交換し、現在所持しているという。時衆の寺と真盛派の寺とは、さきほどあげた『遊行三十一祖京畿御修行記』の松ケ島での記事からもわかるとおり、比較的教えが近いことにより、相互の交流があったことがうかがえる。

安濃津には天台真盛宗の寺、時衆寺院、密教寺院、さらには浄土真宗上宮寺など(24)、さまざまな宗派の寺が存在していた。こうした背景には、安濃津が「地蔵霊験所」とみなされていたことが背景にあるのではないだろうか。時衆と地蔵との関係については、真教が積極的に地蔵信仰を取り入れ、十三世紀末から各地で時衆と地蔵との結

びつきが見られるという。(25) 教王護国寺観智院蔵『地蔵菩薩霊験絵詞』(26) 文明十五年（一四八三）継存付加の部分には、伊勢国の地蔵霊験所として「飯高郡・高岡如来寺三重郡行基御願・阿野津・浅間」をあげており、注目される。

三　律衆の展開

次に律衆が伊勢国においてどのように教線を拡大していったのか『西大寺末寺帳』を素材として見てみる。『西大寺末寺帳』は明徳二年（一三九一）に古「末寺帳」を書き改め、文亀二年（一五〇二）に校合したもので、西大寺が直接住持職を任命する直末寺を記している。松尾剛次による詳しい分析がなされており、(27) 以下松尾が翻刻したもののうち、関係する部分のみを掲げる。《　》は文亀二年の追記で、〔　〕は天文十八年（一五四九）書写本にあって文亀二年交合本にないものである。また、一国内の寺院順は、寺格の順による配列のようである。

伊勢国

弘正寺　円明寺（岩田）東三　大日寺（高角）　長妙寺（田村）　興光寺（上寺）　宝寿寺　〔宝生院（森寺）〕　〔戒泉寺（イエキ）〕　円興寺

常光寺（小倭）第十五長老御時応安七九八　福善寺（吐師）　《法延寺》　《金光寺》　《大福田寺》　《慈恩寺》

《東観音寺》　《新福寺》

近江国

常福寺勢州八対野廿七代ニ寄進

国別直末寺は、大和四十二か寺に続き伊勢は十八か寺と多い。以下、山城十六、播磨十四、摂津十三、河内十三、伊賀十二、紀伊十一と続く。大和が多いのは西大寺の膝下であるから当然として、次に伊勢が多いのは、伊勢神宮との関係からであると推測される。叡尊は文永十年（一二七三）二月に伊勢参宮を果たして宋本大般若経二部を奉納したのをはじめ、三度参宮して異国降伏を願ったり、伊勢の神からの託宣を受けて伊勢御正体を製作するなど、伊勢神宮を非常に崇めていた。そのため、その系譜を引く人びとは伊勢国に寺院を建立していったものと推測される。

もう一点、松尾が翻刻している永享八年（一四三六）の『西大寺坊々寄宿末寺帳』は、光明真言会のさいに西大寺に集まってきた末寺を、僧衆が寄宿する坊ごとに書きあげたもので、全部で二百か寺ほど記されている。《　》は永享八年以後の追記と考えられる寺である。

西室分
伊勢国 常光寺　《常福寺勢州八対野同廿七代寄附》

二室分
伊勢国 大日寺　当国磯野 極楽寺

三室分
伊勢国森寺 宝生院　《伊勢国 保延寺》

四室分
伊勢 福善寺

東室三
勢州 円明寺

護国院分
伊勢国 弘正寺　同 興光寺　同 長妙寺

これら寺院を地図上に落としたものが図2である。遁世僧身分である西大寺律衆は、戒律の興隆から諸堂の建立、仏像の造立、さらには泊修築や架橋、非人施行などの幅広い社会事業を行い、有徳層の叢生にともなって、

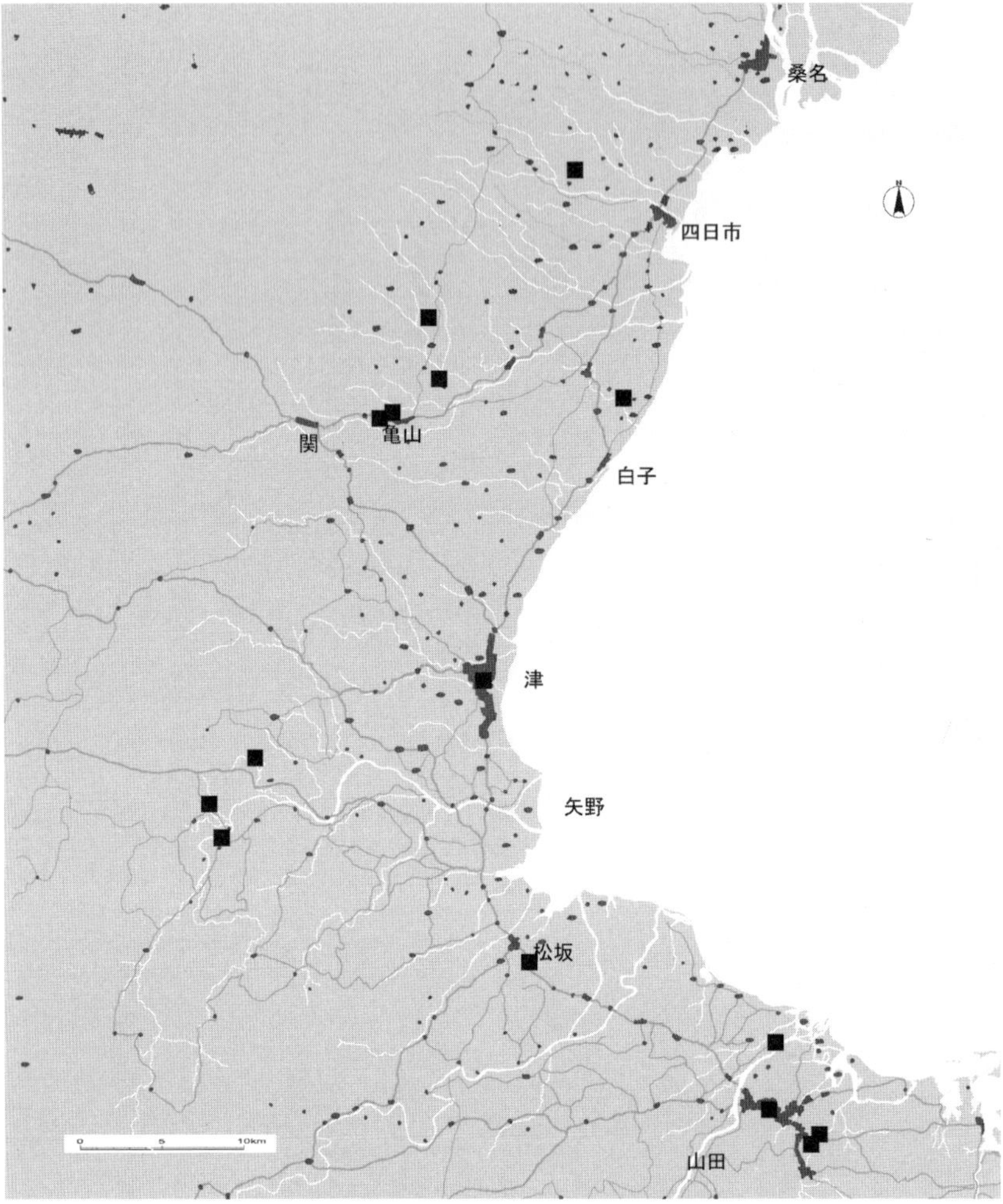

第２図　室町時代伊勢国の律衆寺院分布
■は所在地を示す
参謀本部陸軍部測量局地図(明治19年)より作成

民衆への布教や勧進の比重が高まっていったことが指摘されており、[28] 都市における教線の拡大が想像される。

図2からわかることは、「都市」内部に律衆寺院が存在するのではなく、周縁部に分布していることである。例えば、弘正寺は山田ではなく楠部にあり、円明寺は安濃津ではなくやや離れた岩田にあった。また、大日寺は四日市近郊にあり、長妙寺（長明寺）・金光寺・慈恩寺・新福寺は亀山の近郊に位置している。[29]

さきに述べた時衆の場合は、過去帳では往生した人物の居住する地を記しているので、都市名そのものが記されているという一面はあるが、安濃津や山田などでは都市内部に時衆寺院が建立されたことがわかる。一方、律衆の場合は、勧進活動はおそらく都市内部で行ったのであろうが、寺院自体は都市周辺に分布している。この原因については深く考察する必要があるが、当時律衆は密教化していたため、都市化されている地を避け、山岳に近いところに寺院を建立したのも一つの原因なのではないだろうか。

伊勢国における律衆は叡尊が建立したとされる弘正寺を中心に展開していき、岩田の円明寺も叡尊との関係を主張する。以下、『勢陽雑記』[30] 巻三安濃郡の項に記される円明寺の寺誌について引用する。

一　岩田山円明寺　津市中　岩田村　本尊大日如来なり。往昔は七堂伽藍にて有りしと云々。律宗住せりと聞ゆ。人皇九十代後宇多院の御宇に西大寺の興正菩薩とて世挙げて渇仰する一人の沙門あり。此人度会郡楠部村に律院を建立し給ひ、興正寺と号し住居し給ふ。此よし達二叡覧一而後安濃郡岩田村を寺領に寄附すべき宣旨在つて則岩田村に一宇を建て移住みます。そののち興正南都に帰駕の時、覚乗といへる高弟に譲り給ふと云々。覚乗又厳師の妙髄を得たる人にて、仏神化現の沙門と世に鳴れり。或時覚乗天照太神の霊皃を直拝せん事を祈願したまひ、阿漕の浦より二見の浦に至りて、両大神宮へ日々参籠し給ふ時、終に多年信心の祈願成就ありと云々。其後貞治二年に西大寺にうつりたまひ、七十五日にして寂し給ふと云々。辞世に云ふ。

いつまでも六の巷にたゝずまん此の世の命あらん限りは岩田山には、古寺領七百貫ありしと云々。元亀年中に亡失すと云々。天正の始め炎上して寺院悉退転し、其後は今倭屋大日堂のみ。参宮の人はこの円明寺にて茶を喫すれば身心清浄となりて神慮に叶ふと古来云伝ふ。事は縁起に見へたり。

『感身学正記』などを見てみても、叡尊が円明寺に住したという事実は確かめられず、高弟の覚乗に寺を譲ったとする記述も、そのころ覚乗はまだ幼少であっておかしい。『勢陽雑記』の記述は寛永十五年（一六三八）述の『円明寺縁起』にもとづくもので、「事は縁起に見へたり」の「縁起」に相当するが、それ自体創作性が非常に強い(31)。

『円明寺縁起』には、ある夜覚乗が伊勢神宮の神前に参詣するよう夢告を受けて参宮し、百日目の満願の夜に託宣があり、それに従って二見浦に行くと、海中から金色の蛇があらわれ、さらに七日間祈願すると再び夢告があり、国府の阿弥陀こそ天照大神の真実の姿だということなので、同所へ赴いて天照大神の本地仏であることを悟ったとされている。この寺は鈴鹿の無量寿寺のことで、天正八年（一五八〇）に津城主織田信包が戦火で失われた大里窪田の大宝院を津観音境内に移して再興したさい、国府阿弥陀も移され、江戸時代には参宮する人びとの信仰を集めた。

ここで注目したいのは、「参宮の人はこの円明寺にて茶を喫すれば身心清浄となりて神慮に叶ふ」との言い伝えがあることである。これは国阿の場合ともつながる点であり、参宮者が道中ある行為を行うことによって心身が清められ参宮が可能になるという考え方があり、それを施す場所は人気を集めていた。また、安濃津と伊勢という「大都市」が神宮の信仰によって結びつけられており、こうしたことは伊勢国の特色といえる。

おわりに

以上、伊勢国における都市と宗教との関係、とりわけ時衆と律衆が都市とどう関係したのかということについて考察を加えた。そこで確認できたことは、大枠として寺院が都市に存在したとはいえるが、寺院が存在するところが都市であるとは言えないということである。そして律衆の場合、『西大寺末寺帳』の分析から、都市内部に寺院が存在していたということはできないと思われる。

都市には人が集住しているため教えを広めるのに適しており、有徳人も多数居住していることから、喜捨を効率的に集めることができた。また、都市には非人も居住しており、時衆や律衆は非人救済に力を入れていたため、都市での布教を集中的に行っていたことが考えられる。さらには、各地を遍歴する僧たちはさまざまな情報も伝えたため、商人や交通業者にとっては大きな恩恵を得ることができ、都市には人・物資・情報がますます集中していくこととなった。十五世紀以降、こうした状況は顕著になっていく。

伊勢国においては、伊勢神宮を中核とした都市の展開が見られ、山田・安濃津の二大都市のほか、伊勢湾岸には主として湊・津の性格をもった都市が存在し、内陸には京都へ通じる陸上交通の要衝に都市が展開したと結論づけることができる。

本稿においては、時衆・律衆の限られた史料から都市の展開を考えたが、その他の宗教の展開と比較することにより、宗教の個性や都市との関係をさらに深く考察することができよう。また、一国内にとどまらず広い範囲における宗教の展開を考えていくとともに、個別の都市の状況を時代性と関連させながら綿密に見ていく必要があることを提起しておきたい。

（1）石井進「文献からみた中世都市鎌倉」（鎌倉考古学研究所編『中世都市鎌倉を掘る』日本エディタースクール出版部、一九九四年）。同「中世都市論の課題」（『中世都市研究七　都市の求心力』新人物往来社、二〇〇〇年）では、何をもって「都市」として定義したらよいかという点について、諸説を紹介してコメントを加えている。

（2）桜井英治「市と都市」（『中世都市研究三　津泊宿』新人物往来社、一九九六年）。

（3）笹本正治「市・宿・町」（『岩波講座日本通史九（中世三）』岩波書店、一九九四年）。

（4）松尾剛次「中世の都市的な場と宗教―二つの荘園絵図を利用して―」（中世都市研究会編『中世都市研究四　都市と宗教』新人物往来社、一九九七年）。

（5）網野善彦「中世都市民と宗教」（中世都市研究会編『中世都市研究四　都市と宗教』新人物往来社、一九九七年）。

（6）伊勢国における仏教の展開については、佐藤悦成「伊勢地方における仏教の展開―勢南の曹洞宗を中心として―」（『東海仏教』三二、一九八七年）で概要が示されている。

（7）村井章介「中世の北〝海〟道」（青柳正規・ロナルド トビ編『日本海学の新世紀二　還流する文化と美』角川書店、二〇〇二年）。また、小野澤眞「港湾都市に集う勧進僧――中世和泉・摂津における四条時衆を中心に――」（『地方史研究』四九―四、一九九九年）では港湾都市と時衆との関係について事例をあげて論じている。

（8）時衆の地方展開については、金井清光『時衆教団の地方展開』（東京美術、一九八三年）に詳しく、大変参考にさせていただいた。丹後については石川登志雄「中世丹後における時衆の展開」（『丹後郷土資料館報』六、一九八五年）などの論考もある。

（9）吉田積善編『時衆過去帳』（時宗教学部、一九六九年）。

（10）橘俊道「時宗の過去帳について」（『時宗史論考』法藏館、一九七五年）。

（11）伊藤裕偉『中世伊勢湾岸の湊津と地域構造』（岩田書院、二〇〇七年）所収。

（12）奈良国立文化財研究所編『西大寺叡尊伝記集成』（法藏館、一九七七年）所収。

（13）追塩千尋『中世の南都仏教』（吉川弘文館、一九九五年）。

（14）今井雅晴「中世の時宗教団と伊勢」（地方史研究協議会編『三重――その歴史と交流』雄山閣、一九八九年）。

（15）上越市史編さん委員会編『上越市史　通史編二　中世』（上越市、二〇〇四年）第二部府中文化の展開　第一章府中文化（山田雄司執筆部分）。
(16) 時宗宗典編集委員会編『定本時宗宗典』（時宗宗務所、一九七九年）。
(17) 同右。
(18) 山田雄司「国阿上人の見た伊勢」（『*Mie history*』一八、二〇〇六年→本書第18章）。
(19) 小野澤眞「中世都城における聖の展開——東山・霊山時衆と京都におけるその意義——」（五味文彦・菊地大樹編『中世の寺院と都市・権力』山川出版社、二〇〇七年）。
(20)『大日本史料』七—七所収。
(21) 伊藤裕偉前掲書参照（注11）。
(22)『神道大系文学編』参詣記（神道大系編纂会、一九八四年）。
(23) 天台真盛宗学研究所編『訳註真盛上人往生伝記』（百華苑、一九七二年）。
(24) 平松令三編『専修寺・諸派』〈真宗史料集成第四巻〉（同朋舎、一九八二年）。
(25) 今井雅晴「時宗と地蔵信仰」（和歌森太郎編『日本文化史学への提言』弘文堂、一九七五年）。
(26) 真鍋広済・梅津次郎編『地蔵霊験記絵詞集』（古典文庫、一九五七年）。
(27) 松尾剛次「西大寺末寺帳考——中世の末寺帳を中心に——」（『勧進と破戒の中世史』吉川弘文館、二〇〇一年、初出一九九二年）。また、元興寺文化財研究所編『中世民衆寺院の研究調査報告書Ⅰ』（一九九〇年）には、末寺帳に掲載される寺院について、関係文献史料や縁起などが掲載されており有益である。
(28) 大石雅章「中世律衆教団の特質とその活動——西大寺流律衆の活動を中心に——」（『週刊朝日百科　日本の国宝別冊国宝と歴史の旅一二　中世瀬戸内の寺と社会』朝日新聞社、二〇〇一年）。
(29) 慈恩寺については、亀山市教育委員会編『慈恩寺重要文化財木像阿弥陀如来立像調査概報』（一九九五年）に詳しい。
(30) 鈴木敏雄・野田精一校訂『勢陽雑記』〈三重県郷土資料叢書〉（三重県郷土資料刊行会、一九六八年）。
(31) 伊藤聡「伊勢の神道説の展開における西大寺流の動向について」（『神道宗教』一五三、一九九三年）。

〔付記〕本稿作成に当たり、伊藤裕偉・伊藤太・亀山隆・小林秀の各氏から種々の御教示を得たので、記して感謝します。

第15章　院政期の伊勢神宮と斎宮——怪異をめぐっての比較——

はじめに

　斎宮に関しては、『延喜式』の記述をもとに、もっとも繁栄している時期の様子についてさまざまな研究がなされているが、院政期の衰退している時期に関しては、考古学上も文献学上も史資料が乏しいこともあり、ほとんど考慮されていないのが実情と言ってよいだろう。しかし、斎王制度が衰退し、ついには消滅してしまったのにはそれなりの理由があるのであり、この点を考察することは、斎王・斎宮とは何なのかという本質を問うことになるのではないだろうか。

　本稿では、院政期の伊勢神宮と斎宮との関係について、「怪異」という側面から検討してみることにより、こうした点について迫ってみたい。怪異はのちに大きな災厄が起きるかもしれない予兆とされ、怪異が発生した場合にはそれが朝廷に報告され、軒廊御卜が行われることによって、怪異に対してどのような対処をとったらよいか、慎重な判断が下された。そして、数ある神社の中でも、伊勢神宮は国家の宗廟であり、皇祖神を祭っていることにより王権と最も密接に関係した神社であるので、怪異の発生にはとりわけ注意が払われたのである。

一　建久九年の仮殿遷宮と怪異

建久九年（一一九八）七月十六日に皇大神宮仮殿遷宮が行われるが、その過程は『建久九年仮殿遷宮記』(1)に詳しい。以下、この遷宮記に収録されている文書から、建久の仮殿遷宮が行われた原因について見ていく。

ところで、仮殿遷宮とは、二十年に一度の式年遷宮を待たずに、社殿が朽損などした場合に、古殿地の心御柱の跡に新たに殿舎を建てたり、御饌殿・忌火屋殿・東宝殿などを利用して一時御神体を奉遷し、その間に修理を行って御神体を還遷する造替のあり方である。仮殿遷宮は十一世紀中頃から行われるようになり、十二世紀後半になるとその数も増え、十三世紀には頻繁になった(2)。十四世紀になると、仮殿遷宮の回数はやや少なくなっていくが、そのころには建物の損壊があると祢宜らは解によってそのこととともに仮殿遷宮の要求をあわせて行っており、これは以前にはあまり見られないあり方であり、怪異を手段として利用していると言えよう。おおむね十三世紀までは怪異発生を朝廷に報告することにより軒廊御卜が行われ、それに対応する処置がなされていたが、十四世紀になると朝廷の経済的理由などにより、怪異発生に応じた速やかな処置がなされにくくなった。そのため、怪異発生のさいに仮殿遷宮を行うべき旨をあわせて奏上することになる(3)。

建久八年七月六日の内宮解によると、以下のように指摘されている。正殿は葺萱の三分の一が朽損し、南面に差せる檜皮は半分抜け落ち、その中乾角が頽損し、江津利が露顕し、湿損の危がある。東宝殿は艮角の葺萱の三分の一が朽損し、差せる檜皮の半分が抜け落ちている。西宝殿は葺萱の三分の一が朽損し、差せる檜皮の半分が抜け落ちている。瑞垣御門は差せる檜皮の三分の一が抜け落ちている。玉串御門は葺萱の四分の一が朽損し、差せる檜皮の三分の一が抜け落ちている。外幣殿は葺萱が少々朽損し、差せる檜皮の三分の一が抜け落ち、鞭懸木三支が折損している。舞姫候殿は葺萱の三分の一が朽損している。これらの損壊については、建久六年十二月二十六日に注進したところ、宮司が修造すべきである旨、翌七年正月三十日に宣旨が下されたが、前宮司盛家はその功を終えずに交代してしまった。そして、中・外院の殿舎などは今の宮司が修造するも、まだ直されていない殿舎が多いことを注進している。この内宮解は次第上奏を経て、七月二十六日には、先例に任せて修造するよう宮司に命じる官宣旨が出された。

しかし、なかなか修造が行われなかった。そのような中、新たな事態が巻き起こった。十一月十八日の内宮祢宜等注文では、官幣を奉納しようと正殿の戸を開けたところ、本指木が折損しているのを発見したことにより、仮殿遷宮を行って葺萱修補とあわせて木を修造するよう言上している。それを受けて出された十二月二十四日の官宣旨によると、本指木折損を怪異とみなし、軒廊御卜が行われ、官卜では「依二神事違例不浄一所レ致之上、可レ有二公家御慎及怪所口舌驚恐事一歟」との結果を、寮占では「依二神事違例一、不信穢気所レ致之上、公家御慎、御薬事、怪所有二病事一歟、又従二震巽方一奏二口舌事一歟、期今日以後廿日内、明年二月九日〔月〕節中、並丙丁日也」との判断がなされ、宮司に対して神事違例を祈謝注進させ、本指木の造替を命じている。殿舎の破損は、神霊のあらわれである怪異とみなされ、神祇官・陰陽寮による軒廊御卜が行われ、怪異に対する対処が求められたのであった。とりわけ、伊勢神宮という国家の宗廟において怪異が発生することは、何か重大な事態が発生する予兆とみなされ、それを放置しておくと取り返しのつかない事態が引き起こされると考えられていたために、社殿の損壊が奏上されると、朝廷では軒廊御卜を行ってその対応をとるという図式が成立していた。

式年遷宮の場合には祭主が責任者となって遷宮を執り行うが、仮殿遷宮の場合には大宮司が執り行うことになっていた。この場合も同様であるが、大宮司はなかなか修造を開始しなかった。そのため、建久九年正月三十日に、内外両宮の神主らが注進状を出しているが、その内容は以下のとおりである。

神事違例不信に相当することについては前々注進した。その中で水銀座人ならびに船江荘下司永意法師の濫行および紀為高子息友宗正重坂東入道などが内人兼飯高郡御常供田丁部御麻生園神人三宅国重と男神人国貞の身を殺害し、早く糺行するようにと宣旨の請文や解状に書き、つらつら言上したが、速やかな処罰が行われていないので、彼らが張行していることは言語に尽くしがたい。そのため祢宜などが参洛して子細を奏達しようと先日言上したが、裁許がされないので、彼の座人ならびに永意等の凶乱はいよいよ倍増しているので、早く処罰して今後の乱行を懲らしめてほしい。公家御慎ならびに怪所驚恐病事および口舌事は、宣下の旨に任せて、ことに信心をこらして祈請するところである。また正殿御戸本指木破損事の子細は先日注進した。毎年神嘗祭のとき、先例に任せて祢宜などが昇殿供奉し、御鎰匙などで御鏁ならびに久留々木を開いて拝見したところ、彼の本指木破損を見つけた。このような非常のことを準拠する例はないわけではないので、仮殿遷宮のときにこの本指木を宣旨に任せて造替すべきである。

そして、仮殿遷宮次第行事が注進され、陰陽寮の勘文により六月五日に仮殿遷宮を行うことが決定された。仮殿遷宮に向けてさまざまな準備がなされていたが、四月二十一日に神宮内で鹿の足の骨が発見されたことにより三日間の穢とされ、仮殿の心御柱を立てることが延引され、本来ならこの日に立てられるべきものが四月二十四日に立てられた。これにともない、棟上げの日程などがずれ、長雨により用意されていた藺萱などが変色するという事態になった。そのため、再び陰陽寮による勘文がなされ、六月一日上棟、七日に仮殿遷宮を行うことが決定された。

ところが、五月晦日に工(たくみ)などが宮地に参り、縄で柱跡を確認したところ、心御柱の正中が相違していることが明らかになった。柱根を少し掘ると、東方に四寸、北に二寸三分ずれていることが確認され、このことは早速朝廷に奏上された。祢宜らは、心御柱相違に関する対応がなされなければ、仮殿遷宮は予備日である六月十六日に行うのも無理だと奏上している。

そうした中、六月九日に左大史小槻隆職は神宮に対して、来る八月二十三日に斎王が帰京するが、帰京のときには伊賀路か近江路か、代々の例について神宮の方で承知しているところを注進するように命じている。このときの斎王は高倉天皇皇女潔子で、後鳥羽天皇の譲位により正月十一日に退下している[4]。これに対する内宮祢宜の返答が興味深い。すなわち、「斎宮御帰京事、伊賀路、近江路之間事、本宮不レ知二先例子細一候」と述べているのである。神宮の方では斎王帰京に関する先例についてよく知らないというのである。このことは、祢宜たちが斎宮や斎王についてあまり関心を持っていないことを示していよう。斎王が神宮にやってくるのは三節祭のときだけであり、しかも祭祀において重要な役割を果たしているわけではない。さらには、斎宮は斎宮寮の管轄であるのに対し、神宮は神祇官の管轄というように、所管の役所が異なるため、相互の事象に関して把握していないものと思われる。

六月二十二日の官宣旨では、心御柱の立て違えという事態について軒廊御卜が行われ、「神事不信」や「公家御慎ならびに離巽方口舌」との判断がなされたが、心御柱を立て直すべきかどうかについて判断するために行われた軒廊御卜では、官卜・寮占とも改立するのは凶であるとの結果が出たことにより、新たに立て直すことはしないことになり、心御柱を立てるのに関与した人物を注進するよう命じられたため、供奉した役人の名が注進された。

そして、最終的には、七月六日に上棟が、十六日に仮殿遷宮が行われ、今回の仮殿遷宮は終了したのである。建久九年の仮殿遷宮の経緯からうかがわれることは、院政期においては、社殿の倒壊などがあるとそれは逐一朝廷に奏上され、朝廷ではそれを怪異と判断して軒廊御卜を行い、仮殿遷宮を行ったということである。国家の宗廟である伊勢神宮の社殿が損壊していることは、あってはならぬことであり、式年遷宮を待つことなく仮殿遷宮により社殿の造替が行われた。そのため、この時期は仮殿遷宮の回数が多くなっている。また、こうしたサイクルができあがっているため、神宮からは社殿の損壊を奏上すれば仮殿遷宮が行われることが保証されており、そのため奏上のさいに、これは怪異であると申し添える必要もなかった。しかし、室町時代になって仮殿遷宮がなかなか行われないようになると、祢宜らは怪異の発生をことさら強調するようになるのである。

以上、院政期における伊勢神宮での怪異と仮殿遷宮の状況について考察したが、次に斎宮では怪異や建物の状況はどうなのか見ていきたい。

二　斎宮をめぐる事件

『中右記』[5]長治二年（一一〇五）八月二日条には、外宮の古木の顚倒とともに、斎宮寮の顚倒について載せているが、この記事を検討することにより、神宮と斎宮の比較をしてみたい。

六月に外宮の古木が顚倒したことを受けて、八月二日に軒廊御卜が行われ、「官寮共御薬之由卜申也、又被レ行二御卜一、是日来之御薬若成二何祟一哉以口宣被仰下、辰巳丑寅方神成レ祟云々、御悪治身鬼霊之所レ致者」との判断がなされた。すなわち、官寮ともに堀河天皇の不予の兆しであることを卜申し、さらには最近の天皇不予の原因は辰巳の方向の神（伊勢）と丑寅の方向の神（日吉）が祟りをなしているとの占いの結果を報告している。さらに、同日条には、

斎宮寮近日顚倒、殊盛(マヽ)欲二修理一之処、斎王(善子内親王)可レ渡二何所一哉、彼宮中及二大破一、修理之間暫不レ可レ御、被レ尋二先例一之処、只小破之時修理也、仍斎王全不下遷二他所一給上也、離宮院如何、相量可二定申一、左大弁(源基綱)被二定申一云、猶本宮之北対・汗殿之間先加二修理一可二渡御一歟、若不レ堪レ為二御所一者、暫御二離宮一何事之有哉、御祭之時依レ為二御所一也、下官定申云、大略同二左大弁一、但本宮之中便宜舎屋移御之条、能尋不レ可レ有二禁忌一之所、暫可二移給一歟、不レ知二彼宮作法一、暗難二指申一、重能可レ被レ尋歟、左衛門督同二左大弁一、右大将・民部卿被レ同二申

下官一、以蔵人右少弁為隆（藤原）被レ奏口（奏）、及二深更一事了、

との記事が載せられている。斎宮寮が顚倒したため、斎王をどこに移して修理をしたらよいか、先例を尋ねたところ、すべて小破のときの修理で、斎王は他所に移ることなく修理が行われていた。今回は大破であるので、離宮院に移るのはどうかということが議論されている。このときの斎王は、白河天皇皇女の善子内親王であるが、興味深い点は、斎宮の顚倒は怪異とされていないことである。斎宮は神を祭る場ではないので、当然といえば当然であるが、斎宮の顚倒は単なる建物の損壊とみなされており、そこには神意を見ていない。そのため、斎王がいたままで建物の修理も行われ、大幅な修理が必要なときだけ、他所に移ってもらうといった具合になっている。ところで、院政期の斎宮の状況はどのようなものだったのだろうか。このころの斎宮の実態がうかがえる遺構はほとんど発見されず、平安時代初期のころのような整序だった状態でなかったことは確かである。『新任弁官抄』(6)には、

斎宮寮

内院（斎王御レ之）　中院（已上檜皮、寮頭在レ此）

外院（萱葺屋五六十宇、屋躰如二民屋一）

との記述があり、斎王が暮らす内院および斎宮寮頭が暮らす中院は檜皮葺であり、その他の役人が住む外院は萱葺であって、建物は民家のようであったことを記している。そのため、斎王が暮らす内院の屋根の損壊もしばしばあったであろうが、そうしたことがあっても怪異とはみなされない。

また、西行の『山家集』(7)には、

伊勢に斎王おはしまさで、年経にけり。斎宮、木立ばかりさかと見えて、築垣もなきやうになりたりけるを見て

　いつかまた斎の宮の斎かれて注連の御内に塵を払はん

との歌を載せているが、この歌は承安二年（一一七二）五月五日に惇子内親王が亡くなってから潔子内親王が群行した文治三年（一一八七）までの間に、さらに狭めると文治二年に西行が伊勢を去るので、それに近いころに詠まれた歌かと考えられている(8)。ここからは、斎王が不在となって斎宮寮の役人もいなくなると、建物はほどなく倒壊し、数年も経つとどこに建物があったのかさえわからない状態になってしまうと言える。常に建物が清浄で欠けるところがないことが求められた神宮に対し、斎宮は斎王が不在となると放置されて倒壊し、斎王が所在する場合でも時が経てば各所に損壊が生じたが、その場合にも怪異の存在が公言されることはなかった。

　一方、野宮については『百錬抄』建保四年（一二一六）七月十七日条などに見られるように、大風によって棟木が落ちたことに対して軒廊御卜が行われるなど、その損壊が怪異とみなされていたことがわかる。この違いが何によるものなのか、それを雄弁に語る史料がないので想像の域を超えないが、斎宮はどこかが損壊していることが常態となっていたため、怪異として逐一とりあげることができなかったものと考えておきたい。怪異の発生は神社だけでなく、天皇の居所などの変異も怪異とみなされていたので、野宮での変異も怪異と判断された。この論理からすれば斎宮での変異も怪異とみなされてよいはずなのに、怪異とする史料を見出すことができない。斎王の病気は怪異とされるのに対し、斎宮という建物に発生した変異が怪異とされなかったことは、やはり怪異と主張するほど斎宮が整った建物として存在していなかったことを推測させる。

　斎宮では穢に関連して以下の事件が起きたことを記している。すなわち、鎌倉時代末の伊勢神宮の服忌令注釈書である『文保記』(9)には、井戸に落ちて死んだ人がいた場合、その人がいなくなった時点から穢の期間を開始すべきとして、以下の記事を載せている。

建久二年（一一九一）十一月八日朝、斎宮井底有二死人一之由雖レ見二付之一、去月晦日夜雑人夫一人落レ井之由分明之間、彼

中間往反雑人等触二于神宮一者也、

斎宮の井戸の底に溺死者があるのが、十一月八日朝に発見されたが、この場合、その雑人が行方不明となった十月晦日から穢とするということである。

また、斎王の病気により軒廊御卜が行われることもあった。『百練抄』建仁元年（一二〇一）十二月二十七日条や『猪隈関白記』建仁二年（一二〇二）二月十三日条では、後鳥羽天皇皇女粛子内親王の病気により軒廊御卜が行われているが、その結果がどうであったかは不明である。

おわりに

以上、怪異を通じて神宮と斎宮とを比較してみたが、最後に論点をまとめておきたい。まず第一に、院政期は怪異が頻発する時期であり、神宮においては社殿の損壊が朝廷に注進されるとそれは怪異とみなされて軒廊御卜がなされ、仮殿遷宮を行うなどの対処が施された。一方、斎宮では建物が損壊しても怪異とみなされなかった。それは、斎宮はどこかしら壊れているのが当たり前であって、怪異の発生を主張し得なかったのではないかと推測した。

またもう一点、祢宜らにとって斎宮・斎王はあまり重要な意味を持っていなかったのではないかと推測される。それは、斎宮帰京の先例について祢宜らが把握していなかったことからも明かである。こうしたことが斎宮の衰退をもたらし、斎王が発遣されなくなっても神宮としては何の損失も被らないために、異議を申し立てることもなく斎王の制度は消滅していったのではないだろうか。

（1）神宮司廳編『神宮遷宮記』第一巻（神宮式年造営庁、一九九二年）。
（2）通説では仮殿遷宮の初見は、長暦四年（一〇四〇）七月の大風による正殿宝殿などの顚倒による外宮仮殿遷宮であるが、牟禮仁「遷宮小考二題――朝家の大営、古殿の措置――」（『皇學館大學神道研究所紀要』一五、一九九九年）では、延長二年（九二四）外宮仮殿遷宮の可能性を指摘している。
（3）山田雄司「室町時代伊勢神宮の怪異」（『神道史研究』五四―一、二〇〇六年→**本書第16章**）。
（4）『三長記』同日条。
（5）東京大学史料編纂所編『中右記』〈大日本古記録〉（岩波書店、二〇〇八年）。
（6）『群書類従』公事部所収。
（7）風巻景次郎・小島吉雄校注『山家集　金槐和歌集』〈日本古典文学大系〉（岩波書店、一九六一年）。
（8）目崎徳衛『西行の思想史的研究』（吉川弘文館、一九七八年）。
（9）『群書類従』雑部所収。

第16章　室町時代伊勢神宮の怪異

はじめに

前近代の神社について考察するにあたり、近年怪異に注目して王権とのかかわりから探求していこうとする動きが強くなっている[1]。平安時代以降、諸神社において怪異が頻発し、それに関する史料も多数存在するが、近代以降の神道においては、淫祠邪教や巫覡託宣などの類は切り捨てられたため、神社で発生する怪異については正面から論じられることがあまりなかったと言えよう。怪異はのちに大きな災厄が起きるかもしれない予兆としてとらえられ、怪異が発生した場合にはそれが朝廷に報告され、軒廊御卜が行われることによって、怪異に対してどのような対処をとったらよいか、慎重な判断が下された。

そして、数ある神社の中でも、伊勢神宮は国家の宗廟であり、皇祖神を祭っていることから王権と最も密接に関係した神社であるので、怪異の発生にはとりわけ注意が払われた。外宮権祢宜出口延佳の『伊勢太神宮神異記』[2]上では、「伊勢両太神宮には、巫覡の妖術奇怪をさくる事、神書分明なれども、日本第一の宗廟なれば、霊験不思議なきにしもあらず」として、古代より近世にいたる神宮で起きた神変奇瑞を記している。神宮の怪異について考察することは、怪異研究の中でも中核を占めるはずであり、これを明らかにすることによって、王権と神社とのかかわり方や、当時の人びとの自然現象に対する認識のあり方などの解明を行うことができよう。

十三世紀末に外宮祢宜度会行忠の著した『古老口実伝』(3)には、「神宮怪異事」として以下のように記している。

殿舎上鷺鵄居事、飛蟻、蜂房、無名虫、古木顛倒幷落枝等事、即注進之処、被レ行二御占一、下二祈謝宣旨一、仰二諸社司等一、御祈禱之間、神宮為レ吉也。近代依レ無二奏聞一、不レ被二祈謝一、因レ茲神宮為レ凶之由、雅継光胤神主等申レ之。

これによると、社殿の上に鷺や鵄が居していることをはじめ、羽蟻・蜂の巣・名の知らぬ虫が発生するといった生物の発生や古木の顛倒、落枝といったことも怪異としてとらえられ、朝廷に注進されていたことがわかる。そしてそれを受けて祈禱が行われることにより吉に転化することができたのであるが、近年は奏聞がなされず、よって祈禱もなされないため、神宮にとっては凶であるとの祢宜の弁を記している。

伊勢神宮で発生した怪異を概観すると、社殿の朽損、木の顛倒、鳥害、虫害、不思議な動物の発見や動物の不思議な行為、御饌殿の井戸が涸れたりしたことにより軒廊御卜が行われており、神域外でも、安濃神戸の井戸に落雷があったことも神宮の怪異とされている(4)。薗田守良の『神宮典略』(5)七遷宮下依二怪異一仮殿では、「怪異とは風また水の為に御殿顛倒は更なり、盗賊狂男の参入、或は鼠鵄などの御葺萱を損し、御装束を湿し、或は牛馬の心御柱を犯しなどするは皆怪異事にて、さる時は新に仮殿を造立て、不浄を清掃ひ修理し奉る例なり」と記している。

本稿においては、こうした怪異の中でも、心御柱の違例、千木の頽落、神馬逸走、社殿の鳴動といった神宮に特徴的な怪異をとりあげ、さらには社殿の鳴動について考察することにより、神宮の怪異の特質や、怪異がどのようにとらえられていたのかといった点について明らかにし、神宮に特有の仮殿遷宮との関係についても考察していきたい。

一　心御柱の違例

伊勢神宮に特異な構造物として、心御柱の存在がある。古来より心御柱に対しては格別なる畏敬の念が払われてきた。心御柱は両宮正殿下に奉建されており、正殿が天照大神の宮殿であるという、絶対の神聖さを表象する人工物であった(6)。心御柱の長さは、内宮は五尺三寸余で、地上三尺三寸ばかり、外宮は五尺で、地上三尺、径は四寸ほどであった。心御柱には五色の薄布が巻かれ、榊葉で覆われていた。そして心御柱の周辺には天平瓮が置かれていた。中世においては正殿床下の御下囲はなく、古殿地の覆屋も設けられていなかったので、旧・新の心御柱は風雨にさらされて朽損の被害を受けやすく、さらには牛・鹿などによって榊が食べられることもあった。『古今神学類編』(7)巻之十七宗廟篇心御柱では、そうした心御柱の怪異が重大な意味を持っていたことを述べており、以下のように記している。

> 扨又、心御柱怪奇ノ沙汰、神宮雑事記等ニ載レ之。又ハ千木顚倒ノ御事ト共ニ、国家ノ怪(シルマシ)預(カネ)テ宗廟ニ御悟(サト)シノ趣、本朝ノ一奇事トシテ代々御慎ミ尤忽ナラズ。或ハ国史ノ中ニ、怪異ノ時御占(ミウラ)アレバ、宗廟ノ御祟ニヨレルノ密奏、又ハ余社ノ神祟リノ兆ヲ奏セシ事、不二珍事一ト云ヘドモ、殊ニ神殿ノ千木、心御柱ノ神怪ノ如キニ至テハ、是大変タル事不レ俟(シテ)レ言分明也。

心御柱の怪異は、千木の顚倒などとともに、国家にとって重大な予兆としてとらえられていた。出口延佳の『陽復記』(8)には古代からの心御柱違例が列挙されているが、大治元年（一一二六）に内宮心御柱を覆っている榊が鹿によって喰損じられたことや(9)、保延五年（一一三九）十月二十九日に内宮古殿の心御柱が朽損して顚倒したことを(10)、鳥羽・崇徳天皇の御心が神慮に違っていたためかとしている。また久安五年（一一四九）内宮心御柱を巻いている布が破損したため、同六年に改めて山口祭を勤行して心御柱を採替奉ったものの(11)、ほどなくして保元の乱が出来したことや、安元三年（一一七七）外宮の心御柱を巻いている布が烏によって穢され[12]、やがて寿永の乱が起こったこと、文治六年（一一九〇）四月十一日内宮の心御柱が朽損し顚倒したことを[13]、後鳥羽天皇の御心が神慮に違っていたためであり、そのため承久の乱が起こったのだとしている。さらには、元亨元年（一三二一）内宮の心御柱を巻いている布が鼠によって喰損せられたため仮殿遷宮が行われたが[14]、ほどなく元弘・建武の大乱が起こったことや、応仁年中には内宮心御柱が消滅してしまったため祢宜らが二十余度まで連署解状を注進したものの[15]、何の対応もされなかったために応仁の乱が勃発したことを記している。そして、

抑心御柱と申奉るは、皇帝之命、国家之固、神明之徳也、といへり。中極の表、至て深秘の事なれば、其子細口外すべき事ならず。人主の御心たがふ時は大乱出来る物なるを、かねて御つゝしみのため心御柱の御示現ありがたく侍ぞや。今とても奇特神変有。

のように、心御柱での怪異の発生を、天皇の不徳と関連づけ、その結果として大乱が勃発するのだとしている。また、『心御柱記』[16]でも、「皇帝歴数天下之固、常磐無動三十六獣十二神王八大龍神常住守護坐、依二損失一必有二天下危一矣」と記し、心御柱を損失することは天下の危機を招くと述べている。

こうした思考のあり方は、心御柱での怪異発生と国家の動揺とを恣意的に結びつけていることは明らかである。実際、同書でとりあげられていない心御柱の怪異の例は数多くあり、その場合には乱と関係なく怪異は起きているし、文治六年の例においては、三十年余り離れた事項を結びつけているなど、強引な付会であることは否定できない。しかしまた、心御柱で怪異が起きることは、国家に何かが起きる予兆であるととらえられていたからこそ、こうした思考がなされることも確かである。

文正元年（一四六六）九月十五日内宮解[17]は、九月八日の祭主下知状、十三日の宮司告状で天下忩劇に対する公武の祈禱が仰せ出されたことへの内宮祢宜による解で、「抑当宮条々重事、殊心御柱相違、為二天下一、依レ不レ可レ

然、仮殿事令二度々言上一、去五月御材木着岸以後、及二五箇度一雖レ令二注進一、停滞于レ今、神慮難レ測者哉、天下忩劇者、依レ不二心御柱御座一歟、急被レ奉レ立レ之者、天下静謐、不レ可レ有レ疑」とある。この文書は先に述べた『古今神学類編』でも参照されており、文正元年七月には斯波氏の家督争いから文正の政変と呼ばれる騒動が巻き起こっており、こうした室町幕府の混乱した状況が心御柱の怪異と関係づけられた。祢宜らは仮殿遷宮を遂行して心御柱を奉立することを求めたが、その文言の中で、心御柱を立てることができたならば、天下静謐となることは疑いなしとして、仮殿遷宮を要求している。しかし結局、明応六年（一四九七）まで仮殿遷宮は行われなかった。

千木に関しても、心御柱と同様に、そこで発生する怪異は国家の大事に結びつくと認識されていた。『古今神学類編』では、応永二十三年（一四一六）九月一日に内宮正殿西南方の千木が顛倒したことを、この年の十月に鎌倉で上杉禅秀の乱が勃発したことと結びつけている。また、永享元年（一四二九）秋に外宮正殿の千木が顛倒したことを、後花園天皇が崩御したことと関連づけているが、亡くなるのは文明二年（一四七〇）のことである。そして、千木の顛倒は「皆以凶兆ナリシ趣」であり、「人主ノ御心、神慮ニ違ハセ玉フ故ノ御示現也」と出口延佳は記している。

また、千木に関して、

宗廟ノミニアラズ、大中小社ニモ千木アレバ、何レ顛倒ノ怪（シルマシ）ナクンバ非ジ。而ルニ、古モ諸社ニカヽル神怪ノ例（タメ）シヲ不レ聞シテ、独リ宗社ニ而已申御事モ、天下ノ大廟ニ坐セバ、其前兆モ専ラ二宮ニ示現シ玉ヘルニヤ。上古ヨリ諸ノ諭（サト）シ多カリシモ、余社ニハ稀ニシテ宗廟ニ而已承ル事、書伝、口伝皆相同ジ。

のように、宗廟たる伊勢神宮の千木で発生する怪異については、他の神社の千木で発生する怪異とは質的に異なることを述べている。

千木に関する怪異の一例をあげてみると、応永二十三年（一四一六）九月一日には、内宮正殿南西の枯木が顚倒し、千木一枝、鰹木一丸、西南方の泥障板一枚が半分折れて地上に損落するということが起きた[18]。このため翌日には仮殿遷宮を行い、修理すべきであるとの注進が祢宜から大宮司長照（大中臣）に宛てて出された。そこで十月二十一日に軒廊御卜が行われ、十一月三日には先例にならい東宝殿に遷し奉るべきとの御教書が本宮に下知され、宮司が修造することになった。そして、翌年九月二十八日に仮殿木造始がなされ、さらにその翌年の応永二十五年八月二十三日に仮殿遷宮により正殿の修造と御正体の正殿への還御が行われた。八月二十日に将軍義持が京を出発し、二十四日に参宮していることから[19]、このときの仮殿遷宮は将軍の伊勢参宮にあわせて行われたと言える[20]。将軍が参宮する前に社殿などを整えることは、しばしば見られることである。千木・鰹木など、社殿の朽損の場合も、心御柱のときと同様に、朝廷に奏上され、そこで軒廊御卜がなされ、大宮司が主体となって仮殿遷宮が行われることになっていた。千木は大風などにより折れる場合が多く、その場合、千木単独ではなく、鰹木・泥障板・葺萱なども同時に損傷を受けることが多かった。こうした現象は怪異として朝廷に報告されたのである。

次に、伊勢神宮の怪異として特徴的な、櫪御馬が厩を抜け出して山中を駆け回り、汗をかいてまた元に戻ってくるという事象について考察する。櫪飼御馬に関しては、『延喜式』伊勢大神宮条に、「凡二所大神宮櫪飼御馬各二疋、簡二幣馬内一、恒令二養飼一、自外馬皆放二神牧一」とあるように、祈年祭・月次祭・神嘗祭のときに朝廷から奉献される馬の中から内外両宮二頭が選ばれて、櫪飼と呼ばれる厩舎で飼われた馬のことを言う。しかしこうした制度は十三世紀後半には退転していったようで、『内外二宮櫪御馬沿革之勘文[21]』には、「文永比には最早御馬は不二飼置一、御厩のみ造立有レ之候事と被レ存候」とあるように、内外両宮において櫪御馬は姿を消し、その後も十五世紀中頃まで櫪御馬は不在だったようである。『氏経神事記[22]』嘉吉三年（一四四三）三月十七日条に、「櫪御馬事依二度々注進一、今月五日被二牽進一、荷用上分藤浪（氏栄神主）方預置奉レ下、今日御厩二奉レ入」とあることから、このとき内宮においては再興されたことが確認でき、古代においては馬は朝廷から奉献されたのであるが、これ以降は幕府から奉献されている。一方、外宮については記事が見られず、外宮において再興されたのは寛正六年（一四六五）のことのようである。しかしそれ以降は再び中絶し、御厩には木馬が据えられていたようである。

櫪御馬が厩を抜け出して山中を駆け回ることの初見は『看聞日記』嘉吉三年九月二十九日条であり、室町時代伊勢神宮に特徴的な怪異といえる。

抑去廿三日伊勢神馬逐電（或説、山中を馳行云々）、翌日（廿四日）帰来、以外窮屈之躰也（汗をかき白泡をはく）、此由注進、炎上之間神明入洛被㆓擁護申㆒之条顕然也、玉体安穏真実加護之至也、

この出来事は、九月二十三日に源尊秀ら南朝復興を唱える者が後花園天皇の暗殺を企てた禁闕の変と関連づけられている。(23) このとき、後花園天皇は逃亡して無事だったが、土御門内裏は全焼し、三種の神器のうち宝剣はすぐに取り戻され、二十六日には凶徒は敗北するものの、神璽は吉野山中に奪い去られるという事態になった。神馬の逸走はまったくの偶然であったが、王権の危機にさいして、神馬に乗った天照大神が伊勢神宮を飛び出し、内裏が炎上しているときに入洛して天皇を擁護したと、伏見宮貞成親王は考え、おそらく貴族たちは、神宮の神馬に関する怪異を耳にして、同じような考えを持ったであろう。『看聞日記』の記事によれば、神宮から注進したのは、神馬が山中を馳せまわり、翌日汗をかいて白泡をはいていたというところまでであろうが、祢宜らは神馬が逸走して戻ってきたときに、危機にあった王権も維持されたことを知り、奇遇な現象に接して神明の擁護を痛感したに違いない。とりわけこの三月に内宮では久々に櫪御馬が復活したことから、以降、王権と神馬逸走との関係が密接に説かれることとなった。

文安四年（一四四七）七月日皇太神宮神主注進状(24)によると、六月二十六日夜に内宮正殿ならびに別宮の荒祭宮が鳴動し、その響きは大きな物が投げられたときのようで、番宿直のために祗候していた祠官は仰天したとある。

そして二十八日に、

櫪御馬不レ開レ戸俄走二出御厩一、馳二入山中一、不レ謂二嶮岨一岩石飛越、不レ謂二宮内宮外一馳蹀之間、飼丁等欲レ捕不レ捕、欲レ巻不レ巻、失二方便一之処、頃尅而自皈二入御厩一給畢、爰有二不思議一、御馬背之上置レ鞍之粧、有二腹帯レ鐙摺之跡一、又馬面噛レ沫、有二含レ轡跡一、流レ汗事如レ出レ水、此等条々不レ可レ不二言上一、併尊神擁護、天下太平之奇瑞哉、為レ励二御祈禱忠勤一、

と記されている。櫪御馬は戸を開かずに厩を抜け出して走り出し、山中に馳せ入り、行方がしれなかったところ、自ら厩に戻り、馬の背には鞍を置いて腹には鐙で摺った跡があり、馬の面は飛沫でぬれ轡をかんだ跡があり、汗を滝のように流していたという。こうした状況に対し、祢宜らは「尊神擁護、天下太平之奇瑞」であるとしている。寛正四年（一四六三）八月十二日[25]、文明二年（一四七〇）二月二十六日[26]、六月二十四日[27]、七月十五日[28]にも同様の記事が見られる。

西山克はこうした現象について、「尊神アマテラスの騎乗での遠出は、ある種の国見と捉えられたのだろう。皇統譜の始源にたつ神霊が社殿を踏みどよもしながら動座し、天下泰平を保証する」としているが[29]、こうした櫪御馬逸走の初見が禁闕の変のときであり、朝廷に奏上される文書中の文言がそのときのものとほとんど変わらないことに注目したい。そしてこれが起きたのは内宮だけであることからも、神馬には天照大神が騎乗して山野を駆けめぐったものととらえられ、一旦行方がわからなくなったさいに、観念上では入洛して王権擁護に奔走していると考えられたのではないだろうか。

すると、祢宜らはこれを「利用」して、自らの要求のために櫪御馬逸走を主張するようになる。すなわち、寛正四年（一四六三）の場合、前年十二月に行われた内宮の式年遷宮のさい御装束・御神宝・御金物が麁悪であったり不足していたため、すでに二月には仮殿遷宮を行い飾替を奉るべきである旨の内宮解や不足などの注文が出

されている。[30] そしてその後も祢宜の解状などにより仮殿遷宮遂行を申請していたところ、[31] 閏六月一日には古殿が顚倒し、心御柱が地際で折れるという事態が起こった。そのためさらに内宮解などが出され、仮殿遷宮を行うべき旨が再度奏上された。[32] そして八月日の内宮解では、[33] 公武双方に対して御装束などの餝替と心御柱立て替えのための仮殿遷宮遂行が求められているが、そのさいには「抑心御柱相違出来者、依レ為二天下重事一、有二御慎一而急被レ勤二行仮殿遷御一」として、過去の心御柱違例による仮殿遷宮の例をあげている。そうしたときに、『氏経神事記』寛正四年（一四六三）八月十二日条に「櫪御馬雖レ不レ出二御厩一、如二人乗一馳踊事数剋、鞍鐙当レ胷鞦腹帯之跡見レ汗如二流水一」とあるように、櫪御馬の怪異が起きているのである。何度も仮殿遷宮の遂行を要求しているのに、それが行われない状況下で、櫪御馬の怪異を奏上して、天照大神が王権の擁護をしていることを主張して、国家にとっての神宮の重要性を再認識させようとしていたのではないだろうか。しかしその願いも叶わず、その後もたびたび仮殿遷宮の要求がなされたが、明応六年（一四九七）まで仮殿遷宮が行われることはなかった。

　最後に、鳴動について見てみたい。管見の限り、神宮の鳴動記事の初見は、『日本紀略』長保二年（一〇〇〇）七月十三日条に「奉二幣廿一社一、依二大神社宝殿鳴動一也」とある記事である。その後の鳴動の状況を見てみると、弘安四年（一二八一）七月二十九日、両宮祢宜らが風社宝殿の鳴動および神殿より赤雲が発出し西方にわたり、たちまち大風が起こり喬木が倒れたことについて、これは九州夷狄が今日明日に亡びる予兆だと注進している。[34] これは弘安の蒙古襲来のときに、神宮の神が日本を擁護したことを示している。

　また、『続神皇正統記』[35] には、観応二年（一三五一）七月に[36]「神宮より外宮宝殿鳴動して、虚空に轡のみつ、きのをとする事半時ばかりなり、同日、荒祭宮より鏑矢乾のかたへ出、又外宮よりも神鏑西をさして出よし注進す、ふしぎ也ける事どもなり」とあり、これは観応の擾乱に関連して、神宮の神が王権擁護のために奮闘している姿をあらわしているといえよう。

鳴動の場合、建物の損壊とは違い、第三者によって検証することができず、聞こえる人には聞こえる怪異だと言えよう。その点、さまざまな怪異の中で、もっとも恣意的要素が入りやすい。そのため、右にあげたような国家が危機に直面しているようなときにあわせて神宮の宝殿が鳴動するのである。そして、鳴動を根拠に仮殿遷宮の遂行も要求される。文明十七年（一四八五）二月日外宮解(37)では、外宮忌火屋殿の御竈が鳴動したことに対し、「右件之御竈鳴動之事、希代不思儀之次第也、若天下為二重事一者哉、抑当宮御仮殿之事、如レ令二度々注進一、其例雖レ不レ過二一両旬一、去永享年中御仮殿六ヶ年御遷座之事、不レ享レ神非例之哉、於二于都鄙一言語道断之次第有レ之云々」とあり、また『外宮子良館日録抜書』に記されるように、忌火屋殿の御竈鳴動により祢宜らが解状を奉って、殿内朽損により神慮不快の徴であるとして、すみやかな仮殿遷宮遂行を求めている。

記録上に見られる伊勢神宮の鳴動は、石清水八幡宮の場合と比べてそれほど多くない。これはおそらく、伊勢神宮の場合は、社殿が朽損したときは朝廷に仮殿遷宮を要請するという方式が確立していたため、あえて鳴動を主張する必要がなかったからではないだろうか。そうした中でもあえて鳴動が起きたことを奏上するのは、神宮にそれだけ強く主張したい事象が生じたからと言えよう。すなわち、蒙古襲来や観応の擾乱と関連して鳴動があったことを奏上しているのは、神宮が国家の宗廟として、国家が危機に直面しているときに鳴動という怪異を発生させ、国家の擁護をしていることを示して、伊勢神宮の存在を改めて顕示させようとしているのではないだろうか。

また、何かを要求したり誇示したりするための鳴動だけではなく、神が喜びのため鳴動することもある。永禄六年（一五六三）九月二十三日の外宮式年遷宮のことを記した『外宮遷宮記』(38)には、「右遷御前日迄大雨、至二遷御之日一天気晴、御絹垣之御幸之砌、東南之方ヨリ山鳴動シ来テ、草木池水人之耳ヲ驚ス程サ、メキ立タリ、宮中ノ外ハソヨトモ風不レ吹由也、又御行障之上ニ当テ奇特之生類御先ヲ逐テ上下ス、諸人見ル処也」と記し、永享六年

（一四三四）以来一三〇年ぶりに外宮で式年遷宮が行われたため、祠官の人びとは、高倉山が随喜の鳴動をしたと感じたのである。

二　怪異の連鎖

次に、怪異の発生が神宮だけにとどまらず、同時期に諸社において発生している現象について考察してみたい。嘉吉三年（一四四三）は諸社において怪異が頻発した年であった。二月五日には、石清水八幡宮宝殿から光物が飛び出し、一つは南へ、一つは北へ飛んでいって落下したことに対し、『看聞日記』には「天下怪異歟、不審也」と記されている。(39) また、同書四月四日条に「悪星出現、公家之御祈大事云々」と記される現象も起きた。四月十四日には、春日社社頭で羽蟻があらわれたことが朝廷に注進され、そのために一社奉幣が行われた。(40) そして、六月五日には、石清水八幡宮武内社宝殿内で白蛇の死骸が発見されるという事件が起こった。(41) そのため陰陽師の土御門有重・賀茂在貞を召して尋ねたところ、口舌・病事の由を申し、祈禱すべしとの結論であった。(42) その後、外記史の勘例が進覧され、先例に任せて軒廊御卜を行うこととなった。(43) このことに関し、伊勢神宮の方には、六月十八日には祈禱をすべしとの御教書が届いており、『氏経神事記』には、「二星合、八幡宮恠異御祈事、御教書次第施行等廻覧、同請文加署」とある。(44)

そうした中、七月十三日には将軍義勝が赤痢に罹り重篤な状況に陥った。それに連動するかのように諸社で怪異が頻発した。『看聞日記』嘉吉三年七月二十日条には、

> 昼夜立二雷鳴一、至レ夜魄飛雨（ハクヒアメ）降（世俗ハコヒ雨ト云、本説魄飛雨也）、タマシヰ飛雨也、昌耆説也、賀茂大木顛倒、凡賀茂山衆木千本許枯之由注進云々、室町殿（足利義勝）邪気火急御式云々、

とあり、「魄飛雨」と呼ばれる魂が飛んでいくとされる雨が降り、賀茂社の大木が顛倒し、賀茂山の木が千本ほ

ど枯れたことが注進された。そして、七月二十一日条には、

晴、晡雷鳴暴雨以外也、聞室町殿天明之時分有二御事一云々、驚嘆無極、此間天変、諸社恠異等果而如レ此、為二天下一殊驚存、

とあり、義勝が亡くなったこととあわせて、天変や諸社での怪異が頻発したことを記している。わずか十歳という若さで将軍が亡くなったことに対し、人びとは驚きを禁じ得なかったのである。

七月二十四日には五条坊門室町の辺りが焼亡し、数町が焼けたほか、連夜焼亡が続き、これらは皆強盗の所為とみなされていた。そして、「天下飢饉、悪党充満、世之土蔵悉所取質物、又徳政之怖畏云々、仍飢饉忽餓死勿論也、疲労之身可二如何一候哉、失レ術計時節也、天下之式不レ可レ説」という混沌とした状況であった(45)。

七月二十九日には義勝が荼毘に付されるが、石清水八幡宮宝殿下から蛇が出てきて鼬を追って武内社前において喰い殺すという怪異が発生したため内裏へ注進されて、軒廊御卜が行われたが、先に石清水八幡宮で怪異が発生したときには義勝が亡くなる前兆だったため、今回は何事が起こるのだろうかと動揺が起こっている(46)。八幡宮ではその後も怪異が連続し、社壇の中や木の下などで蛇の死骸が四筋発見されたり、大木が風も吹かないのに倒れ、宇佐宮でも神殿が大きく振動し、二星合が出現し、諸大名家においても怪異が起こり、山名氏のところでは馬が物を言ったり、京極家では畳の上に蕨が生えたことを伝えている(47)。そして、室町殿では妖物があり、七尺ほどの女房や大入道が御所中を徘徊しているとか、人の寄り合う音や矢の鳴る音がすると言う者もあった(48)。

石清水八幡宮での怪異発生に対し、伊勢神宮において祈禱が行われ(49)、禁裏においても五大虚空蔵法の御修法が修された(50)。そして石清水八幡宮では社務が替えられ、善法寺宋清が還補されたが、大名どもの屋形において怪異が続々発生しているのは兵乱の予兆ではないかと不安が高まった(51)。

以上の例は、嘉吉三年の将軍足利義勝の死去にともなう怪異の連鎖であるが、五代将軍足利義量が応永三十二

年（一四二五）に十九歳で亡くなったときにも怪異が頻発しているし、内乱や天変地異など、王権が危機に瀕している状況のときに怪異が連鎖的に発生している。

諸社において同時に怪異が発生するのは、単なる偶然ではなく、神社側は怪異発生を主張することによって、王権にとって重要な神社であることを再認識させるという目的を持っていると考えられる。そしてそのことによって、国家による奉幣が行われ、実利を得ることもできた。これを認める背景には、国家が危機的状況に瀕していると考えられるさいに、諸社などにおいて怪異が発生するという認識が社会全体にあったことによる。また一方、同じ現象が起こったとしてもそれまでは怪異としてとらえられなかった現象が、諸事に敏感になっているため怪異として認識されたことにより、日記などに記されるという面もあるだろう。

三　怪異とその対処

伊勢神宮で怪異が発生した場合、どのような手続きがとられるのか、永禄七年（一五六四）七月二日夜に外宮正殿東南角の萱が退落し、ならびに葺萱の上に白鳩が多数巣をかけ朽損におよんだときの例を参考に見ておきたい。この怪異にかかわる最初の文書は以下の外宮解である(52)。

一、豊受太神宮神主
　注進、可下早経二次第上　奏一、被上レ達二于叡聞一、当宮正殿御萱退落之事
右当宮正殿御萱未レ過二両年一、至二七月二日夜一、自二東南角一退落、希代怪事也、剰於二其間一、白鴿数多既奉レ掛レ巣、及二御朽損一之条、以二　勅定之旨一、速被レ遂二御修理御沙汰一者、可レ為二　聖運長久・天下泰平御祈禱一之由、注進言上如レ件、以解奏、
　永禄七年七月　日　　正六位上度会神主吉久上

祢宜従三位度会神主常真（以下十人連署）

怪異発生はまず祢宜によって確認されるが、この時期の特徴として、怪異の発生とともに社殿の修理を要求するということがある。鳩が多数巣を掛けるということは、一朝一夕に起こるわけではなく、萱が屋根から落ちたこととあわせて注進することにより対処を求めているのである。すなわち、怪異が発生したからすぐにそれをすべて朝廷に注進するというわけではなく、怪異が効果を発揮する時期を慎重に選んで注進しているのである。これは怪異を「手段」として利用しているあらわれと言えよう。

外宮解を受けて、大神宮司解が出され(53)、さらには祭主解という次第上奏がなされて朝廷に奏上されたのであろう。伊勢神宮からの上奏を受けて、造替は社家に任すとする天皇の意を受けて神宮伝奏奉書、ついで職事施行状が出され、そして壬生官務より官宣旨が出されて祭主に伝えられるとともに、朝廷では軒廊御卜が行われた。陰陽師賀茂在富による勘文は以下のとおりである(54)。

豊受太神宮怪異事

去七月二日ノ夜、正殿御萱自二東南角一退落、亦於二其間一白鴿数多掛レ巣、及二朽損一云々、
今月五日乙亥時、加レ申奉小吉臨レ亥為レ用、緝ハ白虎中ハ大衝緝六合、終二徴(明カ)時一、天后ハ掛二過曲直一、推レ之、依二神事違例一、穢気不信不浄ノ所レ致歟、御薬事(クスリコト)、可二慎御一也、慎御之期ハ彼日以後七十五日之内十月節中也、兼而致二祈請一者、至レ明慎御其咎自銷乎、

永禄七年八月五日　　正二位賀茂朝臣在富

また、神祇官吉田兼右の占文は以下のとおりである(55)。

神祇官

卜吉凶事

問外宮御萱等鳩飛来奉レ破レ之、吉凶如何、推レ之、依レ有二不信不浄気一、神威所レ崇矣、

永禄七年八月廿八日

神道長上正三位行右兵衛督兼神祇権大副卜部朝臣兼右

占断の結果は、パターン化しており、「神事違例」「穢気不信不浄」を言い、病気の慎みを語るものであるが、ここで興味深いのは、吉田兼右の占文では、萱が自然に落ちたことではなく、鳩が飛来してきたことにより萱が破られたことを占っているということである。兼右は萱が自然に落ちたということよりも、神の使いである動物が怪異を発生させたことに重きを置いているのである。こうしたことからも、社殿の朽損を注進する場合、そのことだけではなく、怪異と関連づけて注進することにより軒廊御卜が行われ、神の意志という後ろ盾を得て社殿の復興を実現させようという意志が働いていることがわかる。

先の外宮解を京都へ注進して使者が戻ってくる前にさらに萱が退落したために、新たに庁宣が出されて祈禱を命じるということがあったが[56]、官卜寮占を経て、伝奏奉書[57]、職事奉行施行状[58]、官宣旨[59]、祭主下知状[60]が出され、さらには宮司告状が出されることにより、祢宜に対し「神事違例穢気不信不浄」のために修祓を行い祈禱すべき旨が伝えられた。これに対し祢宜は、祈謝については謹んで請けることを了承したが、修理が行われないことに対し、早く修理してほしい旨の外宮解を重ねて提出し[61]、最終的には永禄八年(一五六五)六月九日に仮殿遷宮が行われ、外宮祢宜らの要求がかなった。

このように、今回の場合は怪異発生を奏上したことにより、朝廷では軒廊御卜が行われ、仮殿遷宮が遂行されるという祢宜側の要求がかなうこととなったが、室町時代の怪異の特徴として、朝廷に怪異の発生を奏上するときに、あわせて仮殿遷宮の要請を行うということがあげられる。伊勢神宮における古代からの怪異についてみてみると、十二世紀後半から頻発し、年間数件の頻度で怪異が発生し、そのための軒廊御卜が行われている。そし

てその対応としては、臨時奉幣使の派遣や、祈謝が行われていた。そしてさらには仮殿遷宮が行われることもあった。

仮殿遷宮は二十年に一度の式年遷宮を待たずに、社殿が朽損などした場合に、古殿地の心御柱の跡に新たに殿舎を建てたり、御饌殿・忌火屋殿・東宝殿などを利用して一時御神体を奉遷し、その間に修理を行って御神体を還遷する造替のあり方であるが(62)、史料には十一世紀中庸から見られるようになり(63)、十二世紀後半になるとその数も増え、十三世紀には頻繁に行われた。平安・鎌倉期の伊勢神宮の怪異については、仮殿遷宮増加の波と怪異発生増加の波が重なることが注目される。そして十四世紀になると仮殿遷宮の回数はやや少なくなっていくが、そのころには建物の損壊があると、祢宜らは解によってそのこととともに仮殿遷宮の要求をあわせて行っており、これは以前にはあまり見られないあり方である。

以下にその典型的な例をあげてみたい。公卿で当時神宮伝奏だった柳原資定の日記『永禄一品御記』(64)天文七年（一五三八）二月七日条には、「次第解到来、披見云処、神宮造替怪異事也」として天文六年十二月日外宮解を載せているが、そこには仮殿がもってのほか朽損し、昇殿するときには大床や御階の種々の支度をした上で神事を行わなければならないといった状況になっていたところに、去月十一月晦日夜半瑞垣御門が炎燃し、玉垣・荒垣はことごとく頽落するという事件が起こったことを記している。その上で「年中三ヶ度祭礼当月(十二月)十六日于二夜半一可レ奉レ備二御饌一時節、神居殿内東西如二足音一両度奉二鳴渡一事、屓荒祭殿同夜如レ同奉二鳴渡一段、不思議子細何事如レ之乎」として、仮殿や荒祭殿の鳴動が起きたことを記しているのである。資定は後奈良天皇の意を受けて、「玉垣荒垣焼失幷社頭鳴動事、被二驚思食一候」として先例を勘進させているが、その折紙の袖書には「怪異以外事候」と記している。内宮祢宜は速やかなる式年遷宮遂行を望んだが、それはかなわないため、資定は一社奉幣を行いたい旨奏上したところ勅答を得た。しかし幕府は一社奉幣の下知を奉じなかったため、神宮伝奏の資定は勅命を幕府に伝達し、九月二十九日になってやっと一社奉幣が行われた。このときの費用は、行事官に七千疋、祭主に二千疋をはじめとして、計一万二千九百疋を要し、その他太刀二振・馬二疋など、相当の費用がかかっている。こうしたこともあり、幕府は多額の経費が必要となるので、仮殿遷宮はおろか一社奉幣までなかなか行おうとしなかった。

この例のように、仮殿遷宮がなかなか行われないときに、社殿の鳴動を理由として仮殿遷宮を要求していることから、怪異が手段として利用されていたことが明らかであろう。さらには、明確に規定されているはずの穢も恣意的に判断され、仮殿遷宮遂行の要求がなされることがあった(65)。おおむね十三世紀までは怪異発生を朝廷に報告することにより軒廊御卜が行われ、それに対応する処置がなされていたが、十四世紀になると朝廷の経済的理由などにより、怪異発生に応じた速やかな処置がなされにくくなった。そのため、怪異発生のさいに仮殿遷宮を行うべき旨をあわせて奏上しているものと判断できる。

おわりに

以上、室町時代の伊勢神宮の怪異について考察したが、その特徴として、社殿の損壊が怪異としてとらえられ、朝廷に奏上して仮殿遷宮を求めることが行われていたことがあげられる。この背景には、伊勢神宮は二十年に一度の式年遷宮を行うことに示されるように、常に社殿が整っていて清浄でなければならないという観念を、祢宜はもちろんのこと朝廷・幕府でも共有していたことがあるのではないだろうか。

しかし、式年遷宮が定期的に行われなくなり、さらに仮殿遷宮もままならなくなった状況下においては、怪異を頼みとして朝廷に対し仮殿遷宮遂行が奏上された。そのさい、怪異の中でも最も主観が入り込みやすい鳴動が手段として用いられることがしばしばあった。このような怪異の発生に対して、朝廷・幕府では何とか仮殿遷宮を実行しようとはするものの、そのための費用を負担することができず、祢宜たちが自ら費用を負担して儲殿を造ったこともあった。

近世になると江戸幕府の保護により再び式年遷宮が定期的に行われるようになり、仮殿遷宮はほとんどなくなる。また、伊勢神宮だけでなく諸社で発生する怪異も次第に少なくなり、やがては明治政府により怪異が否定されるにいたる。それは神観念の変化とも対応するものと言えよう。神霊の示現である怪異は神の特性を最も端的にあらわす存在であるのである。

（1）　陰陽道の側面からは、小坂眞二「九世紀段階の怪異変質にみる陰陽道成立の一側面」（竹内理三編『古代天皇制と社会構造』校倉書房、一九八〇年）などではやく怪異に注目しているが、近年は笹本正治『中世の災害予兆』（吉川弘文館、一九九六年）、同『鳴動する中世』（朝日新聞社、二〇〇〇年）、西山克「怪異学研究序説」（『関西学院史学』二九、二〇〇二年）、東アジア恠異学会編『怪異学の技法』（臨川書店、二〇〇三年）など怪異に注目した論考が相次いで成されている。筆者も前書の中で、「怪異と穢との間——寛喜二年石清水八幡宮落骨事件——」として、石清水八幡宮の事例について考察した→本書第10章。

（2）　『神宮参拝記大成』〈増補大神宮叢書〉（吉川弘文館、二〇〇七年）。寛文六年（一六六六）成立。

（3）　『神道大系』論説編五伊勢神道(上)（神道大系編纂会、一九九三年）。度会行忠が豊受大神宮二祢宜在任中に撰述したもので、正安元年（一二九九）九月以降、同二年六月までの間に成立したとされる。

（4）　本稿作成にあたっては、神宮司廳編『神宮史年表』（戎光祥出版、二〇〇五年）や東京大学史料編纂所データベースhttp://www.hi.u-tokyo.ac.jp/index-j.htmlを用いた。

（5）　『神宮典略　前篇』〈増補大神宮叢書〉（吉川弘文館、二〇〇五年）。

（6）　牟禮仁「伊勢神宮正殿心柱の性格」（『日本学研究』二、一九九九年）。心柱については、この論文に論点が整理されている。なお、平安後期以降は「心御柱」と称されたので、本稿ではこちらの語を用いた。

(7)『神道大系』首編二〈神道大系編纂会、一九八一年〉。『古今神学類編』は尾張国津島神社神職家真野時綱著。天和二年（一六八二）～元禄九年（一六九六）にかけて執筆され、訂正を加えて正徳五年（一七一五）～享保四年（一七一九）に出版された。
(8)『度会神道大成　後篇』〈増補大神宮叢書〉（吉川弘文館、二〇〇九年）所収。慶安三年（一六五〇）冬ころの著作で、翌四年に刊行された。『古今神学類編』にも引用されている。
(9)『神宮雑例集』〈神道大系〉（神道大系編纂会、一九八〇年）にその詳細を載せる。
(10) この例についても『神宮雑例集』に詳細を載せる。
(11)『神宮雑例集』。
(12)『玉葉』。
(13)『神宮雑例集』。
(14)『続史愚抄』。
(15)『氏経卿引付』文正元年九月三日・十月十日条。
(16) 神宮文庫所蔵。
(17)『氏経卿引付』五―一七四（『三重県史資料編中世一(上)』）。以下の引付の番号は同書による。
(18)『康富記』文安四年六月二十一日条、『応永廿五年内宮仮殿遷宮記』（『神宮遷宮記』第三巻）。
(19) 神宮文庫所蔵『薩戒記目録』。
(20) 山田雄司「足利義持の伊勢参宮」（『皇學館大学神道研究所紀要』二〇、二〇〇四年→本書第17章）。
(21)『神宮神事考證　後篇』〈増補大神宮叢書〉（吉川弘文館、二〇〇七年）。解題によると、弘化三年（一八四六）に外宮六祢宜貞董によりまとめられたとする。
(22)『神宮年中行事大成　前篇』〈増補大神宮叢書〉（吉川弘文館、二〇〇七年）。
(23) 禁闕の変については、森茂暁『闇の歴史、後南朝』（角川書店、一九九七年）に詳しい。
(24)『康富記』文安四年七月十八日条所引。
(25)『氏経神事記』、寛正四年八月日内宮解（『氏経卿引付』四―一五五）。

(26)『氏経神事記』、『文明年中内宮宮司引付』(『三重県史　資料編中世一(上)』)。
(27)『氏経神事記』。
(28)『氏経神事記』。
(29)西山克「騎乗する女神」(『三重県史だより』三重県史　資料編中世一下、一九九九年)、同「将軍塚鳴動」(竹市明弘・小橋澄治・笠谷和比古編『日本文化の21世紀』勁草書房、一九九九年)。
(30)『氏経卿引付』四―九〇～九四・一〇五。
(31)『氏経卿引付』四―一一七～一二一。
(32)『氏経卿引付』四―一三七・一三八。
(33)『氏経卿引付』四―一五五。
(34)『内宮注進状』(『史料稿本』大日本史料総合データベース)。
(35)『群書類従』帝王部。
(36)『続神皇正統記』では観応二年八月のころとしているが、『観応二年日次記』(『続群書類従』雑部)では、九月十日のところに、去七月のこととして伊勢大神宮御社が鳴動し、鏑矢が鳴いたことを記しているので、七月のこととした。
(37)宮司引付補遺①二。
(38)神宮司廳編『神宮遷宮記』第四巻(神宮式年造営庁、一九九二年)。
(39)『看聞日記』嘉吉三年二月二十三日条。
(40)『看聞日記』嘉吉三年四月十四日条、『康富記』四月二十日・二十七日条。
(41)『康富記』嘉吉三年六月五日条。
(42)『薩戒記』嘉吉三年六月十二日条。
(43)『薩戒記』嘉吉三年六月十六日条。
(44)このときの星合については、斉藤国治『古天文学の道』(原書房、一九九〇年)では記されていないが、天文シミュレーションソフトウェアステラナビゲータVer.7(アストロアーツ)でユリウス暦一四四三年七月十五日の空を再現すると、明け方東の空において火星と金星が非常に近い位置にあったことが推定できるので、これが星合ととらえられたのであろう。さらには土星（塡星）も近い位置にあり、ユリウス暦一四四三年七月二十四日には月も再接近し、『康富記』嘉吉三年六月二十七日条には、「熒惑大白塡星三合近月之行度見于東方云々」と記されている。

(45)『看聞日記』嘉吉三年七月二十四日条。

(46)『看聞日記』嘉吉三年七月二十九日条、『公名公記』嘉吉三年八月十二日条。

(47)『看聞日記』嘉吉三年八月七日条。

(48)『看聞日記』嘉吉三年八月十日条。

(49)『氏経神事記』嘉吉三年八月十日条。

(50)『看聞日記』嘉吉三年八月十一日条。

(51)『看聞日記』嘉吉三年八月十三日条。

(52) 宮司引付②五九、外宮引付③一五。

(53)『続左丞抄』（『新訂増補国史大系』）にも一連の文書が所収されている。

(54) 外宮引付②一二、外宮引付⑩四。

(55) 外宮引付②五二、外宮引付⑩五。

(56) 外宮引付③一六、外宮引付⑤三〇、外宮引付⑩一二。

(57) 外宮引付⑩六。

(58) 外宮引付⑩七。

(59)『続左丞抄』所収。

(60) 外宮引付⑩八。

(61) 宮司引付②六七、外宮引付①四・外宮引付③一七・外宮引付⑥三〇、外宮引付④二九、宮司引付②四八、外宮引付③一八、宮司引付②六〇。

(62) 仮殿遷宮については、鎌田純一「中世における仮殿遷宮（上・中・下）」（『大倉山論集』二七・二八・二九、一九九〇・九一年）に詳しい。

(63) 通説では仮殿遷宮の初見は、長暦四年（一〇四〇）七月の大風による正殿宝殿などの顚倒による外宮仮殿遷宮であるが、牟禮仁「遷宮小考二題――朝家の大営、古殿の措置――」（『皇學館大學神道研究所紀要』一五、一九九九年）では、延長二年（九二四）外宮仮殿遷宮の可能性を指摘している。

(64) 宮内庁書陵部蔵。

(65) 飯田良一「中世後期伊勢神宮における穢と不浄」（西垣晴次先生退官記念宗教史・地方史論纂編集委員会編『西垣晴次先生退官記念宗教史・地方史論纂』刀水書房、一九九四年）では、寛正五年十月日皇大神宮祢宜等雑掌氏秀申状写をあげ、「内宮の目的は仮殿遷宮にあり、その理由として血による正殿の汚れと、不浄による神事遂行の不可が、いわば使われたといえる」としている。

第17章　足利義持の伊勢参宮

はじめに

『延喜式』巻四伊勢大神宮に「凡王臣以下、不レ得三輙供二大神宮幣帛一、其三后皇太子若有レ応レ供者、臨時奏聞」とあるように、古代より伊勢神宮は私幣禁断の制によって、天皇以外の者が私（わたくし）に幣帛を捧げることが禁じられており、一般庶民はもとより貴族でさえ私的に参詣することはなかった。また、天皇自らも神宮に赴くことはなく、天皇の名代として、国家的祭祀のために貴族が参詣するだけであった。

しかし、『太神宮諸雑事記』(1)によると、宝亀十年（七七九）八月五日に、太神宮の正殿・東西宝殿および外院殿舎などがすべて焼亡するという事件があったが、その原因は「宮司広成為レ成二私祈禱一参二拝神宮一、及二于亥刻一退出之間、其炬自然落散出二来火一也」とあるように、宮司広成（中臣）が「私祈禱」のために神宮に参拝し、退出すると火が自然と落ちて出火したとしている。これは神の祟りを感じさせ、おそらくは私祈禱を行ったことによる祟りだったのではないだろうか。表向きは私幣禁断であっても内実は私祈禱が行われていたことがわかる。実際、『皇太神宮儀式帳』(2)供奉幣帛本記事に「禁断幣帛、王臣家幷庶民之不レ令レ進二幣帛一、重禁断」とあるように、重ねて禁断する必要があるほど私幣禁断は守られていなかったといえる。

平安中期以降になると、律令国家体制の変動により、神宮の経済的基盤も揺らぐようになり、貴族や地方有力者による祈禱依頼や所領の寄進を受け入れるようになったとされており、例えば『太神宮諸雑事記』安和二年（九六九）には、「伊勢太神宮司等、最是自レ非二公家御祈禱一之外、輙不レ可レ致二臣下之祈禱一矣、而如レ聞者、彼宮司仲理友二党謀反一、已致二不善之祈一也」のように、安和の変で大宰権帥に左遷させられる源高明の謀反成就のための「不善」の「臣下之祈禱」を宮司仲理が行ったことを記している。

また、『台記』別記久安四年（一一四八）七月十七日条には、藤原頼長がその養女多子の入内を祈って太神宮に宝物を送るにさいして「是密々事也」と言っており、私幣は内密に行うべきものとされていたようである(3)。

長寛二年（一一六四）四月二十四日の助教清原頼業勘文(4)にも、

　天照太神者、諸神之最貴、伊勢両宮更无二抗礼一、天無二二日一地無二二王一之義也、加之神宮者禁二断私幣一、忌二憚仏事一、熊野者不レ嫌二民庶一、容二受緇徒一、其風乖違、

とあるように、一般には私幣禁断として認識されているものの、実際には次第に私幣が行われるようになった。しかし、これを単に経済的問題に帰着させるのには無理があろう。そもそも私幣禁断自体が厳密には守られていなかったのである。

院政期になると、私的な祈禱も行われ、祢宜・権祢宜が御祈禱師＝御師となって神と人との仲介をつとめることになった。御師の制度は熊野の例が早く、すでに平安後期には活動していることがわかるが、神宮の御師の場合もそれに影響され成立したものと推測されている。鎌倉時代には、源頼朝が祈願のために所領を寄進したり、義経追討のための祈禱を依頼するなど、武士と神宮とのかかわりが密接になっていった(5)。

室町時代になり、足利義満をはじめとする足利将軍家、さらには有力守護大名の参宮が行われるようになると、神宮ではそれに対応して、祭主・祢宜・権祢宜・地下人などが競って彼らの御師となり、経済的基盤を築いていった。

こうして私幣禁断の制はなし崩し的に有名無実となり、貴族や武士たちが願文を捧げることが増えていった。しかし、将軍の伊勢参宮は「私的」な面よりもむしろ国家統治上重要であったからこそ行われたのであった。国家の宗廟に参詣して祈願を行うことは、日本の統治権を手中に収めることと同じ意味を持っていたのではないだろうか。将軍が伊勢参宮の前にしばしば石清水八幡宮に参詣していることは、おそらく宗廟に対する祈願という意味があったものと思われる。

以下においては、こうした問題を解明するための基礎的作業として、足利将軍参宮の具体的様相について、足利義持の場合をとりあげて考察していきたい。

一 足利将軍の参宮

足利将軍の参宮は、三代将軍足利義満の明徳四年（一三九三）九月を嚆矢とする。その前の初代将軍足利尊氏は参宮していないが、『賢俊僧正日記』[6]貞和二年（一三四六）十月に、尊氏の命を受けて醍醐寺座主三宝院賢俊が神宮に詣でたときのことが記されている。その記事からは、両宮に対して将軍より神馬と大刀が奉納され、法楽を催していることがわかる。尊氏は国家を統治する将軍として、宗廟である伊勢神宮に対して、格別な意識をもっていた。尊氏自身が参宮を企てていたかどうかを確認することはできないが、まだ南北朝の動乱期にあり、伊勢まで渡御しようとしてもほとんど不可能であった。

義満は将軍在任期間中の応安元年（一三六八）から応永元年（一三九四）にかけては明徳四年の一回しか参宮していないが、将軍を退いてのち亡くなる応永十五年（一四〇八）までは十一回参宮している。義満は、明徳三年閏十月に南北朝合体に成功し、公武の上に君臨することになり、その威勢を誇示して公卿・殿上人をはじめ大名・武家衆のすべてを率いて参宮したとされている。[7]

義満は明徳元年には、以下の願文を神宮に奉っており、すでに明徳元年には参宮の意図を示していたが、明徳の乱や南北朝講和の問題などを抱えていたため実現しなかった。[8]

立申　皇太神宮所願事
一、四度官幣　不レ可レ有二懈怠一事、
一、造役夫工　厳密可レ加二下知一事、
一、明年中可レ遂二参宮一事、
右、為二天下太平、武運長久、子孫繁昌、心中所願成就一、以二代官兼敦（吉田）一啓（敬）白如レ件、
明徳元年十二月二十五日　准三后源朝臣義—（満）
豊受太神宮同前ニ候（下略）

この文書によると、本来は朝廷の職能である役夫工米の賦課権や四度の奉幣使派遣が義満によって約束されている。義満は天皇の権限を自らが握り、神宮に帰依したのであった。

義満は神祇・神道に対して消極的・否定的で、軽視していたとされているが[9]、右の願文からすると、必ずしもそうとは言えない。石清水八幡宮・祇園社などに対しての天下静謐・凶徒退治の祈禱命令は、義満の名で数多く出されているし、鎌倉幕府以来の歴代将軍ではじめて伊勢参宮を行ったことは重要な意味を持つ。願文の文言に見られる「心中所願成就」が何を意味していたのかはわからないが、今谷明氏の主張する「王権簒奪計画」と大きく関係するのではないだろうか。表向きは私幣禁断であり、天皇からの奉幣のみ許されていた伊勢神宮に征夷大将軍となった自分が赴き奉幣することは、天皇の祭祀権をも奪って手中に収めるという意味があったと思われる。

二　義持参宮の特徴

義満の跡をついだ第四代将軍足利義持は、応永元年（一三九四）から義量に将軍を譲る応永三十年（一四二三）三月まで、将軍の地位にある間に十三回、将軍を辞したのちも七回、都合二十回参宮しており、歴代の足利将軍の中で最も多く参宮している。応永十六年六月をはじめとして、応永二十八年には二月・三月・九月・十一月と年に四回も参宮しており、その規模も大きかった。

参宮の年月は管見の限りでは以下のようである。

応永十六年六月、応永十九年九月、応永二十一年九月、応永二十四年三月・九月、応永二十五年八月・九月、応永二十六年九月、応永二十八年二月・三月・九月・十一月、応永二十九年九月、応永三十年三月・十一月、応永三十一年三月・十二月、応永三十三年三月・九月、応永三十四年九月

義持は応永元年に将軍となるが、そのときわずか九歳であり、将軍就任からしばらくは参宮していない。義持の治世期は比較的平穏な政治状況にあり、この「平和」は義持自身のとった政治姿勢と無関係でなく、その政治姿勢の一端を支えていたのが神仏への依存であったとされている[10]。義持は、伊勢神宮・石清水八幡宮・北野社・相国寺・等持寺・三宝院・鹿苑院・等持院・因幡堂などに渡御しているが、その中でも尊氏以来関係の深い北野社には二・五・六月に参籠することがほぼ定例化しており、他の寺社と比べとりわけ抜きんでている。

義持の参宮に関しては、まとまった記録として、花山院長親が応永二十五年（一四一八）九月、足利義持に従い伊勢神宮に参詣し、翌二十六年春義持の命により一書にまとめ義持に捧げた『耕雲紀行』[11]や、応永三十年三月の義持と御台栄子の参宮にともなった広橋兼宣による『義持公参宮記』[12]、翌三十一年の飛鳥井雅縁による『室町殿伊勢参宮記』[13]が残されており、これらから、義持の伊勢参宮の実態について考察したい。

将軍の伊勢参宮において、義持の代に新しくはじまったのは、病気平癒の祈願の代参およびその報賽のための参宮と、夫人同伴の参宮であった[14]。応永二十七年九月に義持が病気となったときには、諸社に対して祈禱命令が出されるが、神宮へは御祈禱のため近習三十三人が遣わされた[15]。そして病気が治ると二十余社に馬が寄進され、神宮へは本復の願を果たすため自ら参詣しようとするが、寒中であったため大名がとどめ、来春参宮することになり、そのかわりとして御台栄子が代参を遂げた。その後、応永二十九年八月・応永三十一年三月など、御台の参宮が見られる。

『看聞日記』応永二十九年九月十八日条では、称光天皇が不予のため、後小松上皇の代官として義持が参宮している。天皇の病気平癒を願うため将軍が参宮するという興味深い事例である。そして翌年三月には義持が栄子とともに参宮している。

義満のころの参宮は、国家統治という政治的意味を多分に持っていたが、義持のころにはそれが薄れ、個人的祈願のために参宮するというように、参宮の意味づけが変わっていったようである。義持が神仏に対しての造詣が深かったことがこうした変化を促したのであろう。年に数回も参宮することが神宮への信仰の深さをあらわしている。

三　参宮の実際――京から伊勢国へ――

参宮のさいはどのような準備がなされたのだろうか。『義持公参宮記』にその点が詳しい。参宮の日程が決まると、御伴する公卿や用意すべき物品調達担当奉行に対して伝奏から奉書が出される。例えば『義持公参宮記』には以下のような奉書が書き留められている。

來廿七八両日有レ御二参太神宮一、可下令二参仕一給上由、内々被二仰下一候也、恐々謹言、

（応永三十年）三月、日　（広橋）兼宣

（葉室宗豊）右大弁宰相殿

また、足利将軍参宮の主要な経済的支柱をなしたものとして、沿道の守護・荘園などの接待があり、将軍の政治的権力の低下とそれにともなう守護の勢力上昇・沿道農民の成長による抵抗とが沿道の便宜を減少させ、義政以降将軍参宮が少なくなり、最終的には廃止せざるを得なくなったことが指摘されている(16)。

将軍が御所を出立するさいには、御所に「御神事札」が立てられ、出立の前には精進屋に入り潔斎を行った。これは平安時代以来、上皇や貴族が金峰山に詣でたり、熊野詣を行うさいに行われているが、室町将軍の参宮の場合は、簡略化されている。また、道中においては毎朝行水し、身を清める必要があったことも熊野詣などと共通している。

『満済准后日記』応永三十三年（一四二六）三月二十三日条に、「来廿七日御参宮必定也、仍御旅中間御祈事、聖護院并護持僧中各可レ有二存知一旨以二書状一触遣了」とあるように、将軍の護持僧は、参宮の間の安全を祈って祈禱を行った(17)。満済は将軍のためには不動不断護摩を、御台のためには愛染供を執り行っている。将軍が還御したさいには、祈禱した旨の巻数が進上された。

将軍の参宮が決定すると、神宮側もそれに対して入念な準備が必要となった。文正元年（一四六六）三月二十日義政夫妻が参宮を行うが、『氏経卿引付』内宮一祢宜荒木田氏経書状は、大松が転倒したことにより第四御門の障泥板が壊れてしまったため、将軍が御覧になった場合よろしくないということで、まずは割れたところを合わせて鎹をひとつ打って直しておくようにと内宮一祢宜から大宮司に宛てた書状である(18)。

一、宮中大松顚倒之時、打二破第四御門障泥板一候、仍以二借殿次一、可レ被二取替一之由注進候了、雖レ然、御参宮之時、　公方様御覧不レ可レ然候、先推二合破目一、鎹一被レ打候者、可レ然候、早々可レ被二仰付一候哉、恐々謹言、

壬二月十一日

内宮一祢宜判

謹上　大宮司殿

――氏経

また、造替遷宮のときに、瑞垣内に白石を置くことになっているが、今回はまだ行われていないため、将軍参宮の前にしっかり整えておくよう、大宮司宛の内宮一祢宜荒木田氏経書状が出されている[19]。

一、造替遷宮毎度、被レ置二白石於瑞籬之内一条、先規候、今度未レ及二御沙汰一候、殊今　公方様御参宮之前、厳密御沙汰候者可レ然候、恐々謹言、

三月八日

内宮一祢宜判

謹上　大宮司殿

――氏経

内宮の遷宮は寛正三年（一四六二）十二月二十七日に執行されたが、三年以上たってもまだ御白石敷きが行われないなど、十五世紀後半には神宮の祭式は退転し、次の内宮正遷宮が執行されたのは天正十三年（一五八五）十月であった。

将軍が参宮する場合は板輿に乗って出行した。板輿は屋形と左右両側を白木板で張り、前または前後に簾をかけた軽便な輿で、上皇・公卿・僧侶の遠行用に用いられた。嘉吉元年（一四四一）三月に義教が参宮したさいには、輿の四方に簾を掛けた四方輿が用いられている。輿は最上のものが四方輿であった。将軍出行のさいは、牛車または輿によったが、遠方の場合は輿が用いられ、参宮のときにはすべて輿が用いられた[20]。

同行したのは、公卿、殿上人、騎馬輩、中間男、舎人、馬副、唐笠持、輿舁、人夫、荷物持など計百人余であった。そしてこのときは祭主大中臣通直もともに参宮した。

以下、義持参宮の様子については、『耕雲紀行』[21]を中心に見ていきたい。『耕雲紀行』を著した花山院長親は、内大臣家賢の子で、後村上・後亀山天皇に奉仕し、『新葉集』を撰定後は諸国を流浪し、両統合体後に出家して

洛北妙光寺に入り、応永二年（一三九五）、花山院家の菩提寺である東山の如住院に移った。その後、耕雲庵を構え、その庵号により「耕雲山人」とも称した。応永年間、将軍足利義満の知遇を得、歌道師範として信任され、正長二年（一四二九）に亡くなっている。長親は今回三度目の参宮で、七十歳を過ぎて脚気により起居もかなわないような状態だったが、湯治により癒して何とか参宮できるようになり、「神慮もいまだ捨て給はざりけりと頼もし」と記している。

　応永二十五年八月の参宮のときには、二十日寅の刻に京を出発した。「いつも御参詣の時ハ、大名近習已下数千人のかミしもの人数のおほさ」とあるように、将軍参宮の儀式は非常に晴れ晴れしい様子だったようである。その後、逢坂・大津・粟津を経、このあたりで夜が明け、ほどなく勢多に到着した。以前の参宮のときは大津から八幡まで舟に乗ったが、今回は徒歩であった。そして午のはじめころに草津に着き、南近江の守護六角満綱がここで出迎えた。長親は阿弥陀堂で休憩し昼食をとった。申の刻に水口に着くが、ここでは京極高数が出迎えた。このときの北近江守護は持高であり、高数が守護となるのは永享十一年（一四三九）である。持高は幼年であったため、後見人で叔父の高数が対応した。応永三十年（一四二三）三月の参宮のさいも京極高数が出迎え、酒肴をふるまっている。そこから前野を通り、近江と伊勢の境である鈴鹿山を越え、坂下を通過し、豊久野、窪田、部田の浜を通って安濃津に着き、念仏道場に宿を借りた。これが時衆道場かどうか不明だが、参宮直前に念仏道場に宿泊して忌まないところから、時衆道場の公算が大きいとされている[22]。十六世紀前半成立の『真盛上人往生伝記[23]』に

　　亦安濃津西来寺の西に時衆の寺あり。光明寺と号す。彼の寺の下女、上人（真盛）自筆の名号を所持す。彼の寮焼失す。同じく是亦灰の中に厳然として之あり。

とあることから、光明寺という時衆道場があったことは確かであるが、これが『耕雲紀行』のいうところの「念

仏道場」かどうかはわからない。また、『往古過去帳』の遊行十五代尊恵（貞治三＝一三六四年〜永享元＝一四二九年）条からは、安濃津に多くの時衆が住んでいたことがわかる。[24]ともかく、安濃津はのちに西来寺も建立されるように、寺院も立ち並ぶ「都市」であった。

応永二十九年（一四二二）九月に義持が参宮したさいは、十八日草津での昼食に北近江守護六角持綱が、水口では南近江守護京極持高が饗応し、十九日には関の新所に北方一揆・関左馬助持盛・雲林院・加太平三郎・長野右京亮満高が集まり、番である長野・雲林院が昼食の沙汰をしている。[25]また、同年八月に義持御台栄子が参宮のさいは、二十五日に関の新所に関左馬助・長野・加太・雲林院が昼食の沙汰のためやってきている。[26]通常では坂下で饗応がなされたが、このときは新所で行われている。これは伊勢守護世保持頼の勢力にくさびを打ち込むためであろう。翌年十二月には伊勢国智積御厨の代官不法改易について、守護ではなく関左馬助・長野右京亮宛に管領奉書が発給されている。[27]

こうした饗応の体制は、義満が参宮した応永九年（一四〇二）三月に安濃津で伊勢守護土岐大膳大夫入道（康行）が一献を構えたことが記されていることから、[28]将軍参宮が行われるのと同時に形成されたのであろう。これは単に将軍が来たことによる義務からではなく、饗応を行うことによる利権の創出、すなわち領国支配の正当性を将軍から認めてもらうことを意味していたと考えられている。[29]饗応しているのは、守護家だけではなく、北方一揆・関氏・雲林院氏・加太氏・長野氏など、守護の介入を許さない政治空間を構築していた地域権力であり、応永二十九年の饗応以降、北伊勢の勢力地図がぬりかわることとなった。

京都から伊勢にいたる場合、公卿勅使や斎王などは現在の関町古厩より楠原・椋本を通り、安濃川に沿って南下し、津市西郊の殿村に所在する字本馬領付近に比定される市村駅にいたった。[30]志登茂川に沿って豊久野を通るルートが用いられるのは、『耕雲紀行』が史料上はじめてであり、以後、将軍参宮のさいに一般に用いられるようになった。[31] また、『康富記』応永二十九年（一四二二）四月に記録されているように、中原康富が参宮したさいも、坂下から窪田を通ったことがわかることから、他の参宮者も安濃川沿いのルートではなく、豊久野を通る近代になって伊勢別街道と呼ばれるルートをとったようである。

これは、安濃津の発展にともない、安濃津に宿泊することを意図したルート変更だったのではないだろうか。『耕雲紀行』では、「こゝハこの国のうちの一都会にて、封彊もひろく、家のかすもおほくて、いとミところあり」のように、安濃津は伊勢国内における「都会」で広く開けており、多数の家が建ち並び見所も多いと記している。『宗長日記』[32] 大永二年（一五二二）条によると、安濃津を訪れた連歌師宗長は、明応の地震により「此津十余年以来荒野となりて、四・五千軒の家・堂塔跡のみ。浅茅・蓬が杣、誠に鶏犬はみえず、鳴鴉だに稀なり」と荒廃した状況を記しているが、これにより地震以前は非常ににぎわっていたことがうかがえる。

『耕雲紀行』によると、安濃津では土岐世保（康政）が御儲を営んでおり、伊勢国で伊勢守護が将軍一行を饗応するのは安濃津であった。『満済准后日記』応永三十三年九月十七日条では、義政参宮について、以下のように記している。

管領（畠山満家）今日勢州下向云々、来廿日公方様御参宮之間、於㆓阿野津㆒御一献等用意為云々、守護初歟、

管領畠山満家は応永三十三年に伊勢守護になって以来はじめての将軍饗応で、在京している伊勢北半国守護は将軍に先立って安濃津へ下って準備を整えることになっていたようである。また、南半国守護は北畠氏が任じられていたが、その一族木造氏が将軍参宮に同道することが常だった。安濃津—京都のルートは、かなりの交通量があり、為政者によって意識的に整備されたと推測されている。[33]

『義持公参宮記』応永三十年三月二十四日条からは、広橋兼宣が参宮のさい、安濃津の「瓶子屋」と号する宿屋に泊まっていることがわかり、屋号をもった宿屋が存在していたことも注目される。『平家物語』[34] 巻第一「殿

上閤討」で平忠盛を揶揄する言葉として、

忠盛、御前の召に舞はれければ、人々拍子をかへて、「伊勢平氏はすがめなりけり」とぞはやされける。此人々はかけまくもかたじけなく、柏原天皇(桓武)の御末とは申ながら、中比は都のすまゐもうと〳〵しく、地下にのみ振舞なッて、伊勢国に住国ふかゝりしかば、其国のうつは物に事よせて、伊勢平氏とぞ申ける。

とあるように、伊勢といえば、「へいじ」「すがめ」を思い起こさせるほど、都の人びとにとって知られたものだったことがわかる。これら「へいじ」「すがめ」に相当するのは、古瀬戸前期の瓶子・壺、あるいは常滑焼・渥美製品などに見られる鳶口壺・広口瓶・水瓶・三筋壺の類で、伊勢で生産しているのではなく、尾張・三河産陶器類が伊勢を集荷地として京都方面へと搬送されたと考えられている。(35) そうした場所に立つ「瓶子屋」は安濃津にふさわしい屋号といえよう。安濃津には宿泊する場所が何か所もあることから、大人数で参宮する場合に簡便だったと思われる。

四　伊勢参宮——宮川を越えて——

義持はその後、雲津川・櫛田川を越え、寒川・野原・岡・土大仏を通り宮川にいたる。宮川から南は神宮の領域と考えられており、ここを渡るさいに穢は祓われなければならなかった。この宮川は現在の宮川ではなく、宮川分流の清川であると考えられている。(36) 宮川には舟橋が渡してあった。『耕雲紀行』ではその様子を、

しハらくありて宮河につく。こなたの河原にこしをたてゝやすらふに、ふなハしはるかにかけわたして、さかまくなミ、かけまくもかたしけなき神境、信心をゝこす出家在家、輿をかきならへ、馬を引たてゝ、そのかすをしらすなミゐたり。ミな河なミにおりたちて、行水すめり。水をくミよせさせて、手あらふ程、皇大神の本誓ニ、経咒を誦せす、仏法をいはす、三業をきよめて、一心をたゝしくするのミなりといふ。これ神

道にかきらす、まことに仏の一字をとけハ、口をけかすこと三十年、自然にわか宗にかなへりとおほえて、
　仏とも法ともいはし宮河にすゝきて口のとかはきよめつ

と記している。参宮者はみな川縁に降りたって行水して身を浄めた。そしてこれより内は仏教に関することを口にするのも忌避された。

また、『義持公参宮記』応永三十年三月二十五日条では、「午刻至二宮河一於二輿前一行水於二綾井笠宿一搆二手、綱一、用二意湯帷一者也、釆女進レ祓自二京都一所持、祓流二河水一畢」と記され、行水とともに京都から所持してきた祓を河水に流し、穢を祓っている。

応永三十一年十二月の『室町殿伊勢参宮記』では、

宮河を見わたし侍ればこゝかしこに人〳〵なみゐたり。此河にてこりかくと申事は、さしも本説もなきよしを、社家のともがらも申侍るよしうけたまはりぬれども、なを塵労をすゝぎ、心神をきよめんためにてぞと覚侍れば、人なみに河水をくみて身をきよむ。

と記されているが、宮川を渡るところには参宮者がそこかしこにいて垢離を掻いて身を清めている姿を書きとどめている。その行為は表面上の汚れを清めるためだけでなく、心神を清めるものであった。

時代をさかのぼるが、『遊行上人縁起絵』(37)第九巻では、時宗二祖他阿真教が時衆の徒をともなって参宮したさいの記録として以下のように記している。

正安三年（一三〇一）十月の比、伊勢国へ入給。同十一月のはしめに、櫛田の赤御堂に逗留ありけるか、此次に太神宮へ参詣すへきよしの給けるを、凡当宮ハ僧尼参詣の儀たやすからさるうへ、如此遊行多衆の聖、宮中へ入給事いまた其例なし。且そこはくの尼衆の中にハ、月水等のけかれあるへし。又疥癩人等付したかひ奉れり。是又宮中へ入事禁制あり。かた〳〵憚あるへしなと申輩侍けれとも、追帰されん所まて参へしとて、疥癩の類をハ宮河の辺にとゝめをきて、自余の僧尼以下ハ皆引具て外宮へ詣給に、敢て制し奉人なし。

宮川を渡るさい、尼の中には月経による穢がある人もいるだろうし、また癩病人もともなっているのでどうしようかということになり、癩病人だけ残して参宮している。癩病人は中世社会においては、穢を身に背負った非人として差別されており、その姿態から一見して非人とわかった。そのため癩病人だけは宮川のたもとに残しておくことになった。こうしたことからも、宮川から南が清浄な空間であるとの認識は誰しも認めるところだったことがわかる。そのため、将軍参宮のさいも、ここで穢を祓う儀礼が行われた。

花山院長親は山田に着いて外宮に詣でるが、潔斎のためまず御池の水で手を洗う必要があった。『室町殿伊勢参宮記』では、

まづ御池の水をむすび侍るほど、

契ありてむすぶ御池のみづからもとしへて神をたのむしるしと

と記述されている。そして外宮参宮ということになるが、そのさい長親は出家の身だったため、

れいの禁法なれは、御まへの鳥居の外にて祈念す。

へたてしと神の心をたのむかなこえぬいかき（斎垣）はさすかなれとも

すゑの世のいまもまかれる枝はなしむかしのたねの伊勢の神杉

のように、正宮の前に進むことはできず、鳥居の外おそらくは二の鳥居外で祈念している。

徳治元年（一三〇六）から同二年にかけて成立した後深草院二条の『とはずがたり』[38]では、正応四年（一二九一）に神宮参拝を行うが、そのときのこととして、

神館といふ所に、一、二祢宜より宮人ども伺候したる。墨染の袂は憚りあることと聞けば、いづくにて、いかにと参るべきこととも知らねば、「二の御鳥居・御庭所といふ辺までは苦しからじ」と言ふ。所のさま、いと神々しげなり。

のように、袈裟を着ての参拝は不可であると聞き、どこで参拝したらいいか神官に尋ねたところ、外宮は二の鳥居を入った「御庭所」という広場までなら差し支えないだろうと教えられたとあるように、僧侶が正宮の前まで赴いて祈願することは基本的にできなかった。

将軍参宮の様子については、応永三十年三月の『義持公参宮記』によると、義持は二十六日に山田に着き、外宮八祢宜貞晴の館を宿所とした。将軍の宿所は山田の祢宜邸であることが通例である。翌二十七日に出発のさい、将軍御師で祭主である大中臣通直が御祓を修し、束帯を着して騎馬で先導するが、その前には中間男が二人、将軍から内外宮に奉るための金作御剱を二腰持って歩いた。室町時代には、石清水八幡宮・北野社・祇園社などには将軍の祈禱をするための御師が存在した。足利将軍家の太神宮御師職が確認される最も古い史料は、この『義持公参宮記』で、以後散見される(39)。

室町時代の年中行事として、正月十一日に将軍は太神宮御師と対面するほか、他の月は一日に対面し、御師は祓を持参し将軍の立烏帽子の上に祓を頂戴させ、申次が祓を持って退出すると御師が挨拶した(40)。また、将軍参宮や祈禱のさいに、御師の役割を果たしたのは祭主とその子弟であった(41)。

『義持公参宮記』や義教参宮のときの『建内記』嘉吉元年（一四四一）三月二十七日条によると、行列は、御師、殿上人およびその随身、諸大夫、番頭六人、布衣侍六人、輿に乗った将軍、公卿およびその随身、武家近習の輩の順であった。将軍以外の人びとは外宮の鳥居前で下馬し、鳥居の下で御祓をした。

また、両宮参宮の様子は、『氏経神事記』(42)嘉吉元年三月二十六日条に詳しい。それによると以下のとおりである。

雨、公方御参宮、瑞籬御門ヲ被レ開、二五六七予十衣冠、自二北御門一参、一神主家ニ伝二御祈禱料所一在レ之、然之間於二御輿宿之際一御祓被レ進、仍束帯直ニ自二南御門一被レ参、御殿ノ西南上東面、蹲踞、三神主同御祈禱

料所在レ之、於二一鳥居一御祓ヲ被レ進、束帯、依レ為二老体一内院ニ不レ参退出、公方様自二南鳥居一御参、前陣宮司束帯、共侍一人布衣、東ノ方ニ蹲踞、次御師束帯、共布衣、西方ニ蹲踞、公方奉物ノ金太刀ヲ所持、次公方様裾ヲ引テ御拝八度歟、公卿殿上人大明近□（習歟）以下ハ皆御門ノ外祇候、同日今出川殿御参宮、北ノ御門ヲ被レ開、

将軍参宮のさいは、瑞垣御門が開かれ、金作御剱を奉納した。当時の社殿には外玉垣や板垣などはなく、一般の参詣者は内玉垣南御門前で土座礼を行った。それに比して将軍の場合は、公卿・殿上人などの輩がみな瑞垣御門の外で祇候している間、正殿の前まで進んで八度拝を行った。そしてそこには正員祢宜が蹲踞していた。文正元年（一四六六）三月二十日の義政参宮のさいは、『氏経神事記』によると、大雨だったため義政は瑞垣御門下にて八度拝をしている。

将軍が大刀・剱を奉納するのは、尊氏以来通例となっていた。これをさかのぼると、『吾妻鏡』文治二年（一一八六）三月十五日条では、源義経が参宮し、所願成就のために、たびたびの合戦のさいに帯びていた金作剱を奉納したり、『吾妻鏡』文治三年正月二十日条では、征夷大将軍源頼朝は、義経反逆を平定するための祈禱を神宮に依頼するが、そのさい合鹿大夫光生を使として、神馬・砂金とともに、御剱二腰を奉納したことを記している。武士にとって剱を奉納することは、自分の身を捧げることであり、神宮を非常に崇敬していたことを示している。(43)

こうして外宮参宮が終わると、将軍は再び輿に乗り、祭主に導かれて内宮に向かい、外宮と同様に剱を奉納して八度拝を行う。そして、両宮の参拝が終わると宿所である祢宜邸に戻り一泊し、翌日京都に向かって出立するというのが通例である。義満は京都への帰り道、長谷に寄ったりしているが、帰りも同じ道をたどって戻ることが普通であった。

『耕雲紀行』では、宮川を渡った後、斎宮跡を通り、雲津川のほとりの星逢、綾蘭笠を通り、再び安濃津の道

場で宿し、関の三つ子塚を通り、近江の水口に泊まり、石山寺に詣で、逢坂を越え、京都に戻った。帰りの道中では、行きのように身を清めることはなかった。

将軍は伊勢から戻ると、精進屋に行き、風呂に入った。そして、無事に参宮が済んだ御祝として、公卿らが群参し、太刀を献じ、一献があり、中楽や連歌などが行われた。そしてその翌日には護持僧が御所に参り、将軍と対面した。このようにして将軍参宮が行われた。

おわりに

足利将軍の伊勢参宮は、出発前精進屋での忌み籠もりや参宮道中における日々の潔斎など、おそらくは院政期上皇による熊野詣を参考に行われた。しかし熊野詣とは異なり、七日間前後と短い期間で可能であり、道も比較的平坦であるので、肉体的にも金銭的にも容易に行うことができた。また、熊野詣が現世利益や後生安穏などの信仰面が強いのに対し、将軍参宮の場合は、政治的意味合いが大きい。

足利将軍参宮を受けて、有力者・高位者の参宮が開始され(44)、足利家の家臣山名・一色・武田・細川・畠山の諸氏も将軍の参拝にならって参拝を行い(45)、国人層・地侍層にまで広がっていった。これにともなって街道の整備や関所の停止が行われたことも参宮者の増加に寄与した。

室町初期に作成された『壒嚢鈔』(46)巻八に、「和国ニ受（ウケシ）レ生（ヲ）人、太神宮へ可ニ参詣一（ス）事ハ勿論」とあり、庶民にとっても伊勢参宮が重要な意味を持ち、すでに盛んに行われていたことを示しているが、天正十三年（一五八五）八月二十七日付ルイス・フロイス書簡では、「日本全国から、巡礼として、主な神とされているここ（神宮）に集まる人々の数は、信じられない位、異常に多い。それは単に庶民、平民だけではなく、高貴な男女も多くおり、願をかけて置いて、そこに行かない者は、人間の数の中に入らないと思っているようである」(47)と、広く貴賤の間で参宮が行われていることを述べている。この背景には、御師の活動や伊勢講の展開があったが、これらも将軍参宮を契機として盛んとなり、次第に庶民まで参宮を行うようになっていったのである。

また、室町時代になると、天照大神が日本の鎮守であるとする考え方が社会全体に広がり、神宮側はしきりに取り締まろうとするものの、病気直しなどの神として伊勢の神が流行神となって祀られ、神明社が各地に急速に広がっていった。この時期、伊勢信仰は急速に大衆化したのである。(48)

(1)『神道大系』神宮編一（神道大系編纂会、一九七九年）。
(2)同右。
(3)萩原龍夫『中世祭祀組織の研究』（吉川弘文館、一九六二年）四九五頁。
(4)『長寛勘文』（『群書類従』雑部）。
(5)頼朝と神宮との関係については、鎌田純一『中世伊勢神道の研究』（続群書類従完成会、一九九八年）などに詳しい。
(6)『大日本史料』六―一〇　貞和二年十月二十六日条。大神宮叢書『神宮参拝記大成』にも所収。
(7)二木謙一「足利将軍の大神宮参詣」（『瑞垣』一〇九、一九七六年）。
(8)恵良宏「足利義満と神宮」（『瑞垣』一七三、一九九六年）。以下の願文もこの論文で紹介されている。
(9)今谷明『室町の王権』（中央公論社、一九九〇年）八六頁。
(10)村尾元忠「足利義持の神仏依存傾向」（安田元久先生退任記念論集刊行会編『中世日本の諸相　下』、吉川弘文館、一九八九年）。
(11)『神道大系』文学編参詣記（神道大系編纂会、一九八四年）所収。『神宮参拝記大成』〈増補大神宮叢書〉（吉川弘文館、二〇〇七年）にも所収。
(12)『神道大系』文学編参詣記所収。『神宮参拝記大成』にも所収。
(13)『神宮参拝記大成』所収。『続群書類従』紀行部にも所収。

(14) 萩原龍夫前掲書(注3)、五九〇頁。
(15) 『看聞日記』応永二十七年九月八日条、『康富記』『師郷記』九月九日条。
(16) 新城常三『新稿社寺参詣の社会経済史的研究』(塙書房、一九八二年)四一三頁。
(17) この時期の護持僧については、森茂暁「室町時代の五壇法と護持僧——足利義持・同義教期を中心に——」(『芸林』五二—一、二〇〇三年)に詳しい。
(18) 『氏経卿引付』五—一一七(『三重県史資料編中世一(上)』)。
(19) 『氏経卿引付』五—一一八(『三重県史資料編中世一(上)』)。
(20) 将軍出行のさいの乗物については、二木謙一「足利将軍の出行と乗物」(小川信先生の古希記念論集を刊行する会編『日本中世政治社会の研究』、続群書類従完成会、一九九一年)に詳しい。
(21) 『耕雲紀行』の注釈として、稲田利徳「『耕雲紀行』注釈(一)~(五)」(『岡山大学教育学部研究集録』一〇五~一〇九、一九九七~八年)がある。
(22) 金井清光「真教の遊行と時衆の展開」(『時衆教団の地方展開』東京美術、一九八三年)。
(23) 引用は天台真盛宗宗学研究所編『真盛上人往生伝記』(天台真盛宗宗学研究所出版部、一九七二年)による。
(24) 金井清光前掲論文(注22)。
(25) 『花営三代記』応永二十九年九月条。
(26) 『花営三代記』応永二十九年八月条。
(27) 稲本紀昭「関氏関係史料集成」(『史跡正法寺山荘跡発掘調査・整備報告 昭和60・61年度』関町教育委員会、一九八七年)、『美里村史』(美里村、一九九四年)。
(28) 『吉田家日次記』応永十年十月二十五日条(『大日本史料』七—六)。
(29) 矢田俊文「室町・戦国時代と北畠氏」(藤田達生編『伊勢国司北畠氏の研究』吉川弘文館、二〇〇四年、初出二〇〇一年)。
(30) 岡田登「伊勢国市村駅家所在地考」(『皇學館論叢』一三—六、一九八〇年)。
(31) 平松令三「伊勢別街道の歴史的特性」(『大和街道・伊勢別街道・伊賀街道——歴史の道調査報告書——』三重県教育

委員会、一九八三年）。
（32）島津忠夫校注『宗長日記』（岩波書店、二〇〇二年）。
（33）安濃津に関しては、伊藤裕偉『中世伊勢湾岸の湊津と地域構造』（岩田書院、二〇〇七年）所収の一連の論文が参考になる。
（34）梶原正昭・山下宏明校注『平家物語』〈新日本古典文学大系〉（岩波書店、一九九一年）。
（35）伊藤裕偉前掲書（注33）、七五頁。
（36）西山克「豊受大神宮遠四至」（『道者と地下人』吉川弘文館、一九八七年）。
（37）宮次男・角川源義編『遊行上人縁起絵』（角川書店、一九七九年）。
（38）三角洋一校注『とはずがたり　たまきはる』〈新日本古典文学大系〉（岩波書店、一九九四年）。
（39）神宮の御師職については、芝本行亮「太神宮御師職と大中臣氏」（『神道史研究』四九―三、二〇〇一年）に詳しい。
（40）樋口元巳「室町将軍の三百六十日（一）～（四）」（『神戸商船大学紀要文化論集』四四～四七、一九九五～九八年）。
（41）岡田荘司「中世の大中臣祭主家」（藤波家文書研究会編『大中臣祭主藤波家の研究』続群書類従完成会、一九九三年）。
（42）『神宮年中行事大成　前篇』〈増補大神宮叢書〉（吉川弘文館、二〇〇七年）所収。
（43）『南方紀伝』に嘉吉元年三月二十日、義教参宮のときのこととして、以下のような記述があるのは興味深い。

大雨物怪有、先レ輿被レ入レ剱髪切袋入錯二入別物一、至二草津一見レ之、驚使二飯尾肥前守帰路取レ之、至二水口一奉レ之、此太刀将軍家常不レ放レ身、忘レ之事不審、将軍参宮後勢州被レ相二改境目等一也、是将軍参宮已先年雖レ有レ之国司若隠二大覚寺殿一逆心有歟思然則自身為レ退二治国司一也云云、

（44）宮地直一『神道史　下巻（一）』（理想社、一九六三年）附録「神道史講義案」第二章第四節。
（45）大西源一『参宮の今昔』（神宮文庫、一九五六年）八一～八八頁。
（46）浜田敦・佐竹昭広編『塵添壒嚢抄・壒嚢抄』（臨川書店、一九六八年）。
（47）松田毅一監訳『十六・七世紀イエズス会日本報告集　第Ⅲ期第7巻』同朋舎出版、一九九四年）。
（48）瀬田勝哉「伊勢の神をめぐる病と信仰」（『洛中洛外の群像』平凡社、一九九四年）。

第18章　国阿上人の見た伊勢

はじめに

時衆僧国阿上人(一三一四～一四〇五)は歴代の遊行上人ではないが、伊勢神宮に一千日の参詣をしたさいに授かったとされる「柏葉の神印」を参宮する貴賤道俗男女に授け、汚穢不浄にかかわらず誰でも参宮することを可能にしたことで、応永のころには著名な人物であったとされる。そして、国阿上人の法統は、時衆十二派の中の霊山派・国阿派として受け継がれ、それぞれ京都東山霊山の正法寺、円山の雙林寺を本寺として現在まで伝わっている[1]。

国阿の事績については『国阿上人絵伝』(以下『上人伝』と記す)に詳しい。『上人伝』によると、国阿は正和三年(一三一四)二月十七日に誕生し、十一歳のときに書写山円教寺の源栄阿闍梨の室に入り学問をし、十八歳のときに剃髪受戒して随心と称した。そして貞和三年(一三四七)念仏三昧の行人となり諸国修行に出、遊行七代上人託何に出会って時衆となり、国阿弥陀仏と改称した。三年ほど託何に随行したが、その後、霊仏霊社を巡礼したいとして上人のもとを離れ、同行の僧尼を具して山陰道へ出かけた。丹波・丹後・但馬を訪れ、貞治四年(一三六五)一遍の墓所を拝み、村里において念仏を勧めて廻った。そしてその後、熊野を通って伊勢へ向かったという。

奥書によると『上人伝』は、国阿の弟子相阿が見聞した師の法談をわかりやすく絵伝に編纂したものである。[2]本書の原本は現存せず、絵の部分も失われ、現行の『上人伝』は十七世紀中葉の成立と考えられているが、[3]『親長卿記』[4]長享元年（一四八七）九月二十七日条に「霊山国阿上人縁起絵去夏比新調、旧本紛失云々、可レ有二叡覧一、可レ申二遣一云々、仍今日遣二書状一、其案在レ別、令レ持二唯阿一遣了、即到来十一巻、納筥、進二上御所一了」とあることから、かつては十一巻で叡覧に供されるほど優れた絵巻であったと推測されており、原『上人伝』は国阿が亡くなってからそう遠くない時期に成立したものと考えられる。しかし、後述するように、本文中には近世の知識にもとづいて書かれている箇所も散見されるので、その利用にあたっては慎重に内容を検討しなければならない。

国阿の伝記を記した書としては他に京都東山雙林寺の縁起である『雙林寺縁起』がある。[5]同縁起は現行『上人伝』より先行して成立したと考えられており、類似箇所において『上人伝』よりも古態を示す文章表現がなされていることから、内容に関しても『上人伝』を補う箇所があるといえよう。叙述は『上人伝』より簡略であるが、以下適宜参照しながら論を進めていきたい。

本稿では国阿上人の足跡をたどることにより、当時伊勢神宮がどのように認識されていたのか、さらには室町時代伊勢国の都市状況などについて見ていきたいと思う。

一　熊野

永和元年（一三七五）に熊野参詣を志した国阿は、四天王寺から紀三井寺を経て中辺路を通って熊野本宮に参った。宗祖一遍による「熊野成道」以降、時衆の徒にとって熊野へ赴くことは聖地巡礼を意味しており、国阿も「我宗門鎮護の御神」として熊野の神を認識していたのであった。国阿は本宮で七日七夜の不断行法を行うと、証誠殿すなわち阿弥陀如来より、仏法修行といふは身を捨るにあり。秋葉の風を待ついのちを恃み、つゆよりも消やすき身を長久ならんと思ひ、我ものがほに身を思ふゆへに、五欲おこり二世の災とは成なり。そのあだなる身命を、弥陀如来に帰命せしかば、今世より仏果にして、仏に護念せられ奉るべし。

との示現を受け、信心肝に銘じてありがたく思ったという。本宮より音無川を下って新宮に参り、七日七夜の不断行法を勤め、さらには那智へ参詣して同じく七日七夜の不断行法を修した。そして、

遠国近国の参詣の人民、或は穢にけれ或は女人月水の障ありて、社参かなはぬは、大悲の智水にみそぎし即願成就せしめ給へ、同居の塵にまじはり給ふとて、神のけがらひをうけ給べき理なし。又念仏の行者は、浄不浄をはなれたる仏体に帰命し、不覚して真如法身の光の中に摂取せられ候へば、何の祓にも名号を唱れば、障碍をはらひ候にあらずや。

と丹心に念じたところ、満願の日に山伏があらわれて、

衆生の炎となる邪義の欲心を深く祈るものには、名利をあたへむ道なし。浄あれば不浄もなくてかなはず、たとひ重服の人たりとも、心正直なるものには慈悲加祐して、守らずいふ事なし。

と示して木履と杖とを与え、以降、国阿は神通自在の身となったという。国阿はさらに滝の上にのぼって、百日立行をし、内外清浄の垢離を取って三十三度の礼拝をしたところ、水中より金色の光を放って千手千眼観音があらわれ、目の当たりに拝見できたことに対して国阿は随喜の涙を流したという。一遍にとっては熊野三山のうち本宮が重要な役割を果たしたが、国阿にとっては那智が最も重要な意味を持っていたといえる。これは、那智の本地仏が千手観音であり、国阿が伊勢神宮に詣でたとき癩病人が観音に変じたこととつながってくるのである。

『上人伝』ではその後、国阿は妙法山へのぼり、六月十五日に新宮を立って伊勢へ向かった。新宮からは「紀伊路におとらぬ山坂」の伊勢路を五日経て山田へ着き、御裳濯河で垢離を取ったのち外宮へ参ったと記している。

熊野三山を巡った後に伊勢神宮を訪れるのは、他に例の見られない極めてまれな巡礼のルートといえよう。

一方、『雙林寺縁起』には以下のように記されている。

延文二年、到㆓熊野那智妙法山㆒、企㆓一千日参籠㆒、百日被ㇾ打㆓一滝㆒、而毎日奉㆓三十三度法施㆒之処、自㆓水上㆒放㆓光明㆒、弥陀尊像来下、翌年正月一日、不動三尊見現而示云、擁㆓護汝㆒無㆓怠時㆒、自ㇾ今可ㇾ止ㇾ被ㇾ打㆓此滝㆒云々、

（中略）

次於㆓熊野証誠殿㆒、百日立行之間、非ㇾ夢非ㇾ現容顔美麗童子、光明赫々、持㆓如意宝珠㆒、与㆓上人㆒云々、

『上人伝』では熊野を訪れたのは一度であるように記されているのに対し、『雙林寺縁起』では延文二年（一三五七）に那智に一千日の参籠をして、百日間滝に打たれている間に阿弥陀如来や不動明王が現出し、以後の擁護を約束した旨記している。そして、永和三年（一三七七）まで三十三度の熊野参詣を行ったとするなど、『上人伝』と異なった記述となっている。

二　伊勢神宮

国阿は熊野三山を訪れた後、なぜ伊勢神宮に赴いたのであろうか。国阿は丹後国与謝郡の元伊勢と呼ばれる与佐宮を訪れ、豊受神を拝したとき、「聖此両宮へ詣ふで、、帰命頂礼して申さく、本地和光同塵して衆生を守り給ふなれば、我等が所願をとげさせ給へ」として「万徳所帰の名号をあまねく衆生にほどこし、自他平等に二世の本懐をとげしめ給へ」と願を立てていることからもわかるように、国家の宗廟たる伊勢神宮に参拝して祈願することにより、名号を遍く衆生にほどこすという願いをかなえようとしたのではないだろうか(6)。

宗祖一遍にとって、清浄を厳格に守る伊勢神宮は、浄不浄を問わない自らの立場とは異なる存在だった。その

ため伊勢神宮のことは大変気がかりであったが、あえて参宮はさけたものと思われる。そして二祖他阿真教は一遍が残しておいた問題を解決し、教団を広げていくため伊勢参宮を試みたものと推測される(7)。

国阿は外宮において道のちまたを法界道場と定めて、日中の行法を勤め、人びとに弥陀名号をすすめていたところ、老いたる神主二人が神前近く参ることを勧めたため、七日七夜の六時行法を神前近くで行った。当時伊勢神宮においては、僧尼が集団で正殿まで赴いて参拝することは禁じられており、僧尼は二の鳥居までしか進めなかったが、祢宜の特別な計らいにより僧尼らが正殿近くまで祇候することもできた。

続いて内宮参拝を行うが、

日域六十余州よりあゆミをはこぶ上下万民火の穢にふれ、殊に女人は、月水の穢にふれて、参宮の諸願をむなしくす。法界遍満の神光は浄穢共に照臨し給ふ。金剛の神体は穢に触てもけがれず、火に入てもやけず。水に入てもおぼれず。今同居の塵にまじはり跡を給ふは、衆生済度のためならし。仰願ば、参宮の輩悪穢の罪を赫し給へ、

と丹誠に祈り、一千日の参詣をはじめた。すると千日目に、御裳濯河の河上に、癩病人の死体が目もあてられないような有様であるのを発見し、国阿がこの死人を引導すると、たちまち観音に変化して虚空にあがり、「聖の所願今日にて満足すべし」との声がするということがあった。国阿は夢の心地がしてありがたく思い社頭へ赴くと、天照大神が巫女に乗りうつり、さらに神前近くへ参れとの託宣があったので、国阿はいよいよ神前へ参ると、雨宝童子が出現して、国阿の宿願をみな納受したことを告げ、その証として一葉の葉を与えた。そこには虫喰いの文字があり、「伊勢熊野参詣輩、永代許汚穢」と書かれていたのであった。そのため、参宮の人びとや神主たちはみな国阿上人をありがたく拝んだ。そこで、この神印を板にあらわして参詣の貴賤道俗男女に与えると、道中において不意に汚穢不浄に出会ったとしても、その穢に関係なく参宮することができるということで、この柏

葉の神印は今に伝わって、道場に安置していると『上人伝』に記している。京都東山正法寺には「柏葉の神印」の形木が残されており、現在でも呪符が発行されている。そこには、印判された柏葉の上に「伊勢熊野参詣輩、永代許汚穢」の詞と国阿上人の花押が印せられている[8]。柏葉からは吉津御厨（南伊勢町）の仙宮院から神宮に貢進された三角柏（瑞柏）が連想される。柏葉は三節祭のさいに神酒を盛るのに用いられ、これを使用することによって生命の弥栄を祝ったものと考えられている[9]。

ところで、『上人伝』中の「御裳濯河の河上に、癩人死して目もあてられぬ有様なるを、聖此死人を引導し給へば、忽観音と現じ、虚空にあがり、聖の所願今日にて満足すべしと空中に声あり」という箇所は、どのように解釈できるだろうか。実際、宮川より南は神宮の神域であり、ケガレは厳重に遠ざけられていた。真教が正安三年（一三〇一）に参宮したさいにも、尼衆は月水などのケガレが予想されるにもかかわらず同行したのに対し、疥癩人は宮川のほとりに留め置いている。癩病者はケガレを負った者として、当時の社会において最も忌避される存在であったので、実際に御裳濯河に癩病者の死体が発見されるということはあり得ない。

そして、癩病の死者が観音に変じたというのは、光明皇后が浴室を建てて貴賤を問わず入浴させて千人の垢を落とそうと決意したが、千人目に癩に冒された男があらわれ、その体を洗ってさらには膿を口で吸い取ったところ、男は阿閦仏の化身であると告げたとする『宝物集』などに載せる説話を想起させる。

観音に変じたとするのは、国阿の父母が子が生まれなかったため円教寺如意輪観音に祈ったところ[10]、観音の白毫が母の口の中に入り、ほどなくして懐妊したという国阿の誕生譚より、国阿は観音菩薩と強く結ばれている。そして、熊野三山のうち千手観音を本地仏とする那智山において、神通自在の身となるべく木履と杖とを頂戴し、滝籠により千手観音を眼前に見ることができたことから、観音菩薩に対して特別の意識を持つようになり、それが癩病者から観音菩薩への姿態変容を導き出したのであろう。また、『玉葉』建久五年（一一九四）七月八日条の春日社の本地仏について述べているところで、「第四、十一面(伊勢内宮)」とあるように、天照大神の本地仏を十一面観音とする考え方もあったことから、内宮での話として、癩病者が観音に変化したとする話は似つかわしいといえよう。

さらに、天照大神の化身としての雨宝童子については、十六世紀の半ばには雨宝童子と天照大神の一体説が存在したことが確認できるが、それ以前にさかのぼることは困難である。そして、朝熊岳金剛証寺の宣伝によって江戸時代になって広まっていくことから、『上人伝』のこの記述は江戸時代の知識にもとづいて記述していると判断できる[11]。

それでは、こうした国阿に関する一連の出来事は、事実として認められるのか、以下考察してみたい。『吉田家日次記[12]』応永十年（一四〇三）十月三日条には、資忠王が以下のように談じたことを記している。

> アコノ局為二参宮一進発了(一昨日歟)、於二参宮日一者、雖レ可レ為二清浄一、軽服日数相懸之中、進発不レ可レ叶之旨、雖レ加二制止一不二承引一、いかにも今日之風儀国阿弥説歟云々、

参宮するには清浄であるべきであり、軽服中には参宮できないと制止したのにもかかわらずアコノ局は進発してしまったが、これは国阿の説にもとづくものかと日記の記者である吉田兼敦は嘆いている。また同じく二十五日条には義満の室日野康子が二十二日に参宮したことに対して人びとが談じたこととして以下のように記している[13]。

> 去月廿二日風雨未曾有之災也、御裳濯之橋令二落破一之、民屋多流損、殞命之輩数十人云々、此事先日参詣輩粗語示之、於二本宮一有二両説一、或鹿於二宮中一令レ斃之間、為二清浄一歟云々、一説国阿弥参詣之徴也、此仁参入之毎度有二奇異一、是蒙二彼免許一之時、不レ謂二浄否一参入云々、先代未聞事歟、此事去月予(吉田兼敦)参宮之時、祠官歎示之間、然者何不二抑留一哉之由、予仰之処、去比制止了、而依二権女之命一不レ拘二禁遏一云々、神慮尤有レ恐歟、

これによると、国阿が伊勢神宮に参宮のたびごとに奇異な現象があり、国阿から免許を受けることによって浄不浄にかかわらず参宮する者が見られるが、こうしたことは前代未聞であり、神宮の祠官たちも嘆いているという。また、国阿は一度でなく何度も参宮していることも注目される。

一方、『雙林寺縁起』には以下のように記されている。

伊勢熊野参詣女人依二月水之穢一、多空二宿願一、愍二此事一、於二熊野新宮一被二祈精一之処、夢告云、一切衆生、遠隔二仏道一、不レ断二生死一、依レ之且雖下忌二生之始一、嫌中死之終上、於三慈悲深著二内証一者、不レ可レ有二其咎一、早如二上人祈念一、可レ有レ誘二引女人一之由依二示給一、貴賤之女人等不レ嫌二不浄之時一、遂二参詣之望一、又或時相二具此等之女人一、伊勢参詣之処、宮人不二許容一奉二追帰一、此事背二神慮一、神人多病悩横死之間、悔二先非一、再三依レ令レ請二待上人一、参宮如レ元、至レ今不レ違二其誓約一、伊勢熊野道者、戴二上人之履一、無二不浄之憚一、縁起所レ載、一々奇瑞不レ可二相侵一、

『上人伝』との違いは、『上人伝』では伊勢神宮の天照大神からケガレか否かにかかわらず参詣できる「柏葉の神印」を授かったとするのに対し、『雙林寺縁起』では熊野新宮において祈願したところ、月水のケガレにかかわらず女人をともなって参詣せよとのお告げを受けたとする。また後者では、あるとき国阿がこれら女人を連れて神宮に参宮したところ、宮人が許さずに追い返したが、これは神慮に背いており、そのため神人の多くが病に倒れて横死した。そこでそのような行為は悔い改め、国阿に再三参宮することを請い、参宮は以前と同じように行われることとなった。その誓約は今でも変わらず、伊勢熊野道者で「上人の履」を戴いたならば、不浄の憚りがなく参詣することができるとしている。この記述は『吉田家日次記』の記事とつながり、おそらくはこちらの記事に記された内容の方が古いのではないだろうか。近世になって神宮へのお蔭参りなどが繰り返し行われることによって神宮に対する認識が広まったため、その影響で『上人伝』の内容も神宮の記述が中心になっていった

のではないだろうか。御裳濯川のほとりに癩病者の死体を発見したとする記述も、時衆と癩病者との関係は一遍以来深いものがあったことから、(14) 国阿がそれを発見したことにし、伝記の内容をさらに劇的にしたのであろう。

三　山　田

国阿は永和四年（一三七八）九月末に内宮を発ち山田へ着くと、参宮の道者の汚穢を許された神勅を受けた聖として多くの人びとから崇敬を受け、外宮長官一〇人、祢宜一二〇人、神主をはじめ在所の人びとは寒天の折柄、ここで年を越すようにと国阿のために道場を建立し、その道場は神護念仏寺と名づけられ、国阿はここで六時不断の行法を修した。道俗男女はまずこの寺へ参り、国阿弥陀仏の十念を受けて、汚穢を許す御札を頂戴してから神前へ参ったと記されている。

一遍は熊野権現から「信不信をえらはす浄不浄をきらはす、その札をくはるへし」と示された後、思いも新たに各地を賦算して廻ったが、国阿は自身熊野と伊勢に参宮することでケガレの問題についてひとつの解答を得た。それが「伊勢熊野参詣輩、永代許汚穢」と記した柏葉を配ることにより、誰でも熊野・伊勢参宮を行うことができるようにすることであった。室町時代になると、一般庶民の伊勢参宮も盛んに行われるようになったが、女性を中心として清浄を旨とする神宮に参宮できない人は数多くいたであろう。そこで仏教者として、そうした立場の神宮に疑問を感じ、誰でも参宮できるようにしたものと思われる。

『両峯問答秘鈔』(15) 第三十九項に、

道遠山高渓深河多。是為レ令レ懺二悔衆生業障一也。登レ嶺業障浮レ汗散。下レ谷罪垢洗レ水消。唯残二浄心（ノミ）一令レ詣二我許一者現世安穏　数褊（ニソシハ〳〵）忉（サミシ）（ソシル心也）　利四苑之娯楽。後生二善処一必詫二安養九品之蓮台一。

と記すように、熊野への参詣の道を歩くこと自体で罪業は消滅すると理解されていた。そのため、熊野詣のさいは浄不浄は問題なくなるので、「伊勢熊野参詣輩」と記してあっても、対象は伊勢参宮の場合だけだったのではないだろうか。実際、『上人伝』によると、伊勢へ赴く道者には多数会っているが、熊野へ赴く道者には会っていない。外宮の門前である山田において「伊勢熊野参詣輩、永代許汚穢」の札を配っていることを、祢宜たちは苦々しく思ったことであろう。『吉田家日次記』の「祠官歎示」という記述がそれを如実に示している。

国阿は康暦二年（一三八〇）春、神護念仏寺に声阿弥陀仏という弟子を残して都を目指して出立しているので、一年半ほどここに滞在していたことになる。その間、喜多源左衛門尉という太夫が尋ねてきて他力のことを国阿に問うが、その答えに感動した源左衛門尉は国阿に帰依して善阿弥陀仏という法名を授けられたという話を載せている。

神護念仏寺という寺名は近世の山田には見出すことができない。禅宗の神護寺は一之木町に、浄土宗の念仏寺は妙見町にあったが、両寺とは関係なさそうである。寛永十年（一六三三）の『時宗末寺帳』をはじめとした末寺帳類にも載せられていないので、国阿による神護念仏寺創建が事実であったとしても、近世初頭には廃絶していたことになる。

喜多源左衛門尉の存否は今のところ確認できないが、北家は権祢宜の家系であり、そのうち北出雲家が延宝四年（一六七六）正月二十日に「北」を「喜多」と改称しているので[16]、『上人伝』の記述はやはり江戸時代の知識によっていると言える。

四　伊勢から京都へ

山田を離れた国阿は、明野（伊勢市小俣町）を過ぎて「斎宮の神前にて法施」をしたとする。斎王は後醍醐天皇のときに祥子内親王が卜定されたのを最後に、また実際に伊勢に下向したのは亀山天皇のときの愷子内親王を最後として以降途絶したのであった。康永元年（一三四二）に伊勢を訪れた坂十仏が記した『伊勢太神宮参詣記』[17]では、「斎宮にまいりぬ。いにしへの築地の跡と覚て、草木の高き所々あり。鳥居は倒て、朽残りたる柱の道によこたはれるを、人だにもかくと知らせずは、只ふし木とのみぞ見てすぎなまし」と、斎宮の荒廃した様を記している。『上人伝』のいう「斎宮の神前」とは『延喜式』に記す大宮売神四座・御門神八座・御井神二座・卜庭神二座・地主神一座の十七座を祭る神殿のことを指すのであろうが、当時これがどこまで残っていたのか定かではない。

そこから櫛田の赤御堂に移って、六時不断の行法を修したところ、在々所々の万人が渇仰したという。櫛田川下流左岸の氾濫原（松阪市）に櫛田は位置するが、赤御堂の位置は不明である。『遊行上人縁起絵』によると、真教も正安三年（一三〇一）十一月にこの地を訪れている。

ついで安濃津に宿泊した。山田を出発すると、その日は安濃津に宿をとるということが一般的である。安濃津では「人々集りて、太神宮の御神託を受られし聖ぞと瞻仰して暫此所にて念仏利益し給へとて、人々供養をさゝげしかば、此所にて日を重ね、道路のちまたにて六時の行法を修せられけるに、初春より参宮の道俗布引なりしかば、万人聖の十念を受、汚穢を赦し給ふ神印を受てぞ通りける」のように、伊勢神宮の神託を受けた聖ということで人びとが集まり、汚穢を許す神印を授けたとしている。そして神護永法寺という寺を建立し、上足の内阿弥陀仏をそこに残していったという。次の地点である関に移ったのが永徳二年（一三八二）秋なので、安濃津には二年半ほど滞在したことになる。

応永二十五年（一四一八）に足利義持の伊勢参宮に同行した花山院長親の紀行文である『耕雲紀行』[18]には、安濃津のことを「こゝハこの国のうちの一都会にて、封彊もひろく、家のかすもおほくて、いとミところあり」と記しており、寺院や家が建ち並ぶ都市で、見所も多かった。[19]『真盛上人往生伝記』[20]には、「勢州安濃津西来寺ノ西ニ有二時衆寺一、号二光明寺一」と記すことから、時衆の寺光明寺があったことが確認できるが、神護永法寺という寺は他の史料から確認することはできない。『耕雲紀行』には「念仏の道場」が安濃津にあったことを記すが、これを神護永法寺に比定する積極的根拠は存在しない。江戸時代の史料には神護永法寺は見られないことから、明応七年（一四九八）の明応地震にともなう津波による安濃津の壊滅により、神護永法寺も倒壊してその後再建されなかったと考えておきたい。

安濃津は陸運・水運の結節点であり、多くの人と物資が集積する場所であったため、寺を建立して教えを広めるのに適しており、他にも数多くの寺が存在していたことが確認できる。伊勢から京都にいたる道中において、国阿が寺を建立したのは、山田と安濃津であり、そうした点からも、両所は他の地点と比較して群を抜いた「都市」であったといえよう。

そして永徳二年秋、関の地蔵堂で日中の行事を勤めたところ、「参詣の諸人太神宮の汚穢を赦し給ふ御札を受奉らむと、貴賤群集をなし侍れば、聖札をあたへて過行給ふ」のように、関の地蔵堂も陸上交通上多くの人びとが集まる要衝なので、そこで札を配り、貴賤が群集するという状況であった。

おわりに

『上人伝』によると、国阿上人はその後大津を通って京都へ到着した。そして清水寺の観音菩薩を拝した後、東山の霊山寺へ赴いてそこの住持職となり、さらには正法寺を建立したという。その行実は将軍義満を通じて後小松天皇の耳にも入り、永徳三年（一三八三）十一月七日には上人号勅許の綸旨をいただき、参内して天皇に得道の旨を説いたとする。そのため「公家、武家、国阿上人の十念をうけ、太神宮の触穢許可の御札をうけ給ひしかば、此外の万民は申に及ばず、都にてかくのごとくなりければ、天下にそのかくれなく、北国、西国の参宮の輩、先都に登り、霊山へ参り、国阿上人の御札を受てぞ伊勢へは参りける」状況だという。

そして、雙林寺・安養寺・長楽寺という東山の寺々や東八条梅小路東洞院の白蓮寺、山科の宝珠庵といった寺々を得た後、嘉慶元年（一三八七）夏には北国修行にでかけ、気比大神宮で六時の行法を行ったところ、金色の光立岡に精舎を造るべしとのお告げがあり、岡見山来迎寺という寺を建立した。そこでも「伊勢参宮の人々、国阿上人へまいり十念を受け、太神宮より御許しの御札をいたゞき奉らんとて、日々夜々、上下万民集」るという状況だったという。嘉慶三年には信濃善光寺から若狭国小浜へ赴き、ここでも「弥生の頃より参宮の人々、太神宮神勅の御札をいたゞき奉らんとて、日々に国中の万民参りつどふ事、稲麻竹葦のごとし」だったとする。そして、明徳元年（一三九〇）上洛すべしとの将軍からの命を受けて都へ上り、将軍と面会した後は東山霊山で暮らし、さまざまな人に往生の道を説いた。そして応永十二年（一四〇五）九月十一日、九十二歳にて往生を遂げたという。

これら伝記のうち、どこまでが事実なのか、確定するすべを持たないが、将軍や天皇との関係については、そちら側の史料には記されていないので、おそらくは虚構であろう。しかし、各地を廻り、京都東山霊山の寺々と関係を持っていたのは事実として認めてよいのではないだろうか。

国阿は熊野三山・伊勢神宮と深くかかわりを持ち、「伊勢熊野参詣輩、永代許汚穢」の札を配ることにより、一時期多くの人びとの熱狂的な帰依を受けた。伊勢国内では、山田と安濃津に長く滞在し、寺を建立して法統を伝えようとした。しかしこの寺もすでに近世には消滅している。国阿は時衆の中でも異端であったが、異端であったからこそ、室町時代という中で強烈な存在感を示しているのである。

（1）　金井清光「霊山派・国阿派」（『一遍と時衆教団』角川書店、一九七五年）に詳しい。また国阿の事蹟に関する研究も同論文が一番まとまったものである。

（2）以下『国阿上人絵伝』の引用は、時宗宗典編集委員会編『定本時宗宗典』（山喜房仏書林、一九七九年）による。

（3）林譲「時宗国阿・霊山両派派祖国阿弥陀仏伝記史料の再検討」（『国史学』一一三、一九八一年）。本論文において、『国阿上人伝』諸本の検討が行われている。

（4）増補史料大成刊行会編『親長卿記』〈増補史料大成〉（臨川書店、一九六五年）。

（5）『雙林寺縁起』は『大日本史料』七―七、応永十二年九月十一日条に収録されており、前掲林論文（注3）に解説がほどこされている。

（6）梅谷繁樹「国阿上人をめぐって」（『時衆研究』八六、一九八〇年）では、国阿の神祇信仰の素地に伊勢信仰があったことを指摘している。

（7）山田雄司「神祇信仰の重み――神社と寺院――」（今井雅晴編『日本の名僧一一　遊行の捨聖一遍』吉川弘文館、二〇〇四年）。

（8）金井前掲論文（注1）や小林月史『時宗国阿上人と伊勢熊野信仰』（京都観照会事務局、一九八〇年）にその図像が掲載されている。

（9）鈴木義一「『仙宮院秘文』の研究」（萩原龍夫編『伊勢信仰Ⅰ』雄山閣出版、一九八五年）。

（10）『雙林寺縁起』では十一面観音に祈ったとする。

（11）鳥羽重宏「天照大神の像要の変遷について――女体像・男体像から、雨宝童子像にいたる図像学――」（『皇學館大學神道研究所紀要』一三、一九九七年）。

（12）『大日本史料』七―七、応永十二年九月十一日条。

（13）『大日本史料』七―六、応永十年十月二十日条。

（14）金井清光『中世の癩者と差別』（岩田書院、二〇〇三年）などに詳しい。金井氏は乞食・非人・癩者らに聖性を見ることを「中世の説話や寺社縁起等の「作り話」に登場する非人・癩者らの奇跡を歴史的事実と早合点する誤解であり、現実に非人・癩者らに接したことのない現代インテリの机上の空論にすぎない」と切り捨てているが、これは自分の感覚にもとづいただけの批判であり、説話類をすべて「作り話」として切り捨ててしまっては、何も見えてこないであろう。

説話類を作ったのは当時の「インテリ」であり、説話の背景にあるものを読みとっていく姿勢が必要である。

（15）日本大蔵経編纂会編『修験道章疏』第二巻（国書刊行会、二〇〇〇年）。

（16）西山克『道者と地下人』（吉川弘文館、一九八七年）。

（17）『神宮参拝記大成』〈増補大神宮叢書〉（吉川弘文館、二〇〇七年）所収。

（18）『神道大系』文学編五参詣記（神道大系編纂会、一九八四年）所収。

（19）安濃津に関しては、伊藤裕偉「中世安濃津の交通路と物流」（三鬼清一郎編『織豊期の政治構造』吉川弘文館、二〇〇〇年）など、伊藤氏の一連の研究に詳しい。

（20）色井秀譲・十河泰全・西村冏招編『訳註真盛上人往生伝記』（天台真盛宗宗学研究所出版部、一九七二年）。

第19章　室町時代の災害と伊勢神宮

はじめに

日本歴史上どのような天変地異が発生したのか。こうした観点から、これまで主として理科系の分野からさまざまな研究が行われてきた。そしてそれは災害を年表として提示し、そこに史料を掲げるという体裁のものが多かった(1)。こうした研究によって、地震・津波・風水害・旱魃・疫病といった災害に関する基本的データが確定され、個別の事項も容易に検索できるようになった。

それに付け加え、近年は文化系学問からも災害に関する関心が高まり、単に災害の日時や被害状況だけでなく、そのさいに日本人はどのように対応し危機的状況を克服してきたのか、当時、災害がどのように認識されていたのか、そして環境問題と関連づけての研究も行われるようになってきた(2)。

さらには、二〇一一年三月十一日に発生した東日本大震災以降は災害に関する認識がより一層深まり、歴史学として大災害をどのようにとらえたらよいのか、さまざまな観点からの研究がなされている(3)。

災害時にはどのような対応がなされたのかという点に関しては、水野章二によって整理されているが、大きく分けると二つに分類できよう(4)。ひとつは被害に対する現実的対応である「社会的対応」であり、もうひとつは宗教の力によって災害をくい止めようとする「宗教的対応」である。社会的対応には、堤防修理・灌漑用水などの施設の整備や、田堵・荘園領主・国家による災害復旧、新しい品種の開発や水田の開発などがある。宗教的対応としては、それぞれの宗教に応じた災難除けの祭祀が行われた。儒教では大赦・賑給・改元といった儀礼が、仏教では大般若経・仁王経・金剛般若経など諸経典の書写・読誦や造仏が、神道では亀卜、奉幣・祈禱、神社整備といった対応が、陰陽道では天文密奏、式占、解謝・鎮祭といった儀礼が行われた。

私の関心は宗教的対応にあるが、それは現代人とは違って中世の人びとが宗教的対応に非常に関心を払っていることから、それを研究することによって中世人の意識を明らかにできると考えるからである。本稿ではその中でも、神道的対応、とりわけ具体的事例として、室町時代の伊勢神宮において災異が発生した場合にどのような対応がとられたのか明らかにすることを主眼とする。また災異の中でも地震がもっとも甚大な被害をおよぼすので、地震についての考察を中心に行っていく。

伊勢神宮は国家の宗廟であり、災異が発生したさいには、朝幕から祈禱命令が出されて祈禱が行われた。伊勢神宮で行われた祈禱の事例を見てみると、天皇不予、彗星・客星・星合・三合・天変、霖雨による止雨・旱魃による祈雨、大雷、火事・疫病・怪異・物恠、群盗鎮定・海賊平定・兵乱鎮定、内裏触穢・内裏焼亡祈謝、触穢、甲子・辛酉御祈、内裏造営、天皇即位、行幸・行啓、中宮御産、報賽などのときに祈禱が行われたことがわかる。(5)それではまず、伊勢神宮で発生した怪異・災害と遷宮との関係について考えてみたい。

一　怪異・災害と遷宮

伊勢神宮が他の神社と比して特徴的なこととしては、国家による費用給付により二十年に一度社殿を建て替える式年遷宮という制度が維持されてきたことがあり、社殿に異常が発生した場合は怪異として国家に報告されて対応が求められたことである。数ある神社の中でも、伊勢神宮は国家の宗廟であり、皇祖神を祭っていることにより王権と最も密接に関係した神社であるので、怪異の発生にはとりわけ注意が払われた。

第16章で述べたように、『古老口実伝』には、「神宮怪異事」として、社殿の上に鷺や鵄が居していることをはじめ、羽蟻・蜂の巣・名の知らぬ虫が発生するといった生物の発生や古木の顚倒、落枝といったことも怪異としてとらえられ、朝廷に注進されていたことが記されている。そしてそれを受けて祈禱が行われることにより吉に転化することができたのであるが、近年は奏聞がなされず、よって祈禱も行われないため、神宮にとっては凶であるとの祢宜の弁を記している。(6)

一方、式年遷宮については、『延喜式』(7)巻第四伊勢大神宮に、

凡大神宮、廿年一度、造二替正殿宝殿及外幣殿一、度会宮及別宮、余社、造神殿之年限准此、皆採二新材一構造、自外諸院新旧通用、宮地定置二処、至限更遷、其旧宮神宝、遷二収新殿一

とあるように、七世紀末よりはじまったとされる伊勢神宮における「二十年に一度」の社殿造替は、国家的事業として執り行われてきた。貞治二年（一三六三）皇大神宮権祢宜興兼が編纂した『遷宮例文』(8)に、「廿年ニ一度之造替遷宮ハ、皇家第一重事、神宮無双大営也」とあるように、遷宮を行うことは何にも増して重要な儀式であり、それを守るためにたゆみない努力が積み重ねられてきた。

正殿は百年経っても朽損しないと認識されており、それが途中で顚倒してしまうことは、奇怪なことであって、その背後に神の意志を感じたのであった。『春記』(9)長暦四年（一〇四〇）八月十日条には、七月二十六日の大風により外宮正殿が顚倒して仮殿遷宮を行ったさいの記事を載せている。

御殿宮柱二本径三尺許六七尺許所二掘立一也、雖レ経二百年一不レ可二朽損一、何況於二廿年一而顚覆之理、太以為レ奇、

しかし、室町時代の伊勢神宮は、朝廷や幕府による役夫工米による資金調達が困難になったことにより、「二十年に一度」の式年式月式日が守られなくなってしまった。そのため、社殿が朽損すると御神体を仮殿に遷して

その間に修復するという仮殿遷宮を行うことによりしのいだ[10]。仮殿遷宮は十世紀になるとよく見られるようになるが、これは崇敬心が高まったからとか、技術が衰えたとか、よい用材を用いることができなくなったため二十年を待たずに朽ちてしまうようになったからなどの理由ではなく、怪異やケガレ意識の高まりと関連のある問題である。

『続日本後紀』[11]承和三年（八三六）丁丑（十一日）条では、九月九日の宮中の穢によって神嘗祭の幣帛奉献ができなかったことを、十一日に伊勢大神宮に使いを遣わして報告しているが、これが穢による神事中止の初見である。そして、承和八年（八四一）六月辛酉（二十二日）条には、肥後国阿蘇郡神霊池が枯渇し、さらには伊豆国での地震の変のためにトいを行ったところ、旱疫および兵事のことあるべしとの占断がなされ、このほかにも物恠が多く、そのため使いを遣わして伊勢大神に祝詞奏上・奉幣し、賀茂御祖社にも発遣されたことが記されている。

仁明朝になると呪術的観念が拡大し、それとともに神社では清浄性が求められるようになった。また、災異の原因をトいにより求めるようになり、それによって神社に奉幣するという怪異のシステムができあがった[12]。『続日本後紀』承和九年（八四二）七月辛亥（十九日）条には、

　頃者炎旱渉旬、秋稼焦枯、詢諸卜筮、伊勢八幡等大神為レ祟、命二神祇伯大中臣朝臣淵魚一祈禱焉、

のように、炎旱が続いて秋稼が枯れたことの原因を卜筮により求めたところ、伊勢・八幡の祟りと出たために祈禱を命じた旨記されている。

さらには、承和十一年（八四四）八月乙酉（五日）条にのせる決定が重要な意味をもっている。

　先帝（嵯峨）遺誡曰、世間之事、毎レ有二物恠一、寄二祟先霊一、是甚無レ謂也者、今随レ有二物恠一、令二所司卜筮一、先霊之祟明二于卦兆一、臣等擬レ信、則忤二遺誥之旨一、不レ用則忍二当代之咎一、進退惟谷、未レ知二何従一、（中略）卜筮所レ告、

不レ可レ不レ信、（中略）朝議従レ之、

嵯峨天皇は遺誡で、祟りの原因を先霊に求めてはならないことを述べたが、藤原良房は卜筮によって占わせたところ、先霊の祟りであるという結果が出た。そうしたところ、「卜筮の告ぐる所、信じざるべからず」との意見に「朝議之に従ふ」としており、ここに卜占の存在が正当化されたのであった(13)。

光仁天皇以降、特に仁明天皇の代になって、災異の原因を特定の神霊の祟りとみる理解が急増するが、承和十一年のこの決定は、怪異の裏にある神霊の祟りの存在を公に認めたものであり、それまで守護を願う奉幣先だった神社や天皇陵が、自ら祟りを生み出す存在へと変化していったと考えられる。

遷宮年表

回数	西暦	内宮の遷御年	理由	年数	西暦	外宮の遷御年	理由	年数
1	690	持統天皇4	式年		692	持統天皇6	式年	
2	709	和銅2・9・16	式年	19	711	和銅4・9・15	式年	19
3	729	天平元・9・16	式年	20	732	天平4・9・15	式年	21
4	747	天平19・9・16	式年	18	750	天平勝宝2・9・15	式年	22
5	766	天平神護2・9・16	式年	19	768	神護景雲2・9・15	式年	18
6	785	延暦4・9・18	式年	19	787	延暦6・9・15	式年	19
	791	延暦10・8・3	仮殿					
	792	延暦11・3・24	臨時					
7	810	弘仁元・9・16	式年	25	812	弘仁3・9・15	式年	25
8	829	天長6・9・16	式年	19	831	天長8・9・15	式年	19
9	849	嘉承2・9・16	式年	20	851	仁寿元・9・15	式年	20
10	868	貞観10・9・16	式年	19	870	貞観12・9・15	式年	19
11	886	仁和2・9・16	式年	18	889	寛平元・10・1	式年	19

12	905	延喜5・9・16	式年	19
13	924	延長2・9・16	式年	19
14	943	天慶6・9・16	式年	19
15	962	応和2・9・16	式年	19
16	981	天元4・9・17	式年	19
17	1000	長保2・9・16	式年	19
18	1019	寛仁3・9・17	式年	19
19	1038	長暦2・9・16	式年	19
	1043	長久4・4・3	湿損修理・仮殿	
20	1057	天喜5・9・16	式年	19
	1066	治暦2・9・5	仮殿	
21	1076	承保3・9・16	式年	19
	1090	寛治4・10・23	仮殿	
	1092	寛治6・10・21	仮殿	
	1094	寛治8	大風傾危・仮殿	
22	1095	嘉保2・9・16	式年	19
	1103	康和5	仮殿	
	1110	天永元・11・27	心御柱顛倒・仮殿	
23	1114	永久2・9・16	式年	19
	1114	永久2	仮殿	
	1126	大治元・12・21	仮殿	
24	1133	長承2・9・16	式年	19

907	延喜7・9・15	式年	18
926	延長4・9・15	式年	19
945	天慶8・12	式年	19
963	応和3	仮殿	
964	康保元・9・15	式年	19
983	永観元・9・15	式年	19
1002	長保4・9・15	式年	19
1021	治安元・9・15	式年	19
1040	長暦4・7・27	大風顛倒・仮殿	
1040	長暦4・8・25	仮殿	
1040	長暦4・9・15	式年	19
1053	天喜元・4・28	仮殿	
1059	康平2・9・15	式年	19
1078	承暦2・9・15	式年	19
1090	寛治4・12・24	仮殿	
1092	寛治6・11・15	大風傾危・仮殿	
1095	嘉保2・9	大風破損・仮殿	
1097	永長2・9・15	式年	19
1110	天永元・12・24	心御柱顛倒・仮殿	
1116	永久4・9・15	式年	19
1126	大治元・4・11	仮殿	
1126	大治元・12・27	仮殿	
1135	保延元・9・15	式年	19

	1146	久安2・11・16	仮殿	
25	1152	仁平2・9・16	式年	19
	1163	長寛元	仮殿	
	1168	仁安3・12・28	炎上・仮殿	
	1169	嘉応元・6・17	仮殿	
	1169	嘉応元・12・16	臨時	
26	1171	承安元・9・16	式年	19
	1173	承安3・8・25	仮殿	
	1179	治承3・8・17	修理・仮殿	
27	1190	建久元・9・16	式年	19
	1196	建久7・4・22	修理・仮殿	
	1198	建久9・7・16	修理・仮殿	
	1204	元久元・12・27	御装束湿損・仮殿	
	1206	元久3・4・3	仮殿	
28	1209	承元3・9・16	式年	19
	1218	建保6・4・19	仮殿	
	1220	承久2・11・18	仮殿	
	1221	承久3・4・2	仮殿	
	1225	嘉禄元・11・23	仮殿	
29	1228	安貞2・9・16	式年	19
	1239	暦仁2・2・16	心御柱錯飾・仮殿	
	1242	仁治3・10・22	大風破損・仮殿	

1151	仁平元・10・19	仮殿	
1154	仁平4・9・15	式年	19
1165	永万元・9・7	仮殿	
1169	嘉応元・12・19	仮殿	
1171	承安元	仮殿	
1172	承安2・2・23	棟持柱朽損・仮殿	
1173	承安3・9・15	式年	19
1174	承安4	狂人昇殿・仮殿	
1175	安元元・10・17	仮殿	
1185	元暦2・4・21	仮殿	
1192	建久3・9・15	式年	19
1200	正治2・3・25	仮殿	
1207	承元元・4・22	仮殿	
1209	承元3・4・10	仮殿	
1210	承元4・3・6	仮殿	
1211	建暦元・9・15	式年	19
1215	建保3・4・2	仮殿	
1217	建保5・4・18	仮殿	
1220	承久2・7・16	仮殿	
1225	元仁2・4・14	仮殿	
1226	嘉禄2・4・19	仮殿	
1229	寛喜元・4・6	仮殿	
1230	寛喜2・9・15	式年	19
1235	嘉禎元・10・8	仮殿	
1241	仁治2・10・19	仮殿	
1242	仁治3・10・22	仮殿	

30	1247	宝治元・9・16	式年	19
	1248	宝治2・4・17	御被奉替・仮殿	
	1254	建長6・7・26	心御柱朽損・仮殿	
	1260	文応元・7・16	仮殿	
31	1266	文永3・9・16	式年	19
	1279	弘安2・2・23	屋根修理・仮殿	
	1283	弘安6・9	仮殿	
32	1285	弘安8・9・16	式年	19
	1290	正応3・9・11	仮殿	
	1292	正応5・10	仮殿	
	1297	永仁5・5・9	御装束鼠損・仮殿	
	1304	嘉元2・10・24	仮殿	
33	1304	嘉元2・12・22	式年	19

1243	寛元元・4・28	大風破損・仮殿	
1246	寛元4・12・27	修理・仮殿	
1248	宝治2・7・10	仮殿	
1249	建長元・9・26	式年	19
1252	建長4・4・21	仮殿	
1253	建長5・3・4	仮殿	
1255	建長7・4・22	仮殿	
1258	正嘉2・8・28	仮殿	
1261	弘長元・12・18	仮殿	
1264	文永元・6・28	仮殿	
1267	文永4・3・25	仮殿	
1268	文永5・9・15	式年	19
1271	文永8・7・6	仮殿	
1274	文永11・10・1	心御柱損傷・仮殿	
1276	建治2・6・8	仮殿	
1280	弘安3・9	仮殿	
1284	弘安7・3・22	仮殿	
1285	弘安8・9・4	大風破損・仮殿	
1287	弘安10・9・15	式年	19
1288	正応元・8・23	心御柱損傷・仮殿	
1290	正応3・9・21	東宝殿狐穴・仮殿	
1292	正応5・3・19	仮殿	
1296	永仁4・12・9	心御柱折損・仮殿	
1297	永仁5・3・19	仮殿	
1299	正安元・11・2	心御柱奉替・仮殿	
1306	徳治元・12・20	式年	19

	1311	応長元・12・28	屋根破損・仮殿	
	1321	元亨元・7・23	正殿等修理・仮殿	
34	1323	元亨3・9・16	式年	19
	1330	元徳2・12・13	心御柱立替・仮殿	
35	1343	康永2・12・28	式年	20
	1363	貞治2・7・17	仮殿	
36	1364	貞治3・2・16	式年	21
	1391	明徳2・6・22	仮殿	
37	1391	明徳2・12・20	式年	27
	1393	明徳4	仮殿	
	1400	応永7・6・27	盗人参昇・仮殿	
38	1411	応永18・12	式年	20
	1418	応永25・8・23	千木等折損・仮殿	
	1420	応永27	仮殿	
39	1431	永享3・12・18	式年	20
	1445	文安2・9・18	心御柱錯飾・仮殿	
40	1462	寛正3・12・27	式年	31
	1497	明応6・10・12	正殿朽損・仮殿	

	1313	正和2・2・21	心御柱飾替・仮殿	
	1325	正中2・9・15	式年	19
	1327	嘉暦2・8・13	心御柱損傷・仮殿	
	1345	貞和元・12・27	式年	20
	1380	康暦2・2・8	式年	35
	1388	嘉慶2	仮殿	
	1397	応永4・5・10	仮殿	
	1400	応永7・2・28	式年	20
	1419	応永26・12・21	式年	19
	1422	応永29・12・24	心御柱立替・仮殿	
	1429	永享元・12・25	仮殿	
	1434	永享6・9・15	式年	15
	1452	享徳元・12・19	千木折落・仮殿	
	1486	文明18・12・24	仮殿	
	1487	長享元・9・3	炎上・仮殿	
	1490	延徳2・9・16	炎上・仮殿	
	1497	明応6・10・12	仮殿	
	1501	文亀元・9・16	正殿破損・仮殿	
	1521	大永元・6・13	仮殿	
	1541	天文10・9・26	正殿朽損・仮殿	
	1563	永禄6・9・23	式年	129
	1565	永禄8・6・9	御萱朽損・仮殿	

	1521	大永元・6・13	仮殿		1581	天正9・10・27	正殿朽損・仮殿	
	1542	天文11・12・1	正殿朽損・仮殿					
	1575	天正3・3・16	仮殿					
41	1585	天正13・10・13	式年	123	1585	天正13・10・15	式年	22
	1598	慶長3・6・27	屋根修理・仮殿		1598	慶長3・6・6	正殿汚損・仮殿	
42	1609	慶長14・9・21	式年	24	1609	慶長14・9・27	式年	24
43	1629	寛永6・9・21	式年	20	1629	寛永6・9・23	式年	20
44	1649	慶安2・9・25	式年	20	1649	慶安2・9・27	式年	20
	1658	万治元・閏12・2	炎上・仮殿		1664	寛文4・12・3	正殿等破損・仮殿	
	1659	万治2・4・18	仮殿					
	1659	万治2・11・25	臨時					
45	1669	寛文9・9・26	式年	20	1669	寛文9・9・28	式年	20
	1681	天和元・12・13	炎上・仮殿					
	1683	天和3・3・10	臨時					
46	1689	元禄2・9・10	式年	20	1689	元禄2・9・13	式年	20
47	1709	宝永6・9・2	式年	20	1709	宝永6・9・5	式年	20
48	1729	享保14・9・3	式年	20	1729	享保14・9・6	式年	20
49	1749	寛延2・9・1	式年	20	1749	寛延2・9・4	式年	20
50	1769	明和6・9・3	式年	20	1769	明和6・9・6	式年	20
51	1789	寛政元・9・1	式年	20	1789	寛政元・9・4	式年	20
52	1809	文化6・9・1	式年	20	1809	文化6・9・4	式年	20
53	1829	文政12・9・2	式年	20	1829	文政12・9・5	式年	20
54	1849	嘉永2・9・2	式年	20	1849	嘉永2・9・5	式年	20
55	1869	明治2・9・4	式年	20	1869	明治2・9・7	式年	20
56	1889	明治22・10・2	式年	20	1889	明治22・10・5	式年	20
	1898	明治31・6・13	炎上・仮殿					

回	内宮 西暦	内宮 和暦	内宮 種別	内宮 間隔	外宮 西暦	外宮 和暦	外宮 種別	外宮 間隔
	1900	明治33・10・2	臨時					
	1901	明治34・9・6	仮殿					
57	1909	明治42・10・2	式年	20	1909	明治42・10・5	式年	20
	1922	大正11・5・17	屋根葺替・仮殿		1916	大正5・11・5	屋根葺替・仮殿	
58	1929	昭和4・10・2	式年	20	1929	昭和4・10・5	式年	20
	1942	昭和17・10・2	仮殿		1940	昭和15・4・27	仮殿	
59	1953	昭和28・10・2	式年	24	1953	昭和28・10・5	式年	24
60	1973	昭和48・10・2	式年	20	1973	昭和48・10・5	式年	20
61	1993	平成5・10・2	式年	20	1993	平成5・10・5	式年	20
62	2013	平成25・10・2	式年	20	2013	平成25・10・5	式年	20

注：鎌田純一「中世における神宮仮殿遷宮・上」（『大倉山論集』二七、一九九〇年）・神宮司廳編『神宮史年表』（戎光祥出版、二〇〇五年）をもとに作成。

二　十五世紀中葉の神宮と災害

こうしたあり方は鎌倉時代も引き継がれていくが、次に式年が行われなくなった十五世紀中葉の状況を検討し、伊勢神宮と災害との関係を考えてみたい。内宮では永享三年（一四三一）十二月十八日に、外宮では永享六年（一四三四）九月十五日に第三十九回の式年遷宮が行われて以降、式年遷宮の間隔が大幅に開くことになる。しかし、永享三年に内宮で行われた式年遷宮は異例な遷宮であった。『寛正三年造内宮記』(14)には以下のように記されている。

亦去永享三年辛亥十二月廿日御遷宮者、造宮使宗直、頭人摂津掃頭（部歟）常承兼テ連々ニ神役ヲ引越、依㆑被㆓自専㆒造替令㆓延引㆒、仍自㆓公方㆒（普光院殿御代）急可㆑奉㆑成㆓遷御㆒之由、頻雖㆑被㆓仰出㆒、御材木之用意纔也、仍頭人成㆓奉書㆒近所之社頭寺領之山森林、不㆑謂㆓汚穢不浄之在所㆒伐採、俄致㆓営作㆒之間、依㆓材木不足㆒御金物等寸法不㆓符合㆒、抑僅二正殿一宇荒祭宮正殿一宇被二造進一、其外者無二柴垣之一重一、東西宝殿御門鳥居殿舎御倉以下之事ハ、一向不レ及二沙汰一、非常之遷宮ヲ被レ奉レ成畢、

永享三年の内宮式年遷宮は、造宮使と頭人の「自専」によって延引し、材木の不足を補うため近所の社頭・寺領の森林から汚穢不浄にかかわらず伐採し、材木不足とともに金物の寸法も合わず、正殿一宇と荒祭宮正殿一宇のみを造進する「非常の遷宮」であった。

こうした中、永享十一年（一四三九）二月には早くも内宮から仮殿遷宮の要求がなされている。(15) さらには『文安二年内宮仮殿遷宮記』(16) 所収永享十一年（一四三九）七月十四日神祇大副大中臣清忠注進状には以下の記述がある。

凡今度内宮遷宮、毎時為二新儀一者也、正殿一宇造進之外、御門御垣一向無二其形一之条、宮立以後無二其例一、遷宮以後二年三年之間造進之所々、東西宝殿幷御門御垣等也、而猶荒垣之内、未作繁多也、表葺麁悪事、迄レ至二遷宮当日一作事沙汰之間、依二物忩一不レ及二慇懃之沙汰一者歟、仍早速及二破損一哉、就中差二山外一於二他山一御材木採用之事、先々固及二御糺明一者也、而今度之儀、造営料材無二用意一之間、於二近所一不レ嫌二浄不浄一於二在々所々一、以二寺社之修理用意之樹一採用之、其中殊於二常勝寺山一者、穢物不浄不レ絶在所也、以二彼寺木一、御垂木大床御階等、於二小物一者悉奉レ成二御事一之間、寸法不定依二繁多一、御金物不二相応一、如レ是次第及二御不審一者、被レ下二御使一、可レ被二実見一者哉、

永享三年の遷宮では、最初正殿のみで、その後二、三年の間に東西宝殿や御門・御垣などを造進するという未だかつてない状況であった。荒垣の内はまだ造作されていない箇所が多く、葺萱は粗悪で早速破損してしまうというありさまであった。造営料材も急場しのぎで、浄不浄にかかわらず近在所々の寺社修理用の樹木によってまかない、穢物不浄の絶えざる在所である常勝寺山（伊勢市常盤町外宮工作所地内）の材木を用いて垂木・大床・御階などを製作し、材木と金物とが合わない箇所も多いという事態であった。

文安二年（一四四五）九月三十日に皇大神宮仮殿遷宮が挙行された。そして、第四十回の式年遷宮に向けての山入・立柱・上棟以下の諸祭が式日を過ぎても沙汰におよばなかったことを注進した。[17]

皇大神宮神主

注進、可下早被上レ経二次第上　奏一、当宮遷宮式年依レ相二当明年一、当年山入立柱上棟以下可レ被レ急二次第神事一処、馳二過式月一于レ今不レ及二御沙汰一之条、神慮難レ測間事、

右当宮造替遷宮、式年相二当明年一、然之間、被二急山入一、就二御材木着岸一、当年八月中被レ遂二行立柱上棟一為二先規一之処、于レ今遅怠、神慮叵レ測者也、殊今正殿千木鰹木御表葺以下追レ日令二所損一、御神体被レ侵二雨露一給之条其恐不レ少、此等次第、先度委細令二注進一畢、巨細重不レ及二言上一、所詮以レ夜継レ日被レ下二行要脚一、被レ急二次第営作一矣、若猶御沙汰令二停滞一者、任二神訴之旧例一祢宜等遂二参洛一、可二歎申一者也、雖レ然為二公私一慎存之間、先所レ経二言上一也、云レ彼云レ是、被レ急二次第営作一、被レ遂二還御之節一之条、天下泰平御祈禱何事如レ之乎、仍注進如レ件、以解、

文安四年（一四四七）九月十六日　大内人正六位上荒木田神主長久

祢宜従三位　荒木田神主守房

（以下署名略）

この記述からわかるように、正殿の千木・鰹木・御表葺以下が朽損し、御神体が雨露に侵されそうな状況であるという。仮殿遷宮が行われてわずか二年たらずでこのような状況であり、大風や地震が起こったらたちまち倒壊してしまうようなありさまであったことが推測される。[18]

文安五年（一四四八）五月十七日には内宮正殿の覆板・鰹木がことごとく落ち、御階の高欄などが打ち砕けてしまった。[19]さらに文安六年三月十五日には風雨により内宮北御門御扉が顛倒したものの、宮守物忌父弘盛が拵え

直した。

そして四月十日および十二日には京都で大地震があり、禁裏仙洞の築地が多く破損し、東山・西山の在々所々で大地が裂破したりしているが、そのときには伊勢神宮に対して地震御祈が命じられているほか[20]、天変地妖御慎の室町殿御祈が東寺で行われたり[21]、祇園社に対して七日間の大般若経転読が行われたりするなど[22]、諸寺社に対して祈禱命令が下された。六月十六日は大雨のため洪水となり、風日祈宮橋が落ちてしまったほか、館も浸水し、忌火屋殿が破壊されて水が中に入って御竈が壊れてしまったため、十七日に行うはずの御饌を調備することができなくなった。そのため、祭礼を延引すべき旨を神宮奉行の折紙により司中に触れ送ったところ、以下のような返事であった[23]。

折紙之趣委細披露申候之処、則御幣使へ其分御申候処、御返事に八月次祭就大水明夜まで延引不可然候、尚々御談合候て今夜被執行候は丶目出候へく候、御せんなとまいり候はても、御祭御入候例なく候哉、無為二今夜御事成候は丶可然之由幣使より申され候、又八社奉幣事者、いかやうにも候へ、今夜にて候へく候、御心得あるべく候、尚々月次祭おも今夜被執行候は丶目出候、恐々謹言、

六月十七日　　司中奉行

文持判

内宮奉行御中御返報

御幣使に尋ねたところ、大水により月次祭を翌日の夜まで延引するのはよろしくないので、今夜執行してほしいとの返答であり、さらに八社奉幣についてはどんなことがあっても今夜執行すべしとの意見を神宮側に伝えている。八社とは『康富記』[24]宝徳元年（一四四九）六月十二日条に記されるように、この場合、伊勢・松尾・春日・大和・梅宮・吉田・広田・祇園をさし、五月十五日に軒廊御卜を行ったさいに、祟りをなしている方角の社

としてあげられた神社であった[25]。

『康富記』六月十六日条によれば、この年は天下に疫癘が流布し、飢饉がはなはだしい状況で、八社奉幣のほか、石清水・賀茂上下・松尾・平野・春日・日吉・祇園・北野の諸社には七日間の仁王経転読が、東大寺・興福寺・元興寺・大安寺・西大寺・法隆寺・薬師寺・延暦寺・園城寺には七日間の大般若経転読が、五畿七道諸国には仁王般若経転読、さらに天下諸人に対しては自ら般若心経を読むように命じられた。そのときの官宣旨には、「日来天変告レ災、地震作レ害、多以二疫癘之苦一、因以二飢饉之憂一、非レ仰二仏神之仁慈一者、争救二都鄙之厄難一乎」との文言があり、国家としては神仏の仁慈により災難をとどめてもらうことしかすべがなかった、というよりも、災難を鎮めるために神仏に祈ることこそが国家のなすべき最も重要な役割だと考えられていた。

伊勢神宮に関しては、六月十五日・十六日の大雨で官幣が宮川を越えることができなかったが、八社奉幣は十七日夜に執り行うことができた。そして月次祭についても御膳の調備が完了した十八日に執行された。

これらのことからわかることは、殿舎が損壊している状況にもかかわらず、何とか祭祀を遂行させようとしている姿勢である。「神事違例」となることは神の祟りを引き起こし、災害の発生を招くと考えられていたため、そうした事態を避けようとしていたと考えられる。十五世紀中葉から十六世紀後半にかけては、社殿が粗悪な素材により仮造りのような状態で造られていたために、当然、災害には弱く破損・損壊するという怪異を引き起こし、それを朝廷に奏上するものの対応がなされず、さらなる倒壊を招くという悪循環におちいってしまっていたのである。

三　明応地震における伊勢国の被害状況

明応七年八月二十五日（ユリウス暦一四九八年九月一一日）辰刻、遠州灘沖を震源とするM八・二〜八・四の巨大地震が発生した。いわゆる明応地震である。その前から地震は頻発しており、明応三年五月七日には大和で大地震があり、その余震は十二月までおよんだ。同四年正月や同六年十月、同七年六月にも地震があり、これらは明応地震の前兆地震と考えられている。そして明応地震の後にも余震が頻発しており、この地震は南海トラフ沿いの巨大地震と考えられている。本地震による被害については、古くから研究がなされてきているが、近年では伊藤裕偉・矢田俊文による一連の研究によって大きな伸展がみられた(26)。

この地震では紀伊から房総にかけての海岸と甲斐で震動が大きく、熊野本宮大社の社殿が倒れ、那智の坊舎は崩れ、湯の峰温泉は十月八日まで湧出が止まったという。また、この地震では津波の被害が大きかったことが指摘されており、房総半島から紀伊半島にまで渡った。千葉小湊では誕生寺が流没破壊（津波高三メートル以上）、新島で四メートル、鎌倉由比ケ浜では若宮大路まで達した津波が長谷の大仏殿の堂舎を破壊し、二百余人が溺死（八メートル以上）、西伊豆仁科郷では田畑が浸水（四～五メートル）、志太郡小川村（現焼津市）の林双院旧地は海中に没し（六～八メートル）、志太郡の流死は二万六千人とされる。浜名湖は津波で切れて海に通じ、新居郷では家屋が流出（六～八メートル）したとする。伊勢大湊では家屋一千余棟が流失し、五千余人が溺死し、同野川新田は津波で荒野となった（六～八メートル）。

伊勢国の被害については、『内宮子良館記』『皇代記付年代記』に詳しい。『内宮子良館記(27)』は長享三年（一四八九）から永正十八年（一五二一）に伊勢内宮子良館で書きつがれた記録で、これによれば、神宮に鮑を供進することになっている志摩国国崎では津波により人家が大略流出したという。また大湊では家屋一千軒余り、死者は五千人ほどで、伊勢・志摩において死者は一万人にのぼったという。

一、明応七年戊午九月御祭、国崎御贄ミドリ玉ヌキ之事、去八月廿五日大地震ノ大塩ニ、彼島家人大略流失、雖レ然、於二彼役人一者、潔斎ノ由申、御贄持参申之処、島中大略可レ為二不浄一之間、奉レ備二御饌一之事、不レ可レ然候由、御不審ノ御方依レ有二御座一、御饌ニハクミ申サズ、然間、彼熨斗可レ為レ何之由処、去文明十一年己亥五月二日、依二糠春屋喧嘩一、館自焼之時、有二触穢ノ事一間、五月五日之御饌延引之時、彼御饌米ノ事、後日役人方へ請取申、於二子良館内一、三方外三方其外役人御饌、如二分当一米ニテ分当ル、任二其例一、今度モ御贄熨斗、後日ニ内外物忌其外方々ノ役人悉請取之、一﨟徳分ハ塵ノ熨斗十二結リ、俵共ニ請取、又サザイハ数百也、其後御祢宜方へモ、如二御饌之時一、御長宮一二三江八結リヅヽ、一方ヨリ進、四五六七殿ハ一二三方ヨリ十五ヅヽ進、

一、今度大地震ノ高塩ニ、大湊ニハ家千間〔軒〕余、人五千人許流死ト云々、其外伊勢島〔志摩〕間ニ、彼是一万人許モ流死也、明応七年戊午八月廿二〔五〕日ノ事也、

また、『皇代記』を利用してその各欄にその時代における神宮の主要事項を書き入れた『皇代記付年代記』(28)にも津波被害が詳しい。

同〔明応〕七年戊午六月十一日丙子未尅大地震、同八月廿五日己丑辰刻、大地震ニ高潮満来而、當国大湊八幡林ノ松ノ梢ヲ大船共ニ打越而、長居郷迄浪入云云、仍大湊家数千軒余流損亡、人数男女共五千余人死亡、次志摩国荒嶋者人数弐百五十余人死、其外海辺郷里悉皆損失、死人或百人、或五十人、中ニモ達二志嶋、国府、相差、麻生浦、小浜等一也、他国ヲ聞ニ三河片浜、遠江柿基小河ト申在所者、一同人境共亡ト申、

彼高潮依二地震一満来、同引時モ大儀ニノ海底砂顕、鱗等尽数死、潮干漫々而遥也、希代不思議之間、人皆是ヲ見物矣、然之処、又自興二高潮一如レ山満来ル、塩干ニ出タル人仰天而雖二背帰一大略道ニテ死亡、又件高潮満来時、海中ヨリ数万之軍勢如レ山ヨセ来ルト荒嶋ノ者見ルト申、不思議事也、惣而大地震之時者、問浪大浪トテ両度可レ有レ之、後ノ浪可レ為二高潮一、後代ノ人地震之時為二用心一、愨ニ注置者也、

同八月廿八日大風洪水、山田之人驚顚而宮中御山高宮等エ退散、一日一夜也、仍大湊死穢ノ行触ノ不レ審、又ハ雑人等宮中ニ退散ノ儀歟、外宮一七ヶ日触穢、

これによると、大湊では八幡林の松の梢を大船もろとも越えるほどの津波が押し寄せて長居郷（御薗町長屋）まで入り込み、千軒余の家屋が流され、五千余人が亡くなった。そして、志摩国荒島（鳥羽市安楽島）で二百五十、国府（志摩市阿児町国府）・相差（鳥羽市相差町）・麻生浦（鳥羽市今浦・本浦・浦村町）・小浜（鳥羽市小浜町）などでも被害が大きかった。「大湊八幡林ノ松ノ梢ヲ大船共ニ打越」という記述については、誇張ではないかとする考えもあるが、明和八年（一七七一）石垣島を襲った津波は「大波之時各村之形行書」によると、津波は標高八十五メートルの場所にまで達したとされ、海岸には重さは約二百二十トンとされる「バリ石」が打ちあげられるなどし、二〇一一年の東日本大震災でも津波は標高四十メートル以上のところにまで達したことから、十分あり得た記述といえよう。一般に大湊での津波高は六～八メートルとされるが、その倍以上の津波高があったのではないだろうか。

さらにそのときの津波の状況について、地震による高潮の第一波が来た後に、潮がはるか沖まで引いて海底の砂があらわれ、干あがったところに魚が多く跳ねていたのを人びとは不思議がって見に行ったが、そこに山のような高潮が襲い、海に出た人たちはほとんど死んでしまった。また安楽島の人たちは、高潮が襲ってきた様子について、海中から数万の軍勢が山のように押し寄せるようだったとしている。これを受けて筆者は、およそ大地震のときは「問浪」「大浪」といって津波は二度あり、後の波が高潮となるから後代の人は地震のときには用心するようにと締めくくっている。この注記がいつ記されたのか不明だが、津波被害があってからそう遠くないときのものであろう。後世の人のための教訓として記されていることが注目される。

四　明応地震の際の伊勢神宮の対応

こうした伊勢国内の状況に対して、伊勢神宮ではどのような対応がなされたのであろうか。明応七年九月日内

宮解では、一七ヶ日の地震御祈が行われたことがわかる。(29)

一、皇太神宮神主

依㆓御教書注進㆒、地震御祈一七ヶ日、可㆑抽㆓精誠㆒之間事

右去月廿五日御教書幷次第施行併、地震御祈事、一七ヶ日殊可㆑抽㆓精誠㆒之由事、謹所㆑請如㆑件者、任㆓被仰下之旨㆒、神宮一同可㆑励㆓御祈禱精誠㆒者也、仍注進言上如㆑件、以解、

明応七年九月　日　　大内人――――

祢宜――十人

この地震御祈は八月二十五日に神宮伝奏御教書が発給されたことを受けて行われたことから、八月二十五日に発生した地震によるものであったことがわかる。また、同日に文書が発給されていることから、伊勢で大きな被害をおよぼしたことが京都に報告されたことにより伊勢神宮に祈禱命令が出されたわけではなく、京都で大きな揺れを感じたことにより、伊勢神宮に対して祈禱が命じられたものといえる。

この地震は京都でも非常に大きな揺れを感じ、『実隆公記』(30)には、「廿五日、早朝地震大動、五十年以来無㆓如㆑此事㆒云々、予出生以来、未㆑知㆓如㆑此之事㆒」とあるほか、『後法興院記』(31)にも、「辰時大地震、去六月十一日地震一陪（ママ）事也」と記されている。もちろん当時の「科学」では震源や規模を特定することはできない。『後法興院記』の記主である近衛政家が東海地方の被害状況を知ったのは、地震発生から一か月経った九月二十五日のことだった。

地震が発生すると、すぐに陰陽師である土御門（安倍）有宣と勘解由小路（賀茂）在通に対して地震勘文の提出が命じられている。『後法興院記』八月二十五日条には、土御門有宣の勘文が記されている。

今月廿五日辰時大地震、傍通水神所動也

天地瑞祥志云、傍通水神所㆑動也、
内経曰、秋地動、天子凶、大臣受㆑殃、
又云、地動、其国有㆑戦、民流亡、
又云、地動、天下疾病、有㆓大喪㆒、
又云、八月地動、六十日内兵革起、

　明応七年八月廿五日　　従二位有宣

そして二十六日条には、勘解由小路在通の勘文が記されている。

　今月廿五日、辰時大地震數々而無㆑声（傍通張宿、火神所動也、）
洛書雄罪級曰、地震衆虐盛、
尚書夏侯説曰、地動大臣盛将有㆑為而不㆑静、兵數動、
春秋緯運斗枢云、地動乱並孳、群臣厥施、佞者執政、君主在野、小人在位、朝庭多賊、国受㆓其咎㆒也、
公羊伝云、臣專㆑政、陰而行㆑陽、故地震、
穀梁伝云、地動大臣盛、軍将動有㆑変、
夏氏云、地動民不安、搖擾流移、
又云、地動數殺人、賊臣暴、
鴻範伝云、地動者臣不臣、下者大貴也、

　明応七年八月廿六日　　正三位在通

現代のわれわれの感覚からすると、地震こそ最大の災害であるが、古代・中世社会においては地震は怪異の一種としてとらえられていて、兵革や疫病などの前兆として考えられていたために、地震勘文の提出が命じられた

のであった。ここでは中国書における「地動」に対する判断を載せている。なお、地震を吉兆と判断することもあった[32]。

さらに『実隆公記』同月二十六日条には、以下の記述がある。

廿六日、抑地震御祈事、所々被レ仰レ之云々、奉行職事送二一通一、

地震御祈事、自二来廿九日一一七ケ日、殊可レ抽二精誠一之由、可下令レ下二知神宮一給上之旨、天気所レ候也、仍言上如レ件、尚顕（勧修寺）誠恐謹言、

八月廿五日　右少弁尚顕奉

進上侍従大納言殿

則相二触頭弁宣秀（中御門）朝臣一、其状如レ此、

地震御祈事、自二来廿九日一一七ケ日、殊可レ抽二精誠一之由、可下令レ下二知神宮一給上之旨、被二仰下一也、謹言、

八月廿五日　実隆

頭弁殿

天皇によって一七ヶ日の地震御祈がすでに八月二十五日に命じられていることから、陰陽師の地震勘文の如何にかかわらず伊勢神宮に対して祈禱命令を出すことが通例となっていたことがわかる。また、他の寺社に対して祈禱命令が出された形跡はない。

余震はその後も続いたことから、閏十月二十八日には伊勢神宮に対して天下安全の祈禱が命じられた。

廿八日、抑御祈事、近日被レ仰二所々一云々、御教書廿七日到来、廿八日書二一通一、遣二頭弁一了、（神宮奉行職事也）

天下安全、朝儀再興御祈事、従二来月四日一一七ケ日、殊可レ抽二精誠一之由、可下令レ下二知神宮一給上之旨、天気所レ候也、仍言上如レ件、尚顕誠恐謹言、

後十月廿七日　右少弁尚顕奉

進上　侍従大納言殿

追言上

天変地動及二度々一、殊可レ抽二精誠一之由、同可下令二下知一給上候也、重誠恐謹言、

近日天変地動及二度々一、其慎不レ軽、自二来月四日一一七ケ日、別而抽二精誠一、可レ奉レ祈二天下安全、朝儀再興一之由、可レ被下二知神宮一之旨、被二仰下一候也、謹言、

後十月廿七日　実隆

頭弁殿

この文書を受けて、職事奉行中御門宣秀施行状が発給された[33]。

一、近日天変地動及二度々一、其慎不レ軽候、来月四日一七ケ日、別而抽二精誠一、可レ奉レ祈二天下安全、朝儀再興一之由、可レ被レ下二知神宮一之由、被二仰下一之状如レ件、

後十月廿七日　左中弁判

祭主権大副殿

祭主下知同廿八日　宮司告状十一月十日

そして神宮では祈禱が行われてその報告がなされた[34]。

皇太神宮神主

依二御教書注進一、天変地動御祈別而抽二精誠一子細事

右得二去月廿七日御教書幷次第施行一偁、近日天変地動及二度々一、其慎不レ軽候、来月四日一七ケ日別而抽二精誠一、可レ奉レ祈二天下安全、朝儀再興一之由事、謹所レ請如レ件者、任下被二仰下一之旨上、凝二御祈禱丹誠一者也、定

令レ然二神慮一者哉、仍注進言上如レ件、以解、

明応七年十一月　日　　大内人正六位上荒木田神主行久上

祢宜従四位下荒木田神主守朝　　十人

文書としては内宮のものしか残されていないが、おそらく外宮でも同様に祈禱が行われたであろう。いつ終わるかわからない余震に対して「天下安全、朝儀再興」の祈禱命令が神宮のみに対して出されているのは興味深い。十五世紀末の式年遷宮が行われず社殿が退転している状況にあってもなお朝幕の神宮に対する崇敬はあつく、国家神としての地位を保っていた。

神宮への奉幣はすべての災異の場合に有効であり、他のいかなる寺社にも増して朝幕からの祈禱命令の数が多い。例えば、応仁二年（一四六八）九月、彗星が出現したさいには、祭主清忠に命じて両宮に公武御祈を行わせているが、このときの祈禱命令は神宮と東寺に対してなされた(35)。また、文明六年（一四七四）二月八日に熒惑星が輿鬼を犯したさいには、伊勢両宮と興福寺に対して公武御祈の祈禱命令が出されているなど(36)、他の寺社とならんで祈禱が行われるさいには、神宮と対になってなされる場合がほとんどである。

ところで、明応地震のさいには神宮が被害を蒙って仮殿遷宮を請うような記述は見出すことができないことから、神宮自体には被害はなかったようである。大湊をはじめとする神宮周辺では甚大な被害を蒙る一方、神宮は朝廷からの祈禱命令を粛々とこなすという通常の対応であった。

そして、被害云々よりも祭祀が通常と変わらず行えるかどうかが重要な問題だったようである。さきに掲げた『内宮子良館記』では、国崎において津波により多くの人が亡くなって島中が不浄となったため、神嘗祭のため神戸から調進した御贄の熨斗蚫を御饌として奉ることはまかりならぬという神宮側の判断であったことが記され

ている。そのため文明十一年（一四七九）に糠春屋で喧嘩があり、館が燃えてしまい触穢となったときの先例にならって、熨斗蚫は神饌としてではなく、内外物忌らの役人が受け取り、祢宜方へも配分することになった。本来は神饌として奉献された後の熨斗蚫を撤饌して祢宜をはじめとした役人らに配分されることになっているが、神饌に不浄の恐れがあるため神前に供えるのはやめて、神饌だけは祢宜らに配分するという現実的対応をとったといえよう。そのため神嘗祭は、熨斗鮑は用いないで神事は変わらずに行われたと推測される。

神宮周辺の被害状況が次第に明らかとなり、尋常ならざる事態であることがわかってきたはずであるが、地震が発生して一か月もたたないうちに神嘗祭は予定どおり執行されたようである。それほど神事を従前とかわらずに執り行うということが重要であったことがうかがえる事例だともいえよう。

おわりに

九世紀に怪異のシステムが形成されて以降、室町時代にいたるまで、伊勢神宮では境内の木が倒れたり、社殿の千木が折れたり屋根が崩落したりすると、それは怪異とみなされて朝廷に報告された。そして朝廷では軒廊御卜を行い、怪異の原因が追及されて対応がなされた。怪異の占断がなされるさいには、「神事違例、穢気不浄」という結果が出されることが多く、それにより神社への奉幣や社殿の造替が行われた(37)。

神社においては清浄が重視され、穢が徹底的に排除された。この点については第12章で言及したところである。そして『御成敗式目』(38)の最初の条に記されるように、

一、可下修二理神社一専中祭祀上事

右神者依二人之敬一増レ威、人者依二神之徳一添レ運、然則恒例之祭祀不レ致二陵夷一如在之礼奠勿レ令二怠慢一、

「神は人の敬いによって威を増し、人は神の徳によって運を添う」と考えられていて、神を清浄に保ち、祭祀を

滞りなく行うことは重要なことであり、神を満足させることは国家にとっても重大な事項であった。神社にとって重要なのは、社殿が整っていて清浄な状態にあることであり、祭祀が決められたとおりに挙行されることであった。そのため、怪異・災害と遷宮は連動していたのである。

十七世紀以降になると伊勢神宮での怪異は急減し、それにあわせて仮殿遷宮も減少する。それはもはや神宮で発生していた「怪異」が「怪異」としての意味をなさなくなり、朝廷や幕府において怪異について議論されることもなくなったことによる。

中世社会においては、災害は単なる自然現象ではなく、カミの意思のあらわれであった。そのため災害が鎮まることをカミに祈った。また、神社とりわけ伊勢神宮で発生する社殿倒壊などの災害は怪異として認識され、カミの意思が軒廊御卜によって占断され、奉幣や社殿造替などの対応がとられた。こうした自然現象の背後にカミを感じる中世人のあり方は、「科学」によってすべてを解釈し統御することができるとする現代人にとっては、「迷信的」で「遅れた」考え方かもしれないが、こうした考えによって自然が維持され、調和が保たれていたことも確かである。人間自身が作りだした原子力発電所や兵器といった「科学」によって逆に苦しめられている現状を鑑みれば、カミと共存していた中世人を笑うことはできないだろう。われわれは今一度自分たちの足下を見据える必要があるのではないだろうか。

（1）代表的な著作として、小鹿島果編『日本災異志』（五月書房、一九八二年、初刊一八九三年）、東京大学地震研究所編『新収　日本地震史料』（東京大学地震研究所、一九八一～一九九四年）、宇佐美龍夫『新編　日本被害地震総覧』（東京大学出版会、一九八七年）、権藤成卿『日本震災凶饉攷』（文芸春秋、一九三二年）、東京府社会課編『日本の天災・地変』上下（原書房、一九七六年、初刊一九三八年）、池田正一郎『日本災変通志』（新人物往来社、二〇〇四年）、藤木久

志編『日本中世気象災害史年表稿』（高志書院、二〇〇七年）のほか、インターネット上で検索できる古代中世地震史料研究会『[古代・中世]地震・噴火史料データベース』http://sakuya.ed.shizuoka.ac.jp/erice/も作成され、歴史上どのような災害が発生したのか、便利に検索できるようになった。

（2）笹本正治『中世の災害予兆』（吉川弘文館、一九九六年）、北原糸子『地震の社会史』（講談社学術文庫、二〇〇〇年）、藤木久志『飢餓と戦争の戦国を行く』（朝日新聞社、二〇〇一年）、峰岸純夫『中世災害・戦乱の社会史』（吉川弘文館、二〇〇一年）、伊藤和明『地震と噴火の日本史』（岩波新書、二〇〇二年）、下山覚「災害と復旧」（上原真人・白石太一郎・吉川真司・吉村武彦編『列島の古代史――ひと・もの・こと――2　暮らしと生業』（岩波書店、二〇〇五年）、北原糸子編『日本災害史』（吉川弘文館、二〇〇六年）など。また、私ども三重大学人文学部考古学・日本史研究室でも山中章編『伊勢湾岸地震履歴の総合的研究』（三重大学人文学部、二〇一二年）を刊行し、三重大学構内の鬼が塩屋遺跡に見られる地震の痕跡や古代から近世における伊勢湾岸地震について考察したので、参照いただければ幸いである。

（3）北村優季『平安京の災害史』（吉川弘文館、二〇一二年）、歴史学研究会編『災害・核災害の時代と歴史学』（青木書店、二〇一二年）、保立道久『歴史のなかの大地動乱――奈良・平安の地震と天皇――』（岩波新書、二〇一二年）、吉越昭久・片平博文編『京都の歴史災害』（思文閣出版、二〇一二年）、畑中章宏『災害と妖怪――柳田国男と歩く日本の天変地異――』（亜紀書房、二〇一二年）など。

（4）水野章二「中世の災害」（北原糸子編『日本災害史』吉川弘文館、二〇〇六年）。

（5）神宮司廳編『神宮史年表』（戎光祥出版、二〇〇五年）により検索した。

（6）山田雄司「室町時代伊勢神宮の怪異」（『神道史研究』五四―一、二〇〇六年）→本書第16章。

（7）虎尾俊哉編『延喜式』〈訳注日本史料〉（集英社、二〇〇〇年）。

（8）神宮司廳編『神宮遷宮記』第二巻（神宮式年造営庁、一九九二年）。

（9）『春記』〈増補史料大成〉（臨川書店、一九八九年）。

（10）仮殿遷宮については、鎌田純一「中世における神宮仮殿遷宮（上・下）」（『大倉山論集』二七・二八、一九九〇年）、山内宏之「中世遷宮にみる伊勢神宮の構造」（『三重大史学』六、二〇〇六年）などに詳しい。

（11）『続日本後紀』〈新訂増補国史大系〉（吉川弘文館、一九七一年）。

(12) 小坂眞二「九世紀段階の怪異変質にみる陰陽道成立の一側面」(竹内理三編『古代天皇制と社会構造』校倉書房、一九八〇年)。
(13) 山下克明「災害・怪異と天皇」(網野善彦・樺山紘一・宮田登・安丸良夫・山本幸司編『岩波講座天皇と王権を考える第8巻　コスモロジーと身体』岩波書店、二〇〇二年)。
(14) 神宮司廳編『神宮遷宮記』第四巻(神宮式年造営庁、一九九二年)。
(15) 『氏経神事記』(『神宮年中行事大成　前篇』〈増補大神宮叢書〉吉川弘文館、二〇〇七年)永享十一年二月条。
(16) 神宮司廳編『神宮遷宮記』第三巻(神宮式年造営庁、一九九二年)。
(17) 『寛正三年造内宮記』。このとき式年は明年(文安五＝一四四八年)であると注進しているが、永享三年(一四三一)に式年遷宮が行われているので、計算上は一四五〇年が式年となるはずである。
(18) この間、文安四年(一四四七)七月日皇太神宮神主注進状(『康富記』文安四年七月十八日条所引)によると、六月二十六日夜に内宮正殿ならびに別宮の荒祭宮が鳴動し、その響きは大きな物が投げられたときのようで、番宿直のために祇候していた祠官は仰天したとある。そして二十八日に、櫪御馬が戸を開かずに厩を抜け出して走り出し、山中に馳せ入り、行方がしれなかったところ、自ら厩に戻り、馬の背には鞍を置いて腹には鐙で摺った跡があり、馬の面は飛沫でぬれ、轡をかんだ跡があり、汗を滝のように流していたという。こうした状況に対し、祢宜らは「尊神擁護、天下太平之奇瑞」と主張する怪異が発生した。祢宜らはこうした怪異を注進して神宮と朝廷との関係を朝廷に再認識させ、遷宮に結びつけようとしていたと推測される。詳しくは拙稿「室町時代伊勢神宮の怪異」(前掲注8)を参照されたい。
(19) このとき、『氏経神事記』に記されているのは、鰹木金物や材木などが誰の得分になるのか議論となっている点で、正殿が崩壊しつつある状況の下、その得分にのみ祢宜たちの関心が集中している点には考えさせられる。
(20) 『氏経神事記』文安六年四月十七日条。
(21) 『東寺百合文書』つ巻四―二六広橋守光奉書(東寺百合文書WEB)。
(22) 『祇園社記』所収文安六年六月十二日官宣旨。
(23) 『氏経神事記』文安六年六月十七日条。
(24) 『康富記』〈増補史料大成〉(臨川書店)。

(25) 四月八日には春日社で羽蟻が出現したほか、四月十日以来地震が相次ぎ、その後天変も重なったので、五月十五日に軒廊御卜が行われた。軒廊御卜は春日社の怪異と地震の御卜とに分けてなされたが、地震御卜の結果は、「巽震離兌方神社祟給」と出たため、さらに巽（南東）・震（東）・離（南）・兌（西）の方角のどの神社が祟っているのか占断が行われて本文にあげた八社の祟りと出た。

(26) 郡司嘉宣「明応地震・津波の史料状況について」（『月刊海洋科学』一二―七、一九八〇年）、地震予知総合研究振興会編『遠州灘沖の歴史地震に関する規模等の調査』（地震予知総合研究振興会、一九八二年）、飯田汲事「明応7年8月25日（1498年9月20日）の明応地震の震害と震度分布」（飯田汲事『飯田汲事教授論文選集』飯田汲事教授論文選集発行会、一九八五年）、伊藤裕偉「安濃津と明応地震の痕跡」（『津・市民文化』一、二〇〇八年）、矢田俊文「明応地震と港湾都市」（『日本史研究』四一二、一九九六年）、同『中世の巨大地震』（吉川弘文館、二〇〇九年）、同『地震と中世の流通』（高志書院、二〇一〇年）など。

(27) 『続群書類従』神祇部所収。

(28) 『神道大系』神宮編（神道大系編纂会、一九八七年）。

(29) 守朝長官引付五七（『三重県史資料編中世1（上）』）。

(30) 高橋隆三編『実隆公記』（続群書類従完成会）。

(31) 竹内理三編『後法興院記』〈続史料大成〉（臨川書店）。

(32) 『吾妻鏡』建久二年三月六日条など。このことに関しては、湯浅吉美「『吾妻鏡』に見る地震記事をめぐって――鎌倉武士の地震観――」（『埼玉学園大学紀要（人間学部篇）』八、二〇〇八年）で紹介されている。

(33) 守朝長官引付六六（『三重県史資料編中世1（上）』）。

(34) 守朝長官引付六七（『三重県史資料編中世1（上）』）。

(35) 『氏経卿引付』（『三重県史資料編中世1（上）』）六―六六、六―六九には以下の文書を載せる。

伝奏町資広奉書

彗星出現事、為 公武御祈、自廿二日至来月五日、凝懇念、可奉祈天下安寧・聖運長久之由、可被下知両宮之由、被仰下候也、恐々謹言

九月十六日　　　　　　　　判
祭主二位殿

内宮解
皇太神宮神主
依御教書注進、彗星出現、公武御祈致精誠間事
右去月十六日御教書侢、同十八日祭主下知侢、同廿一日宮司告状侢、彗星出現事、為　公武御祈、自来廿二日至来月五日、凝懇念可奉祈天下安寧・聖運長久之由事、謹所請如件者、任被仰下之旨、凝御祈禱丹誠、今月五日奉遂結願者也、仍注進如件、以解
応仁二年十月五日　　　　大内人正六位上荒木田神主定治
祢宜従四位上荒木田神主氏経
（十人加署）

また、東寺に対する祈禱命令は『見聞雑記』（『歴代残闕日記』八十四）に見える（『大日本史料』八―二、応仁二年九月十六日条）。

(36)『文明年中内宮引付』（『三重県史資料編中世1（上）』）、『親長卿記』文明六年二月十一日条、『東院年中行事記』文明六年二月十六日条（『大日本史料』八―七、文明六年二月八日条）。

(37) 山田雄司「怪異と穢との間――寛喜二年石清水八幡宮落骨事件――」（東アジア恠異学会編『怪異学の技法』臨川書店、二〇〇三年）→**本書第10章**。

(38) 佐藤進一・池内義資編『中世法制史料集　第一巻　鎌倉幕府法』（岩波書店、一九五五年）。

■初出一覧■

第一部　怨霊

第1章　怨霊の思想
苅部直・黒住真・佐藤弘夫・末木文美士・田尻祐一郎編『日本思想史講座1　古代』ぺりかん社、二〇一二年

第2章　怨霊への対処──早良親王の場合を中心として──
『身延論叢』一六号、二〇一一年

第3章　怨霊から神へ──菅原道真の神格化──
『日本歴史』七四六号、二〇一〇年

第4章　怨霊──『今昔物語集』の事例を中心に──
上杉和彦編『経世の信仰・呪術』〈生活と文化の歴史学1〉竹林舎、二〇一二年

第5章　源頼朝の怨霊観
今井雅晴編『中世仏教の展開とその基盤』大蔵出版、二〇〇二年

第6章　讃岐国における崇徳院伝説の展開
「直島における崇徳院伝承」『三重大史学』一〇号、二〇一〇年、『瀬戸内海』六四号、二〇一二年

第7章　怨霊と怨親平等との間
國學院大學研究開発推進センター編『霊魂・慰霊・顕彰──死者への記憶装置──』錦正社、二〇一〇年

第二部　怪異

第8章　鎌倉時代の怪異
東アジア恠異学会編『怪異学の可能性』角川書店、二〇〇九年

第9章　平家物語・保元物語・平治物語の「怪異」
新稿

第10章　怪異と穢との間──寛喜二年石清水八幡宮落骨事件──
東アジア恠異学会編『怪異学の技法』臨川書店、二〇〇三年

第11章　親鸞における神と鬼神
『親鸞の水脈』三号、二〇〇八年

第12章　穢と不浄をめぐる神と仏
今井雅晴先生古稀記念論文集編集委員会編『中世文化と浄土真宗』思文閣出版、二〇一二年

第三部　伊勢神宮

第13章　伊勢神宮の中世的意義　　伊藤聡編『中世神話と神祇・神道世界』〈中世文学と隣接諸学〉竹林舎、二〇一一年

第14章　中世伊勢国における仏教の展開と都市
伊藤裕偉・藤田達生編『都市をつなぐ』〈中世都市研究一三〉新人物往来社、二〇〇七年

第15章　院政期の伊勢神宮と斎宮――怪異をめぐっての比較――　『斎宮アカデミー会報』第七号、二〇〇六年

第16章　室町時代伊勢神宮の怪異　『神道史研究』五四巻一号、二〇〇六年

第17章　足利義持の伊勢参宮　『皇學館大学神道研究所紀要』二〇号、二〇〇四年

第18章　国阿上人の見た伊勢　『Mie history』一八号、二〇〇六年

第19章　室町時代の災害と伊勢神宮　『史林』九六巻一号、二〇一三年

あとがき

本書は『崇徳院怨霊の研究』（思文閣出版、二〇〇一年）出版以降に書いた怨霊・怪異・伊勢神宮に関する論考をもとに一書にまとめたものである。初出一覧を別に記したが、本書に収載するにあたって一部書き改めたものの、趣旨は変わっていない。この間『跋扈する怨霊』（吉川弘文館、二〇〇七年）を出版したが、研究書としては十三年ぶりということになり、改めて自らの歩みの遅さを痛感する。京都大学、筑波大学大学院での私の師たる先生がたが続々と研究書や一般書を出版されてきたのに比べ、分量といい内容といい圧倒的に劣るのは、自分の非力さ以外の何ものでもない。

私が伊勢神宮や熊野信仰に関する研究を行うようになったのは、三重県に住むことになったことによるものであり、そうでなければこうした研究は行っていなかっただろう。三重は奈良・京都・滋賀・和歌山にも近く、日本中世宗教史を研究するのには絶好の地と言える。周辺の寺社をめぐるのは、私にとって至福の時間となっている。また、研究室からは時によって表情を変える伊勢湾を展望することができ、沼津の海を見て育ってきた自分にとって、心安らぐ場所となっている。この海がずっと穏やかであることを望むばかりである。

前著は博士論文をもとにまとめたものであるが、本書は一九九九年に三重大学人文学部に着任して以来、怨霊や怪異、伊勢神宮・石清水八幡宮・熊野三山・北野天満宮などについて行ってきた講義内容を論文に反映させている。教壇に立って話をしながら思いついたことも少なからずあり、未完成の話をがまんして聴いてくれた学生諸君にも感謝したい。近年はシラバスを厳密に書くことが要求され、実際に講義をする一年も前から内容について確定することが求められるが、黒板の前に立ってあれこれ考える私には不得手な作業である。かつて上田正昭先生は折口信夫先生の授業について話すことがあり、折口先生はメモ書きを見て考えながら講義をされ、あるときには今日の授業は失敗だったのですべて忘れて下さいと話したこともあったという。独創的な考え方はこうしたところから生まれるものだと、自分の計画性のなさを正当化するために私はこの話を記憶にとどめている。

授業では「日本史」と銘打っておきながら、霊魂・怪異・祟りといったおよそ高校までの教育ではなされることのない話をしているため、これが日本史なのかと高校を出たての学生はとまどっているのが通例である。日本史と言えば、天下国家について論じることが王道であり、事実、私が学生の時に「古代のトイレを研究したい」と言った学生に対して、ある教授はそうしたことを扱うのは日本史ではないと諭していた。それから二十年余り経った今日、古代のトイレ研究は重要な研究テーマの一つとなっており、隔世の感がある。日本史の教科書には載っていないが、日本の領土および日本人（この概念も問われるべきであるが）に関して起こったあらゆる事象を日本史の研究対象とすべきであり、実際さまざまな研究が自由に行われるようになったことはよい傾向だと思う。私自身、奇をてらって霊魂について研究しているわけではなく、日本史上最重要課題という認識のもと研究に取り組んでいる。

日本史に関する論文が年間どれくらい発表され、本も何冊くらい刊行されているのかわからないが、歴史家の書いた歴史書は一般の人々にはほとんど読まれず、作家や評論家の書く日本史の方が圧倒的に発行部数が多く、興味がもたれていることに関しては忸怩たる思いがある。そのため、厳密な史料解釈に基づかない結論が先に決まっている「歴史書」が幅をきかせ、社会をミスリードしていることは大変残念である。

この点について和田竜氏にうかがったことがあるが（和田竜×川上仁一×山田雄司　二〇一三年三月二日三重大学伊賀連携フィールド公開トークイベント「史実の魅力、小説の魅力――忍者小説の新たな地平――」吉丸雄哉・山田雄司・

尾西康充編『忍者文芸研究読本』笠間書院、二〇一四年）、脚本や小説を書く側としては、厳密な史料調査に基づいて研究者が書いた「正確な」歴史書が大変参考になり、そうした基礎的研究なくしては小説も荒唐無稽な現実離れした内容になってしまうという。それはそれで納得できるのだが、他の分野に資するためだけの学問であったのなら、歴史学の存在意義はほとんど失われてしまうのではないだろうか。

こうした状況は、昨今の大学における人文系学問の縮小とも連動していよう。後任ポストがなくなり、予算が削減されるなど、人文系学問に対する等閑視は目を覆わんばかりであるが、それを批判するだけではなく、時代に合わせた学問の転換も考えなければならないのではないだろうか。今日の視点に立って唯物史観を批判することは容易であるが、当時は社会が唯物史観を必要とし、今よりもずっと歴史学は有用の学問として認識されていたことは確かである。個別分散化し、総体の見えなくなった歴史学の行き着く先はどこなのであろうか。私自身有効な方策をもちあわせているわけではないが、常に学問の存在意義を考えながら研究を行っていきたい。

二〇一二年六月に三重大学・上野商工会議所・伊賀市との間で協定が結ばれ、「三重大学伊賀連携フィールド」が設置されて、私は忍者研究に関わるようになったが、この取り組みにより、研究内容や時間の使い方が大きく変わることになった。「神社の研究から忍者の研究になった」と半ば冗談交じりに話しているが、忍者と中世の宗教的世界とがつながっていることがわかってきたことは私にとって大きな収穫である。これまでの研究の応用問題だととらえ、こちらの成果も今後発表して社会に少しでも貢献していきたい。

本書が完成するまでには、調査・研究会・講演などでさまざまな方にお世話になった。一人ひとりのお名前を記すことはできないが、本書を刊行することによりお礼に代えさせていただきたい。

なお、出版にあたっては、出版情勢の厳しい中、本書の刊行を快諾していただいた思文閣出版の原宏一氏に感謝申し上げたい。原氏とは同じ研究室、同じサークルという大学時代からの縁であるが、今後も人文系学問を支える出版社としてがんばってもらいたい。

本書は「三重大学人文学部出版助成(二〇一二年度)」を受け、調査・研究を行った。関係の諸先生・事務の方々に感謝申し上げる。

二〇一四年四月

山田雄司

陵霊　5, 38, 160, 249, 250
「旅順軍歿露軍将卒乃碑」　169
旅順白玉山納骨祠　169
旅順表忠塔　169
臨時奉幣　38, 250, 331

る

『類聚国史』　36
『類聚三代格』　21, 248
『類聚神祇本源』　268, 277
流罪　21, 22, 102, 234

れ

霊　7, 13, 16, 17, 19, 26, 27, 32, 41, 44, 54, 56, 59, 69〜76, 78, 82, 84, 85, 94, 100, 109, 158, 208
霊気　37
霊鬼　36, 73
霊験　94, 101, 316
霊魂　3, 4, 24〜26, 28, 32, 37, 43, 48, 57, 64, 69〜71, 77, 79, 89, 99, 101, 102, 104, 106, 108, 109, 153〜155, 157, 162, 165, 189, 220, 233, 240, 250
霊魂観　69, 153
霊神　182
霊庇廟　158
霊廟　204
連歌　354
蓮台寺　170

ろ

籠僧　276
鹿苑院　342
『論語』　240

わ

若狭比古神願寺　270
若宮　101
和光同塵　361
和讃　238
鷲宮　185, 196
忘れ貝　131
豌豆瘡　6
盌塚　148

～261
物の怪 40

や

薬師経 14, 40
薬師悔過 10
薬師寺 53, 387
薬師信仰 22
薬師如来 14
『薬師瑠璃光如来本願功徳経』 14
八雲神社 108
屋敷神 161
八嶋寺 11, 43, 52
八嶋陵 10, 11, 43, 52
社 50, 161, 241, 326～328
『康富記』 348, 386
八面神 62
夜刀の神 154
病 5, 39, 41, 43, 79, 235, 250, 365
山田 290, 294～297, 301, 303, 351, 352, 360, 366, 367, 369, 370
八的カ原 91
『倭姫命世記』 267, 284

ゆ

由比ヶ浜 186～189, 388
幽魂 26～28, 165
幽霊 102, 159
遊行 290, 295, 347, 350
『遊行三十一祖京畿御修行記』 293, 297
遊行上人 289, 290, 293, 358
『遊行上人縁起絵』 282, 284, 350, 368
遊行聖 283
湯の峰温泉 388
夢 154

よ

妖言 25, 267
妖祠 155
養照寺 170
遙拝 277
『陽復記』 272, 318
永福寺 103～105, 107, 109, 184
『横川首楞厳院二十五三昧起請』 260
与佐宮 361
『吉田家日次記』 295, 364～367
吉田神社 179, 386
吉田神道 163
吉野 256, 257, 322
『吉野御事書案』 158
『義持公参宮記』 342, 343, 348, 350, 352
予兆 160, 177, 188, 196, 197, 201, 207, 306, 316, 318, 319, 324, 327
黄泉 162, 246, 247
頼朝法華堂 189

ら

来迎寺 370
雷電 228
癩病人 283
雷鳴 187, 229
落雷 317

り

離宮院 312
六壬式占 221
律宗 290
律衆 289, 298, 299, 301, 303
『立正安国論』 193, 242
律令 157, 247, 338
『吏部王記』 62
龍 16, 19, 208
龍王動 208
龍宮 121
流星 188, 189
霊安寺 9, 10, 24, 43, 52, 53, 157
陵戸 37, 249
陵寺 42, 43
『梁塵秘抄』 115, 121, 126
寮占 222, 224, 308, 310, 330
霊山寺 15, 369
両部神道 268
陵墓 5, 37, 38, 43, 147, 202, 207, 249, 250
『両峯問答秘鈔』 366

法華堂　109
法勝寺　201, 207
『発心集』　254, 256, 259
法相宗　77
本願寺　242
本宮　360
本地　236
本地垂迹　161
本地仏　364
『本朝世紀』　55, 61, 62
『本朝文粋』　73
『梵網経』　13
『梵網経古迹記』　13
『梵網経略抄』　13
『本願薬師経鈔』　14

ま

埋経　268
蒔田庄　186
『枕草子』　77
松尾神社　179, 386
松山　114～117, 119～121, 123, 124, 126, 130, 131, 137, 138, 148
松山津　127
松浦廟　48, 79
『松浦廟宮先祖次第幷本縁起』　48, 50
松浦明神　48, 49, 78
『満済准后日記』　344, 348
『萬葉集』　154

み

御占　189, 205
御卜　216～218, 220
御影　59, 189
御影堂　95, 96, 160
巫女　13, 94, 177, 193, 235, 362
神輿　62, 63, 72
三島社　185, 196
三島明神　182
『水鏡』　10
禊　247
密教　53, 297
南御所　97
耳川の戦い　168
御裳濯河　282, 283, 295, 360, 362, 363, 366
宮川　283, 349, 350, 351, 353, 363, 387
三宅家文書　141
妙暁寺　8
妙光寺　346
名神　6, 7, 35, 63
明法博士　216
三輪　256, 257
民間陰陽師　83

む

無怨寺　27, 48, 49
夢想　278
『紫式部集』　49
無量光院　103, 105
『無量寿経』　268
無量寿寺　302
室町将軍　344
室町殿　327, 386
『室町殿伊勢参宮記』　342, 350, 351
室町幕府　320

め

明応地震　348, 369, 388, 390, 395
『明月記』　90, 92, 228
鳴動　82, 94, 160, 178～181, 185, 190, 200～203, 212, 220, 228, 229, 317, 322, 324, 325, 331, 332
『明徳記』　168
明徳の乱　168, 341
女木島　145, 146

も

蒙古襲来　167, 190, 191, 268, 284, 285, 324, 325
蒙古の碑　168
毛越寺　105
物恠　24, 374, 376
物忌　179, 180, 222～235, 254～257, 259

260〜262, 267〜269, 272, 274〜277, 279, 284, 285, 289, 350, 374
服忌令 226
仏舎利 59
仏神 83, 235, 237
仏法 100, 166, 239, 260, 267, 270, 273, 274, 277, 280, 349
不動不断護摩 344
不動明王 361
『風土記』 154
太占 154
船江荘 308
不予 311
『文安二年内宮仮殿遷宮記』 384
文正の政変 320
『文保記』 226, 267, 276, 313
文禄・慶長の役 145, 168

へ

平安京 53, 71, 180, 202, 203
兵革 185, 186, 188, 189, 201, 222, 223, 392
兵起 201
『平家物語』 47, 78, 92, 94, 114, 122, 125〜127, 201, 202, 205〜207, 209, 348
『平家物語』(延慶本) 122, 123, 125
『平家物語』(長門本) 122, 123, 125
『平戸記』 220
兵事 376
平治の乱 88, 98, 101
平城京 8, 34, 81, 155
平泉寺 107
幣帛 6, 35, 38, 55, 62, 267, 338, 376
幣物 185
兵乱 188, 327, 374
蛇 195, 196, 200
変異 160, 177, 183
変化観音 14, 15

ほ

法会 251
『宝基本記』 267, 268, 274
宝篋印陀羅尼経 167
宝剣 322
保元の乱 20, 88, 90, 92, 93, 95, 100, 101, 113, 128, 166, 318
『保元物語』 20, 94, 113, 114, 118, 121〜123, 126, 127, 148, 201, 209
『保元物語』(鎌倉本) 118, 121
『保元物語』(京都大学付属図書館蔵本) 118, 119
『保元物語』(古活字本) 120, 121
『保元物語』(金刀比羅宮本) 119, 120
『保元物語』(半井本) 114〜118
亡魂 155, 168, 189
宝治合戦 188, 189
宝珠庵 370
放生会 102
『北条九代記』 185
法成寺 251
法成寺総社 190
『法曹至要抄』 226
『宝物集』 363
奉幣 4, 7, 24, 35, 44, 51, 63, 79, 85, 156, 179, 201, 207, 216, 228, 250, 271, 326, 328, 331, 332, 374, 376, 377, 396, 397
奉幣使 7, 35, 341
法楽 59, 268, 274, 279, 284, 285
法楽舎 281, 283〜285
『保暦間記』 90〜92, 103
法隆寺 58, 387
法輪寺 84
亡霊 73, 74, 78
『北山抄』 225
卜定 223, 224, 228, 367
『卜事略決』 36
卜筮 25, 185, 192, 217, 238, 376, 377
卜占 25, 181, 221, 377
『法華経』 12, 16〜19, 22, 24, 40, 41, 59, 84, 260
墓所 43, 56, 57, 64, 69, 79, 124, 202, 358
菩提山 279
『法句経』 19
法華三昧 48

182, 184〜187, 196, 213, 322, 331, 332, 375, 397
幕府祈禱　188
筥崎宮　190
箱根　88
箱根両権現　182
箸墓　72
長谷寺　251
八社奉幣　386
八幡　60, 88, 228, 376
八幡宮　101, 183, 204, 206, 217, 219
『八幡愚童訓』　206, 256〜259, 280
八幡護国寺　180
八幡神　63, 88, 205, 206, 212, 213
八幡大菩薩　208, 258
鳩　182, 183, 196, 205, 206, 329, 330
『花園天皇宸記』　180
隼人　16, 69
流行神　164
祓　247, 277, 350, 352
バラモン教　61
ハレー彗星　201
『般舟三昧経』　191, 234
般若経　13, 40
般若寺　208
般若心経　24, 40, 278, 387

ひ

比叡山　17〜19, 83
東向観音寺　61, 62
光物　188, 189, 212, 326
『鼻皈書』　280
日別朝夕大御饌祭　215
毘沙門天　204
聖　205, 283, 296, 362, 363, 366, 368, 369
『常陸国風土記』　154
人魂　189, 212
非人　299, 303
百座仁王講　227
『百四十五箇条問答』　260
百万塔陀羅尼　166
白蓮寺　370
『百練抄』　188, 313, 314
百怪祭　181, 184, 189
廟　48〜50, 59, 64, 160, 179, 219, 220
憑依　73, 85, 86, 255
病気　6, 9, 13, 35, 63, 154, 196, 200, 224, 229, 233, 313, 314, 330, 343, 355
病事　186, 201, 223, 326
廟所　163
廟霊　49
日吉社　179, 254, 255, 259, 387
平泉　103, 104, 108
比良宮　59
比良山　53, 59
平野社　179, 214〜216, 218, 226, 387
広瀬神社　179
広田神社　179, 386

ふ

『風雅和歌集』　114
福岡庄　96, 97
福原遷都　180
巫覡　267, 316
封戸　6
巫蠱　50
賦算　366
武士　88, 109
武士道　169, 171
諷誦文　73, 74
不浄　21, 24, 222〜224, 227, 247, 248, 251, 257〜262, 274, 295, 317, 358, 360, 362, 384, 388, 395
不浄観　247
藤原仲麻呂の乱　42, 166
武神　185
不信不浄　329, 330
『豊前国風土記』　48, 49
『扶桑略記』
12, 13, 40, 47, 48, 56, 58, 73, 78
不断光明真言　290
仏教　9, 17, 19, 20, 39〜41, 43, 44, 54, 61, 74, 79, 80, 82, 83, 85, 88, 157, 160, 165, 192, 238, 239, 241, 247, 248, 251, 256,

多武峰　160, 179, 190, 228
多武峯寺　179
闘乱　186, 201, 223
読経　26, 42, 74, 156, 207, 216, 268, 271, 274, 277, 278, 284, 285
『都玉記』　102
特赦　7
読誦　19, 54, 84, 85, 374
徳政　22, 33
徳治主義　6〜8, 34
刀祢　60
鳥羽殿　206
豊受神　361, 273
豊受大神宮　161, 190, 279
『とはずがたり』　280, 351
頓證寺　126, 127

な

『内宮子良館記』　388, 395
内供奉十禅師　16
『内外二宮櫪御馬沿革之勘文』　321
内道場　16
直島　113〜115, 118〜128, 130, 133, 135, 137, 138, 140, 142〜146, 148, 149
『直島旧跡巡覧図会』　127
長屋王の変　81
那智　360, 361, 363, 388
鯰　208
奈良坂　208
『業資王記』　90
『南海治乱記』　145
楠社　165
南都十大寺　166

に

新嘗祭　273
丹生川上神　6, 35
丹生川上神社　179
仁王般若経　16, 18, 41, 59
二階大堂　104, 106
西野山古墓　202
二十五三昧会　260
二十二社　44, 54, 55, 64, 179, 181, 186, 196, 201, 212, 233
二所詣　182
日露戦争　169
日光東照宮　163
日食　200
『日本紀略』　5, 22, 24, 57, 61, 249, 324
『日本後紀』　4, 7, 9, 10, 12, 21, 22, 35, 41, 42, 51, 52, 69, 157
『日本三代実録』　53
『日本書紀』　27, 153
『日本霊異記』　20, 81, 82, 155, 156
如意輪観音　363
如住院　346
如法経　102
仁和寺　113
仁王会　179
仁王経　40, 201, 271, 374, 387

ね

祢宜　178, 185, 190
『涅槃教』　191, 234
念仏　234, 236, 237, 240, 252, 260, 277, 283, 284, 346, 358, 369
念仏寺　367
念仏宗　236

の

能　159
乃木神社　169
荷前使　160
荷前奉幣　38, 250
野沢井　126, 127, 148
野宮　313
呪　194, 243

は

羽蟻　188, 212, 326
墓　3, 26, 36, 37, 41, 42, 44, 48, 50, 51, 78, 79, 85, 156, 161, 241
白山　193, 235
幕府　88, 89, 101, 105, 109, 146, 178, 181,

鎮護国家　101
鎮魂　19, 37, 41, 44, 54, 55, 57, 59, 64, 69, 79, 80, 83, 89, 93, 95, 99〜102, 104, 108, 109, 152, 157, 159, 167, 233, 242
鎮祭　374
鎮謝　36, 207
鎮守府将軍　204
鎮撫　37, 40, 43, 79, 82, 83

つ

追尊天皇　38, 39
追悼　171
『通海参詣記』　190, 279, 280
津観音　302
月次祭　321, 386
筑紫観世音寺　47
月読宮　190
月読神　270
鼓岡　119, 120〜123, 125, 127, 148
津波　207, 369, 373, 388, 390, 395
鶴岡八幡宮　90, 94, 101, 102, 109, 182, 183, 185, 187〜190, 196, 242
鶴岡放生会　102
『徒然草』　194, 196

て

『帝王編年記』　11
敵味方供養　167
敵御方供養塔　109, 168
天　26, 191, 222, 234
天覚寺　279
転経　7, 40
『伝教大師消息』　23
伝教大師将来台州録　166
天狗　233
天災　3, 14, 69
『伝述一心戒文』　17〜19, 54, 157
天神　60, 61, 63, 64
天神地祇　18, 61, 238, 242
天曹地府祭　187
天台　60, 61, 64
天台宗　53, 58
天台真盛宗　297
天地災変祭　187
天智天皇陵　10
転読　7, 40, 51
天然痘　156
天皇　154, 155, 158〜160, 162, 164, 251, 267, 313, 319, 322, 329, 338, 341, 369, 374, 393
天王寺　83
天王の社　126, 127
天皇陵　37, 160, 219, 249, 377
天変　374
天変地異　32, 156, 242, 328
天変地動　394
天変地妖　386
天魔　94
天満　62
天満大自在天　54, 55, 57, 61, 157
天満天神　58
『天満宮安楽寺草創日記』　55, 56
『天満宮託宣記』　59, 61
天文密奏　374
天龍寺　158

と

道教　268
東宮(春宮)　7, 11, 40
『道賢上人冥途記』　58
東獄　98
東寺　166, 386, 395
等持院　342
等持寺　342
闘諍　184, 186, 201, 223
盗賊　35
東大寺　4, 58, 177, 180, 196, 279, 387
『東大寺衆徒参詣伊勢大神宮記』　278, 279, 284
東大寺大仏　180
東大寺大仏殿　278
『東大寺要録』　47, 48, 78
『藤沢山過去帳』　289
藤沢上人　290

大極殿 92
醍醐寺 190, 279, 340
泰山府君 184, 228
泰山府君祭 37, 181, 187
大自在天 61
大慈寺 228
大赦 22, 156, 374
大乗戒 18
大乗経 132, 138
大嘗祭 270
大神宮司 329
『太神宮諸雑事記』 269, 338, 339
大葬 185
大長寿院 104
『大日経疏』 268
大日如来 301
『大日本史』 48
大般若経 14, 40, 205, 278, 298, 374
大般若経転読 51, 187, 279, 386, 387
台風 206
大仏 163
大仏殿 388
『太平記』 159
『太平記絵巻』 159
『太平御覧』 220
大宝院 302
大宝律令 159
大菩薩巫女 189
大魔縁 113
内裏 177, 180, 181, 201, 205, 221, 251, 273, 277, 322, 327, 374
内裏泉 148
高雄山寺 23
多賀宮 282
多賀国府 105
高松城 145
高天の原 162
高家神社 148
ダキニ天 205
託宣 25, 59, 60, 63, 258, 274, 278, 279, 298, 302, 316, 362
太宰府 6, 55, 64, 78
太政威徳天 61, 58
祟り 3, 5, 6, 7, 16, 21, 24～27, 35～38, 40, 41, 43, 51, 53, 64, 69, 71, 72, 79, 80, 82, 94, 107, 153～155, 161, 182, 207, 215, 224, 241, 249, 250, 270, 311, 338, 376, 386, 387
達谷窟 204
龍田神社 179
多宝院 158
魂 77, 162
『玉襷』 162
『玉藻集』 147
田宮寺 276
『田邑麻呂伝記』 203
多聞天 204
誕生寺 388
壇ノ浦 99, 207, 208
檀林寺 58

ち

『親長卿記』 359
千木 178, 317, 318, 320, 321, 385, 396
血の宮 148
忠魂碑 152
中尊寺 104
中尊寺金色堂 108
『中右記』 311
忠霊塔 152
『長阿含経』 268
『長講金光明経会式』 16, 17
『長講仁王般若経会式』 16, 17
『長講法華経後分略願文』 16
『長講法華経先分発願文』 16
『重修淡路常盤艸』 8, 9
朝廷 63, 78, 88, 102, 103, 178, 180, 181, 184, 187, 200, 208, 227, 233, 271, 306, 308, 314, 316, 317, 321, 322, 323, 325, 326, 329, 330, 332, 375, 387, 396, 397
調伏 14, 85
長命寺 148
長楽寺 370
勅祭 44

崇道社 52, 53
崇道天皇陵 8, 10, 11, 39
崇徳院院宣 140, 146
崇徳院社 147
崇徳院法華堂 96, 97
崇徳院御影堂 93, 95
崇徳院陵 117
修法 36, 54, 157, 194, 243
住吉神社 179
諏訪社 186
諏訪明神 191

せ

征夷大将軍 88, 95, 202～204, 341, 353
星合 374
清浄 224, 247～249, 256, 258, 262, 267, 269, 274, 275, 277, 284, 313, 360, 361, 364, 366, 376, 396
『勢陽雑記』 301, 302
西来寺 297, 346
清涼殿 57, 58
施餓鬼 168, 169, 171
関ヶ原の戦い 145
摂家将軍 181
殺生禁断 102
妹尾郷 96, 97
善鬼神 240, 242
遷宮 345, 374, 375, 397
仙宮院 363
『遷宮例文』 375
前九年の役 101, 103, 204, 206
善光寺 370
戦死者 152, 153, 164, 167, 170, 171
禅宗 167, 367
『撰集抄』 293
千手観音 360, 363
専修念仏 192, 194, 233, 235～237, 240
千僧供養 166
浅草寺 186
践祚大嘗祭 269, 270
占断 330, 396
前兆 183, 206, 327, 392
千度詣 185
泉涌寺 180
占文 207, 221, 223, 330
宣命 38, 57, 228, 229
戦乱 63, 178, 196, 197

そ

僧 51, 255, 276, 278, 289
造宮使 384
『僧綱補任』 56
僧衆 299
僧都殿 75
『喪葬令』 37, 249
『宗長日記』 348
僧尼 273～275, 277, 282～285, 362
僧尼拝所 282
宗廟 178, 179, 190, 196, 213, 216, 217, 219, 272, 277, 306, 308, 310, 316, 318, 320, 325, 340, 361, 374
僧侶 44, 54, 157, 160, 252～254, 259, 267～271, 275, 276, 278～281, 352
雙林寺 358, 359, 370
『雙林寺縁起』 359, 361, 365
宗麟原供養塔 168
『続神皇正統記』 324
属星祭 183, 187
祖神 216
祖先崇拝 47
卒塔婆 59
祖霊 162
『尊号真像銘文』 241
『尊卑分脈』 47, 78

た

大安寺 4, 13, 212, 387
大威徳明王 61
大覚寺 24
『台記』 201, 339
大宮司 308, 321, 344, 345
大外記 217
『大元神一秘書』 268
大光明寺 168

『性霊集』 23
触穢 396
『続日本紀』 7, 21, 22, 27, 35, 42, 47, 61, 78, 154, 159, 248, 269, 270
『続日本後紀』 24, 250, 376
『諸社禁忌』 226, 254, 259
『諸神本懐集』 160, 241, 259, 261
諸陵司 38
白峯 117, 122, 124, 133, 138, 148
白峯宮 165
白峯寺 114, 126, 127, 147
『白峯寺縁起』 114, 126, 127, 147
死霊 19, 37, 50, 54, 157, 161, 170, 241
白幡 208, 209
白鳩 328
神意 63, 178, 200, 205, 206, 220, 224, 227, 312
神官 205, 235, 254, 257, 259
神器 158, 322
神祇 18, 40, 44, 47, 55, 63, 64, 73, 84, 157, 192, 236, 267, 274, 341
神祇官 5, 154, 177, 180, 181, 186, 201, 205～207, 215, 221, 223, 224, 228, 233, 308, 310, 329
神祇観 234, 242, 243
『新儀式』 214, 218, 225
神祇信仰 88, 89
神祇不拝 233～235
神宮寺 216, 268～271, 273
『神宮典略』 317
神号 163
賑給 6, 7, 33, 34, 374
神光寺 294
神護永法寺 296, 297, 368, 369
神国 63, 209
『神国決疑編』 272, 273
神国思想 88, 89
神護寺 367
神護念仏寺 296, 366, 367
真言 60, 64, 194, 243
真言宗 53
真言密教 58
神祠 55
神事 222, 223
神璽 322
神事違例 308, 329, 330, 396
神事不信 310
賑恤 6, 8, 33, 34
『真盛上人往生伝記』 297, 346, 368
神泉苑 18, 53, 157
神前読経 269, 271
神葬祭 162
神託 368
『塵添壒嚢鈔』 208
神道 37, 194, 247, 248, 251, 261, 262, 272, 275, 316, 341, 374
『神道五部書』 267, 268, 275, 277, 285
『新任弁官抄』 312
親王将軍 181
心御柱 178, 307, 309, 310, 317～320, 324, 331
『心御柱記』 319
神廟 59
神仏 109, 193, 236, 275, 343, 387
神仏習合 61, 180, 269, 271
『新編相模国風土記稿』 94
神馬 317, 322, 340, 353
神明社 355
『新葉集』 345
神慮 318～320, 346, 365, 385
神霊 10, 12, 13, 17, 18, 38, 52, 157, 160, 203, 308, 323, 377
人霊 50, 157

す

水害 69
出挙 6
彗星 200, 201, 374, 395
崇福寺 58
菅原寺 12
誦経 6, 8, 34, 39, 40
厨子 60
鈴鹿山 346
『図像抄』 61

地蔵　297, 298
『地蔵十輪経』　239
地蔵堂　369
『地蔵菩薩霊験絵詞』　298
死体　194, 220, 226, 251, 366
志太庄　91
志多羅神　55, 61, 62
七大寺　8, 34
『七代上人法語』　293
地鎮　36
疾疫　201, 229, 271
執金剛神　58
疾病　392
四天王寺　359
志度　118, 121, 123〜125
志度寺　121
死人　83, 188, 214, 215, 226, 389
神人　193, 205, 235, 365
『四分律』　19
私幣禁断　267, 269, 271, 338〜341
志摩　388, 390
邪気　37
写経　39, 40
灼甲　223
『沙石集』　158, 193, 235, 256, 257, 261, 280
社僧　235, 273
舎利　100
『十一面観世音神呪経』　15
十一面観音　15, 364
十禅師　255, 256, 259
衆僧　8, 36
住僧　60
十陵四墓　160
十六社奉幣　63
寿永の乱　319
儒教　6, 8, 25, 34, 35, 40, 43, 79, 239, 268, 285, 374
修験者　157, 233
呪術　14, 15, 27, 40, 41, 85, 177, 178, 192, 197, 233, 235, 237, 238, 243, 376
呪詛　9, 14, 15, 42, 50, 193, 235
守冢　5
『出曜経』　19
呪符　194, 233, 243, 363
呪法　18, 83
呪文　83
首楞厳院　260
『春記』　375
『春秋元命苞』　220
淳仁天皇陵　8
『春波楼筆記』　164
成覚寺　278
貞観御霊会　26, 54, 59
仗議　216
承久の乱　187, 229, 242, 319
上宮寺　297
将軍　92, 206, 327, 340〜348, 351〜355, 370
将軍塚　201, 203
相国寺　342
招魂社　164
正直　258, 267, 274
清浄光寺　168
成勝寺　93〜95
常勝寺山　384
『正像末和讃』　192, 238, 240
勝長寿院　97, 99, 109
浄土教　196, 235, 260, 261
聖徳太子廟　160
浄土宗　193, 235, 367
『浄土宗略抄』　234
浄土真宗　160, 234
浄不浄　361, 365, 366, 384
承平・天慶の乱　44, 47, 55, 62〜64, 166
正法寺　358, 363, 369
定法寺　84
常明寺　276, 278
浄妙寺陵　228
称名念仏　192, 235
『小右記』　251
常隆寺　8, 9
聖霊　19
聖霊院　179

『今昔物語集』　47, 70, 71, 73, 74, 77, 78, 80, 81, 82, 85, 86, 251〜254
軒廊御卜　63, 177, 180, 181, 186, 200, 201, 206, 207, 214, 221, 223, 233, 250, 306〜308, 310, 311, 313, 314, 316, 317, 321, 326, 327, 329, 330, 332, 386, 396, 397

さ

災異　6, 7, 15, 22, 33〜35, 37, 40, 41, 43, 51, 79, 154, 177, 197, 206, 228, 374, 376, 377, 395
斎王　50, 306, 310, 312〜314, 347, 367
斎戒　222
災害　6, 32, 34, 63, 80, 153, 154, 178, 196, 208, 215, 233, 373, 383, 387, 392, 397
斎宮　269, 306, 310〜314, 353, 367
斎宮寮　310〜313
西光寺　204
祭祀　26, 37, 38, 192, 194, 238, 250
祭主　308, 319, 329, 330, 332, 339, 353, 394
『最須敬重絵詞』　237
最勝王経　102, 248
西大寺　290, 298, 299, 387
『西大寺坊々寄宿末寺帳』　299
『西大寺末寺帳』　298, 303
『最鎮記文』　59, 60
坂出　113, 117, 127, 138, 148, 149
『さがみ川』　90
鷺　184, 317, 375
鷺祭　184
佐助稲荷　109
「左大臣家平野建立堂願文」　216
讃岐　113, 115, 117〜119, 121, 122, 124, 126, 128, 135, 137, 138, 148
『実隆公記』　391
寒川神社　186
申楽　354
『山槐記』　207
『山家集』　117, 312
懺悔　14
三合　374
斬首　92
三節祭　363
山王七社　255
『三部長講会式』　16, 19, 24
三宝院　342
三万六千神祭　187
『山門奏上』　260
山陵　5, 8, 36, 38, 42, 51, 52
山陵使　207
参籠　278, 285, 301

し

シヴァ神　61
死穢　20, 225, 260
死骸　253, 326
『史記』　22
『職員令』　36, 38, 249
式占　374
式年遷宮　178, 307, 308, 310, 323, 325, 331〜333, 375, 383, 385, 395
式盤　201, 222
死刑　20, 21, 24, 25, 109
諡号　39
地獄　84, 86
死魂　155
死罪　20, 21, 22, 102
自在天神　62, 63
死者　71, 152〜155, 161, 162, 170, 240, 271, 388
寺社　196, 255, 384, 386, 393, 395
時衆　282, 289, 290, 293, 297, 303, 346, 347, 350, 358, 359, 366, 369, 370
『時衆過去帳』　289, 293
『時宗末寺帳』　367
地震　93, 184, 185, 189, 200, 202, 206〜208, 228, 229, 348, 373, 374, 376, 385, 388, 390〜392, 396
地震勘文　392, 393
地震御祈　386, 391, 393
地震奏　207
紫宸殿　201, 221

遣唐使　50
源平合戦　88
『源平盛衰記』　122, 125
『源平闘諍録』　122, 125
顕密体制　261
顕密仏教　233, 235～237

こ

小繭笠神　62
興亜観音　170
『耕雲紀行』　297, 342, 345～349, 353, 368
弘正寺　301
洪水　386
皇祖神　178, 219, 306, 316, 374
『皇代記』　389
皇太神　273
『皇太神宮儀式帳』　268, 338
『江談抄』　73
光仁天皇陵　10
興福寺　12, 40, 56, 180, 387, 395
『興福寺奏状』　236, 260
光明寺　297, 346, 369
光明真言会　299
高野山　122, 124, 160, 168, 180, 190, 257
『高野大師御広伝』　22
高麗軍敵味方供養碑　168
高良大明神　205
皇霊　18
「五月一日経」　156
国忌　4
『五行大義』　36
『国阿上人絵伝』　295, 358～369
国学者　165, 171
国府　116, 117, 119, 121
国分寺　10
『獄令』　21
護国経　18, 41, 156
護国神社　164, 170
『古今神学類編』　318, 320
御斎会　16
五山　168
後三年の役　94, 101, 204
『古事記』　153, 246, 247
『古事記伝』　64, 162
腰越　103
護持僧　344, 354
『古事談』　73, 77
『後拾遺和歌集』　137
五種不浄　247
御所　182～184
『故新伝』　127, 137, 141, 146, 149
『御成敗式目』　224, 396
五族協和　170
五大虚空蔵法　327
五体不具　214, 225～227
五大明王　61
『御鎮座次第記』　268
『御鎮座伝記』　267, 273, 274
『御鎮座本紀』　268
国家
　179, 180, 192, 200～202, 206, 213, 221
『古道大意』　162
護符　177
五部大乗経　113, 115
御幣　228
御幣使　386
『後法興院記』　391
『古本説話集』　73
昆陽寺　252
『御遺告』　166
御陵　52, 93, 160
御霊　18, 52, 55, 99, 162
御霊会　18, 53, 157
御霊社　94
御霊神　101
御霊信仰　64, 101
御霊神社　44, 50, 53, 108, 157
『古老口実伝』　275, 276, 317, 375
衣川　103
金剛寺　170
金剛証寺　364
金剛般若経　7, 11, 40, 374
金光明経　16, 18, 59, 248
『金光明最勝王経』　40, 41, 58

『吉記』 207
吉兆 183, 393
祈禱 35～37, 43, 54, 79, 94, 102, 179, 181, 183, 187, 190, 228, 233, 274, 317, 319, 326, 327, 339, 343, 344, 352, 353, 374～376, 391, 393, 395
祈年穀奉幣 228
祈年祭 321
木の丸殿 116
貴船神社 179
亀卜 51, 154, 217～219, 374
紀三井寺 359
客星 374
教王護国寺 298
『教行信証』 191, 234, 239, 243
梟首 103, 208
匈奴 16
『玉葉』 88, 98, 180, 207, 208, 271, 278, 363
清水寺 203, 369
『清水寺縁起』 202, 203
禁忌 267, 269, 270, 277
禁闕の変 322, 323
禁中 7, 40
金峰山 58, 344
禁裏 327, 386

く

宮司 319, 330, 338
宮寺 217, 218
『宮寺縁事抄』 212
『愚管抄』 3, 88, 158, 208
公卿勅使 63, 347
『公卿補任』 204
孔雀経法 201
薬子の変 4, 17, 20
口舌 184, 186, 201, 222～224, 309, 310, 326
九想観 247, 248
岐神 55
久能山 163
首実検 103, 109
『愚昧記』 36
熊野 271, 339, 358, 363, 366
熊野権現 262, 366
熊野三山 360, 361, 363, 370
熊野新宮 295, 360, 365
熊野本宮 262, 359, 388
熊野詣 262, 344, 354, 359, 361, 366
雲井御所 117, 148
供養 32, 42, 54, 99, 100, 102, 107～109, 152, 166～171, 278, 279
供養塔 168
倉敷代官所 146
鞍馬寺 204
『鞍馬寺縁起』 204
厨川 103
蔵人所御占 177, 221

け

悔過 7, 24, 40, 51
穢 5, 21, 24, 37, 185, 213～220, 223～227, 246～259, 261, 262, 269, 270, 273～276, 283, 309, 313, 314, 329, 332, 349～351, 362, 363, 365, 366, 376, 396
穢勘文 214
外記 214～216, 218, 219
『外宮子良館日録抜書』 325
『外宮遷宮記』 325
解謝 184, 189, 217, 374
解除 213, 227
潔斎 274, 284, 351, 354, 388
気比神宮寺 270
気比大神宮 370
『建久九年仮殿遷宮記』 307
『元亨釈書』 11, 13, 43
源氏 182, 183
『源氏物語』 77
験者 36, 37, 83, 85
『賢俊僧正日記』 340
顕彰 153, 159, 160, 163, 164, 170, 171
現世利益 37
『現世利益和讃』 240
『建内記』 352

鹿島神宮寺　185
柏葉の神印　362, 365
春日社　179, 190, 326, 364, 386, 387
片野庄　95
『華頂要略』　95
鎌倉　89, 91, 97, 98, 101, 103～105, 107, 108, 182, 188, 193, 235, 320
鎌倉権五郎神社　184
鎌倉坂ノ下御霊社　186
「鎌倉新仏教」　191, 196
鎌倉幕府　93, 101, 108, 181, 183, 184, 196, 341
鎌倉廟　160
鎌足木像　179
竈　325, 386
釜鳴　212
神風　190, 191, 283
上賀茂神社　205
神観念　47, 192, 234, 333
雷　71, 205
亀山御所　195
賀茂社　60, 179, 180, 190, 226, 271, 326, 387
賀茂御祖社　376
火雷火気毒王　57
火雷天神　58, 61
烏　213, 217～220, 223, 319
仮殿遷宮　178, 307～311, 314, 317, 319～321, 323～325, 330～333, 375, 376, 384, 385, 395, 397
河原院　72, 73
川原寺　11, 12, 22, 41
旱疫　6, 376
『菅家御伝記』　55
元興寺　387
旱災　7, 35
『漢書』　22
『寛正三年造内宮記』　383
願成就院　102, 186, 196
勧進　301
『感身学正記』　302
勧進聖　290
官宣旨　224
灌頂経法　7
巫　255, 257
神嘗祭　250, 309, 321, 376, 395
観応の擾乱　324, 325
観音　59, 83, 170, 251, 360, 362, 363, 369
観音信仰　15
旱魃　7, 19, 34, 207, 373
官卜　224, 308, 310, 330
勘文　214
『看聞日記』　168, 322, 326, 343

き

祈雨　24
飢疫　26
祇園感神院　61
祇園社　61, 179, 341, 352, 386
祇園天神　61
記紀　154, 247
飢饉　6, 7, 34, 47, 69, 152, 178, 194, 233, 242, 243, 327, 387
菊塚　148
鬼気祭　37
『儀式』　270
鬼神　18, 191, 192, 234, 235, 238, 239, 241, 243
義人神社　163, 164
北野　54, 59, 61, 64, 387
『北野縁起』　59, 61
北野祭　63, 64
『北野社家日記』　60
『北野聖廟縁起』　56～58, 62
北野寺　59, 64
『北野天神縁起』　46
『北野天満自在天神宮創建山城国葛野郡上林郷縁起』　58, 62
北野天満宮　44, 47, 54, 55, 58, 60～64, 157, 168, 179, 342, 352
北野曼荼羅　59
北野万部経会　168
北山本新庄　95
黄蝶　188, 189

穢物　384
円覚寺　167
炎旱　6, 35, 200, 376
『延喜式』　225, 247, 250, 253, 254, 267, 269, 273, 277, 306, 321, 338, 368, 375
円教寺　358, 363
怨恨　19, 52, 54
円明寺　301, 302
『円明寺縁起』　302
延暦寺　58, 166, 387
円隆寺　105

お

お岩さん　159
逢鹿瀬寺　269
王権　80, 159, 177～179, 191, 196, 197, 213, 220, 306, 316, 322～324, 328, 375
『往古過去帳』　347
『往生拾因』　260
往生伝　260
『往生要集』　260
応仁の乱　319
青海神社　147
大堰川　196
『大鏡』　72
大風　206, 321, 324, 375, 385
大倉御所　97
大谷廟　160
大帯姫廟神社　50
大槻庄　95
大原野神社　179, 226, 271
大御堂　97
大湊　294, 388, 390, 395
大神神社　179
大屋十箇村　95
大和神社　179, 386
お蔭参り　365
隠岐　242
男木島　145, 146
乙訓寺　4, 23, 33, 51
男山　178, 205, 212
鬼　16, 19, 37, 70～72, 85
鬼殿　71
『小野宮年中行事』　225
汚穢　220
御師　339, 352, 355
恩赦　8, 22, 33, 34
園城寺　105, 206, 387
怨親平等　165～167, 169～171
怨念　82, 84, 86
陰陽師　8, 36, 83, 85, 157, 177, 181, 183, 184, 186, 187, 193, 195, 196, 222, 233, 236, 260, 329, 391, 393
陰陽道　36, 37, 78, 79, 82, 181, 188, 192, 194, 238, 243, 268, 374
陰陽道祭　181, 184
陰陽寮　177, 180, 201, 206, 207, 221, 223, 224, 228, 233, 308, 309, 326
怨霊　3～5, 7, 10～20, 22～27, 32, 34～44, 46, 48, 50～52, 54～57, 59, 62, 64, 65, 69～71, 74, 76, 79～81, 83, 85, 86, 88～93, 95, 97, 99, 101, 103, 104, 106, 108, 109, 113, 115, 116, 153, 155～159, 163～165, 167, 170, 177, 184, 187, 194, 207, 208, 233, 242, 243, 249, 250

か

怪異　7, 25, 40, 51, 63, 177～192, 195, 196, 200, 202, 205, 206, 209, 212, 213, 219, 221～224, 227～229, 233, 250, 306～308, 310～314, 316～322, 324～333, 374～376, 387, 392, 396, 397
改元　374
カエル　188
鏡神社　44, 50, 157
鏡宮　49, 50
鏡明神　78, 80
鏡山　49
神楽　94, 180, 189
『過去現在因果経』　165
過去帳　289, 290, 293, 301
加持　36, 177, 180, 233
香椎宮（廟）　50, 160, 190, 258
鹿島社　106, 180, 185, 196

い

生霊　76, 77, 161, 241
石山寺　83, 354
伊豆　88, 182
出雲大神　154
出雲杵築社　190
伊勢　88, 302, 313, 340, 346, 347〜351, 354, 355, 358, 359, 363, 366〜368, 376, 386, 388, 390
伊勢大神寺　269
伊勢風社(宮)　190, 324
伊勢講　355
伊勢神宮　7, 12, 24, 35, 63, 88, 177, 178, 181, 187, 190, 213, 215, 216, 218, 219, 221, 226, 228, 261, 267〜275, 277〜283, 285, 294, 295, 298, 299, 302, 303, 306, 308〜311, 313, 314, 316〜318, 320〜322, 324〜333, 338, 340〜345, 349, 351, 353, 355, 358〜363, 365, 368〜370, 374, 375, 383, 386, 388, 390, 393, 395〜397
伊勢信仰　355
伊勢神道　268, 274, 277
『伊勢太神宮参詣記』　368
『伊勢太神宮神異記』　316
伊勢御正体　298
石上神宮　12, 179
櫪御馬　321, 322〜324
『一念多念文意』　240
『一念多念分別事』　240
一宮　55, 185
厳島社　190
一切経書写　11
因幡堂　342
稲村ヶ崎　91
稲荷社　179, 226
井上皇后陵　8, 39
『猪隈関白記』　90, 314
忌み　226, 227
忌詞　269
イルカ　208, 209
慰霊　26, 27, 69, 152, 153, 157, 164, 165, 169〜171
違例　223, 227
石清水八幡宮　62, 101, 177〜179, 181, 190, 205, 212〜214, 218, 219〜221, 224, 226〜229, 256, 271, 325〜327, 340〜342, 352, 387
『石清水八幡宮史』　212
石清水放生会　102
淫祠邪教　164, 316

う

『上井覚兼日記』　168
上杉禅秀の乱　168, 320
宇佐神宮　50, 212
宇佐神宮放生会　69
牛　195, 200
氏神　88, 101
『宇治拾遺物語』　73
『氏経卿引付』　344
『氏経神事記』　321, 324, 326, 352, 353
氏寺　268, 273, 276, 278, 279, 285
宇治平等院　180
雨宝童子　362, 364
馬射　7, 35
梅宮神社　179, 386
占い　181, 184, 196, 201, 224, 311
卜い　5, 7, 35, 181, 224, 376
盂蘭盆　99, 294

え

叡福寺　160
英霊　169, 170, 171
『永禄一品御記』　331
荏柄天神社　61, 108
穢気　221, 222, 396
疫疾　186, 223
疫神　177
疫病　3, 7, 15, 32, 34, 47, 53, 80, 153, 156, 178, 233, 250, 373, 374, 392
疫癘　194, 242, 243, 387
江戸幕府　333
蝦夷　16, 17, 204

り

隆寛 240
隆聖 278
龍熙近 272
良賢 126

ろ

六条御息所 77
六角満綱 346
六角持綱 347

わ

和田義盛 184, 188, 189
度会氏 276
度会家行 277
度会貞晴 352
度会雅見 284
度会光忠 278
度会行忠 275, 317

【事　項】

あ

愛染供 344
愛染明王 190
『壒囊鈔』 354
赤城嶽 186
赤間関 97
赤間神宮 169
秋篠寺 13
秋田城 105
悪神 235, 240
悪霊 78, 80, 83～85
朝日寺 60
足利将軍 339, 340, 344, 352, 354
阿閦仏 17
阿蘇明神 191
阿蘇霊池 190, 376
悪鬼 235, 240, 242
熱田社 190, 257
『吾妻鏡』 89～94, 96, 98, 101, 103～107, 182, 188, 197, 204, 353
安濃津 290, 293～297, 301～303, 346～349, 353, 368, 370
『海士』 121
尼 289
阿弥陀ケ峰 163
阿弥陀寺 295
阿弥陀如来 99, 235, 302, 359, 361
『綾北問尋鈔』 147～149
荒祭神 270
荒祭宮(殿) 322, 324, 331, 384
歩き巫女 37, 83, 85
粟田宮 93
安国寺・利生塔 168
安和の変 339
安養寺 370
安楽寺 56, 57, 64

ま

松井石根　169
松平頼恕　148
円方女王　156
満済　344

み

三浦氏　189
三浦泰村　188, 189
水谷勝重　146
道君首名　159
源是輔　75
源定通　216, 217, 219
源実朝　181, 183, 187
源扶義　75
源高明　74, 339
源尊秀　322
源親長　166
源融　72〜74
源俊房　215
源通方　216, 217, 219
源行家　91, 92
源義家　94, 101, 185
源義経　89〜92, 97, 102〜105, 108, 189, 208, 339, 353
源義朝　95, 97〜99
源義仲　91
源義広　91
源頼家　92, 181〜183, 188
源頼茂　182, 183
源頼経　183
源頼朝　88〜93, 95〜109, 166, 181, 184〜186, 189, 204, 339, 353
源頼義　101, 103, 206
美努忠包　57
三宅家　138, 149
三宅三郎兵衛　146
三宅重成　129, 137, 138〜142, 144, 146
三宅行信　140
神良種　59

む

無住　193, 236
夢窓疎石　158, 168
村上天皇　225
紫式部　49

め

命延　19

も

以仁王　206
本居宣長　64, 162
物部守屋　27
文覚　98

や

耶舎崛多　15
保明親王　57
愷子内親王　367
柳原資定　331
箭括麻多智　154
山田有信　168
日本武尊　185
倭姫命　272, 284
山名氏　327, 354
山名氏清　168
山上船主　10, 39
山部親王　33, 50, 51

ゆ

寛明親王　58

よ

善子内親王　312
慶滋保胤　260
吉田兼敦　364
吉田兼倶　250
吉田兼右　329, 330
吉田兼好　194, 196
慶頼王　57
世保持頼　347

ふ

伏見宮 168
伏見宮貞成親王 322
藤原氏 179
藤原朝成 72, 77
藤原有佐 72
藤原家光 216, 218, 220
藤原宇合 155, 156
藤原乙牟漏 6, 33
藤原雄依 10, 39
藤原穏子 57
藤原兼光 180
藤原兼宗 216
藤原鎌足 179
藤原浄岡 10, 39
藤原清貫 57, 58
藤原清衡 104, 108
藤原薬子 4, 17
藤原定家 92, 228
藤原定高 216, 217, 219
藤原定頼 138
藤原実氏 216, 217
藤原実基 216, 217
藤原季長 105
藤原管根 56
藤原純友 62
藤原孝綱 228
藤原忠通 180
藤原種継 4, 10, 11, 16, 17, 23, 33, 39, 51
藤原時平 56, 57
藤原利仁 204
藤原永手 50
藤原仲成 4, 17, 18, 20, 53
藤原仲麻呂 47
藤原成親 205
藤原信実 228
藤原秀郷 185
藤原秀衡 102～104, 107, 108
藤原広嗣
16, 27, 47～50, 77, 78, 80, 156, 157
藤原房前 156
藤原麻呂 156
藤原道長 64
藤原武智麻呂 156
藤原基衡 108
藤原百川 9, 42, 50
藤原盛兼 228
藤原師輔 166, 214
藤原師尹 214
藤原師長 205
藤原泰衡 103～108, 187, 188
藤原吉子 11, 12, 16～18, 22～25, 41, 53
藤原良継 50
藤原良房 25
藤原頼資 216, 219, 220, 228
藤原頼長 54, 157, 201, 205, 339
藤原頼業 114
ルイス・フロイス 354
文室宮田麻呂 18, 53

へ

平氏
88, 91, 97～99, 101, 102, 207, 209, 349
平城天皇 11, 12
平太郎 262

ほ

豊国大明神 163
北条氏 181, 184, 186～188, 242
北条貞時 108
北条時政 186
北条時宗 184
北条時頼 107, 108, 145, 189, 193, 242
北条政子 90, 94, 107, 186, 187
北条泰時 187
北条義時 107, 184, 187
法然 191, 192, 196, 233～236, 240, 260
細川 354
本牟智和気 153
堀河天皇 311
堀親家 104
本條貴傳太 148

高原氏　145, 146, 149
高原次利　145
高原仲昌　146
託何　293, 358
武田　354
武田時隆　184
竹御所　92
武夷鳥命　185
武甕槌神　185
多治比奇子　59, 60, 62
橘奈良麻呂　156
橘逸勢　18, 98
橘三喜　161
橘諸兄　47
谷衛政　146
太郎丸　59
丹波維範　221

ち

仲恭天皇　187, 229
重源　278, 279

つ

通海　190, 279, 281
土御門有重　326
土御門(安倍)有宣　391
土御門天皇(院)　165, 187

て

出口延佳　272, 316, 318, 320
寺沢広高　145
天海　163

と

道鏡　48, 269, 270
道賢　58
藤五君　116
等定僧都　4
東照大権現　163
同念　293, 294, 297
道命　84
土岐康行　347
土岐世保(康政)　348
徳川家康　145, 163
徳川慶勝　165
徳大寺実基　195
捕鳥部万　27
舎人親王　9, 38
鳥羽天皇(院)　201, 318
豊臣秀吉　145, 163, 170

な

内阿弥陀仏　368
中臣広親　185
中臣広成　338
中西直方　161, 162
長野満高　347
中原章久　213〜215, 217, 218
中原師員　183
中原師季　214, 216〜219
中原康富　348
中御門宣秀　393, 394
長屋王　69, 81, 82, 155, 156

に

日蓮　191, 193, 196, 241〜243
仁明天皇　377

の

乃木希典　169

は

畠山　354
畠山重忠　106
畠山満家　348
波多野朝定　187

ひ

彦坂孫三郎　146
日野栄子　342, 343, 347
日野康子　364
兵衛佐局　96
平田篤胤　162
広橋兼宣　342, 348

寂然 114
粛子内親王 314
俊源 213
惇子内親王 313
順徳天皇(院) 39, 158, 165, 187
淳和天皇 24
淳仁天皇 9, 16, 26, 38, 42, 156, 165
勝円 188
貞慶 236
称光天皇 343
章実 126, 127
祥子内親王 367
称城王 8, 39
浄蔵 73
成朝 99
聖徳太子 17
称徳天皇 26, 166
聖武天皇
17, 21, 22, 27, 48, 50, 78, 81, 156, 248
白河天皇 312
真教
282, 283, 289, 297, 350, 362, 363, 368
神功皇后 49
真盛 294, 297
信西 128, 132
親鸞 160, 191～194, 196, 233, 234, 236, 237, 239, 240, 242, 243, 262

す

垂仁天皇 153
崇伝 163
菅原氏 60
菅原道真
44, 46, 47, 54～64, 73, 85, 157, 170
資忠王 364
朱雀天皇(上皇) 58, 166
崇道尽敬皇帝 9, 38
崇道天皇 8, 10～12, 16, 18, 22, 24, 25, 36, 38, 40, 41, 43, 51, 53
崇徳天皇(院) 36, 39, 54, 79, 85, 90, 92～97, 102, 113～118, 121～123, 125～128, 130, 133, 135, 137, 138, 140, 146～149, 157, 158, 165, 177, 201, 208, 318

せ

世阿弥 159
声阿弥陀仏 367
静玄 106
晴信 208, 209
盛品 297
施基皇子 38
関持盛 347
世尊寺行俊 126
善阿弥陀仏 367
善珠 12～15, 18, 19, 27, 40, 41
善信 262
善導 235
善法寺宋清 327
善鸞 238

そ

相阿 359
宗長 348
薗田守良 317
存覚 160, 161, 241, 242, 259
尊照 180
尊恵 290, 293, 347

た

醍醐天皇 57, 58, 62
泰信 7, 38
平兼隆 185
平清盛 180, 207, 208
平重衡 208
平重盛 206
平忠盛 349
平経高 216, 218, 219
平範輔 216, 218
平将門 62, 63, 188
平希世 57, 58
平宗盛 208
高倉院 180
高倉天皇皇女潔子 310
高野新笠 216

黄文王　156
景戒　21
行教　212
京極家　327
京極高数　346
京極持高　346, 347
清原宣賢　183
清原頼業　271, 339

く

空海　14, 15, 22～25, 27, 61, 160, 166
公暁　183
九条兼実　180, 207, 278
九条道家　213

け

慶清　205
継体天皇　154
源栄　358
源氏　88, 92, 95, 99, 101, 206, 208, 209, 213
賢俊　340
玄奘　14
元正天皇　248
源信　260
顕徳天皇　39
玄昉　14, 15, 27, 47, 48, 77, 78, 80

こ

公顕　105
孝謙天皇(上皇)　17, 42
香西家資　145
宏勝　17, 19
光定　18, 54, 157
光仁天皇　4, 9, 14, 33, 38, 42, 50, 51, 377
光明皇后　78, 156, 363
後亀山天皇　345
国阿　295, 296, 302, 358～367, 369, 370
後小松天皇(上皇)　343, 369
後嵯峨上皇　195
後白河天皇(院・法皇)　88, 92, 93, 95～98, 109, 114～116, 201, 205, 206
後醍醐天皇　90, 158, 159, 367
木造氏　348
後鳥羽天皇(院)　39, 85, 158, 165, 177, 187, 242, 310, 314, 319
後奈良天皇　331
近衛政家　391
後花園天皇　320, 322
後深草院二条　280, 282, 351
後堀河天皇　187, 228, 229
後村上天皇　159, 345
惟康親王　108

さ

西行　117, 122～124, 147, 312, 313
最澄　14～16, 18, 19, 24, 25, 27, 41, 54, 157, 166
最鎮　60
酒井忠清　146
坂十仏　368
嵯峨天皇　4, 12, 20～25, 40, 377
坂上田村麻呂　185, 202～204
坂上又子　6, 34
讃岐院　122, 123, 125
早良親王　4～14, 16, 23, 26, 27, 32, 33, 35～44, 46, 50～53, 69, 73, 79, 80, 85, 156, 157, 249, 250
三条西実隆　393, 394

し

慈恵　83
慈円　3, 158, 208
重明親王　62
重仁　128
重丸　138, 140, 142
司馬江漢　164
斯波氏　320
柴山清風　170
島津義久　168
島津義弘　168
志水義高　102, 104, 105
下毛野敦行　253, 254
下野局　94

卜部兼頼 223
雲林院 347

え

永観 260
叡尊 190, 298, 301, 302
慧達 53, 59, 157
円位 122, 124
円暁 94
円澄 18
延命 17
円融天皇 212

お

奥州藤原氏 104, 106～108
応神天皇 160
大炊王 16
大江氏 216
大江公朝 93, 98
大江親広 189
大江広元 187
大江匡房 216, 219
大河兼任 105
大友宗麟 168
大伴是成 7, 8, 36, 38
大伴家持 11
大中臣清忠 384, 395
大中臣隆通 190, 190
大中臣長照 321
大中臣宣経 223
大中臣通直 345, 352
大中臣盛家 308
大中臣諸魚 7, 35, 51
大野東人 47, 78, 80
大庭景親 102
大場景能 94
息長足姫命 49
小栗重成 106
長田忠致 98
他戸親王 9, 16, 42, 43, 50～53, 156, 157
織田信包 302
小槻隆職 310
首皇太子 50
小山朝政 91

か

覚乗 302
カグツチ 246
覚如 241, 242, 259
葛西清重 107
花山院家 346
花山院家賢 345
花山院長親 297, 342, 345, 346, 351, 368
勧修寺尚顕 393, 394
梶原景時 94
春日宮御宇天皇 38
数馬仲衡 146
勘解由小路(賀茂)在通 391
葛井王 8, 39
加太平三郎 347
鎌倉権五郎景政 94, 101
鎌田正清 98, 99
神野親王 12
亀山天皇 367
賀茂在貞 326
賀茂在富 329
賀茂重保 180
賀茂宣俊 221
烏丸局 93
河田次郎 103
桓武天皇 4～9, 11, 13, 14, 16, 17, 33, 34, 36, 38, 39, 41, 42, 51, 61, 201, 202, 216, 249, 250

き

木曽義仲 104
北出雲家 367
喜多源左衛門尉 367
北畠氏 348
北畠親房 159
紀薩連 57
紀古佐美 7, 35
吉備泉 10, 39
吉備真備 27, 47, 48, 50, 78～80

索　　引

【人　名】

あ

合鹿光生　353
阿育王　100, 167
悪路王　204
アコノ局　364
足利家　354
足利尊氏　158, 340, 353
足利直義　158
足利義量　327, 342
足利義勝　326, 327
足利義教　345
足利義政　344, 348, 352, 353
足利義満　168, 339～342, 346, 347, 353, 364, 369
足利義持　297, 321, 342, 343, 345, 347, 349, 352, 368
アヂシキタカヒコネ　247
飛鳥井雅縁　342
安宿王　156
安曇宗仁　57
安殿親王　5, 6, 7, 11, 13, 14, 35, 39, 51
安倍氏　208
安倍貞任　103, 188, 206
安倍晴明　36, 206
安倍広基　207
安倍宗任　206
安倍泰貞　183
安倍泰親　206
天照大神　216, 268, 284, 302, 318, 322～324, 355, 362, 364, 365
天穂日命　185
アメワカヒコ　247
奇子→多治比奇子
綾高遠　114, 122, 123, 125, 127, 148
荒木田氏経　344, 345
荒木田興兼　375
荒木田長久　385
荒木田成長　279
荒木田守朝　395
荒木田守房　385
荒木田行久　395
安徳天皇　39, 91, 97, 158, 207～209

い

五百枝王　10, 39
イザナギ(伊奘諾尊)　246, 247, 280
イザナミ　246
伊沢家景　107
一条伊尹　77
一条能保　99
一色　354
一遍　262, 282, 294, 358～362, 366
伊東祐親　102
稲毛重成　90
井上内親王　8, 9, 16, 17, 24, 36, 38, 42, 43, 46, 50～53, 73, 156, 157
伊予親王　11, 12, 16～18, 22～25, 40, 53
忌部人上　7, 35

う

宇多院　72, 73
味酒安行　55, 56
卜部兼継　223
卜部兼直　223

◎著者略歴◎

山田雄司（やまだ・ゆうじ）

1967年　静岡県生まれ
1991年　京都大学文学部卒業
1998年　筑波大学大学院博士課程歴史・人類学研究科修了．博士(学術)
現在　三重大学人文学部教授
〔主要業績〕
『崇徳院怨霊の研究』（思文閣出版，2001年）
『跋扈する怨霊』（吉川弘文館，2007年）
『忍者文芸研究読本』（共編著，笠間書院，2014年）

怨霊（おんりょう）・怪異（かいい）・伊勢神宮（いせじんぐう）

2014(平成26)年6月10日発行

著　者　山田　雄司
発行者　田中　大
発行所　株式会社　思文閣出版
〒605-0089 京都市東山区元町355
電話 075-751-1781(代表)

印　刷
製　本　株式会社 図書印刷 同朋舎

ISBN978-4-7842-1747-2

◎既刊図書案内◎

斎藤英喜著

増補 陰陽道の神々

佛教大学鷹陵文化叢書17

ISBN978-4-7842-1644-4

コロンビア大学での発表をもとにした論考“牛頭天王の変貌と「いざなぎ流」”を収録して増補再版。疫神や式神、泰山府君、牛頭天王、八王子、金神、盤牛王、そして式王子、呪詛神たち……。彼らは近代社会が封印し、消去した「陰陽道」の神々である。本書は、知られざる陰陽道の神々の来歴と素顔を平易に説く。 ▶四六判・356頁／本体2,300円（税別）

世界人権問題研究センター編

散所・声聞師・舞々の研究

ISBN4-7842-1219-1

散所の人々が携わった芸能あるいは陰陽道などとのかかわりを含めて、文献・絵画・地図の綿密な分析をこころみ、洛中・山城国・近江国における実態を浮きぼりにする。座談会のほか、年表・文献目録・基本史料を収録。古代・中世の研究に欠くことのできない基本文献。 ▶A5判・590頁／本体8,200円（税別）

今堀太逸著

権者の化現

天神・空也・法然

佛教大学鷹陵文化叢書15

ISBN4-7842-1321-X

３部構成で、仏・菩薩が衆生を救うためにこの世に現れた仮の姿について明かす。〔内容〕「天神」―日本国の災害と道真の霊／「空也」―六波羅蜜寺の信仰と空也／「法然」―浄土宗の布教と法然 ▶四六判・312頁／本体2,300円（税別）

中野玄三・加須屋誠著

仏教美術を学ぶ

ISBN978-4-7842-1720-5

『日本仏教美術史研究』(1984年)、『続日本仏教美術史研究』(2006年)、『続々日本仏教美術史研究』(2008年)の刊行に引き続き、50年以上にわたる中野美術史学の軌跡を、加須屋誠との対談をとおして振り返り、仏教美術を学ぶことの課題・方法・魅力を余すところなく収録。ソフトな文体で読みやすく、仏教美術の入門書としても最適。 ▶A5判・348頁／本体3,000円（税別）

河内将芳著

祇園祭の中世

室町・戦国期を中心に

ISBN978-4-7842-1631-4

室町期の都市京都を文字どおり代表する祭礼であった祇園祭（祇園会）を通して、中世京都を考える。祇園会の見物という行為の検討により、その特質をうきぼりにし、さらに神輿渡御の神幸路・御旅所と都市空間との関係、戦国期の祇園祭の再興の意味や、「鬮取」の実態についても解き明かす。 ▶A5判・360頁／本体4,500円（税別）

谷昇著

後鳥羽院政の展開と儀礼

ISBN978-4-7842-1536-2

本書は、後鳥羽天皇（上皇）が課せられた政治課題とそれに対する対応＝政策理念が、宮中の儀式・行事である公事と修法・寺社参詣参籠等宗教儀礼の中に具現しているとする視点から、それらが果たした政治的役割を個別具体的に検証することにより、多面的な視点に立った後鳥羽理解、政治史叙述を企図したものである。 ▶A5判・328頁／本体6,000円（税別）

思文閣出版